I lettori che desiderano informarsi sui libri e le riviste da noi pubblicati
possono consultare il nostro sito Internet *www.francoangeli.it* e iscriversi nella home page
al servizio "Informatemi" per ricevere via e-mail le segnalazioni delle novità
o scrivere, inviando il loro indirizzo, a: "FrancoAngeli, viale Monza 106, 20127 Milano".

A cura di
Paride Braibanti

Pensare la salute

Orizzonti e nodi critici della Psicologia della Salute

FrancoAngeli

In copertina: particolare tratto da Eustache Le Seur,
Polifilo al bagno delle ninfe

Grafica della copertina: Elena Pellegrini

Ristampa	Anno
2 3 4 5 6 7 8	2006 2007 2008 2009 2010 2011 2012 2013 2014 2015

Stampa: Tipomonza, via Merano 18, Milano.

Indice

Parte seconda - Soggettività, benessere, bisogni

Parte quarta - Emozioni e salute

Presentazione

di Mario Bertini*

Nell'ambito della moderna scienza psicologica abbiamo assistito, negli ultimi venti anni, allo sviluppo straordinariamente crescente di una disciplina con specifico riferimento alla salute. Anche nel nostro Paese si può registrare un crescendo d'impegno nel territorio della "Psicologia della Salute". Lo testimoniano, fra l'altro, una serie d'iniziative scientifico-culturali in grado di segnare un percorso in certo senso irreversibile. Per quanto riguarda l'ambito della formazione, possiamo segnalare la presenza di tre scuole universitarie di specializzazione quadriennale post-laurea (Roma, Torino, Bologna), un dottorato di ricerca (Firenze), oltre ad alcuni corsi di perfezionamento. Sul piano culturale più ampio, si possono ricordare varie iniziative congressuali: dal congresso internazionale di Roma del 1987 ai congressi nazionali di Orvieto (1993), Cesena (1995), Milano (1997), Orvieto (2000). Ricordo inoltre la nascita della Società Italiana di Psicologia della Salute (SIPSA) che, fra le altre cose, si fa carico di organizzare i congressi nazionali e di patrocinare la "Rivista di Psicologia della Salute", fondata nel 1998.

Ed è proprio dai contributi apparsi in questa rivista che trae sostanzialmente origine il libro curato da Paride Braibanti, con un'aggiunta consistente ed importante di un capitolo introduttivo ad opera del curatore stesso. Offrire al lettore una serie di articoli scelti fra quelli pubblicati in questi pochi anni di vita della rivista, può essere un modo di segnalare le tematiche teoriche, gli orizzonti di ricerca e le esperienze professionali attualmente perseguite dagli psicologi della salute nel nostro Paese. Ma il titolo, per molti aspetti suggestivo, sposta l'obiettivo e ci spinge a riflettere più in

* Presidente della Società Italiana di Psicologia della Salute. Direttore della Scuola di Specializzazione in Psicologia della Salute dell'Università degli Studi "La Sapienza" di Roma.

profondità sul concetto di salute. "Pensare la salute", ci richiama infatti al compito di rivedere alla radice il contesto epistemologico in cui si muovono le operazioni sientifico-applicative in tema di salute.

Nell'immaginario popolare di ogni tempo, "salute" è una parola ad alto valore simbolico. Se pensiamo al termine latino salus = salvezza, e alla lettura privilegiata che l'epoca cristiana ne ha dato di salvezza dell'anima, il riferimento a questo termine finisce per coinvolgere la totalità dell'uomo, nelle sue dimensioni fisiche e spirituali.

Con l'affermarsi della medicina moderna, si può notare tuttavia un forte ripiegamento, peraltro largamente giustificato, sulla dimensione fisica. Ed è proprio nella misura in cui dal versante dello spirito si è passati al versante del corpo che il termine di salute ha perso i connotati positivi di salvezza. Anziché rivolgersi alla salute con l'intento di "promuoverne" le sue intrinseche proprietà positive, fisiche e psichiche, lo sguardo si è sempre più rivolto alla malattia, sia fisica, sia mentale. Come conseguenza la salute appare sprovvista di una sua carta di identità; la si riconosce più per l'assenza di segni patologici, che per la presenza di indicatori originali e specifici che ne qualifichino la sua natura. Di fatto, ancora oggi, lo stato di salute di una popolazione si descrive sostanzialmente sulla base di indicatori di morbilità e di mortalità trascurando quelli di "vitalità".

Occorre ora superare la forza d'inerzia del "modello malattia", nel quale si dissolve e "si nasconde" il senso primigenio di "salus". Muovendoci con ragionevole ottimismo, è forse possibile accelerare il cammino verso la scoperta della salute nella sua accezione positiva di stato di benessere. Percorso affascinante, ma non certo facile. Sia nel versante della teoria come in quello della prassi professionale, s'incontrano resistenze di atteggiamenti consolidati, e talvolta irrigiditi, da una consuetudine di lunga data. Tracce di queste resistenze si possono trovare purtroppo anche nel panorama della stessa Psicologia della Salute, così come la vediamo dispiegarsi sul piano internazionale.

"Pensare la Salute" è un richiamo e uno stimolo a tentare la via della "salutogenesi" senza intaccare in alcun modo le tensioni costruttive di chi si fa carico di studiare la "patogenesi".

Sono grato a Paride Braibanti per questa iniziativa che ha il doppio merito (ai miei occhi), di sollevare un'interesse su questa tematica e di averlo fatto dando risalto alla Rivista che, pur in una fase di rodaggio, si propone di dare un contributo continuativo e duraturo allo sviluppo della psicologia della salute nel nostro Paese. Ringrazio inoltre l'amico e collaboratore di lunga data, per aver voluto, nel suo contributo introduttivo richiamare l'attenzione sulle linee di lavoro della Scuola di Specializzazione in Psicologia della Salute, da me diretta. L'impegno che stiamo mettendo in questa scuola è per il momento confortato dal riscontro positivo che abbiamo, sia fra gli studenti sia nel contesto territoriale (di Orvieto) in cui operiamo. L'ambizione è di portare, nel tempo, un piccolo mattone per costruire una professionalità ispirata al "modello salute" (ricco di attualità e di promesse, non in alternativa al "modello malattia", ma nella sua specifica complementarietà al medesimo).

Per tutti questi motivi auspico un ampio successo a questo libro, con l'augurio che dal "pensiero" possano seguire "azioni" costruttive di salute, non solo nel panorama della formazione universitaria, ma anche in quello più ampio e diffuso della cultura professionale.

Prefazione

di Walter Fornasa*

G. Bateson, in un noto articolo contenuto in *Verso un'ecologia della mente* (1977, pp. 521-531), costruisce il proprio punto di vista rispetto a ciò che lui stesso chiama "patologie dell'epistemologia", cioè quelle errate premesse epistemologiche che si autoconfermano in virtù del rinforzo addestrativo tipico delle civiltà occidentali.

Nodo cruciale di questa costruzione è la separazione mente-corpo che, in questa visione, affiora dall'evoluzione antropologica totemismo-animismo-divinità, separazione che porta con sé due conseguenze:

> Quando si separa la mente dalla struttura cui è immanente, come un rapporto umano, la società umana, o l'ecosistema, si commette... un errore fondamentale di cui, a lungo andare, sicuramente si soffrirà (idem).
>
> Quando si possiede una tecnica tanto sviluppata da poter agire... sulla base dei propri errori epistemologici e provocare disordine e distruzione nel mondo in cui viviamo, allora l'errore è mortale (idem).

Tutto questo può sembrare estraneo all'attuale emergere di una Psicologia della Salute non più "ancella" della medicina, e comunque complementare a questa seppur in autonomia e creatività. Tuttavia è proprio la riflessione innovativa che essa porta sugli "errori" epistemologici e sulle "tecniche che funzionano" delle psicologie tradizionali ed accademiche a porla come "sguardo differente" sul mondo, sulle relazioni e sui sistemi.

Sintomi, sindromi, sistemi e... psicologie. In questo contesto la visione anche metodologica della Psicologia della Salute offerta dal lavoro di Paride Braibanti non è certo quella di una psicologia "applicata", quanto di

* Docente di Psicologia dello Sviluppo e dell'Educazione, Università degli Studi di Bergamo.

un ambito di ricerca epistemologicamente fondato su approcci che ormai evolvono verso la multifattorialità, fino alla complessità: è una sorta di "cambiar pelle" cui sono sottoposte, proprio per essere riprese e riconnesse continuamente nella nuova visione, le psicologie ancora oggi dette "evolutive", "educative", "cliniche", "sociali", ecc.

Direbbe G. Gadamer, autore che spesso sta sullo sfondo alle riflessioni introdotte, che siamo di fronte ad una "fantasia ermeneutica", intesa come "...la capacità di sentire ciò che è problematico, e ciò che questo pretende da noi" (Dutt, 1995). Direbbe nello stesso senso Bateson che noi stiamo esercitando il nostro "filtro creativo" sul mondo. Sarebbe come passare, finalmente, da una visione "allopatica" del mondo stesso ad una "omeopatica" intesa come "struttura che connette", ridefinendo senza dimenticare, ma al contempo superandole, quelle "tecniche tanto sviluppate" che fin qui hanno agito separando, nella modernità, mente da corpo, sintomo da malattia, malato da io-malato, luoghi di sanità da contesti di cura.

La Psicologia della Salute è allora un approccio orientato alla riappropriazione dell'"io-salute" per andare oltre lo sguardo guaritore centrato sulla presunta oggettività del sintomo-senza-corpo, orientato dai biopoteri, ed esplicitato nei non-luoghi della sanità.

Saperi, metodi e... salute. La Psicologia della Salute si presenta dunque come sguardo trasversale, quasi nomade, intrigante negli intrecci e nei risvolti, metodologicamente attento a non sostare sui modelli quantitativi, in questo accettando la sfida qualitativa e dello studio di caso, ponendosi infine come approccio capace di stabilire interdipendenze forti con "psicologie" emergenti come quelle connesse, per esempio, all'ambito ecologico e di comunità. Siamo di fronte a un ulteriore esempio di quella diffusione dei saperi e dei loro intrecci cosiddetta "rizomatica", da cui emergono inattese le forme del prender-si cura (di sé, come pure di qualcosa/qualcuno attraverso sé), le nuove fenomenologie della malattia (Lizzola, 2001), in un rinnovato intreccio fra fisico e psicofisico, fra benessere e malessere, tra fattori ambientali e contesto, fra dignità ed etica.

La vita come arco qualitativo, come stili qualitativi, si pone allora quale sorta di "ermeneutica sperimentale", come forma ecologica della relazione mente-corpo, come sostenibilità, come cittadinanza attiva, come competenza evolutiva e nello stesso tempo preventiva, come co-costruzione di senso sociale. E ciò al di là della "...presunzione di credere di aver cominciato senza presupposti" (Gadamer in Dutt, 1995), ma comunque consci che "... i nostri guai affondano le radici in questo groviglio di presupposizioni molte delle quali sono insensate" (Bateson, 1997).

Concludendo con parole, solo apparentemente scontate, ancora di G. Bateson (1997): "Allora mi chiedo che cosa – quale abito mentale – ci spinge a prestare troppa attenzione ai sintomi e troppo poca ai sistemi?".

Introduzione
Orizzonti e nodi critici della Psicologia della Salute

di Paride Braibanti*

1. Psicologia e salute

Col termine Psicologia della Salute si possono ovviamente intendere due diversi significati:

- l'insieme dei problemi e dei processi psicologici che riguardano la salute;
- la tradizione scientifica (peraltro recente) che si definisce con questo nome.

Questi due significati non sono sovrapponibili e sarebbe un errore cercare di ridurre l'uno all'altro. Ogni disciplina cerca di delimitare e delimita autopoieticamente il proprio campo d'indagine e, così facendo, definisce il proprio dominio in un'area assai più circoscritta, rispetto al senso comune e rispetto agli approcci disciplinari contigui e/o concorrenti. Questa apparente contiguità non comporta necessariamente un rapporto di inclusione tra il dominio della Psicologia della Salute e quello degli aspetti psicologici della salute. Naturalmente, la Psicologia della Salute, in quanto disciplina e tradizione scientifica, aspira a rappresentare il punto di vista della psicologia in quanto scienza rispetto alla salute e ai suoi problemi. Tuttavia, a differenza di altre scienze, la psicologia si trova da molto tempo in quella fase che la Masterman (1976) chiama "del paradigma multiplo" e, inevitabilmente ciò impedisce che tutti gli approcci scientifici della psicologia *alla* salute possano essere compresi o ricondotti entro la tradizione (per al-

* Docente di Psicologia della Salute presso la Facoltà di Lettere e Filosofia, Corso di Laurea in Scienze dell'Educazione, dell'Università degli Studi di Bergamo e presso la Scuola di Specializzazione in Psicologia della Salute dell'Università di Roma "La Sapienza".

tro relativamente recente) della Psicologia della Salute.

Per queste ragioni, ci si trova oggi alle prese con due conseguenze focali:

- la necessità, nello sforzo di delineazione del campo della Psicologia della Salute, di individuare il confine tra "autoreferenza" ed "eteroreferenza";
- la persistenza inevitabile di un "resto" che fatica ad essere "compreso" entro quei confini disciplinari e che rinvia, ciò nonostante, a porzioni rilevanti della rappresentazione sociale, della domanda e della stessa prassi di salute.

Lo sforzo di delimitazione e precisazione del "campo" della Psicologia della Salute ha ottenuto negli ultimi anni un ampliamento di prospettiva notevole, fin troppo complessa per essere riassunto in un breve saggio come questo. Posso quindi solo proporre qualche indicazione di quelli che mi paiono alcuni nodi critici e che invitano, a mio parere, alla riflessione e all'apertura di un dibattito.

2. Psicologia della Salute e modello bio-psico-sociale

2.1. Fasi di sviluppo dei modelli di salute

La salute è contemporaneamente un bene personale e un bene sociale e, come tale, la responsabilità della sua tutela spetta egualmente al soggetto, alla comunità famigliare, alla collettività sociale e, naturalmente, in primo luogo alle agenzie pubbliche che hanno ricevuto il mandato di presidiare la salute dei cittadini, cioè, nel nostro Paese, al Sistema Sanitario Nazionale.

Il modo in cui la salute è presa in carico nel sistema è diversamente connotato in funzione delle varie caratteristiche sia della situazione sociosanitaria e della rappresentazione sociale della salute, sia della diversità del mandato sociale attribuito alle varie agenzie. Se si prende, ad esempio, il tema della prevenzione, forse si possono distinguere tre diverse stagioni nella sua storia:

- la prima caratterizzata dall'esigenza di assicurare la diffusione di una maggiore igiene di base a tutti i livelli sociali;
- la seconda caratterizzata dalla partecipazione alle grandi campagne preventive (antipoliomielitica, antidifterica, ecc.), e segnata da un maggior livello di informazione sanitaria;

- la terza caratterizzata da una maggiore attenzione alla salute nelle sue componenti bio-psico-sociali.

Queste stagioni della prevenzione sono peraltro correlate alle diverse emergenze epidemiologiche e alle condizioni e stili di vita implicate nelle patologie più ricorrenti. Se si guarda alla distribuzione delle principali cause di morte, il 900 può essere caratterizzato da:

- una prima fase di lenta fuoriuscita da una netta prevalenza di malattie legate alla malnutrizione e alla condizioni di povertà e marginalità sociale della maggior parte della popolazione;
- una fase intermedia in cui prevalgono le grandi epidemie (ad esempio le grandi epidemie influenzali) e le malattie batteriche e virali;
- una fase che tuttora crescentemente ci caratterizza, segnata da una prevalenza di malattie cardiovascolari, dalle neoplasie e da malattie a decorso prevalentemente cronico.

Le prime due fasi implicano un concetto di salute centrato sul conseguimento o mantenimento di uno stato di equilibrio (punto neutrale tra malessere e benessere). La prevenzione appartiene ancora a queste fasi e si costituisce come caso particolare e avanzato di tale modello, essendo sempre centrata sulla perdita di salute (malattia, incidente, morte prematura), sul sintomo o sul segno che caratterizza l'asse del malessere. La terza fase è invece caratterizzata da una consapevolezza nuova: l'inscindibilità del *continuum* benessere-malessere e la centralità degli "stili di vita" nel conseguimento, mantenimento e miglioramento dello stato di salute (fig. 1). Lo strumento operativo che si aggiunge e ricomprende quelli del trattamento e della prevenzione è ora quello di **costruzione della salute**. Ciò determina uno slittamento di enfasi dagli indicatori negativi (sintomi) a indicatori positivi di salute profondamente intrecciati al concetto di sviluppo e di crescita personale e sociale. È in questa terza fase che, tra l'altro, l'incontro tra la **promozione** della salute e i processi educativi assume un esplicito riconoscimento: la salute non è più un concetto accessorio o secondario, benché socialmente rilevante, ma diviene tendenzialmente un contenuto essenziale degli stessi processi educativi, anzi un meta-concetto capace di dare nuova organizzazione e nuova capacità di risposta alle diverse problematiche che caratterizzano la domanda sociale di formazione.

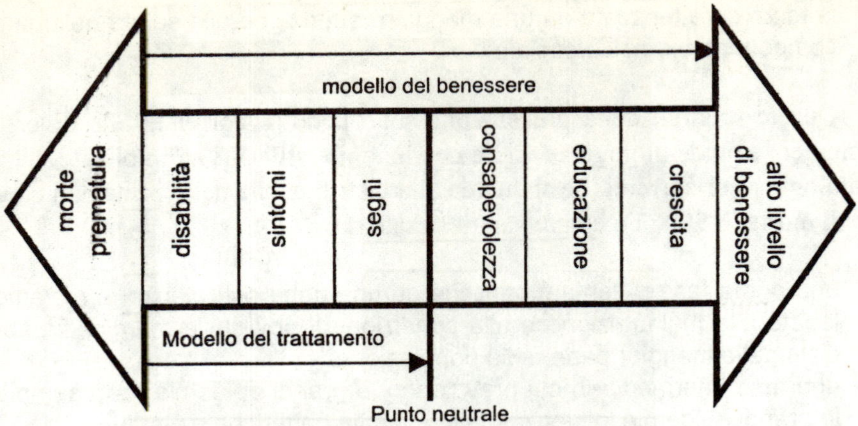

Fig. 1 - Continuum *benessere-malessere*
Ryan, Travis, 1981

2.2. Il modello bio-psico-sociale e le sue operazionalizzazioni

Il modello biomedico tradizionale, centrato sulla salute intesa come conformità rispetto alle norme di variabili biologiche misurabili, sta lasciando dunque il posto ad un nuovo approccio bio-psico-sociale, che colloca la salute in una dimensione sistemica e multilineare.

L'assunzione fondamentale del modello bio-psico-sociale (raffigurato sinteticamente nella figura 2) è che ogni condizione di salute o di malattia sia la conseguenza dell'interazione tra fattori biologici, psicologici e sociali (Engels, 1977, 1980; Schwartz, 1982). La concettualizzazione del modello muove innanzitutto dalla consapevolezza di diversi punti di debolezza del modello biomedico. Engels (1977) rimprovera innanzitutto la difficoltà di comprendere le relazioni causali tra condizioni somatiche e malattia. In molte condizioni epidemiologicamente rilevanti, ad esempio, l'esposizione ad un agente contagioso conduce solo in una percentuale di casi, e non nella totalità, allo sviluppo della malattia. Il modello biomedico ignora i fattori sociali e psicologici che possono modulare l'efficacia della risposta del soggetto. Infine esso ignora completamente l'importanza della relazione tra medico e paziente nei processi di diagnosi e terapia come fattori che invece influenzano fortemente gli esiti terapeutici.

La crisi del "paradigma" biomedico ha aperto la strada ad una più ampia considerazione dei fattori implicati nella salute, verso un approccio che tenga conto:

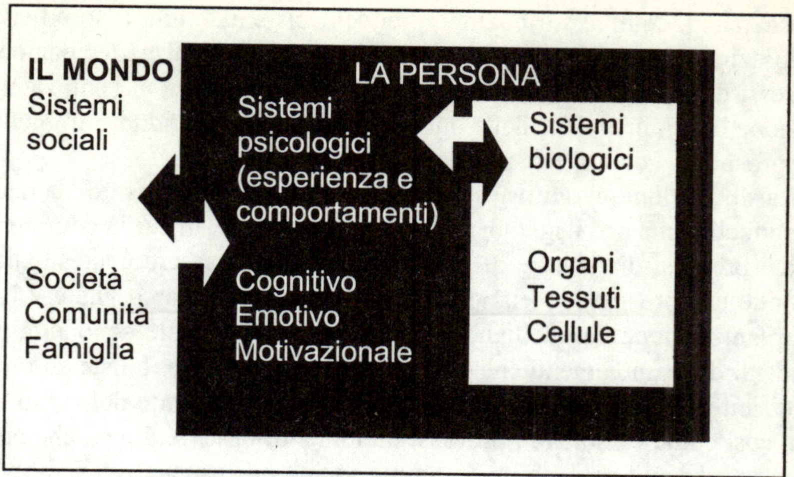

Fig. 2 - Schema del modello bio-psico-sociale

- dell'interazione nella configurazione dello stato di salute e di malattia tra processi che agiscono a livello macro (come l'esistenza di sostegno sociale o la presenza di depressione) e a livello micro (come squilibri a livello biochimico e cellulare);
- dalla natura multifattoriale sia delle cause che agiscono sulla salute e sulla malattia sia degli effetti che la salute e la malattia possono avere;
- della non distinguibilità della mente e del corpo nella influenza sulle condizioni di salute di un individuo;
- la considerazione che la salute è un obiettivo che deve essere conseguito positivamente, mediante una attenzione alle necessità di ordine biologico, psicologico e sociale, e non come uno stato che deve essere solamente salvaguardato.

Un'implicazione importante del modello bio-psico-sociale è l'esplicito riferimento al concetto di **sistema**, sviluppato da L. von Bertalanfly (1968), inteso come un'entità dinamica in cui le componenti sono in continua e reciproca interazione, in modo da formare un unità o un tutto organico (cfr. Stone, 1987). L'opzione sistemica comporta sia la specificità di ciascun livello di organizzazione sia la necessità di indicare in modo preciso la natura delle relazioni e dell'interdipendenza tra i livelli di interazione. Non sempre la formulazione originaria di Engels risponde con chiarezza a questi due requisiti. Ad esempio, come sottolineano Zani e Cicognani (2000), in quella formulazione, fortemente ancorata alla *Social Cognition*, "il sociale è preso in considerazione come contesto esterno rispetto al soggetto, quest'ultimo visto essenzialmente come individuo che conosce e elabora informazioni, compie attribuzioni, prende decisioni, valuta costi e benefici di un'azione. Non si riconosce al sociale alcun ruolo di partecipazione ai processi di costruzione della conoscenza, né viene posta al centro dell'attenzione la comprensione delle interdipendenze fra individuo e ambiente in una prospettiva dinamica e processuale …" (p. 21)

La dimensione evolutiva costituisce l'altra caratteristica fondamentale del modello, che privilegia una *life-span perspective*, in cui la comprensione dei processi di salute e di malattia chiedono di essere contestualizzati secondo una prospettiva temporale che abbracci tutto l'arco vitale. I livelli di organizzazione coinvolti nel sistema bio-psico-sociale sono infatti dipendenti dai cambiamenti che caratterizzano lo sviluppo. La stessa rappresentazione della salute e della malattia cambia fortemente nel corso della vita, così come cambiano i processi biologici di base, le dinamiche emotive, cognitive e di personalità, le norme sociali e le aspettative, le attività e il livello di partecipazione alla vita di relazione.

Sotto molti aspetti, quindi, il quadro concettuale si caratterizza e si esplicita mediante l'individuazione della relazione tra persona e ambiente come unità di analisi e sembra orientarsi verso concezioni di tipo contestualistico-evolutivo. Infatti:

- in primo luogo il modello bio-psico-sociale, prende di fatto le distanze dai metamodelli meccanicistici e organicistici che hanno a lungo dominato anche gli approcci tradizionali alla salute. Esso privilegia, coerentemente con l'approccio contestualistico-evolutivo, la non linearità o la multilinearità entro modelli causali complessi, piuttosto che legami di tipo deterministico e lineari. Allo stesso modo le relazioni previste dal modello tra i diversi livelli di organizzazione si possono definire come **transazioni** (che implicano cambiamenti in tutti i livelli di organizzazione coinvolti) piuttosto che come **interazioni** (in cui tali cambiamenti non sono implicati e in cui l'enfasi è conferita più agli effetti che ai processi);
- in secondo luogo, nell'introduzione di una *life-span perspective*, la dimensione evolutiva coinvolge tutte le relazioni transattive che specificano la relazione tra persona e contesti. Sotto questo profilo il modello bio-psico-sociale dovrà certamente, per così dire, rendere più espliciti i riferimenti teorici con cui dar conto di come le relazioni tra livelli di organizzazione si modificano lungo la linea temporale. Un'analisi dei processi dinamici (Ford e Lerner, 1994), come quelli indicati dalla figura 3, implica una "teoria del cambiamento evolutivo" che probabilmente costituisce una linea di orizzonte dell'attuale concettualizzazione in Psicologia della Salute.

PROCESSI E DINAMICHE	
MANTENIMENTO DELLA STABILITÀ:	omeostasi – omeoresi meccanismi di difesa assimilazione ....
CAMBIAMENTO INCREMENTALE:	differenziazione condizionamento Accomodamento ....
CAMBIAMENTO TRASFORMAZIONALE	periodo critico insight allontanamento dall'equilibrio ....

Fig. 3 - Modelli di cambiamento

2.3. Quadri operazionali della Psicologia della Salute

Se si rivolge l'attenzione al quadro operazionale che caratterizza il modello bio-psico-sociale, esso può essere descritto lungo tre direzioni relative a:

- il modo in cui possono essere classificati, nelle varie situazioni contestuali, i pattern di interazione tra i diversi livelli di organizzazione che compongono il sistema;
- il modo in cui le persone agiscono entro il sistema della salute, alla prese con le scelte e i processi di decisione che orientano i propri comportamenti di salute;
- le linee d'azione principali con cui la Psicologia della Salute agisce concretamente ai diversi livelli sistemici.

La classificazione del funzionamento e della disabilità: L'ICIDH-2

Una operazionalizzazione molto prossima al modello bio-psico-sociale è senza dubbio rappresentata dal sistema di classificazione del funzionamento e della disabilità, l'ICIDH-2 proposto dall'Organizzazione Mondiale della Sanità . Secondo questo modello, illustrato dalla figura, "il funzio-

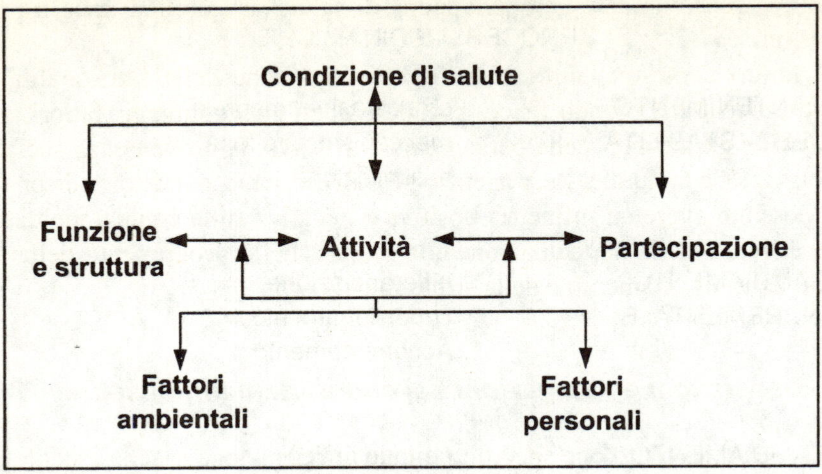

Fig. 4 - Il sistema ICIDH-2

namento e la disabilità vengono considerati un'interazione o una relazione complessa tra la condizioni di salute e i fattori contestuali (cioè i fattori ambientali e personali)".

Le condizione di salute è specificata dal modo in cui interagiscono le funzioni e strutture corporee (comprendendo tra queste anche le caratteristiche della vita mentale), le attività dell'individuo, il grado di partecipazione e di coinvolgimento nelle situazioni di vita. Tali dimensioni vengono analizzate sia lungo la direzione positiva che in quella negativa. L'aspetto positivo (funzionamento) si riferisce così all'integrità strutturale e funzionale del corpo e delle sue parti, mentre vengono definite "menomazioni" le deviazioni o le perdite significative che accompagnano i problemi nelle funzioni e nelle strutture corporee.

Al livello delle attività, vengono prese in considerazione l'esecuzione dei compiti o delle azioni da parte della persona e le limitazioni delle attività, vale a dire le difficoltà che un individuo può incontrare nel loro svolgimento.

Il grado di coinvolgimento della persona nelle situazione di vita o le sue restrizioni definiscono infine la dimensione della partecipazione.

Tali caratteristiche possono sia essere relativamente indipendenti (ad esempio è possibile avere menomazioni senza avere necessariamente limitazioni delle attività, o avere problemi di partecipazione senza menomazioni o limitazioni nella attività, come ad esempio nel caso di una persona sieropositiva che deve affrontare i pregiudizi sociali) sia entrare in rapporti di interazione complessa, in cui, ad esempio, la presenza di una disabilità modifica sensibilmente una condizione di salute in ciascuna delle tre dimensioni.

I fattori contestuali immettono nella valutazione della funzionalità le caratteristiche del mondo fisico, sociale e degli atteggiamenti (fattori ambientali) e gli attributi della persona, quali il sesso, la provenienza sociale, la formazione culturale, l'esperienza, gli stili di vita, ecc. (fattori personali) che possono avere un'influenza positiva o negativa sulla condizione di salute, a livello della partecipazione alla società, dello svolgimento delle attività, del funzionamento e della struttura del corpo.

2.4. Descrizioni e spiegazioni dei comportamenti di salute

Un secondo tratto che specifica il quadro operazionale della Psicologia della Salute è rappresentato dal modo in cui essa dà conto dei concreti comportamenti di salute delle persone.

La Psicologia della Salute ha cercato soprattutto nella tradizione della psicologia sociale gli strumenti concettuali per descrivere il modo in cui le persone affrontano i problemi della propria salute, cercando soprattutto di modellizzare i comportamenti di scelta e i processi decisionali. Un esempio molto eloquente è dato da un primo gruppo di modelli che cercano di spiegare il comportamento di scelta tra comportamenti rilevanti per la salute (es. smettere o non smettere di fumare, fare o non fare esercizio fisico) sulla base di un limitato pool di variabili cognitive. Lo schema seguente illustra le caratteristiche essenziali prese in considerazione.

Possono essere ricondotti a questo primo gruppo:

- il modello delle credenze di salute (Becker e Maiman, 1975);
- la teoria della motivazione a proteggersi (Rippetoe, Rogers, 1987);
- la teoria dell'azione ragionata (Fishbein e Ajzen, 1975) e
- la teoria del comportamento pianificato (Ajzen, 1985).

Questi modelli, che vengono definiti "aspettativa-valore", in sostanza, predicono che la probabilità che una persona adotti comportamenti di protezione è direttamente proporzionale da un lato alla percezione di una minaccia di salute, alla sua gravità e, dall'altro, alla percezione della propria capacità di eseguire un'azione in grado di ridurre la minaccia per la salute, purché quest'azione non comporti sforzi e costi eccessivi (cfr. Stroebe, Stroebe, 1995).

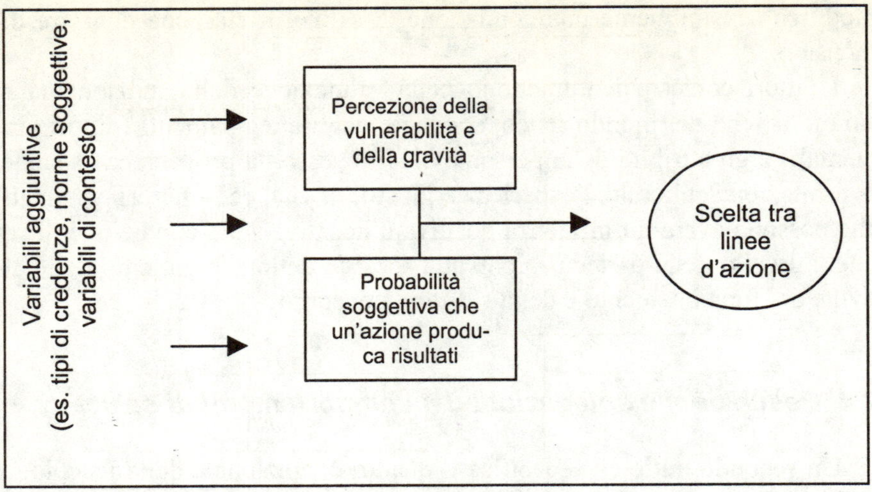

Fig. 5 - Schema sintetico dei modelli valore-aspettativa

In questi modelli c'è un'evidente assunzione implicita sulla razionalità della scelta dei comportamenti di salute e i fattori che vengono presi in considerazione sono pressoché interamente di tipo cognitivo. L'enfasi è inoltre assegnata ai "blocchi logici", ma vengono fortemente sottovalutati gli aspetti dinamici coinvolti.

I **modelli "processuali"** tentano di sopperire al carattere statico degli approcci basati sulle aspettative, introducendo una spiegazione fondata sulla individuazione di processi dinamici che includano la dimensione temporale e una successione di fasi, ciascuna caratterizzata da informazioni rilevanti e specifiche. Rispetto ai modelli precedenti, vi è qui una minor linearità e un maggior grado di incertezza. Nel passaggio da una fase di consapevolezza limitata o assente del problema di salute, ad una fase di azione e di mantenimento non v'è infatti alcuna ineluttabilità. Il punto critico sta proprio nello studio delle condizioni di passaggio da una fase all'altra. Ad esempio nel modello di Di Clemente e Prochaska (Di Clemente, Prochaska, 1982; Prochaska e Di Clemente, 1984, 1986), i processi di cambiamento sono facilitati da attività esperienziali (efficaci soprattutto per il passaggio dalla fase "precontemplativa" a quella "contemplativa", in cui il problema di salute è avvertito e preso in considerazione) e da attività comportamentali (efficaci prevalentemente nella transizione dalla fase di preparazione alla fase di azione). Nel modello di Weinstein, 1988, schematizzato nella figura 6, il passaggio dallo Stadio 1 allo stadio 2 è facilitato dall'acquisizione di conoscenza ; l a percezione di vulnerabilità è coinvolta nel passaggio allo stadio 3 ed agisce, insieme alla percezione di gravità e

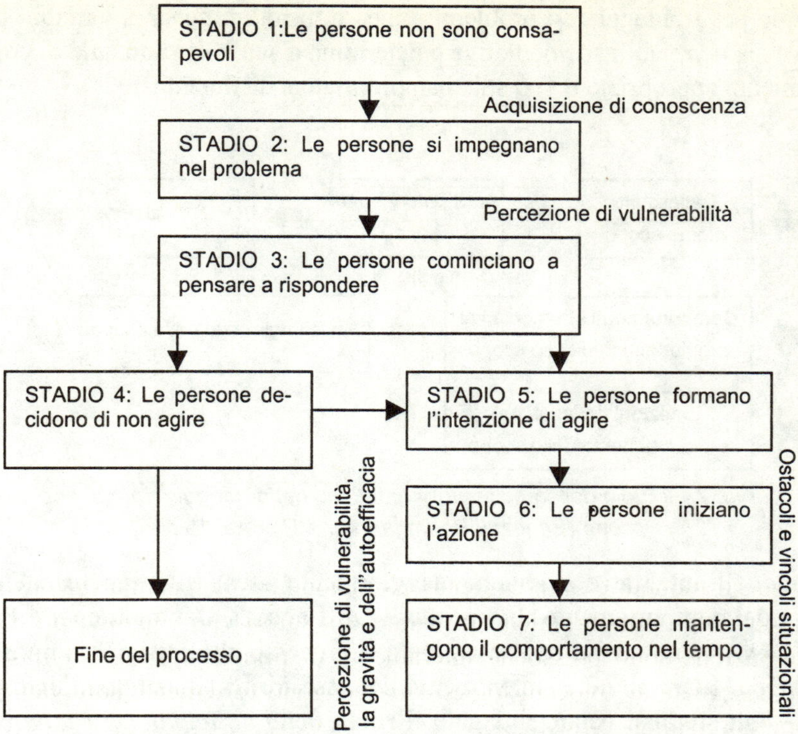

Fig. 6 - Schema del modello di Weinstein (1988)

al senso di autoefficacia, anche nella costruzione dell'intenzione ad agire (stadio 5); la presenza di barriere si aggiunge a spiegare l'inizio dell'azione e il suo mantenimento (stadio 6 e stadio 7).

La teoria dell'azione rilevante (Schwartzer e Fuchs, 1996) distingue una **fase motivazionale** ed una **fase dell'azione.** Nella prima, la valutazione del rischio, le aspettative di risultati e il senso di autoefficacia, in interazione tra loro, producono una **intenzione**. La seconda fase si articola su un **livello cognitivo** (piani d'azione e controllo sull'azione), su un **livello situazionale** (presenza di ostacoli e risorse esterne) che influenzano il **livello comportamentale** (azione rilevante per la salute).

I **modelli "integrati"** (ad es. Conneer e Norman, 1995; Rutter, Quine Cheshman, 1999) tendono a rendere espliciti soprattutto le dinamiche e i processi di cambiamento e introducono un'attenzione più diretta alle componenti motivazionali, al ruolo delle emozioni e al chiarimento del passaggio dall'intenzione all'azione. Viene introdotto nei modelli anche il concetto di "coping": il modo in cui le persone selezionano e organizzano le risorse in strategie per fronteggiare i problemi è messo in relazione sia a variabili cognitive sia a variabili socioemotive e determina a sua volta uno stile di comportamento appropriato o uno stile inappropriato e disfunzionale.

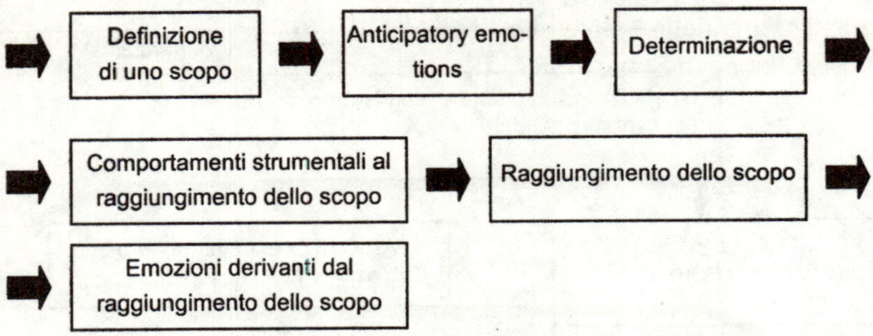

Fig. 7 - Il ruolo delle anticipatory emotions nel perseguimento di uno scopo (Bagozzi, Baumgartmer e Pieters, 1998)

I modelli integrati sono anche maggiormente attenti alla dimensione affettiva del comportamento. In uno studio di Bagozzi, Baumgartener e Pieters (1998) viene ad esempio esaminato il processo che regola i comportamenti *goal-directed* nel mantenimento del peso forma (illustrato nella figura 7). "Gli studiosi hanno indagato il ruolo delle *anticipatory emotions* a valenza positiva e negativa nel raggiungimento di tale obiettivo. L'individuo che sceglie una dieta e che pratica esercizio fisico per raggiungere o mantenere un certo peso è indotto a compiere tali sacrifici anche dall'immaginarsi in forma (*anticipatory emotion* positiva) *o* che nascono dal pensiero di fallire l'obiettivo e di vivere quindi in futuro una condizione di disagio (*anticipatory emotion* negativa). Più precisamente, le emozioni positive che un individuo prova, immaginando di aver raggiunto una perfetta forma fisica possono essere, per esempio, il senso di soddisfazione, di felicità, l'orgoglio, la sicurezza di sé, ecc.; d'altro canto, immaginare il fallimento può suscitare emozioni negative quali la rabbia, la frustrazione, il senso di colpa o di vergogna, depressione, preoccupazione e così via" (Soscia, 2001, p. 101).

2.5. Linee di azione

Il campo d'azione della Psicologia della Salute può essere delineato tracciando una linea di confine, mobile e provvisoria, tra interventi mirati alla promozione dei comportamenti di salute e degli stili di vita sani, da un lato, e alla gestione della malattia e dei problemi di salute dall'altro.

Coerentemente col modello bio-psico-sociale, la tradizione della Psicologia della Salute non limita la propria azione all'intervento individuale, ma cerca di abbracciare l'intero raggio dei problemi di salute che si collocano ai diversi livelli di organizzazione. Una prima definizione del raggio d'azione della Psicologia della Salute viene concettualizzata in termini sistemici nella rappresentazione di Stone (1987), illustrata nella seguente figura 8.

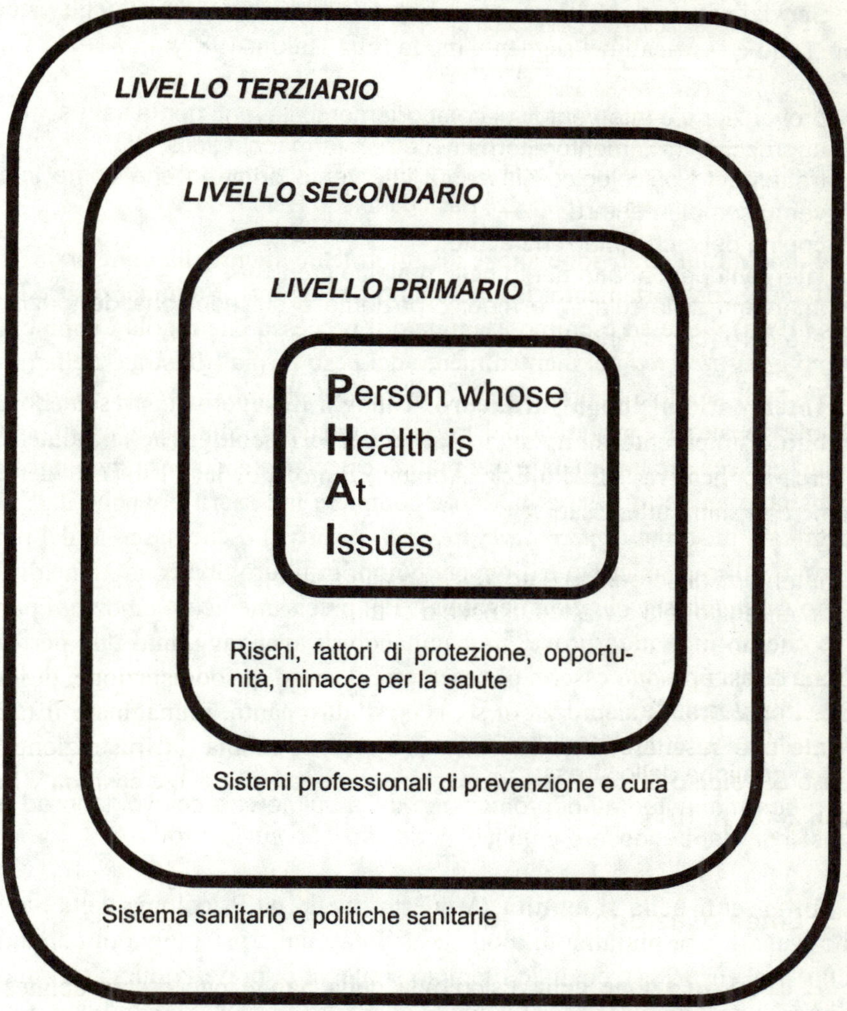

Fig. 8 - Elementi del sistema salute secondo Stone (1987)

Il sistema di riferimento vede alla base la persona la cui salute è in questione (indicata con l'acronimo PHAI) e via via vengono indicati i livelli di organizzazione e di intervento con cui la persona interagisce in modo diretto (livello primario) o indiretto (secondario e terziario), ma con un indubbio impatto sulla sua salute.

Entro questo quadro sistemico, gli interventi di Psicologia della Salute possono essere definiti in primo luogo sulla base degli ambiti in cui essi vengono esercitati.

Servizi sanitari. Nell'ambito dei servizi sanitari i compiti degli psicologi sono classificati nel seguente modo (cfr. Tulkin, 1987):

- prevenzione e intervento sui comportamenti rilevanti per la salute;
- approcci di trattamento alternativo e non farmacologico;
- trattamento psicologico sia come intervento primario che come intervento complementare;
- coping delle crisi mediche acute;
- interventi per l'adattamento nelle malattie croniche;
- interventi sulla relazione medico-paziente e sull'adesione dei pazienti alle cure (*compliance*).

Interventi sui luoghi di lavoro. I luoghi di lavoro rappresentano un ambito di intervento molto significativo per la Psicologia della Salute. La ricerca applicativa (cfr. Follick, Abrams, Pinto, Fowler (1987) evidenzia come essi siano interessati a:

- interventi di screening e educazione alla salute;
- interventi diretti su fattori di rischio quali:
  - fumo,
  - obesità,
  - ipertensione,
  - fitness cardiovascolare,
  - gestione dello stress;
- programmi integrati di promozione della salute che coinvolgano ad es. stili di vita, benessere emotivo, soddisfazione sul lavoro.

Interventi nella comunità. A questo livello, la Psicologia della Salute si avvale di una pluralità di modelli elaborati dalla psicologia di comunità (cfr. Trickett, 1987), quali ad esempio strategie di prevenzione, assessment e intervento organizzativo, l'azione sociale e l'approccio ecologico. Quest'ultimo rappresenta un contributo fondamentale nell'evoluzione della promozione della salute. “L’approccio ecologico vede la salute come il prodotto dell’interdipendenza fra l’individuo e i sottosistemi dell’ecosistema (come la famiglia, la comunità, la cultura e l’ambiente fisico e sociale). Per promuovere la salute, questo ecosistema deve offrire le condizioni economiche e sociali che facilitano gli stili di vita sani. Deve inoltre fornire informazioni e consentire l’acquisizione di abilità necessarie affinché gli individui possano prendere decisioni riguardo al proprio comportamento in modo da mantenere la salute” (Zani e Cicognani, 2000, p. 184).

Interventi sulla salute pubblica e sulle politiche sulla salute. Faden (1987) indica come ambiti qualificati di intervento psicologico sulla salute pubblica quelli che riguardano:

- gli stili di vita e gli interventi rilevanti per la salute;
- il controllo dei fattori di rischio;
- interventi sull’allocazione delle risorse pubbliche per la salute e la valutazione delle politiche sanitarie.

Viene riconosciuto un ruolo alla Psicologia della Salute nella formazione delle politiche sanitarie, soprattutto nella formazione dl personale politico e amministrativo e in processi di consulenza attiva e di expertise su aspetti correlati con i problemi psicologici della salute. De Leon e VandenBos (1987) indicano che l’impegno sul versante delle politiche sanitarie riguarda sia le istituzione formative e associative della Psicologia della Salute, sia gli psicologi della salute individualmente e sollecitano una maggiore attenzione della disciplina alla comprensione e delle dinamiche politiche come parte integrante nella formazione degli psicologi della salute.

In linea generale, dunque, gli interventi di Psicologia della Salute, nei diversi contesti d’azione, sono andati storicamente disponendosi lungo due versanti principali:

Gestione delle malattie e dei problemi di salute. Questo versante riguarda in particolar modo:

- comportamenti dei pazienti e i processi di management della malattia e, in modo particolare:
  - la consultazione col medico,
  - l’esperienza del trattamento;
- intervento sui sintomi:
  - management del dolore;

- intervento su condizioni di vita e malattia:
  - intervento sulle condizioni di vita e sulla gestione degli aspetti psicologici coinvolti nelle malattie croniche,
  - aspetti psicologici delle malattie ad alta mortalità,
  - interventi sulla qualità della vita di fronte alla morte,
- stress e coping.

Interventi di prevenzione e di promozione della salute:
- interventi sugli stili di vita;
- interventi sui comportamenti di salute;
- interventi di prevenzione e promozione della salute nella comunità, nei luoghi di lavoro e nelle scuole;
- interventi di consulenza sulle politiche sociali e sanitarie.

La linea evolutiva degli interventi della Psicologia della Salute è fortemente caratterizzata da uno slittamento dello sguardo "dal versante della diagnosi e della terapia, per aprirsi con rinnovata attenzione alle dinamiche dello sviluppo della persona e della convivenza sociale. Le 'risorse' più o meno nascoste, anziché le 'patologie' più o meno manifeste, costituiscono il punto focale di riferimento. Ne consegue pertanto, sul piano applicativo, che l'orientamento prevalente si ispira piuttosto alla sollecitazione o valorizzazione delle prime che non alla correzione o rimozione delle seconde. Lo spostamento di accento, da una linea prescrittiva ad una linea di stimolo e di sollecitazione, comporta anche un sensibile cambiamento nella relazione fra l'esperto psicologo e l'utente" (Bertini, Braibanti, Gagliardi, 1999). Il concetto di **promozione della salute** acquista in tal modo un valore più ampio di quanto non fosse ad esso assegnato, agli esordi della Psicologia della Salute, come insieme di strategie volte a facilitare l'adozione di comportamenti sani. Come dice con chiarezza Mario Bertini, "In definitiva, nella 'promozione', l'obiettivo diventa lo sviluppo della persona, dei gruppi, delle comunità, in una visione attenta alla dinamica intra- e intersistemica in cui le vicende di questo sviluppo prendono forma. Questa visione si accompagna alla consapevolezza che, nella realizzazione di ogni progetto, tecnici e utenti sono coinvolti in un processo continuo di co-costruzione, pur nella distinzione dei ruoli" (Bertini, 1998, p. 23).

3. Alcuni nodi critici della Psicologia della Salute

Al lettore sarà già chiaro che la Psicologia della Salute agisce entro una tradizione i cui confini, benché tuttora delineati in modo non definitivo, sono fondamentalmente riferiti ad un paradigma che si sta costituendo attorno al modello bio-psico-sociale. L'assunzione di un ottica sistemica, evolutiva e, in taluni casi, costruttivista, ne costituiscono punti di forza molto significativi, a cui si deve certamente almeno in parte attribuire la diffusione che la Psicologia della Salute sta ottenendo a livello internazionale tra gli psicologi e il prestigio crescente di cui gode più in generale nella comunità scientifica. Ciò non la mette peraltro al riparo da problemi e nodi critici che sono, probabilmente, inevitabili per chi voglia cimentarsi con un oggetto così complesso e, per molti aspetti, indecifrabile come la salute. In questo paragrafo cercherò di evidenziare alcuni di questi nodi, anche per facilitare nel lettore la costruzione di una mappa concettuale complessa e aperta delle linee di sviluppo della Psicologia della Salute a cui possano essere più agevolmente riferiti i contributi e gli spunti critici del presente volume.

3.1. La relazione tra soggettivazione e razionalizzazione: la salute come dimensione irriducibile alla sola dimensione oggettivo-nomotetica

La complessità del modello bio-psico-sociale, lascia aperto uno spazio o una "zona d'ombra" che non può, nonostante alcune convergenze superficiali, rendere conto interamente di quanto H.G. Gadamer suggerisce, e cioè che la salute "non è un sentirsi, ma un esserci, un essere nel mondo, un essere insieme ad altri uomini ed essere occupati attivamente e positivamente dai compiti particolari della vita". Infatti per Gadamer la salute "rappresenta uno stato di intrinseca adeguatezza e di accordo con se stessi che non può essere superato da nessun altro tipo di controllo" e ciò sembra respingere ogni riducibilità di questo versante della salute ai processi di oggettivazione.

Sarebbe nondimeno imprudente pensare che l'irriducibilità di tali dimensioni rinvii inevitabilmente ad una sorta di dualismo (di tipo ontologico o di proprietà), quanto piuttosto a quella forma di dualismo semantico che Ricoeur riconosce tra i discorsi sul corpo e quelli sulla mente, pur nell'inscindibilità ontologica di mente e corpo, o alla reciproca irriducibilità, sostenuta da Searle, delle esperienze soggettive in prima persona e dei fenomeni oggettivi in terza persona.

Né tale irriducibilità comporta esclusione o incompatibilità. Nell'esperienza comune la dimensione oggettiva-nomotetica fa sovente irruzione nella definizione del "senso" di adeguatezza, così come una dimensione soggettiva di intrinseca adeguatezza (o inadeguatezza) dà "senso" alla varietà delle relazioni "oggettive". E se ciò trova evidente applicazione quando è la malattia più che la salute che "ci viene incontro" e che "ci invade", al contrario lo stato di "benessere" in una esclusiva autoreferenzialità soggettiva può facilmente ripiegarsi nella dimensione sincronica, talvolta illusoria ed effimera.

Proprio perciò queste due "polarità" costituiscono forse due codici diversi che, pur non parlando tra loro e non comprendendosi, tuttavia per certi versi alludono l'uno all'altro. Ciò che non può essere ricongiunto entro un discorso (fino a che almeno non avremo a disposizione il terzo linguaggio a cui allude Ricoeur nel suo dialogo con Changeux) può tuttavia integrarsi nell'azione, nella prassi. Se per qualche tratto tale possibile ricongiunzione si intravvede nei concetti gadameriani di cura e di dialogo, certamente la domanda cui alludono la polarità oggettiva e l'esperienza soggettiva della salute trova un ambito di espressione anche nei processi di "formazione" in cui i due codici diversi "dicono" delle potenzialità di interconnettersi nella costruzione di una biografia.

Il problema dunque non può essere colto solo nella giustapposizione delle parti o nell'introduzione di nuovi aspetti capaci di specificare la "condizione di salute" (come nell'ICIDH-2) se ciò continua ad agire nel quadro di un linguaggio in terza persona. Infatti non è aggiungendo dimensioni che si può entrare in contatto col soggetto. In questo modo si riesce al massimo a delimitare e a descrivere il suo campo d'azione, cosa importante, ma certamente non sufficiente, quando occorre invece, per così dire, entrare in contatto "in presa diretta" con la soggettività.

Sadi Marhaba (1999) individua quattro chiavi concettuali che devono essere considerate per affrontare la questione della soggettività e del benessere:

"Prima chiave:	la soggettività include i valori
Seconda chiave:	la soggettività è rilevante di per sé, non in funzione del metodo con cui viene studiata. Pertanto, è rilevante anche e soprattutto la soggettività "complessa" e "diversa"
Terza chiave:	inscindibilità tra la "teoria" e la "pratica"
Quarta chiave:	la consapevolezza delle particolari difficoltà e contraddizioni implicite nello studio empirico-scientifico della "vera" soggettività (Marhaba, 1999, pp. 5-6).

Penso che la Psicologia della Salute debba crescentemente interrogarsi su queste chiavi che, per il momento, sono ancora collocate, per così dire, lungo la sua linea di orizzonte.

3.2. Le dimensione di "senso" come orizzonte dell'agire dello psicologo affiancato alla necessità di circoscrivere quello stesso agire entro confini pragmatici

Nella sua tradizione recente, la Psicologia della Salute è sembrata privilegiare un atteggiamento pragmatico, concretamente orientato a promuovere cambiamenti nei comportamenti di salute, nella gestione delle malattie e a favorire le relazioni tra la persona e i sistemi sanitari nelle sue diverse articolazioni. Questa angolatura le ha consentito certamente di intercettare alcuni aspetti importanti che caratterizzano i problemi della salute nella realtà quotidiana e costituisce, in un certo senso, un patrimonio che non deve essere disperso con leggerezza. Tuttavia è proprio la complessità con cui la salute si presenta "nel mondo reale" che non si lascia interamente confinare entro risposte prevalentemente orientate alla dimensione comportamentale. La salute corre infatti lungo la linea di senso dell'esperienza personale e sociale e non solo in quella delle determinazioni normative, anche quando queste siano articolate in dimensioni multiple.

Per cogliere questa prospettiva, allora, occorre probabilmente entrare in contatto con gli usi multipli della salute come costrutto sociale e con la dinamica evolutiva nella costruzione della rappresentazione della salute

Una linea molto promettente in questa direzione è certamente costituita dalla **teoria delle rappresentazioni sociali** (Moscovici, 1961; Herzlich, 1969, 1991, Farr e Moscovici, 1984, Jodelet, 1989). La comprensione che le persone hanno di se stesse e del mondo ha una natura sociale e collettiva che può essere studiata nella forme delle "rappresentazioni sociali", vale a dire nelle concezioni condivise e nelle teorie ingenue che organizzano la percezione del mondo e costituiscono un codice collettivo per la comunicazione sociale. Le rappresentazioni sociali sono costrutti collettivi che vengono elaborati socialmente allo scopo di *dare un senso* all'esperienza. In questa linea di ricerca, la salute e la malattia costituiscono un centro di interesse fortemente significativo. La loro "spiegazione sociale" mette infatti in luce come esse costituiscano l'oggetto di un discorso collettivo che cerca di dare senso all'esperienza personale. La malattia, come componente del discorso, diviene allora un "significante" che rinvia al rapporto tra individuo e ordine sociale, ad interrogativi sulla persona, la sua posizione e il suo entourage sociale, che oltrepassano la diagnosi medica e la menomazione corporea. Un aspetto particolare dello studio delle rappresentazioni sociali della salute e della malattia riguarda il modo in cui esse si differenziano ed entrano in rapporto con la medicina, intesa come organizzazione sociale di una professione. Negli ultimi anni il valore sociale della salute è aumentato, costituendo un costrutto assai prossimo alla felicità, da un lato, e a un dovere sociale, dall'altro. Contemporaneamente la malattia si rende concepibile ormai quasi esclusivamente nel rapporto con la medicina, a cui è richiesto, da un lato, una grande sofisticazione negli apparati istituzionali di intervento e di cura, ma alla quale, d'altro lato, viene contemporaneamente contrapposto il valore della volontà di guarire come una determinante della salute, che può trovare maggiore accoglienza e rispecchiarsi nel crescente prestigio delle cure cosiddette alternative e delle medicine orientali.

Naturalmente, la via privilegiata per entrare in contatto con il modo in cui le persone e i gruppi sociali affrontano le dimensioni della salute è senza dubbio il **linguaggio**. Una serie di problemi si pongono quando si cerchi di entrare in contatto con la salute attraverso il linguaggio. Demazière e Dubar (1997) ritengono che gli approcci delle scienze umane di fronte alla necessità di confrontarsi con le parole delle persone (per esempio attraverso le interviste biografiche) possano essere ricondotti essenzialmente a tre:

- un atteggiamento *illustrativo* che "consiste nel fare un uso selettivo della parola delle persone al punto da asservirla alle esigenze della dimostrazione condotta dal ricercatore". Questo atteggiamento è comune a chi affronta la parola dei soggetti con un orientamento quantitativo e di analisi causale e si può avvalere indifferentemente di questionari, di interviste semistrutturate, di analisi di resoconti liberi. Questi vengono processati in genere mediante modelli di "analisi del contenuto" in cui il discorso è "passato al tritatutto" e "la parola della persona è così frammentata in funzione delle categorie che fanno comodo al ricercatore, e indipendentemente dal modo in cui le persone verbalizzano i loro discorsi";
- un atteggiamento *restitutivo*, praticato ad esempio dalla etnometodologia (Garfinkel, 1967), rovescia la problematica in senso iperempirista, per cui "la parola delle persone è considerata trasparente", e soggettivista, nel senso che "il soggetto individuale è il vero attore del sociale, produttore dei suoi comportamenti, e soprattutto pienamente in grado di fornirne le 'buone ragioni'. I suo discorso è allora considerato un'espressione trasparente delle sue pratiche: chiarisce le attività che ha effettuato, offre i significati delle sue azioni". Compito del ricercatore è quello di raccogliere e "restituire" i resoconti che i membri di una collettività effettuano costantemente nel corso delle loro azioni, nello sforzo di "rendere conto" di ciò che essi fanno entro una società, un'organizzazione o un gruppo. Tali resoconti sono le condizioni di ogni efficacia dell'azione collettiva. La restituzione non ha il compito di ricondurre la parola delle persone a proposizioni generali, ma piuttosto di riconosce-

re l'indissociabilità del sapere sociale dai contesti e dalla particolarità delle situazioni in cui è applicato praticamente. Il ricercatore deve limitarsi a mettere in relazione le parole raccolte, i turni di parola, le tracce di interazione (comprese quelle non verbali). Deve cogliere le categorizzazione in situazione, delineare la coordinazione e il concatenamento delle azioni, descrivere i risultati pratici dell'interazione dinamica. Così facendo il ricercatore "si sforza di farsi dimenticare": egli non deve, per quanto possibile, utilizzare mediazioni teoriche precostituite, premunendosi "contro ogni oggettivazione abusiva" e lasciando, alla fine, al lettore la responsabilità di "comprendere, cioè prendere le persone così come sono";

- i ricercatori che "non si accontentano di illustrare teorie preesistenti attraverso citazioni decontestualizzate né di restituire interviste trascritte lasciando al lettore il compito di ricavarne qualche cosa" si rivolgono invece ad un atteggiamento *analitico*, che "cerca di produrre metodicamente senso a partire dall'utilizzo di interviste di ricerca". Anch'essi partono dalla parola comune e sono orientati ad "analizzare per comprendere". Dicono Demazière e Dubar: "Se si postula che qualunque parola e qualunque testo costituiscano delle «reti di relazione attraverso cui si realizza l'attività significante» (Cassirer, 1923), bisogna entrare in queste reti, tentare di sgrovigliarne i fili, effettuare la stessa attività significante che effettua il soggetto stesso. L'obiettivo principale – ma non unico – è reperire, seguire, individuare e tentare di riprodurre quel lavoro di categorizzazione di cui abbiamo postulato l'esistenza nelle interviste di ricerca fondate sull'instaurazione di un clima di fiducia che è anche un «contratto di parola» (Martin, 1987). Individuare, seguire e cercare di sciogliere quei «giochi linguistici» (Wittgenstein, 1953) attraverso i quali si costituisce una stabilizzazione provvisoria e contingente di un ordine categoriale. Reperire le identificazioni e le differenziazioni, le disgiunzioni e congiunzioni che strutturano l'attività significante. Trovare le parole chiave attorno a cui si dispiegano i dispositivi di categorizzazione. Seguire il processo dell'attività significante nell'interazione verbale e non verbale con il ricercatore" (p. 42).

Tuttavia, questo sforzo di riacquisire un contatto diretto col senso, anche attraverso l'incorporazione della parola dell'osservatore nel resoconto, forse può non essere del tutto sufficiente a colmare una distanza che rappresenta un orizzonte e un nodo critico per le scienze umane, prima ancora che per la psicologia: la distanza tra la faccia soggettiva del Sé, quella dell'Io, e la sua faccia oggettivata, quella del Me. "L'articolazione dei due tipi di lavoro sul Sé resta teoricamente possibile, ma praticamente limitata dall'assenza di un dispositivo adeguato" (p. 36).

3.3. Il dibattito tra ricerca quantitativa e qualitativa

La questione del linguaggio rinvia, per alcuni aspetti, alla discussione sui metodi di ricerca quantitativi e qualitativi. Mano a mano che la Psicologia della Salute introduce nella propria identità tratti costruttivisti, inevitabilmente pone a se stessa il compito di trattare con dimensioni di ricerca più vicine alla qualità che alla quantità. In questo senso, la ricerca sulla salute e sul benessere fa sempre più frequentemente uso di modelli qualitativi, come le *grounded theories* (Cahmberlain, 1999), l'*action research* (Curtis, Bryce, Treloar, 1999), la *interpretative phenomenological analysis* (Smith, Jarman, Osborn, 1999) che si affiancano a strumenti più consolidati, come i *focus groups*, le interviste, le storie di vita (Cicognani e Zani, 1999; Smorti, 1994).

Il problema della "irruzione del qualitativo" in Psicologia della Salute deve tuttavia essere diviso in due dimensioni distinte.

La prima dimensione, più debole, si riferisce alle opzioni metodologiche delle strategie di raccolta dei dati. In questa dimensione i modelli qualitativi rispondono ad una esigenza di rendere più ricco di significato il quadro fenomenologico, laddove la ricerca quantitativa ambisce soprattutto a restituire un quadro di relazioni causali o di relazioni tra variabili dotate di un grado sufficiente di attendibilità e generalizzabilità. Sotto questo profilo, la questione dell'adozione di metodi quantitativi e qualitativi non si pone in modo drammatico quando si tratti di scegliere strategie di valutazione in un quadro metodologicamente definito. Ad esempio il modello Precede-Procede (Green e Kreuter, 1999) si avvale indifferentemente di metodologie di analisi quantitativa e qualitativa, dosandoli in rapporto alle strategie di valutazione di processo, di impatto e di outcome adottate. La scelta degli strumenti di raccolta, analisi e interpretazione dei dati, in sostanza, dipende dal tipo di domande che ci si pone, dalla fase del modello e dagli obiettivi della valutazione.

In molti casi, tuttavia, la ricerca e l'intervento sulla salute e sul benessere evidenziano la presenza di ragioni che rafforzano la necessità di un approccio di tipo qualitativo, come ad esempio:

- l'indistinguibilità tra processo e prodotto;
- l'intreccio evidente tra contesto e soggetto;
- la sovrapponibilità tra il piano dell'intervento e quello della promozione alla partecipazione.

Per queste ragioni il processo, se si vuole, finisce con l'essere molto più importante degli esiti, soprattutto se questi sono apprezzati solo in termini di scostamenti delle medie. Molte linee di cambiamento si rendono percepibili o si nascondono nelle "pieghe della tendenza centrale" e, di nuovo, molti cambiamenti si avvertono in primo luogo sul versante della soggettività.

La ricerca qualitativa si pone in tal modo di fronte alla Psicologia della Salute anche in un secondo e più forte insieme di questioni di carattere epistemologico. Su questi insistono soprattutto Murray e Chamberlain (1999) e Lyons (1999). Il superamento di un paradigma positivista in Psicologia della Salute comporta alcune nuove dimensioni di ricerca in cui vengono messi progressivamente in crisi i tradizionali criteri di validazione, quali la reliability, la validità e la generalizzabilità che devono essere rivisitati alla luce di nuove assunzioni epistemologiche, come ad esempio, la credibilità la *dependability*, la trasferibilità o confermabilità (Denzin e Lincoln, 1994) in un paradigma critico, o come la *trusthwortiness* o la autenticità in un paradigma costruttivista (Guba e Lincoln, 1994) e così via. Contemporaneamente viene enfatizzata l'idea che la "realtà" possa essere vista in modo più appropriato come prodotto dell'interazione tra ricercatore e soggetto della ricerca, i quali non sono, né potrebbero essere scevri da valori che orientano la costruzione delle aspettative e delle azioni che sono oggetto della ricerca. Si evidenzia, in tal modo, una crescente importanza del linguaggio nel dare forma o addirittura nella costruzione della realtà (Gergen, 1985).

La ricerca qualitativa sembra, insomma, costituire una opzione metodologica appropriata ad una sfida al positivismo portata anche in Psicologia della Salute dagli approcci critici e costruttivisti. Su questo terreno, peraltro, occorre procedere con grande cautela. Le questioni metodologiche ed epistemologiche di fondo potrebbero addirittura essere oscurate, piuttosto che chiarite, insistendo eccessivamente sull'opposizione tra ricerca qualitativa e ricerca quantitativa (Kincheloe e McLaren, 1994; Armellini, 1999; Marhaba, 1999). Essa può essere giudicata "una distinzione pacificante che assegna a ognuno dei due campi la sua parte ed evita discussioni", col risultato di separare nettamente chi agisce nell'uno o nell'altro campo, quando invece la ricerca del significato ha proprio il compito di "cercare di comprendere ciò che le persone *vogliono dire*. La correttezza degli strumenti dipende dalla coerenza con questo obiettivo e non dall'usare o meno i numeri (Lamiell, 1995; Kelly, 1975)" (Armellini, 1999, p. 25-26). Anche Marhaba (1999) sottolinea "la sterilità del loro scontro in rapporto a un problema, quello della soggettività "vera", che, per complessità, li trascende entrambi seppur, forse, in misura diversa" (p. 7).

3.3. Il carattere autopoietico delle identità professionali (in cui ciascuno è chiamato a stabilire il confine tra autoreferenza e eteroreferenza), contrapposto alla necessità di dialogo inter- e trans-disciplinare

Come dicono Murray, Chamberlain (1999), uno dei problemi della Psicologia della Salute può essere rintracciato nella sua persistente prossimità pratica con il modello biomedico.

"La Psicologia della Salute ha ampiamente adottato un atteggiamento accomodante riguardo alla biomedicina piuttosto che uno seriamente critico della legittimità del modello biomedico. Il modo più facile di far questo fu di introdurre una nuova dimensione psicologica nel framework biomedico di base, lasciandone tuttavia immodificata la costruzione sotto ogni altro aspetto. Questo accomodamento si è concretizzato in uno slittamento da un modello biomedico a un più ampio modello bio-psico-sociale. Comunque Odgen (1987) ha esaminato questa supposta sfida alla biomedicina, giudicandola più retorica che reale. Ella sostiene che, a dispetto di una retorica che proclama il contrario, la pratica della Psicologia della Salute continua a privilegiare l'eziologia biomedica sulla causalità psicologica, è funzionale al mantenimento di una separazione e interazione tra mente e corpo piuttosto che alla visione di un individuo integrato, e mantiene la separatezza tra la corporeità e gli aspetti sociali. La biomedicina moderna indirizza il proprio sguardo verso il corpo dell'individuo (Foucault, 1973) e la Psicologia della Salute ha semplicemente esteso lo sguardo, in modo da includervi la mente, definita in termini di variabili psicologiche, spesso ignorando i processi sociali o "controllandoli" in analisi statistiche finalizzate a produrre leggi generali" (p. 5).

Questo panorama, forse eccessivamente desolato, della Psicologia della Salute è probabilmente in buona parte superato, almeno nella tradizione nascente della Psicologia della Salute nel nostro Paese (come anche questo volume intende testimoniare). Esso è comunque fortemente rappresentativo del senso di scoramento e talora di sconcerto che coglie chi volesse cercare tracce della complessità della salute nella maggior parte dei manuali di Health Psychology di tradizione anglosassone. Inoltre la citazione ha il pregio di porre, per così dire, il dito direttamente nella piaga della relazione tra Psicologia della Salute e medicina.

Nel suo lavoro introduttivo, Majani sostiene la psicologia possa accettare, senza complessi di inferiorità, una posizione ancillare rispetto alla medicina nella gestione dei problemi di salute entro il servizio sanitario.

Alla fine, tra alterne vicende, abbiamo conquistato una professionalità dai contorni netti, che ci conferma come psicologi ma che ci identifica come psicologi della salute, e che ci permette di interfacciarci con le altre figure sanitarie nel mondo medico portando un contributo specialistico all'assistenza e alla ricerca (Majani, 1999, p. 18);

e tuttavia,

è cero che in ospedale la psicologia è una disciplina ancillare, come la bioingegneria o come la biologia. La sua funzione – sintetizzando al massimo – è quella di ottimizzare l'esercizio della medicina. Ma questo non toglie nulla al valore della disciplina in sé (ibidem, p. 121).

Anche se la non "ancillarità" della Psicologia della Salute alla medicina è, in effetti, una delle sue caratteristiche "protocollari" (Stone, 1987), è ovvio che nelle relazioni tra ambiti professionali le collaborazioni richiedano anche quadri di integrazione gerarchica che, tuttavia, vanno considerati non in astratte configurazioni di *status* professionale o istituzionale, ma in rapporto alla dimensione dei problemi e dei contesti in cui queste collaborazioni si realizzano. In questo senso, accettare una posizione subordinata non rappresenta naturalmente l'unica possibilità che si offre agli psicologi, anche entro il sistema sanitario. Nell'articolo di Giovanni Guerra, "Strategie di intervento psicologico nelle strutture sanitarie" (riportato nel presente volume), vengono prese in considerazione altre strategie che possono essere considerate alternative: la strategia sostitutiva e la strategia consulenziale. In entrambe sono presenti problemi, sia pure di ordine diverso, ma in entrambe la presenza dello psicologo non è posta in discussione nella sua autonomia, sulla base della quale egli "da una parte può cercare di assumere un ruolo sostitutivo e, da un'altra parte, può cercare di favorire una riappropriazione delle competenze psicologiche da parte dei differenti ruoli professionali sanitari".

Un problema più delicato si pone rispetto a chi possa definire o al modo in cui possa essere caratterizzato il quadro dei bisogni, delle domande e delle operazioni con cui lo psicologo della salute può avere a che fare nel quadro delle istituzioni sanitarie. Molto spesso i giovani psicologi si chiedono "come far capire" la specificità e l'utilità del proprio intervento, domandando implicitamente agli altri (i medici in primo luogo) di condividere e riconoscere la demarcazione della propria dimensione professionale. Questo pone, agli psicologi, un problema che, presto o tardi, riguarda tutti gli statuti deontologici: il fatto che le identità dei sistemi professionali si possono costituire solo autopoieticamente. Il problema ha molte analogie col modo in cui in un sistema si costituisce la distinzione tra autoreferenza ed eteroreferenza incorporata nel sistema. Secondo le tesi del costruttivismo operativo, tale distinzione non può essere collocata nell'ambiente del sistema, ma nel sistema stesso. La "realtà" di un sistema può essere quindi solo un correlato interno delle operazioni del sistema: in sostanza i sistemi producono la distinzione tra autoreferenza ed eteroreferenza e la incorporano nel sistema stesso (cfr. Luhman, 1996). Questo processo rende riconoscibile all'interno del sistema la capacità di collegamento delle operazioni e la continua produzione e riproduzione della differenza tra sistema e ambiente. "Questo avviene attraverso un codice binario che fissa un valore positivo e uno negativo, escludendo terze possibilità. Il valore positivo indica la capacità di collegamento delle operazioni nel sistema: ciò con cui si può intraprendere qualcosa. Il valore negativo serve solo a riflettere le condizioni alle quali si può impegnare il valore positivo... Il confine *interno* del codice, che separa il valore positivo da quello negativo, non deve essere confuso con il confine *esterno*, che differenzia il sistema dal suo ambiente. In altri termini: la differenza del codice si colloca ortogonalmente rispetto alla differenza tra autoreferenza ed eteroreferenza... Il codice è sufficiente per determinare quali operazioni appartengano al sistema e quali operazioni (codificate diversamente o non codificate affatto) appartengano all'ambiente. Il codice è dunque una distinzione che consente l'auto-osservazione sulla base della distinzione tra sistema e ambiente" (Luhman, 1996, p. 33).

Tuttavia questa esigenza di autopoiesi dell'identità professionale anche dello psicologo della salute non comporta l'esclusione del riconoscimento della realtà e dell'importanza delle altre professioni sanitarie. Dal punto di vista del costruttivismo operativo tale riconoscimento non può che derivare da processi di "attribuzione di senso" in cui vengono risolte le incoerenze che, a questo proposito, possono risultare dalla partecipazione della memoria alle operazioni del sistema.

Vi sono ciò nonostante, agli occhi di un osservatore esterno, alcuni aspetti che rendono convergenti nelle diverse professioni questa operazione di risoluzione delle incoerenze tra operazioni e memoria. Mi riferisco, ad esempio, alla necessità di "comprendere" la complessità del soggetto a cui si prestano le operazioni di cura e di promozione della salute. Questo punto di convergenza consente innanzitutto di mettere in comune le rispettive incertezze sul piano del sapere e dell'agire. Su un'altra linea di pensiero, Gadamer ricorda che "all'inizio di ogni tentativo di comprensione c'è una situazione in cui si viene colpiti – come da una domanda, alla quale si deve rispondere, che getta nell'incertezza il sapere dell'interprete, chiedendogliene conto. Per rispondere chi è stato colpito comincia a sua volta a domandare" (Dutt, 1995, p. 29).

Sia che lo consideriamo come "irritazione" di sistemi autopoietici, sia che lo consideriamo come punto di partenza di un processo ermeneutico, la presenza del soggetto e della sua salute costituisce il vero punto di congiunzione delle diverse prospettive professionali sulla salute e rappresenta, in definitiva, il vero nodo critico della cosiddetta "interdisciplinarità", di un confronto che chiede una "fusione degli orizzonti di senso" in una nuova scienza della salute.

In definitiva la Psicologia della Salute sembra muoversi lungo un crinale che difficilmente può chiudersi in un quadro definitorio univoco. L'opzione sistemica e costruttivista non impedisce, anzi per certi aspetti implica la necessità di mantenere aperte le vie della ricerca e del dubbio. L'incertezza è un tratto che probabilmente rimarrà in modo stabile a caratterizzare la prospettiva epistemologica. La concettualizzazione è da tempo emancipata dalla univocità della relazione tra segno e referente e anche il dibattito sulla "salute" deve riconoscere la dipendenza molto forte dai contesti in modi che la rendono irriducibile ad una definizione unitaria. Non c'è, nei modi in cui si parla della salute e nei modi in cui essa viene rappresentata socialmente, nulla di simile a quel filo unitario che, nella metafora di Wittgenstein (1953), inutilmente cercheremmo in una corda, laddove invece si potrà cogliere il molteplice intreccio di fibre diverse.

La prassi, oltre alla riflessione teorica, consente tuttavia di intravvedere qualche via d'uscita dalle diverse impasse critiche. È la via che Gadamer sembra indicare e dalla quale non ci si deve, naturalmente, attendere alcuna risposta in chiave teoretica, ma piuttosto la "soluzione" entro un raggio d'azione pratico di antinomie per le quali non abbiamo ancora disponibile un "terzo" linguaggio.

La prospettiva teorica può riprendere il cammino proprio a partire da questo punto, laddove l'azione consente di "oltrepassare" la distanza che il linguaggio non può annullare. Non per questo dovrà rinunciare a "prendere posizione", anche se dovrà imparare a convivere con l'incertezza e col carattere provvisorio delle proprie sistemazioni.

4. Il contributo della Scuola di specializzazione in Psicologia della Salute di Orvieto

La nostra Scuola di specializzazione presta una attenzione molto grande ad alcune linee di ricerca che sembrano tenere aperta, lungo le linee che si sono tratteggiate nelle pagine precedenti, una concorrenza significativa tra prassi e riflessione teorica. La sua stessa collocazione nella città di Orvieto è frutto di una scelta intenzionale, volta a segnalare la volontà di intrecciare il proprio progetto di formazione con la costruzione di un progetto di sviluppo di comunità, attraverso un "patto" con una città e un territorio attenti ai valori della convivenza, della promozione della salute e della qualità della vita.

La scuola di specializzazione di Orvieto e la sua impostazione di fondo cercano sul piano pratico, pur nelle difficoltà di un processo nelle sue tappe iniziali, di ricongiungere i piani della comunicazione, della conoscenza e della ricerca in una "riflessione" che progressivamente incorpori e riconosca centralità, da un lato ad una "organizzazione che apprende" e, dall'altro, al "territorio" o ai "territori" operativi come punto di riferimento essenziale. Nelle note che seguono darò alcuni esempi delle linee di azione che caratterizzano maggiormente la frontiera esplorativa della Scuola di specializzazione e che, tra altri approcci più tradizionali, possono aspirare ad una presa in carico di uno sforzo per ampliare e rendere più esplicito il campo della Psicologia della Salute, lungo i crinali critici che nelle pagine precedenti ho cercato brevemente di delineare.

Le vie con cui questo sforzo cerca di mettersi in atto possono essere sinteticamente riassunti in tre pilastri su cui tendenzialmente si fonda l'organizzazione della scuola:

- l'intersezione tra piano teoretico e piani di azione (tirocini) – vedi fig. 9;
- il carattere di laboratorio che coinvolga gli studenti, i docenti, la città;
- la presenza di momenti di riflessione interna e "sospensione dell'azione" (laboratorio di analisi del processo formativo).

4.1. Alcune linee di azione della Psicologia della Salute a Orvieto

L'incontro tra Psicologia della Salute e Scienze umane. Uno dei punti caratterizzanti la recente storia della Scuola di specializzazione è la costante attenzione alla fecondità di un incontro operativo, transdisciplinare tra la Psicologia della Salute e le scienze umane. La fortuna di avere qualificati studiosi di antropologia nel corpo docente facilita e sostiene questo incontro.

Durante una lezione, un mio giovane allievo ha provato a suggerire che la psicologia si trova a fronteggiare "urgenti" domande di senso. Il che è certamente vero, ma trovo del tutto imprudente pensare che la psicologia da sola possa corrispondere alla gravità della domanda. Come dice Morin,

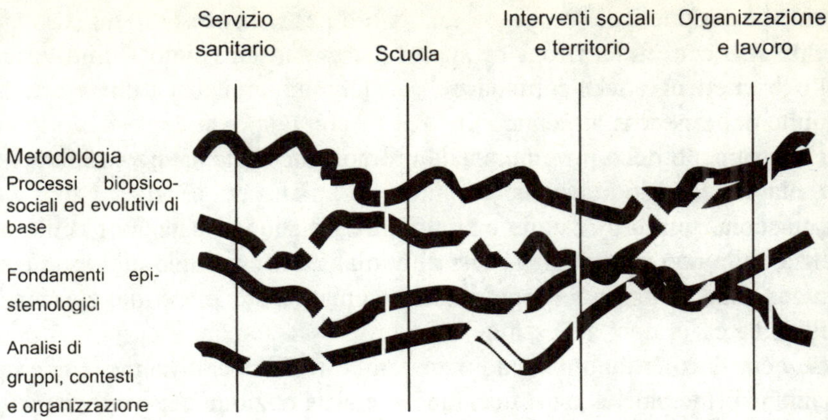

Fig. 9 - Diagramma dell'intreccio tra dimensioni teoriche e operative nell'approccio didattico della Scuola di specializzazione in Psicologia della Salute di Orvieto

proprio su questo le scienze umane marcano la loro difficoltà, di non riuscire più a interconnettersi nella perlustrazione della condizione umana. La crisi dei poderosi apparati culturali, disciplinari che hanno tradizionalmente raccolto ed elaborato la domanda collettiva di senso (le grandi letterature, le religioni, le filosofie, le espressioni artistiche) non può autorizzare una psicologia "scientifica" a ritenere giunto il momento di sostituirsi ad essi. L'incontro con l'antropologia e le altre scienze umane, che non va visto certamente in contrasto con la necessità di mantenere aperto il confronto con le scienze biomediche, promette di avviare più chiaramente la Psicologia della Salute a porsi domande su quelle che Morin considera le questione fondamentali del nostro tempo. Riposizionare la salute nei contesti, nelle culture locali e affiancare la prospettiva etnografica a quella fin troppo dominante dell'analisi della domanda, sono questi alcuni dei contributi che la Psicologia della Salute può attendersi da questo incontro, non solo sul piano teorico, ma, come si potrà in parte vedere dal prossimo paragrafo, anche verso la costruzione di nuove indicazioni operative.

Transdisciplinarità e incontro col territorio. Il IV congresso nazionale di Psicologia della Salute, tenutosi a Orvieto nel Settembre 2000, ha portato alla luce una linea di riflessione tenuta viva nella Scuola di specializzazione e nella comunità scientifica da Mario Bertini sulla possibilità di un diretto contributo della Psicologia della Salute, nel suo incontro con le scienze umane e con le scienze tecnico-architettoniche, di promuovere una diversa e sistematica attenzione al benessere nella programmazione del territorio. La proposta di "un piano regolatore per il benessere" ha suscitato un dibattito e diverse azioni di approfondimento che sono a mio parere molto promettenti anche per chiarire la fisionomia transdisciplinare con cui la salute può essere riguardata.

Gli strumenti della programmazione territoriale (piano regolatore generale, piano dei trasporti, piano commerciale, piano dei servizi, e così via) costituiscono una dimensione operativa e istituzionale che ha grande influenza nella regolazione della vita quotidiana dei cittadini, sul piano economico, delle relazioni interpersonali e sociali e sul piano del benessere individuale.

Se nella loro fisionomia tradizionale questi strumenti hanno come destinazione principale la classificazione e la sistemazione dei contenitori urbanistici e dei servizi, essi costituiscono non di meno una "rappresentazione" della città e del territorio che interagisce in modi complessi con le diverse culture presenti nel territorio e con i comportamenti dei cittadini e dei gruppi sociali.

Nella maggioranza dei casi gli strumenti di programmazione urbanistica, economica e sociale del territorio contengono questa relazione con le rappresentazioni e con i comportamenti sociali in modo implicito; solo raramente essi sviluppano modelli integrati della struttura dei comportamenti, della domanda sociale, del sistema delle aspettative, dell'impatto e delle ricadute sugli atteggiamenti, del sistema di cambiamenti indotti nella sfera delle relazioni interpersonali e sociali.

Salute, benessere e sicurezza sono solo alcuni dei termini lungo i quali negli ultimi tempi viene veicolato e canalizzato un senso diffuso di disorientamento tra i cittadini e che denunciano la necessità di procedere ad una trasformazione sostanziale della relazione tra programmazione territoriale e nuove configurazioni delle fenomenologie sociali. I processi della "globalizzazione", della "flessibilità", della "mobilità sociale" cambiano in modo radicale, e non sempre positivo, la prospettiva con cui i soggetti e i gruppi sociali guardano ai processi dell'identità, alle prospettive di crescita e di sviluppo personale e sociale, al rapporto con gli altri, ai processi di espressione dei bisogni e alle possibilità di partecipazione ai processi di decisione.

Sono venuti meno contemporaneamente molti modelli di partecipazione e di espressione della domanda sociale:

- mancano o hanno fortemente indebolito la credibilità sociale i luoghi stessi della partecipazione diretta dei cittadini;
- emerge una difficoltà crescente sul piano culturale, politico ed economico a costituire una pertinente dotazione tecnica in grado di veicolare

ed interpretare la domanda sociale;
- c'è una diffusa difficoltà soggettiva di progettare se non nel contesto della "lunga durata" di Braudel, almeno in tempi medi, generazionali.

La domanda non è indipendente dal processo di formazione delle decisioni, ma tende a costituirsi non solo in rapporto al versante dei bisogni, ma anche alla fisionomia dell'offerta e alla loro rappresentazione sociale.

Il momento dell'analisi della domanda finisce col coincidere col grado di attivazione alla partecipazione sociale e alla maturazione della "comunità competente". Il momento dell'acquisizione di conoscenza dei bisogni, si fonde con quello della "promozione sociale" della domanda. Anche lo scenario tecnico deve allora mettere all'ordine del giorno il passaggio ad una modalità di analisi della domanda che aggiunga a quelli più consueti anche dimensioni quali quelle che Miretta Prezza indicherebbe nel seguente modo:

- "il *senso di comunità* inteso come la percezione della similarità con gli altri, una riconosciuta interdipendenza ... la sensazione di appartenere a una struttura pienamente affidabile e stabile;
- l'*empowerment,* inteso come prospettiva per i cittadini di acquisire maggior potere all'interno della comunità, sia tramite un aumento delle informazioni necessarie ad indirizzare scelte e decisioni personali o di gruppo, sia come la possibilità di assumere un maggior peso nelle decisioni riguardanti la vita comunitaria;
- le *reti* di comunicazione, di supporto sociale, di aggregazione, e così via".

L'analisi della domanda non sarà più allora solo il momento della messa in evidenza della mancanza, della patologia, del deficit, ma il luogo della simultanea valutazione e valorizzazione delle risorse della comunità, in cui il disagio stesso si colloca nella dimensione della salute e del benessere delle persone insieme alla capacità della comunità di risolvere situazioni problematiche e di promuovere la qualità della vita.

In questo senso gli strumenti della programmazione territoriale possono costituirsi come potenziali occasioni di un rapporto di esplorazione e interlocuzione con le culture locali e di promozione della domanda sociale. Un primo realistico dispositivo in questa direzione va senza dubbio assegnato a processi di "customer satisfaction" che non si riducano alla semplice registrazione del grado di soddisfazione / insoddisfazione ma che si orientino alla costruzione di una rappresentazione più complessa della composizione delle domande, delle soggettività, delle aspettative e, soprattutto, della capacità di esercizio dei diritti che caratterizzano l'utente, in quanto "cliente" e in quanto "cittadino".

Posto in questa prospettiva il contributo delle scienze sociali alla programmazione territoriale può innanzitutto rivolgersi alla valutazione dello "impatto psico-sociale e culturale" degli strumenti tradizionali. Così come va ormai affermandosi la necessità di corredare ogni intervento urbanistico ed economico con una valutazione dell'impatto ambientale e paesaggistico, non si capisce perché non si assegni altrettanta attenzione alle conseguenze degli strumenti urbanistici ed economici sul landscape interpersonale, sociale e culturale che caratterizza il territorio. Il contributo tecnico-scientifico della psicologia, della sociologia e dell'antropologia culturale costituisce a questo proposito una integrazione ormai indispensabile alle scienze tecniche, urbanistiche ed economiche .

Tuttavia occorre contemporaneamente procedere ad una integrazione degli strumenti positivi che, ai diversi livelli del processo decisionale e politico-amministrativo, intervengono nella costruzione della sicurezza, del benessere e della salute dei cittadini. Questa può essere costruita mediante una rete intenzionale tra i diversi soggetti istituzionali, universitari e territoriali che concorrono alla definizioni delle politiche sanitarie e sociali ai diversi livelli. Lo strumento degli accordo di programma per la promozione del benessere, della salute e della sicurezza dei cittadini può costituire una via lungo la quale sia possibile:

- esplorare l'interfaccia tra i diversi dispositivi di carattere amministrativo e progettuale che coinvolgono direttamente la salute e la sicurezza dei cittadini;
- incrementare l'efficacia nell'uso delle risorse disponibili, ampliare il coordinamento tra le diverse azioni;
- definire strumenti operativi di analisi della domanda e di individuazione dei bisogni sociali che, nell'ottica della promozione della cittadinanza sociale diffusa, orientino e rafforzino la capacità e l'efficacia decisionale;
- sostenere le politiche sociali mediante adeguati processi di formazione;
- individuare processi di valutazione sistematica a breve e a lungo termine.

Entro questa prospettiva, una dimensione da esplorare è certamente quella della relazione, ad esempio, nella progettazione interdisciplinare, tra le dimensioni dell'abitare e le dimensioni della salute. Gli architetti più avveduti considerano la progettazione come un processo che richiede una interazione molto significativa con le persone che dovranno "abitare" il manufatto che intendono costruire. La determinazione formale (che rappresenta uno sforzo di oggettivazione delle condizioni dell'abitare) è successiva e secondaria rispetto alla determinazioni soggettive per cui una persona o un gruppo sociale investe sui propri significati entro un contesto più ampio.

L'abitare nella città, sulle montagne o sulle sponde del mare, tra gente ricca o di fronte alla povertà circoscrivono modi diversi in cui le persone impegnano e trascorrono il proprio "essere nel mondo". Così la casa, la città finisce per raccontare (o nell'anticipare) la soggettività di chi la abita, il suo "star bene" e il modo di interpretarlo nelle dimensioni del quotidiano. L'abitare è, dunque, una dimensione che riguarda il soggetto e le relazioni intersoggettive (linguaggio in prima persona, che si riferisce al fatto che "io ho esperienza di ..., io sento, io percepisco ...") che possono trovare una descrizione, ma non una spiegazione, nelle oggettivazioni formali architettoniche (linguaggio in terza persona, delle determinazioni appunto oggettive, che si riferiscono ad una posizione esterna, che prescinde dal soggetto, nel senso che "esso è ...." per un osservatore esterno al fenomeno). Insomma, l'abitare è un concetto che implica la presenza di un soggetto che abita. Altrimenti è solo "abitabilità", costruzione di gusci vuoti che possono ospitare una forma di vita, ma non sentirla e, soprattutto, non comprenderla.

4.2. Un'esperienza pilota di collaborazione tra medico di base e psicologo della salute

Scrive Monica Tomassoni, del terzo anno della Scuola di specializzazione, che è stata direttamente protagonista dell'esperienza, con la supervisione di Luigi Solano:

> La ricerca- intervento (avviata nel luglio 2000 ed ancora in corso), ha previsto la compresenza, presso l'ambulatorio di medicina di base, del medico di famiglia e dello psicologo della salute, i quali hanno ricevuto insieme i pazienti in un giorno della settimana prestabilito ed appositamente comunicato tramite avviso affisso in sala d'attesa. Essa è il frutto di una collaborazione fra la Scuola di specializzazione in Psicologia della Salute dell'Università La Sapienza di Roma ed il Distretto Sociosanitario n. 3 di Orvieto (Asl n. 4 Regione Umbria). L'iniziativa nasce dall'idea, largamente avvalorata dalla letteratura, che molte delle richieste che le persone rivolgono ai medici di base, dietro la proposta di un sintomo somatico, esprimano disagi di altra natura. È altresì noto come le modalità di comunicazione di alcuni pazienti (alessitimici) siano spesso caratterizzate da scarsa pregnanza emotiva, da uno stile incolore; tantomeno questi soggetti appaiono portatori di un disagio mentale esplicito. Il corpo si fa quindi veicolo e occasione di espressione di un disagio diverso, o sicuramente più vasto. Non sempre questo, però, viene letto e riconosciuto. Per questi motivi è assai raro che venga richiesto l'intervento di un operatore della salute mentale; c'è inoltre il rischio di ricorrere ad analisi inutili, a trattamenti farmacologici inappropriati, e di una cronicizzazione dei di-

sturbi somatici. Lo scopo generale della ricerca è pertanto quello di raccogliere queste domande "non esplicitate" nei loro risvolti psico-sociali ed individuare possibili percorsi per accoglierle e soddisfarle.

È chiaro innanzitutto che l'esperienza risponde ad alcune importanti questioni che possono chiarire un nuovo possibile incontro tra la Psicologia della Salute e la medicina di base. Ad esempio è facile intravedere, dai primi resoconti della ricerca, il modo in cui vengono prese in carico:

- la necessità di rispondere alla "frantumazione" del corpo proprio della medicina specialistica con la riaffermazione dell'unità mente-corpo;
- la possibilità di riscoprire la salute e la malattia come esperienza soggettiva;
- la ricerca di un codice multidimensionale che accolga e sia in grado di interloquire con la domanda di senso di cui il soggetto è portatore nel momento in cui si rivolge al medico.

Sono convinto peraltro che l'esperienza metta in contatto con alcuni di quelli che indico come "nodi critici" della Psicologia della Salute, richiamati anche nelle pagine precedenti

Entro questo quadro mi sembra che possa essere colta anche la difficoltà di definire e negoziare i ruoli dello psicologo e del medico, che si incontra proprio sulla "necessità" di comprendere il "paziente". Come pure l'individuazione delle domande sulla "tecnica" e la riflessione sul modo in cui queste domande definiscono a loro volta i confini e i possibili "sconfinamenti" tra ruoli. Quali sono le operazioni che specificano l'agire dello psicologo come "repertorio" autopoietico che fondi la propria riconoscibilità in una identità professionale? In che misura queste operazioni (che specificano il confine tra autoreferenza ed eteroreferenza) sono trasferibili in termini di "conferimento di competenza" ad altre identità professionali?

Il valore aggiunto è la costituzione di quello che Bruner definirebbe uno spazio di "negoziazione inerente" che renda mobili gli orizzonti di senso entro cui i soggetti (medico, psicologo, "paziente", ecc.), le loro identità e le loro storie si rendano rappresentabili, rinforzando la capacità di interrogarsi sulle culture, di confrontarsi con le simboliche in cui queste rappresentazioni e il loro spazio emotivo vengono elaborare e diventano "pensabili".

4.3. Le Life Skills

Una delle sfide più interessanti che la Scuola sta portando avanti in questi mesi riguarda la prospettiva della *Life Skills Education*, promossa dall'Organizzazione Mondiale della Sanità.

Il termine di *Life Skills* viene generalmente riferito ad una gamma di abilità cognitive, emotive e relazionali di base, che consentono alle persone di operare con competenza sia sul piano individuale che sociale. *Life Skills* è un'espressione intrigante. Contiene un ancoraggio pragmatico, orientato all'operazionalità (skills), ma lo accosta ad una apertura di orizzonte assai ampio (life) che consente di riflettere sul senso che le abilità, le competenze acquistano, ovvero sulla loro matrice originaria e sulla loro finalità biosociale. La sfida di rintracciare fin dagli esordi neonatali e di seguire per l'intero corso vitale il nesso tra *life* e *skills* accende inevitabilmente la fantasia dello scienziato e la curiosità dello psicologo.

La Scuola di specializzazione è fortemente impegnata soprattutto in programmi sperimentali a livello nazionale promossi d'intesa col Ministero dell'Istruzione e mirati a introdurre un'attenzione del tutto nuova allo sviluppo personale e sociale di ogni soggetto protagonista della vita scolastica (gli studenti, gli insegnanti, l'organizzazione scolastica, la famiglia e la comunità). Il progetto realizza un itinerario triennale di formazione e di intervento che recuperi alle nuove prospettive dell'autonomia scolastica e dell'ampliamento dell'offerta formativa la **dimensione preventiva e di promozione della salute** a sostegno dei processi di orientamento, di sviluppo personale e di crescita della cittadinanza sociale intesi come assi di riferimento per la costruzione dell'autonomia dei soggetti della formazione.

Nella prospettiva che perseguiamo, l'impegno verso i contesti educativi rientra in un più ampio sforzo volto a promuovere il miglioramento delle competenze psico-sociali lungo tutto l'arco di vita.

Va in questa direzione un'altra linea di ricerca-intervento sulle prime fase di vita. A fuoco si pone il modo in cui le competenze neonatali e materne durante le prime fasi evolutive possano essere valorizzate come abilità vitali (*Life Skills*) fondamentali da studiare, promuovere e tutelare a partire dall'esperienza della gravidanza e della vita fetale, del parto e delle prime relazioni madre-bambino.

Altre iniziative in atto riguardano l'utilizzo delle *Life Skills* in programmi di formazione del volontariato e del personale sanitario e sono all'attenzione ipotesi di lavoro riguardanti la promozione della salute nelle persone anziane tramite programmi di *Life Skills*.

Questo impegno rimarca ulteriormente lo sforzo di collocare le *Life Skills* all'interno di una concezione "positiva" di salute, in funzione esplicita di "promozione" e non solo nella prospettiva preventiva che caratterizza in prevalenza l'esperienza internazionale.

La distinzione non è puramente terminologica, come potrebbe sembrare dal momento che, in sostanza, prevenire eventi negativi vuol dire anche promuovere aspetti positivi e viceversa, promuovere aspetti positivi vuol dire anche prevenire eventi negativi; in realtà più che la finalità, è l'ottica di fondo, la modalità di - "processo", che segna la qualità di una linea di promozione rispetto a una linea di prevenzione. Seguendo l'accezione più ampia di promozione, lo psicologo della salute si pone di fronte al soggetto, per così dire, senza pregiudizi; non è tanto interessato a valutare il grado di normalità o di anormalità, quanto a sollecitare lo sviluppo delle risorse e delle competenze psico-sociali, mettendo a disposizione di tutte le persone, il patrimonio di conoscenze che, via via, la scienza psicologica è in grado di offrire. Lo fa questo, professionalmente, nel rispetto totale della unicità e della responsabilità del soggetto, del gruppo o della comunità, al quale presta il servizio di consulenza, e nella consapevolezza dei limiti con cui offre il suo contributo tecnico. Passando oltre la distinzione o discriminazione fra normale e patologico, al di fuori delle stigmate individuali o sociali, il processo formativo accomuna le persone nella tensione condivisa verso lo sviluppo di maggiori competenze psico-sociali (Bertini, Braibanti, Gagliardi, 1999).

4.4. Una ricerca sugli usi linguistici della salute nei mass-media

Scrivono Gianluca Squillace, Cecilia Diotallevi, Renato Pisanti, Felice Romano, del secondo anno della Scuola:

In quanto psicologi della salute ci chiediamo qual è il senso del nostro agire e quali sono le operazioni che definiscono il nostro agire. Più facile sarebbe se la **salute**, oggetto del nostro interesse, fosse definita univocamente, in modo chiaro e standard. Essa è un concetto complesso e multidimensionale per la cui definizione vengono usate molte parole assimilabili fra loro per somiglianza ma non per inerenza, quindi non riconducibili a niente di unitario: *sappiamo di cosa parliamo ma il modo con cui lo facciamo ci allontana e a volte ci impedisce la comunicazione!*

Le immagini, i gesti, i suoni, le parole e i complessi di queste sostanze, rintracciabili in riviste, spettacoli e altri contesti costituiscono dei linguaggi o per lo meno dei "sistemi di significazione" che, se analizzati, possono avvicinarci alla "salute comunicata" per iniziare a individuare dei segmenti di realtà di essa che contribuiscono a definire il nostro agire.

Roland Barthes in *Elementi di semiologia* scrive:

... oggetti, immagini, comportamenti possono, in effetti, significare e significano ampiamente, ma mai in modo autonomo: ogni sistema semiologico ha a che fare con il linguaggio. La sostanza visiva, per esempio conferma le sue significazioni facendosi accompagnare da un messaggio linguistico (pubblicità, cinema, giornali) cosicché almeno una parte del messaggio iconico si trova in un rapporto strutturale di ridondanza o ricambio col sistema della lingua. Dal canto loro, gli insiemi d'oggetti non accedono allo statuto di sistema se non passando attraverso la mediazione della lingua che ne isola i significanti (sotto forma di nomenclature) e ne nomina i significati (sotto forma di usi o ragioni)... è sempre più difficile concepire un insieme di immagini o oggetti i cui significati possono esistere fuori dal linguaggio... Per percepire ciò che una sostanza significa si deve necessariamente ricorrere al lavoro di articolazione svolto dalla lingua: non c'è senso che non sia nominato e il mondo dei significati non è altro che quello del linguaggio...

Gli allievi del II anno della Scuola di specializzazione in Psicologia della Salute propongono l'apertura di un Laboratorio e l'istituzione di una quinta area di tirocinio relativa all'analisi semiologica (del contenuto e non solo) dei testi e contesti applicativi. In questa fase ci concentreremo su:

- scelta del materiale da raccogliere (riviste, quotidiani, web, trasmissioni televisive)
- criteri di selezione dei testi (tutto ciò che riporta nel titolo la parola "salute")
- periodo in cui raccogliere i testi
- l'analisi del contenuto
  - scelta delle unità di analisi
  - formulazione delle categorie
  - analisi dei dati mediante il modello più adatto

Successivamente l'attenzione si concentrerà su:

- individuazione delle dimensioni connotanti la salute comunicata;
- possibilità di continuare il lavoro comprendendo anche analisi di immagini, slogan ecc.;
- confronto tra le riflessioni sulle dimensioni trovate e le riflessioni derivanti dall'ambito specifico di sperimentazione professionale.

Naturalmente questa ricognizione darà informazioni non tanto sulla salute delle persone, ma sul modo in cui questa è trattata nei mass media, cioè nel modo in cui questa è assunta in un contesto fortemente contrassegnato dalla "notiziabilità" come criterio fondante. Credo che non siano tanti gli studi in questa direzione e che valga la pena di farlo con questo metodo *quantitativo*. Ricerche sulla rappresentazione di salute (e soprattutto di malattia) presso diversi gruppi di popolazione (adolescenti, donne, anziani, ecc.) sono già presenti in letteratura, quasi tutte effettuati secondo modelli di analisi delle corrispondenze o delle categorie. Penso che per indagare più in profondità sulle rappresentazioni sociali e personali della salute potremmo avvalerci in modo più appropriato anche di altre strategie di ricerca e altre metodologie. Molto promettenti sono, a questo proposito, le strategie di ricerca qualitativa e, in particolar modo, l'analisi delle interviste biografiche, nelle varie prospettive che vengono suggerite "dentro le storie" dal lavoro di Demazière e Dubar (1997).

4.5. Psicologia della Salute e nuovo terrorismo

Infine una riflessione. Durante una mia recente lezione, uno studente molto attento proponeva di riflettere sullo psicologo della salute di fronte alle catastrofi di questi giorni.

È evidente che ci troviamo di fronte, dall'11 Settembre, ad una nuova forma di terrorismo che ha come oggetto eminente la salute (bioterrorismo, attacco alla sicurezza personale, ecc.) e mette in primo piano l'irruzione della soggettività come strumento di lotta politica internazionale. Tutto ciò apre innanzitutto nuove domande sulla relazione tra Psicologia della Salute e psicologia dell'emergenza in condizioni estreme. Tuttavia apre contemporaneamente la riflessione su nuovi compiti che investono da vicino la normalità della vita, resa oggi più instabile da un senso di precarietà e di insicurezza. Si tratta, ad esempio, prima ancora di "dare risposte", di attivare forme di ascolto costruttivo e di "contenimento", valorizzando le dimensioni della solidarietà e della "compassione" come fattori di protezione che spontaneamente sostengono la convivenza sociale. Le comunicazioni di massa non riescono a "contenere" una domanda di senso, ma amplificano e alimentano l'inquietudine, mettendola in risonanza in un modo che, tra l'altro, contribuisce ad accentuare l'efficacia della minaccia. Proprio perché è la salute ad essere chiamata in causa in questo modo, la Psicologia della Salute non può che ricavarne la necessità di aprire in modo ancor più convinto una finestra di ricerca e di intervento sulle comunicazioni di massa, così come dovrà interrogarsi sulla propria nuova responsabilità di fronte alla promozione e all'educazione alla salute delle nuove generazioni.

5. La Rivista *Psicologia della Salute*

In Italia la Psicologia della Salute, come dice Dario Romano, è relativamente giovane, almeno nella sua vita istituzionale. Il primo congresso

Nazionale di Psicologia della Salute si è svolto a Orvieto nel 1992. Fu, sotto molti punti di vista, un Congresso pionieristico, che lanciò un appello a delineare una identità e una presenza culturale della psicologia nei diversi versanti della salute. Dovevano passare sei anni e altri due congressi prima che prendesse corpo un iniziativa editoriale come la Rivista. In questi anni la Rivista ha rappresentato una sorta di "termometro" della crescita della Psicologia della Salute in Italia e, benché certamente non esaurisca tutte le voci di un dibattito molto aperto e interdisciplinare, essa costituisce un riferimento irrinunciabile per capire in quali modi e lungo quali linee di ricerca e di intervento questa crescita si stia progressivamente consolidando in una identità culturale, scientifica e professionale.

Questo volume vuol dare una testimonianza della presenza della Rivista in questo processo di crescita, mediante una selezione di articoli che, a mio parere, ne delineano l'orizzonte e alcune possibili linee di sviluppo.

Nella scelta dei contributi mi sono lasciato guidare da quella che rappresenta una motivazione non secondaria del presente lavoro: offrire ai miei nuovi studenti del Corso di Laurea in Scienze dell'Educazione un testo che, fornendo una rappresentazione di base dello "stato dell'arte" della Psicologia della Salute in Italia, dia la possibilità di toccare con mano le possibili intersezioni con la loro formazione universitaria e con l'impegno sociale che caratterizza molti di loro.

Il Corso di Laurea di Bergamo è articolato in tre indirizzi:

- educazione ambientale;
- educazione interculturale;
- educatore professionale socio-sanitario.

È evidente come questi territori siano prossimi a quelli in cui la Psicologia della Salute comincia a muoversi, soprattutto nel nostro Paese e che anzi costituiscono per molti aspetti uno sfondo comune in cui diverse professionalità sono chiamate a cimentarsi con una crescente complessità sociale e culturale. Ancora una volta, i temi della soggettività, della complessità, dei linguaggi e dell'azione sono in primo piano e costituiscono fili lungo i quali l'impegno educativo e quello della promozione della salute possono intrecciare il proprio dialogo transdisciplinare.

Negli articoli che seguono, tutti questi temi sono presenti, ovviamente in misura diversa. La selezione, infatti, non ha cercato tanto di delineare i campi "applicativi" della Psicologia della Salute, quanto di rintracciare il modo in cui alcuni nodi epistemologicamente rilevanti caratterizzano l'incontro con i contesti con cui essa ha a che fare.

In questo senso, la **prima parte** cerca di evidenziare la criticità dell'incontro tra **il modello bio-psico-sociale e il sistema sanitario**, nella sua difficile e a tratti contraddittoria evoluzione verso la promozione della salute. Se il modello bio-psico-sociale è guardato solo nel senso angusto in cui si è radicato nello sviluppo anglosassone della Psicologia della Salute, esso è messo alla prova dalla complessità dei compiti con cui si trova a cimentarsi la psicologia nei sistemi salute e rischia di facilitarne il rinchiùdersi in una posizione ancillare o in una aristocratica segregazione delle "problematiche psicologiche". I contributi di Mario Bertini, Dario Romano e Giovanni Guerra, guardano al problema da punti di vista diversi e aprono un dibattito molto vivace che, tuttavia, trova alcune importanti convergenze, ad esempio, sul fatto che un'esigenza "di scambio o coinvolgimento partecipativo, è profondamente avvertito a tutti i livelli, da quelli più elementari a quelli più complessi, in cui si articola il "sistema" salute" e che lo psicologo possa "rivendicare la propria competenza professionale specifica non come recinzione di uno spazio monopolistico ma come servizio dello sviluppo organizzativo". Per essere pronta all'appuntamento con gli obiettivi di trasformazione lungo la linea della promozione della salute dei sistemi sanitari (peraltro più apertamente inseriti nella "retorica" dei piani sanitari che nella "pragmatica" dei dispositivi progettuali e finanziari) la prospettiva bio-psico-sociale deve probabilmente approfondire nuove vie di dialogo transdisciplinare e allargare con coraggio il proprio orizzonte. In questo senso la via della "salutogenesi" può mostrarsi capace di distaccarsi dall'attuale modello medico e può determinare un importante progresso nella comprensione integrata e positiva della salute sia attingendo ispirazione alle fonti umanistiche della filosofia e dell'etica, sia perseguendo una simile franca apertura della psicologia con il mondo delle neuroscienze (cfr. Bertini, 2001).

La **seconda parte**, intitolata "**soggettività, benessere e bisogni**", si apre con la importante rassegna di Elvira Cicognani che fa il punto sul ruolo primario all'esperienza soggettiva nella ricerca sul benessere, in cui, dopo aver delineato l'emergere in vari ambiti della psicologia dell'interesse scientifico per i resoconti sulla propria esperienza soggettiva, vengono discusse alcune concettualizzazioni del benessere e presentate alcune linee di indagine sulle determinanti psicologiche e psico-sociali. Il modo in cui i diversi soggetti si confrontano con la propria salute può essere affrontato anche con i tradizionali strumenti della psicologia sociale. Nel loro contributo, Bruna Zani e Luca Pietrantoni. evidenziano come il modello del Comportamento Pianificato, utilizzato nella spiegazione dell'intenzione ad eseguire il pap test, "debba essere modificato in modo da comprendere i costi emotivi e la vulnerabilità percepita come predittori dell'intenzione. Le variabili socio-cognitive che significativamente predicono l'intenzione in maniera diretta sono i costi emotivi associati alla procedura dell'esame diagnostico, la vulnerabilità percepita e l'influenza sociale. Altre variabili socio-demografiche (il livello educativo e lo stato relazionale), informative (come la conoscenza della funzione del Pap-test) ed esperienziali (la presenza di precedenti sintomi all'utero) influenzano indirettamente l'intenzione a sottoporsi al Pap-test. Tali risultati hanno importanti implicazioni riguardo alle campagne di prevenzione secondaria e di educazione alla salute delle donne". Il modo in cui la soggettività del bambino malato entra in contatto con il contesto della sua vita quotidiana è il centro del lavoro di Ilaria Cattaneo e Walter Fornasa. "Garantire al piccolo paziente la migliore qualità di vita significa promuovere tutte le condizioni che possono favorire esperienze cognitive, affettive e relazionali per lo sviluppo di ogni singolo bambino: la partecipazione alla vita scolastica rappresenta una parte importante della vita dei bambini, luogo di sperimentazione di abilità sociali e di conoscenza. La scuola, la famiglia e l'ospedale, con le proprie specificità e potenzialità, devono concretizzare attorno al bambino paziente un contesto che si proponga la cura globale del piccolo". In questo studio, la necessità di cogliere l'intersezione tra soggettività e contesti, viene affrontata facendo ampio uso di strumenti di ricerca qualitativa, cercando di descrivere con metodologia narrativa, attraverso "nuclei di presentazione", la realtà, le specificità operative e la situazione emotiva degli attori coinvolti nel processo. L'intreccio tra soggettività, contesti e bisogni è al centro del contributo di Nadia Olivero, che indaga sulla realtà complessa del cambiamento socio-culturale che influenza atteggiamenti e comportamenti degli anziani verso la salute. La ricerca proposta mette in evidenza "una nuova segmentazione emergente, caratterizzata da un elevato coinvolgimento in attività orientate alla cura e alla prevenzione. L'eterogeneità del segmento degli anziani viene interpretata in quanto conseguenza dell'impatto della comunicazione sull'identità e sugli stili di vita; la comunicazione emerge dunque come un mezzo ideale per promuovere la salute e per sostenere il perseguimento attivo del benessere".

Il contributo di Bertini, Braibanti e Gagliardi, centrato sulla proposta di introduzione della *Life Skills Education* nella scuola italiana, apree la **terza parte**, dedicata alle prospettive di **prevenzione e promozione della salute**, legandola con la precedente dedicata alla soggettività e ai bisogni. L'articolo illustra una strategia di intervento centrata sul riconoscimento dei soggetti, intesi quali "agenti di cambiamento", sulla promozione della capacità di riconoscere la complessità e la reciprocità dei bisogni che li caratterizzano nei contesti formativi. Lo slittamento dalla prevenzione alla promozione sottolinea un orientamento verso lo sviluppo delle risorse e delle competenze psico-sociali che attribuisca (o restituisca) al soggetto e alla comunità la capacità piena di comprensione e di intervento sulle dinamiche dello sviluppo della persona e della convivenza sociale. Ciò non significa, naturalmente, che la Psicologia della Salute non debba sentirsi protagonista diretta della domanda sociale di prevenzione. Nel contributo di Albino Claudio Bosio viene preso in considerazione lo spazio della Psicologia della Salute nei compiti di prevenzione primaria che costituiscono obiettivi impegnativi del Piano Sanitario Nazionale. Questi compiti richiedono alla psicologia di confrontarsi anche con dimensioni che le sono contigue, come quello della comunicazione e del *Social Marketing* e, più in generale, di rendere più pertinente la propria dotazione teorica e metodologica. Una linea importante, in questo senso, è rappresentata dall'intreccio di metodi di analisi qualitativa e quantitativa nella progettazione e nella valutazione degli interventi preventivi che caratterizza i contributi di Saulo Sirigatti, Cristina Stefanile e dell'équipe di ricerca dell'Università di Firenze. Gli autori lanciano uno sguardo ai problemi degli stili di vita e dell'alimentazione degli adolescenti che coinvolge la complessità sistemica dei contesti territoriali e relazionali e che è destinato ad orientare ricerche-intervento successive, approntando piani di prevenzione e di promozione della salute. Ed è proprio alla complessità sistemica e alla prospettiva multidisciplinare a cui ha guardato il IV Congresso di Psicologia della Salute, tenutosi a Orvieto nell'anno 2000. Esso ha riaffermato come la promozione della salute sposti il fuoco dell'attenzione "sulle dinamiche del 'benessere', inteso nel senso più profondo di armonia delle relazioni intra e interorganismiche. Dai livelli più basilari della comunicazione fra cellule, a quelli più complessi delle relazioni sociali e socio-ecologiche, la 'speranza' di una convivenza sana, passa attraverso il rispetto delle risorse positive nello sviluppo sistemico dell'insieme". Questa prospettiva suggerisce nuove convergenze multidisciplinari che costituiscono il tema centrale dell'editoriale con cui Mario Bertini presenta la sfida, lanciata dal Congresso, di un "piano regolatore per il benessere". Si tratta di un esempio importante di come l'incontro tra psicologia, scienze umane e discipline tecnico-urbanistiche possa concorrere concretamente al miglioramento della salute e del benessere dei cittadini, indirizzando le scelte per la qualificazione di una programmazione "dialogica" del territorio che rafforzi il potere dei cittadini all'interno della comunità.

La **quarta ed ultima parte** è dedicata al rapporto tra **emozione e salu-**

te. Come sottolinea Luigi Solano nel suo intervento, la ricerca evidenzia a questo proposito risultati non sempre omogenei. Tutto questo testimonia della necessità, nello studio delle transazioni tra subsistemi coinvolti nella salute, di procedere con molta cautela nell'adozione di modelli di causalità lineare privilegiando più complesse relazioni non lineari, in cui giocano sicuramente un ruolo complesse variabili contestuali e di stile di regolazione e di espressione. Su questi ultimi richiamano l'attenzione Paola Gremigni e Pio Enrico Ricci Bitti come fattori dotati di un legame specifico con la salute cardiovascolare degli individui. Lydia Temoshok mette in primo piano la funzione adattiva dei fenomeni emozionali e le loro relazioni con gli stili di coping. Infatti i fenomeni emozionali "– dalle reazioni di orientamento più istintive o più "iscritte" biologicamente, attraverso la discriminazione tra buono e cattivo, la motivazione, l'esperienza emozionale e l'espressione non-verbale, alla rappresentazione verbale astratta di emozioni cognitive e coscienti – rappresentano un *continuum* di meccanismi sempre più complessi per gestire stressor e informazioni interni ed esterni". Gli stili di coping, con cui le persone cercano di raggiungere o una generale *omeostasi* o un equilibrio dinamico con l'ambiente, possono contribuire alla spiegazione dell'insorgenza di disturbi mentali e fisici, della loro gravità e dei loro esiti. L'esperienza clinica dimostra come modificazioni di stili di coping disadattivi comporti benefici alla qualità della vita, nonché alla salute e alla sopravvivenza. La relazione tra regolazione emozionale, coping e stato di salute è messo in evidenza nel contributo di Michael Lewis fin dalle prime fasi evolutive. Nello studio qui riportato è stata esaminata la capacità dei neonati di reprimere la risposta comportamentale e corticosurrenale a eventi intensamente dolorosi, nonché la relazione tra le risposte comportamentali e l'incidenza di malattie a 18 e 24 mesi di età.

Bibliografia

Ajzen, I. (1985), *From intention to action: A theory of planned behavior*, in J. Kuuhl e J. Beckman (eds.), *Action control: From cognition to behavior*, Springer Verlag, New York.

Armezzani, M. (1999), *Salute e soggettività. Nuove prospettive di ricerca,* in S. Marhaba (a cura di), *Salute, ben-essere e soggettività. Nuovi orizzonti di significato*, McGrew-Hill, Milano, 9-36.

Bagozzi, R.P., Baumgartner, H., Pietrs, R. (1998), Goal-Directed Emotions, *Cognition and Emotion*, *12*, 1-26.

Barthes, R. (1972), *Elementi di semiologia*, Einaudi, Torino, 1972.

Becker, M. H. e Maiman, L.A. (1975), Sociobehvioral determinants of compliance with health and medical care recomandations, *Medical Care, 13*, 10-24.

Bertini, M. (1988), *Psicologia e salute*, Nis, Roma.

Bertini, M. (2001), Da Panacea a Igea: verso il delinearsi di un cambiamento di paradigma nel panorama della salute umana, *L'arco di Giano*, *28* (in corso di satmpa),

Bertini M., Braibanti, P., Gagliardi, M.P. (1999), I programmi di "*Life Skills Education*" (LSE) nel quadro della moderna Psicologia della Salute, *Psicologia della Salute, 3*, 13-29.

Cassirer, E. (1923), *Filosofia delle forme simboliche*, vol I: *Il linguaggio*; tr. it. La Nuova Italia, Firenze, 1976.

Chamberlain, K. (1999), *Using grounded theory in Health Psychology,* in Murray, M., Chamberlain, K. (eds.), *Qualitative Health Psychology*, Sage, London, 183-201.

Changeux, J.P., Ricoeur, P. (1998), *La nature et la règle*, Editions Odile Jacob, Paris, 1998. Tr. it, *La natura e la regola*, Cortina, Milano, 1999.

Conner, M. e Norman, P. (1995) (eds.), *Predicting health behaviour: Research and practice with social cognition model*, Open University Press, Buckingham.

Curtis, S., Bryce, H. Treloar, C. (1999), *Action research. Changing the paradigm for health psychology researchers*, in Murray, M., Chamberlain, K. (eds.), *Qualitative Health Psychology*, Sage, London, 202-217.

DeLeon, P.H, VandenBos G. R. (1987), *Health psychology and health policy,* in G. Stone, S.M. Weiss, J.D. Matarazzo, N.E. Millere, J.Rodin, C.D. Belar, M.J. Follick, J. E. Singer (eds.), *Health Psychology, a discipline and a profession*, The University of Chicago Press, Chicago, 175, 188.

Denzin, N. K., Lincoln, Y. S. (eds.) (1994), *Handbook of qualitative research,* Sage, London.

Demazière, D., Dubar, D. (1997), *Analyser les entretiens biographiques,* Nathan, Paris, tr. it. *Dentro le storie,* Cortina, Milano, 2000.

Di Clemente, C.C. e Prochaska, J. O. (1982), Delf change and therapy change of smoking behavior: A comparison of process of channge in cessation and maintenace, *Addictive behaviours, 7*, 133-142.

Dutt, C. (1995), *Hans Georg Gadamer im Gespräch*, Universitätsverlag C. Winter, Heidelberg; tr. it. *Dialogando con Gadamer*, Cortina, Milano, 1995.

Engels, G. L. (1977), The need for a new medical model: A challenge for biomedicine, *Science, 196*, 129-136.

Engels, G. L. (1980), Thre clicinca application of the biopsychosocial model, *American Journal of Psychiatry, 137*, 535-544.

Faden, R.R. (1987), *Health psychology and pubblic health*, in G. Stone, S.M. Weiss, J.D. Matarazzo, N.E. Millere, J.Rodin, C.D. Belar, M.J. Follick, J. E. Singer (eds.), *Health Psychology, a discipline and a profession*, The University of Chicago Press, Chicago, 165-174.

Farr, R. e Moscovici, S. (1984) (eds.), *Social representations*, Cambridge University Press, Cambridge, tr. it. *Rappresentazioni sociali*, Il Mulino, Bologna, 1989.

Fishbein, M. e Ajzen, I. (1975), *Belief, attitude, intention and behavior*, Addison-Wesley, Reading (Mass.).

Follick, M.J., Abrams, D. B., Pinto, R. P., Fowler, J. L. (1987), in G. Stone, S.M. Weiss, J.D. Matarazzo, N.E. Millere, J.Rodin, C.D. Belar, M.J. Follick, J. E. Singer (eds.), *Health Psychology, a discipline and a profession*, The University of Chicago Press,

Chicago, 137-150.

Ford, D.H. e Lerner, R.M. (1992), *Developmental system theory*, Sage, London, tr. it. *Teoria dei sistemi evolutivi*, Cortina, Milano, 1995.

Foucault, M. (1973), *The birth of the clinic: an archaeology of medical knowledge,* Tavistock, London.

Gadamer, H.G. (1993), *Über die verborgenheit der gesundheit*, Surkamp Verlag, Frankfurt am Main, 1993, tr. it. *Dove si nasconde la salute*, Cortina, Milano, 1994.

Garfinkel, H. (1967), *Studies in ethnomethodology*, Prentice Hall, Englewood Cliffs.

Gergen, K. J. (1985), Tjhe social constructionist movement in psychology, *American Psychologist, 40*, 266-275.

Green, L. W., Kreuter, M. W. (1999), *Health promotion planning: an educational and ecological approach*, Mayfiled Publishing, Mountain view.

Guba, E. G., Lincoln, Y. S. (1994), *Competing paradigms in qualitative research*, in N. K. Deninz, Y. S. Lincoln (eds.), *Handbook of qualitative research,* Sage, London, 105-117.

Herzlich, C. (1969), *Santé et maladie: Analyse d'une représentation sociale*, Mouton, Paris.

Herzlich, C. (1991), *Médicine moderne et quéte del sens: La maladie signifiant sociale*, in M. Augé e C. Herzlivh (par), *Le sens du mal*, Editions des Archives Contemporaines, Paris.

Jodelet, D. (1983), *La représentation du corps, ses enjeux privés et sociaux*, in J. Hainard e R. Kaehr (par), *Le corps enjeu*, Musée d'ethnographie, Neuchâthel.

Jodelet, D. (1989) (par), *Les représentations sociales*, Press Universitaires de France, Paris, tr. it. *Le rappresentazioni sociali*, Liguori, Napoli, 1992.

Kincheloe, J. L., McLaren, P. L. (1994), *Re-thinking critical theory and qualitative research*, in N.K. Denzin, K. Norman, S.L. Yvonna (eds.), *Handbook of qualitative research*, Sage, London, 138-157.

Luhmann, N. (1996), *Die Realität der Massenmedien*, Opladen, Westdeutscher Verlag GmbH; tr. it. *La realtà dei mass media*, Angeli, Milano, 2000.

Lyons, A. (1999), *Shaping health psychology: qualitative research, evaluation and representation*, in M. Murray, K. Chamberlain (eds.), *Qualitative Health Psychology*, Sage, London, 241-255.

Maiani, G. (1999), *Introduzione alla Psicologia della Salute*, Erickson, Trento.

Marhaba, S. (1999), *Introduzione*, in S. Marhaba (a cura di), *Salute, ben-essere e soggettività. Nuovi orizzonti di significato*, McGrew-Hill, Milano, 1-8.

Martin, R. (1987), *Langage et croyance. Les univers de croyance dans la théorie sémantique*, Mardraga, Bruxelles.

Masterman, M. (1976), *La natura di un paradigma*, in I. Lakatosh e A. Musgrave (a cura di), *Critica e crescita della conoscenza*, Feltrinelli, Milano, 119-163.

Morin, E. (2001), *I sette saperi necessari per l'educazione del futuro*, Cortina, Milano.

Moscovici, S. (1961), *La psychanalyse, son image, son public*, Puf, Paris.

Murray, M., Chamberlain, K. (1999), *Health Psychology and Qualitative Research*, in Murray, M., Chamberlain, K. (eds.), *Qualitative Health Psychology*, Sage, London, 3-15.

Odgen, J. (1977), The rhetoric and reality of psychosocial theories of health: a challenge to biomedicine? *Journal of Health Psychology*, 2: 21-29.

OMS (1999), *ICIHD-2, Manuale per la valutazione della compromissione e del funzionamento personale*, Erickson, Trento.

Prochaska, J. O. e Di Clemente, C.C. (1984), *The transtheoretical approach: Crossing traditional boudaries of therapy*, Dow Jones Irwin, Homewood (Ill.).
Prochaska, J. O. e Di Clemente, C.C. (1986), *Toward a comprehennsive model of change*, in W. R. Miller e N. Heather (eds.), *Treating addictive behaviors*, Plenum Press, New York.
Rippetoe, P. A. e Rogers, R. W. (1987), Effects of compoinents of protection motivation theory on adaptive and maladaptive coping with health threatt, *Journal of personality and social psychology*, 52, 596-604.
Ryan, R.S. e Travis, J.W.(1981), *The wellnsee workbook*, Ten Speed Press, Berkeley (CA).
Rutter, D., Quine, L., Cheshman, D. J. (1999), *Social psychological approach to health*, Harvester Wheatsheaf, London.
Schwartzer, R. e Fuchs, R. (1996), *Autoefficacia e conmportamentoi a rischio*, in A. Bandura (a cura di), *Il senso di autoefficacia*, Erickson, Trento.
Searle, J. R. (1999), *Mente, linguaggio e società,* tr. it. Cortina, Milano.
Smith, J.A., Jarman, M., Osborn. M. (1999), *Doing Interpretative Phenomenological Analysis*, in Murray, M., Chamberlain, K. (eds.), *Qualitative Health Psychology*, Sage, London, 218-240.
Smorti, A. (1994), *Il pensiero narrativo*, Giunti, Brescia.
Soscia, I. (2001), *L'experience economy*, in E. Valdani, F. Ancarani e S. Castaldo, *Convergenza, nuove traiettorie per la competizione*, Egea, Milano, 95-109.
Stone, G. C. (1987), *The scope of health psychology*, in G. Stone, S.M. Weiss, J.D. Matarazzo, N.E. Millere, J.Rodin, C.D. Belar, M.J. Follick, J. E. Singer (eds.), *Health Psychology, a discipline and a profession*, The University of Chicago Press, Chicago, 27, 40.
Stroebe, W. E Stroebe, M.S. (1995), *Social psychology and health*, PacificGrove, Calif., Brooks/Cole; tr. it. *Psicologia sociale e salute*, McGrew-Hill, Milano, 1997.
Schwartz, G.E.(1982), Testing the biopsychosocial: The ultimate challenge facing behavioral medcine?, *Journal of Consulting and Clinica Psychology*, 50, 1040-1053.
Trickett, E.J. (1987), *Community interventions and health psychology: an ecological oriented perspective*, in G. Stone, S.M. Weiss, J.D. Matarazzo, N.E. Millere, J.Rodin, C.D. Belar, M.J. Follick, J. E. Singer (eds.), *Health Psychology, a discipline and a profession*, The University of Chicago Press, Chicago, 151-164.
Tulkin, S. R. (1987), *Health care services*, in G. Stone, S.M. Weiss, J.D. Matarazzo, N.E. Millere, J.Rodin, C.D. Belar, M.J. Follick, J. E. Singer (eds.), *Health Psychology, a discipline and a profession*, The University of Chicago Press, Chicago, 121-136.
Weinstein, D. (1988), The precaution adoption process, *Health psychology, 7*, 355-386.
Wittgenstein, L. (1953), *Ricerche filosofiche*; tr. it. Einaudi, Torino, 1999.
Zani, B., Cicognani, E. (1999), *Le vie del benessere. Eventi di vita e strategie di coping*, Carrocci, Roma.
Zani, B., Cicognani, E. (2000), *Psicologia della Salute*, Il Mulino, Bologna.

Parte prima

Modello bio-psico-sociale e servizi sanitari

1. La “qualità” del sistema sanitario: l’azienda come rischio/opportunità*

di Mario Bertini**

L’attenzione al contesto storico-culturale in cui nascono le sollecitazioni riformistiche costituisce una premessa utile per cogliere le novità positive e le tentazioni regressive in esse latenti.

Gli anni che preparavano la precedente legge di riforma sanitaria – la famosa 833 – erano permeati, come ben noto, da ispirazioni culturali sbilanciate nel versante del sociale e sorrette da una forte tensione del desiderio partecipativo, con ridimensionamento dello “strapotere del tecnico”. Il quadro di riforma presentava conseguentemente delle enunciazioni di grande valore ideale (coerenti del resto con le indicazioni diffuse sul più ampio scenario internazionale dalle Organizzazioni Mondiali della Salute) ma, purtroppo, pericolosamente scollate rispetto ai movimenti reali sottostanti, a livello sia delle istituzioni sia delle persone concrete. Il fallimento parziale di questa impostazione ha via via creato una serie di disagi che hanno indubbiamente alimentato – di per sé – il vento di un rinnovato quadro di riforma.

Per il gioco dei vasi comunicanti della cultura, le linee di ispirazione più utili sono apparse quelle dell’efficienza e della razionalizzazione economico-organizzativa, già affermate nel mondo della produzione. L’abbraccio con questo mondo e con il vocabolario dell’impresa – “azienda”, “indicatori di qualità”, “manager” ecc. – colpisce l’immaginario generale degli operatori e degli utenti del sistema sanitario: le sole novità terminologiche fanno scattare quindi una serie di riflessi condizionati, che corrono lungo il versante della “condanna senza appelli” o, rispettivamente, della “benedizione” senza riserve.

* Articolo apparso su *Psicologia della Salute,* 1, 1998. Una prima versione di questo articolo è stata pubblicata in *L’Arco di Giano,* 13, 1997.

** Dipartimento di Psicologia, Università La Sapienza, Roma.

Non pochi sembrano avvertire un senso di disagio, rispetto all'apparente abbandono delle idealità sociali cui si ispirava la 833, mentre altri sembrano rassicurati dal realismo efficiente che i termini evocano.

Più qualificata la schiera di quelli che vedono in una giusta luce la novità "aziendale", a condizione che non si perdano gli impulsi positivi della dimensione sociale presenti nella vecchia impostazione riformistica.

Ma il problema più cruciale non è quello di temere l'istanza efficientistica, o di accettarla a condizione che non prevarichi quella per così dire umanistico-sociale, come se si trattasse di due istanze antitetiche o quanto meno indipendenti. La sfida consiste nel riconoscere proprio nel nuovo disegno di riforma, con i suoi forti e ambigui simboli aziendali, un'occasione concreta per realizzare le ispirazioni nobili contenute nel vecchio disegno del 1978.

Certo, nessuno è così ingenuo da non vedere il rischio fortissimo (forse insuperabile oggi in Italia) di una utilizzazione in senso riduttivo, tecnicistico dei nuovi valori organizzativi. L'efficienza come rimedio superficiale agli sprechi del vecchio sistema, anziché a quelli di una gestione culturalmente (se non intenzionalmente) sciatta delle risorse, porterebbe all'atrofia finale di quelle istanze umanistico-sociali alle quali si erano ingiustamente attribuite le cause del disfunzionamento. La consapevolezza della storia, proprio perché ci fa capire questo rischio, ci deve spingere ad approfondire l'analisi del valore positivo della nuova forma di organizzazione, nel quadro di una visione politica "alta". Intendo dire che il cambiamento introdotto dal nuovo dispositivo di riforma non deve riguardare l'aspetto strettamente organizzativo-efficientistico delle varie aziende sanitarie locali, deve toccare il nodo più profondo, istituzionale, là dove si gioca il processo decisionale nella dialettica fra il tecnico e l'utente-committente. Non si può dimenticare come l'idea aziendalistica sia maturata in un momento storico particolare, di viscerale rigetto nei confronti della politica; ne consegue il rischio, del resto già palese, che l'applicazione delle norme avvenga lungo la linea della "restaurazione" rispetto al disordine, e non lungo la linea di un ordine nuovo e più impegnativo.

Il cambiamento positivo, pertanto, richiede un movimento di profonda innovazione culturale. Un cambiamento che vorremmo indicare, in termini sintetici e semplici, come un passaggio dal "curare le malattie" al "prendersi cura della salute della persona". Si tratta di un'aspirazione che dopo gli eccessi utopici degli anni '70 poteva sembrare superata e che invece potrebbe essere integralmente riproposta oggi: in fondo, proprio in questa direzione dovrebbero portare i concetti di "organizzazione" e di "qualità", alla base del presente disegno di riforma.

Svolgeremo alcune riflessioni, soprattutto dall'angolo prospettico degli operatori psicologi.

1. L'azienda come "organizzazione" e il modello "bio-psico-sociale"

Altrove (Bertini, 1988) sottolineavo la tendenza al passaggio dal modello biomedico tradizionale alle forme di un modello sistemico-integrativo, definito da Engel, nella prestigiosa Rivista *Science* (1977), come modello "bio-psico-sociale".

In coerenza con una certa linea interpretativa di questo modello, affermavo che:

- gli organismi biologici sono entità complesse con livelli diversi di organizzazione strettamente interconnessi;
- nessun riduzionismo di tipo dogmatico è accettabile, sia "verso il basso" sia "verso l'alto";
- per l'impossibilità di abbracciare insieme, con metodologia scientifica, tutti i livelli, la specializzazione – o differenziazione dei ruoli professionali ecc. – è un prerequisito non solo legittimo ma necessario del progresso scientifico.

La differenziazione e la specializzazione degli ambiti deve tuttavia rispettare le seguenti condizioni:

- consapevolezza che ogni taglio operato nella delimitazione del livello di analisi scientifica e nelle applicazioni è del tutto arbitrario;
- conseguente riconoscimento che una sorta di comunicazione aperta tra livelli deve essere specificamente considerata entro i vari approcci di ogni livello: ne segue che l'integrazione (oltre che la differenziazione), ben lungi dall'essere oggetto di un'istanza generica, diventa una condizione *sine qua non* di garanzia scientifica.

Entro questo quadro di premesse, il modello bio-psico-sociale sottolinea pertanto due aspetti fondamentali e strettamente collegati fra di loro, la cui giusta valorizzazione può avere notevoli conseguenze pratiche per il sistema di cura della salute: *specificità di ogni livello di analisi* (cioè specializzazione teorica e metodologica delle differenti discipline) e *cura delle interfacce tra livelli,* per quanto riguarda sia la ricerca che le aree di applicazione.

Si tratta di una linea di tendenza di grande rilievo storico, ripetutamente auspicata dagli organismi mondiali della salute, ma ancora ben lungi dall'essere realizzata.

Ci sono, nel mondo sanitario italiano, segni nuovi che indichino possibilità di movimento in questa direzione?

Anzitutto dobbiamo chiederci se, ed eventualmente in che modo, il disegno di riforma attuale possa contribuire all'affermazione del modello integrativo-sistemico di tipo bio-psico-sociale.

La trama organizzativa di questo modello appare sensibilmente consonante con la dinamica organizzativa cui si ispira, ovviamente con diversi fini, il mondo delle imprese produttive.

La nostra tesi è che un'applicazione coerente di questa riforma produrrebbe, proprio in virtù del suo forte accento sulla dimensione organizzativa, importanti elementi di crescita nel sistema sanitario italiano. Si tratta di una dimensione largamente sconosciuta o elusa nel perimetro della cultura medica tradizionale, come mette in evidenza Renzo Carli in alcune importanti riflessioni pubblicate sulla *Rivista di Psicologia Clinica*.

Inteso in senso ampio e moderno, il termine "azienda" implica infatti la presenza di specificità professionali, in un concerto di integrazioni dove le finalità complessive dell'organizzazione stessa possano emergere attraverso precisi obiettivi operativi in grado di orientare la prassi.

Per il buon funzionamento di una grande azienda produttiva (che si faccia carico di obiettivi a lunga scadenza) è facile riconoscere i vincoli di "specificità" richiesti dal sistema organizzativo ai suoi vari livelli strutturali e funzionali, così come l'importanza di una relazione ottimale fra i medesimi. Le dimensioni di efficacia-efficienza del sistema aziendale si esprimono, infatti, non solo attraverso la qualità delle singole competenze di settore ma anche attraverso la profonda e specifica capacità di integrazione fra i settori stessi nel realizzare gli obiettivi dell'azienda, che sono necessariamente orientati alla soddisfazione del cliente. L'integrazione all'interno delle varie operatività è assicurata da una comunicazione armonica, fra organi di "staff" e di "line", appositamente coltivata all'interno dell'azienda e altrettanto armonicamente aperta alla domanda del cliente-committente. È da sottolineare che, a sua volta, l'effettiva capacità di ascolto e di risposta alle esigenze della domanda è garantita proprio dalla qualità e dall'efficienza dell'integrazione esistente all'interno del sistema aziendale. Ciò che in ultima istanza determina la politica produttiva è la soddisfazione dell'utente, e non il potere più o meno forte di espansione di questo o quel settore dell'azienda stessa.

È facile intuire la dirompente novità di una traduzione di questa cultura organizzativa nel mondo della sanità, non solo italiana.

Per "prendersi cura" della persona, entro una dinamica di contesto, è indispensabile anzitutto risolvere il problema della specificità delle competenze e dei rapporti fra i vari specialisti all'interno del sistema dell'offerta; e successivamente quello dell'interazione con il sistema della domanda. Si richiede, cioè, il concorso di più specialisti che affrontino il problema della salute da una varietà di angolature: con l'avvertenza, condivisa da tutti, che l'analisi e l'intervento specialistico ad un singolo livello, rappresenta una riduzione necessaria ma arbitraria, e, pertanto, legittima solo a condizione che si accompagni ad una ricomposizione integrativa.

Un primo stimolo innovativo connesso alla specificità è quello che spinge all'attuazione delle strutture dipartimentali, dove le esigenze dell'organizzazione mettono alla prova le capacità di apertura e comunicazione integrativa fra gli operatori della stessa area. Segue l'esigenza di integrazione con gli operatori delle altre aree.

Gli operatori di ogni settore – da quelli del livello politico e politico-amministrativo più alto a quelli del livello tecnico – devono dimostrare una disponibilità concreta a collaborare con gli altri operatori, così da ricomporre le conoscenze a vantaggio di una visione unitaria del problema. Questo può essere di volta in volta affrontato a livello della persona, del gruppo, della popolazione, dell'ambiente fisico o di quello politico-sociale. Troppo marcata, peraltro, appare l'attuale tendenza ad affrontare i problemi a livello strettamente individuale.

Solo da queste premesse può derivare un'apertura comunicativa con la domanda dell'utenza e un continuo riaggiustamento degli obiettivi, nel rispetto degli scambi adattivi con essa maturati.

Se, grazie a un'introduzione gattopardesca del concetto "Azienda", lo strapotere del tecnicismo dovesse prevalere, ne deriverebbe un pessimo servizio al cittadino. Comune a tutti i livelli è la naturale propensione a occupare il massimo degli spazi possibili, a scapito dell'armonia generale del sistema.

Ma il rischio maggiore, forse, più che nell'asimmetria del rapporto fra le varie componenti del sistema, sta nel recepire solo il volto superficiale del modello d'impresa, di fatto aggiungendo un semplice maquillage economico-efficientistico alle vistose disfunzioni organizzative del vecchio sistema. Può venire elusa, in questo modo, la vera istanza di cambiamento, in senso organizzativo-integrativo, che il modello dell'azienda dovrebbe favorire. Un cambiamento che, come dice Carli (1996), dovrebbe comportare "un rovesciamento dei termini della relazione: la tecnica è al servizio della committenza-utenza, e il rapporto fra tecnico e utente non è più regolato dalle esigenze della tecnica ma dalla domanda della committenza".

Non è concepibile un'apertura dialogica reale verso la domanda dell'utente senza un'evoluzione chiara, in senso integrativo, dell'organizzazione interna al sistema dell'offerta, a partire dal vertice decisionale politico più alto fino a quello delle varie aziende locali.

Il rischio che questo dialogo sia soffocato in partenza è forte, se consideriamo gli interessi in gioco. Sia pur in diversa misura è presente, ai vari livelli specialistici, la paura di una maggiore apertura alla domanda dell'utente. "Chi offre servizi sembra disperatamente ancorato al timore di perdere potere nel momento in cui il servizio non sia più orientato dalla tecnica ma dall'utenza" (Carli, 1996).

Eppure la verifica dell'applicazione coerente del nuovo disegno di riforma non può non passare da questo esame.

Se l'ispirazione delle concezioni integrativo-sistemiche è riuscita a permeare le organizzazioni industriali, consentendo loro di acquisire maggior efficacia-efficienza nel rapporto domanda-offerta, perché questo non può avvenire anche nelle organizzazioni sanitarie? Non sarà certo semplice, ma l'occasione appare propizia: potrebbe essere un errore esorcizzare i "simboli" dell'impresa e forse più saggio sfidare l'applicazione integrale, al campo sanitario, dei contenuti organizzativi che essi veicolano.

Laddove le ispirazioni ideali della 833 hanno fallito, oggi si può intravedere la possibilità di realizzarle proprio attraverso strumenti che solo in apparenza possono sembrare alternativi. Alternativi lo saranno, purtroppo, se non ci sarà il coraggio e la volontà di usarli nel senso più coerente con la loro natura.

2. Ruolo e responsabilità della psicologia

La psicologia, nelle sue applicazioni in questo settore, deve fare i conti – al pari delle altre discipline coinvolte – con questa rinnovata realtà operativa.

I nuovi fermenti culturali, anche se spesso in modo ambivalente e contraddittorio, hanno prodotto una maggiore attenzione al coinvolgimento degli psicologi in ambito sanitario, anche se purtroppo il loro numero appare ancora fortemente sottodimensionato rispetto a una più armonica rappresentazione, all'interno dei servizi, dei bisogni totali della persona.

Sebbene l'importanza del loro contributo allo sviluppo del sistema sia visibile e generalmente riconosciuta, anziché soffermarmi sulle note positive, mi sembra più utile sottolineare i limiti e la responsabilità, anche degli psicologi, nel declino della cornice ideale della prima riforma del 1978. Si tratta di una responsabilità del resto comprensibile, stante il grave ritardo con cui, nel nostro Paese, si è arrivati al riconoscimento del ruolo applicativo dello psicologo, sotto il profilo sia della formazione sia dell'ordinamento professionale.

La psicologia come scienza applicata, invece di fondare la sua identità professionale in continuità con la "teoria", si è calata spesso entro i diversi setting, adattandosi a essi, mentre il suo *corpus* specifico di conoscenze di base cresceva in separazione dalle applicazioni. Non è un caso se fino agli anni '50 le funzioni dello psicologo clinico sono state essenzialmente caratterizzate dalle operazioni "simil-mediche" della famosa "trinità": diagnosi, terapia, ricerca. Lo stesso termine "psicologia clinica", chiaramente mutuato dal setting medico, è sufficientemente rivelatore di questo orientamento identificatorio, così come lo è l'eccesso di enfasi sulle applicazioni psicoterapeutiche.

Anche per gli psicologi si richiede quindi un'accelerazione del processo di cambiamento culturale per poter raggiungere, da una parte, una maggiore coerenza fra le premesse teorico-metodologiche della disciplina e le specifiche applicazioni professionali; e dall'altra una più palese adesione alla visione sistemica del modello "bio-psico-sociale".

È giusto attendersi dalla psicologia – come scienza delle funzioni normali – un'attenzione specifica ai processi di sviluppo della persona, alle dimensioni positive della sua realizzazione nell'ambiente, all'individuazione degli indicatori psicologici che favoriscono l'armonioso sviluppo della convivenza sociale: in breve, un'enfasi maggiore sul versante della salute, superando l'appiattimento al modello causalistico-riparativo lungo il versante della malattia.

Per lo psicologo che si muove all'interno della comune visione sistemica, prendersi cura della salute di una persona vuol dire, inoltre, affrontare non solo la complessità della sua dimensione psicobiologica individuale, ma anche tutta quella trama di transazioni che lega dinamicamente questa persona all'ambiente fisico e sociale, prima e dopo la malattia, entro e fuori il setting sanitario.

3. La novità della Psicologia della Salute

Sotto questa specifica dizione si va affermando in tutto il mondo un rinnovato impegno della psicologia scientifica a contribuire alle problematiche di salute-malattia. Entro questa cornice di studi e di applicazioni pratiche, nelle ultime due decadi, si può riconoscere un vistoso incremento dell'operatività degli psicologi. Esso indubbiamente riflette la riconosciuta importanza dei fattori psicologico-comportamentali nella determinazione, nel mantenimento e nella riabilitazione della patologia, in particolare di tipo cronico.

Ma sarebbe riduttivo intendere il grande sviluppo di questa disciplina solo come un ampliamento quantitativo della vecchia psicologia medica. Il senso di novità portato dalla Psicologia della Salute si può apprezzare riconoscendo sullo sfondo l'ispirazione sistemico-costruttivistica del nuovo modello bio-psico-sociale. È sulla base di queste premesse che la Psicologia della Salute può contribuire al cambiamento della cultura sanitaria.

Coerente con questo modello e in linea con la propria identità disciplinare, la Psicologia della Salute presenta una spiccata propensione per il concetto di salute intesa nella sua accezione positiva. Da qui la prevalente caratterizzazione professionale nella direzione della promozione della salute anziché nella prevenzione o cura della malattia.

Associando – secondo la dizione introdotta da Antonowsky (1979)– il concetto di promozione della salute a quello di salutogenesi, si prospetta una comprensione pressoché inesplorata di quei meccanismi intra– e interorganismici che orientano il movimento positivo verso il ben-essere nella sua accezione complessa di valore soggettivo oltreché fisico. La persona non è solo oggetto passivo di eventi-malattia, ma anche sorgente autoorganizzatrice di salute[1].

Una tale impostazione comporta a vari livelli – anche a quelli delle scelte di politica sanitaria – una riorganizzazione delle priorità con uno spostamento di accento dalle fonti della morbilità a un miglior sfruttamento delle sorgenti della salute.

L'ostacolo che si frappone non è solo di tipo culturale ma molto più concreto. Il vantaggio delle iniziative di promozione della salute non è percettibile a breve distanza, anche se è ormai dimostrato che queste operazioni sono altamente vantaggiose dal punto di vista economico.

Proprio per la mancanza di una dimensione genuinamente organizzativa, nella medicina prevale il criterio dell'immediato e della “emergenza”.

[1] È di grande interesse osservare quanto poca attenzione sia stata dedicata dalla medicina, nel suo grande cammino di progresso, allo studio dei meccanismi che possono produrre salute. Il capitolo della patogenesi appare, nei fatti, straordinariamente più voluminoso di quello della salutogenesi: per averne un'idea, basterebbe contare il numero delle riviste scientifiche dedicate ai problemi di diagnosi e cura della malattia e di quelle dedicate alla promozione della salute.

Ma un'impresa produttiva che volesse curare il suo sviluppo economico futuro (e non semplicemente la soddisfazione del cliente nella sua richiesta collusiva immediata) imposterebbe la sua politica di investimento con criteri diversi; si sforzerebbe cioè di tener conto, nei suoi bilanci di previsione, dei guadagni e dei risparmi a distanza. Ecco perché l'introduzione della logica organizzativa potrebbe giocare un ruolo positivo. Ma se nell'interpretazione e nell'applicazione concreta di questo modello si dissolvesse lo spazio qualificato della politica di sistema, il danno sarebbe oggettivo e sicuro. Infatti la semplice aziendalizzazione degli organismi locali, resi giustamente responsabili e autonomi, porterebbe inevitabilmente a rinforzare, come linea operativa, il criterio dell'emergenza e della soddisfazione immediata dell'utenza. La facile collusione, su questi criteri, con i clienti trattati individualmente, non riceverebbe certo un adeguato bilanciamento positivo dal semplice aumento dell'efficienza dei servizi: di cui, lo ripeto, nessuno vuol misconoscere l'importanza.

In definitiva, nella "promozione", l'obiettivo diventa lo sviluppo della persona, dei gruppi, delle comunità, in una visione attenta alla dinamica intra– e inter-sistemica in cui le vicende di questo sviluppo prendono forma. Questa visione si accompagna alla consapevolezza che, nella realizzazione di ogni progetto, tecnici e utenti sono coinvolti in un processo continuo di co-costruzione, pur nella distinzione dei ruoli.

Sviluppo delle specificità e attenzione specifica alle interfacce potrebbero dare alla Psicologia della Salute un ruolo di grande significato nel concerto delle varie discipline che concorrono al rinnovamento della "azienda" sanitaria.

Questa sottolineatura ha implicazioni significative per il problema della "qualità" e della sua valutazione, oggi a fuoco nella cultura di riforma.

4. Psicologia della Salute e qualità della vita

Questo tema meriterebbe un approfondimento diverso. Mi limiterò a indicare alcune prospettive che si presentano qualora si ricerchi un'integrazione fra livello biologico e livello psicologico, nella linea delle premesse finora sviluppate.

C'è una sorta d'inerzia che ci spinge a considerare il *continuum* salute-malattia solo nella prospettiva unidimensionale, somatica, dimenticando completamente la dimensione soggettiva o psicologica, relativamente indipendente anche se profondamente intrecciata con la prima. In una visione integrativa l'assenza di malattia somatica non coincide necessariamente con la presenza di benessere psicologico, così come la presenza di malattia somatica non significa necessariamente malessere; un individuo può trarre da un suo modo particolare di vivere la malattia anche motivi di sviluppo personale e quindi di benessere complessivo.

Con la valorizzazione della dimensione psicologica si fa strada una visione bidimensionale della salute, con articolazioni di complessità in cui il tema della qualità della vita prende un risalto nuovo.

In campo internazionale, si tende sempre più a introdurre misure di qualità della vita nella valutazione del miglior uso possibile delle risorse economiche a disposizione; gli algoritmi per combinare e usare queste misure hanno raggiunto un notevole livello di sofisticazione (v. per es. Fox-Rushby, 1993).

Nella costruzione di un modello generale di politica sanitaria, basato sui risultati, certamente la componente "mortalità" deve essere sempre inclusa. Per la verità, molte statistiche di salute pubblica si focalizzano esclusivamente su questa componente, variamente stimata come puro tasso di mortalità, oppure su livelli calibrati in rapporto all'età, o su livelli di mortalità infantile.

Tuttavia, nel quadro della "morbilità" si sta sempre più affermando l'importanza di valutare anche il livello di qualità della vita (*health related quality of life*). Vorrei citare un solo esempio, riportato da Kaplan (1995) al Congresso Internazionale di Psicologia della Salute, per capire le possibili implicazioni della valutazione della qualità della vita, nell'orientamento dei processi decisionali in politica sanitaria. Secondo questo autore, enfatizzando indebitamente i processi biologici si può perdere di vista il quadro totale della salute dei pazienti. Kaplan prende in considerazione il problema del cancro della prostata negli uomini anziani. Si tratta di un cancro purtroppo frequente fra gli uomini sopra i settanta. Negli Stati Uniti il trattamento di questa malattia varia drammaticamente, da stato a stato, e da regione a regione. Per es., la rimozione chirurgica della ghiandola prostatica viene effettuata quasi il doppio di volte nel Northwest rispetto al New England. Eppure, i tassi di sopravvivenza e di morte da questo cancro non sono diversi nelle due regioni (Lu-Yao, Mc Lerran, Wasson e Wennberg, 1993). L'approccio tradizionale al trattamento del cancro della prostata era quello di identificare il tumore e di liberarsene, o mediante l'intervento chirurgico o attraverso la terapia radiante. Il successo viene definito sulla base dell'aumento dell'aspettativa di vita o sulla base dell'evidenza che il soggetto si può considerare clinicamente guarito dal tumore. L'introduzione di strumenti di misura che tengono conto anche della qualità della vita può gettare una luce diversa su queste decisioni.

Vi sono tre principali opzioni per il trattamento del cancro della prostata: prostatectomia radicale (rimozione chirurgica della ghiandola prostatica), terapia radiante e "attesa vigile". Sia la rimozione chirurgica radicale, sia la terapia radiante, comportano alti rischi di complicazioni che possono ridurre la soddisfazione di vita. Per es., vi è un significativo aumento delle probabilità di diventare impotente o incontinente. L'attesa vigile, d'altra parte, non richiede terapia, ma solo la valutazione e la supervisione di un medico. L'opzione di attesa vigile è stata meno adottata perché non comporta il trattamento del cancro.

Un'analisi recente valutava queste tre opzioni con uno strumento utilizzato in precedenza per misurare l'aspettativa di vita e modificato per valutare anche la qualità della vita. L'analisi assumeva un campione di uomini di 68 anni e usava gli studi pubblicati per una stima dei risultati ottenuti nelle tre differenti opzioni. Secondo Kaplan per gli uomini diagnosticati a questo livello di età, il rischio di metastasi a distanza è relativamente raro (questi esiti capitano cinque volte per ogni cento anni/paziente di osservazione). Il tempo stimato con la mediana per la comparsa delle metastasi è valutato di 14 anni, e durante questo periodo ci si aspetta che il 58% muoia per altre cause. Per quelli che sviluppano le metastasi, si può disporre della terapia ormonale che può ritardare efficacemente la progressione della malattia finché una percentuale più ampia di soggetti muore per altre cause (Fleming, *et al.*, 1993). Integrando la stima della qualità con l'aspettativa di vita per ciascuna delle tre opzioni di trattamento, si osservò che queste sostanzialmente si equivalevano: le piccole differenze emerse fra i tre trattamenti non erano statisticamente significative (Fleming *et al.*, 1993). La veduta tradizionale enfatizza l'estirpazione del tumore e il trattamento aggressivo. Questa analisi suggerisce che le alternative sono equivalenti e che la scelta dovrebbe essere un "problema del paziente".

Si tratta di un problema del tutto particolare e sul quale si potrebbe discutere: è interessante tuttavia prendere atto dell'affacciarsi di una sensibilità nuova.

La valutazione o meno della qualità della vita ha implicazioni dirette non solo sul piano delle scelte individuali ma anche su quello della politica generale della spesa.

La concezione aziendale pone a fuoco in termini rigorosi il problema di bilancio. Non è certo un bene in sé, dover fare i conti con la restrizione delle risorse economiche disponibili per il sistema sanitario; tuttavia la percezione trasparente del vistoso vincolo economico, che l'organizzazione aziendale fa risaltare, potrebbe mettere a fuoco in termini nuovi il problema di un'equa distribuzione delle risorse. L'orientamento verso la domanda di un'utenza più consapevole, dovrebbe porre un freno all'onnipotenza espansiva delle singole tecnicalità e, in teoria, favorire la mobilitazione equilibrata delle varie risorse interne al sistema salute nel suo complesso. Ma, di nuovo, a condizione che ci sia il rispetto delle logiche "alte" del funzionamento sistemico stesso.

Una visione del problema economico nell'ottica "non integrativa" potrebbe facilmente risolvere il processo della priorità delle scelte a danno di alcuni settori e a favore di altri, più dotati di "potere contrattuale". Così, per es., il settore psicologico potrebbe essere impropriamente etichettato come una componente di lusso, pur interessante o "umanizzante" ma comunque da considerare in seconda linea, nella scarsezza delle risorse a disposizione. Ho detto "impropriamente", perché si potrebbe facilmente citare una letteratura ormai voluminosa in cui si dimostra come la presenza dello psicologo nel servizio pubblico sia in grado di diminuire significativamente, o, quanto meno, non aumentare la spesa complessiva del servizio stesso. L'orientamento verso "la qualità", che il modello azienda intrinsecamente veicola, potrebbe diventare la chiave di volta per un rapporto diverso con l'utente. Il coinvolgimento necessario di quest'ultimo, la sua soddisfazione come parametro necessario dell'efficacia aziendale, potrebbe costituire un passo concreto nell'attuazione di quel processo partecipativo utopicamente richiamato dalla legge 833.

Il piegarsi del sistema dell'offerta verso la domanda dell'utenza, rispettandone il ruolo di committente, significa costringere i tecnici a parlarsi fra loro e a trovare forme integrative di ascolto e di intervento. Come risultato dovrebbe emergere una maggiore attenzione alle aspettative dei cittadini nelle loro aspirazioni alla qualità della vita, intesa come il livello migliore possibile di benessere fisico, psichico e sociale, date le circostanze particolari o l'età in cui ci si trova. Se l'obiettivo è quello di prendersi cura della qualità della vita, nessun operatore sanitario può ritenere cessato il suo compito, anche se la persona fosse nelle ultimissime fasi di vita. (In fondo, come ben noto, "siamo tutti casi terminali, così come, fino a ché c'è un soffio di vita, siamo tutti in certa misura sani").

5. Aziendalizzazione e recupero della *mission* storica dell'ospedale

Il passaggio verso un sistema di organizzazione quale quello descritto, più che un semplice miglioramento dell'efficienza sanitaria, ci prospetta un radicale cambiamento di **cultura**. Una cultura molto diversa nelle forme ma che nella sostanza, a pensarci bene, sembra riproporre alla "azienda sanitaria locale" o alla "azienda ospedale" il recupero, in chiave del tutto moderna, dell'antica vocazione originaria di assistenza globale ai bisogni della persona sofferente, e non di stretta "terapia" della malattia presente.

Agli inizi l'ospedale svolgeva infatti un ruolo e una *funzione sociale* ben più ampia dell'attuale. Come dice il termine, il suo carattere distintivo risiedeva nell'ospitalità: era inteso come un ospizio o rifugio per venire incontro ai bisogni totali dell'uomo, per assisterlo nel suo cammino di sofferenza e di disagio, compreso – ma non certamente in modo esclusivo – quello legato alla malattia. L'assistenza al sofferente ha costituito per secoli il motivo principale di sussistenza dell'istituzione ospedaliera. Storicamente la dimensione medica si è inserita in un secondo momento, utilizzando per i suoi fini la struttura assistenziale e rimanendo per un certo tempo periferica rispetto alla funzione più ampia dell'ospedale. Poi, piano piano, questa dimensione tecnica ha finito per prevalere introducendo necessariamente e proficuamente il suo modello – sempre più tecnicizzato – di malattia da eliminare, e non di rapporto con l'uomo che soffre e ha bisogno. Così la funzione centrale dell'ospedale, non solo in senso quantitativo, è diventata quella di "curare", e l'unico modello relazionale al suo interno è quello dettato dalla modalità terapeutica, alla quale tutta l'organizzazione viene subordinata. Nell'organizzazione ospedaliera, permeata tenacemente da questo modello, l'uomo perde la sua dimensione storico-biografica e acquisisce un rapporto orizzontale, astratto, con altri individui, unificati dalla comunanza di sintomi nella stessa sindrome. Tutto il sistema organizzativo dell'ospedale appare quindi elaborato in funzione di questo modello di lotta alla malattia come "altro da sé". Occorre quindi ricordare che la terapia del "male presente" è un retaggio storico recente. La storicità del processo, ciò che c'è prima, intorno e dopo la malattia, era ben presente e congeniale alla primitiva idea di ospedale: ed è sicuramente vero che l'antica tradizione ippocratica si radicava profondamente nell'atteggiamento storico-biografico, anche se questa idea non sembra aver influito a sufficienza sugli orientamenti del medico moderno. Quest'ultimo si è inserito con il suo obiettivo circoscritto negli ospedali, finendo per asservirli al suo unico e privilegiato modello terapeutico. Non stupisce pertanto la scarsa attenzione dedicata oggi dalle strutture sanitarie ai problemi di prevenzione, alla gestione dei meccanismi di educazione alla salute, a tutta quella trama di relazioni sociali che entro e fuori il contesto terapeutico influenzano strettamente le dinamiche della salute. Se al contrario, anziché limitarsi a guardare, con occhio esclusivo e "dissociato" da tutto il resto, il male attualmente presentato dal paziente, il servizio sanitario volesse farsi carico o "prendersi cura" della salute globale, allora non potrebbe far a meno di interrogarsi concretamente sui comportamenti che hanno portato alla malattia e che mettono seriamente a rischio di ricadute il paziente stesso. In altri termini, se, come è stato ampiamente dimostrato, le malattie sono fortemente legate a "comportamenti a rischio", allora il sistema sanitario deve divenire anche la sede in cui ci si "prende cura" di questi comportamenti.

Il contributo della psicologia quindi, più che dimensionarsi nel senso di un intervento "simil-medico" o di un miglioramento generico del "confort", per così dire, umano del paziente o dell'operatore, dovrebbe essere visto nel senso di un aiuto efficace al cambiamento di "ottica". Un'ottica che, senza trascurare nemmeno una virgola delle enormi potenzialità tecnico-curative della medicina moderna e della moderna psicologia clinica (la ricomposizione integrativa non deve certo risolversi a discapito dell'efficacia degli interventi di settore), consenta di elaborare queste potenzialità all'interno di un quadro di sollecitazioni culturali più ampie.

Si tratta in conclusione di una cultura che – come dicevo – ripropone in chiave rinnovata e moderna la concezione ippocratica nell'obiettivo di prendersi cura della salute integrale della persona. Quanto questa operazione sia delicata e complessa, è noto a tutti.

6. Conclusioni

La tesi sostanziale di quanto esposto si può riassumere sottolineando l'occasione importante, offerta dal presente dispositivo di riforma, per avanzare lungo la linea di affermazione del modello bio-psico-sociale.

Il passaggio verso l'attuazione di questo modello integrativo-sistemico implica la capacità dei vari settori operativi di muoversi con la responsabilità delle proprie specificità ma nella consapevolezza piena delle ineludibili interdipendenze. La ricchezza delle competenze contribuirà all'avanzamento di una nuova cultura sanitaria, nella misura in cui saprà esprimere, al contempo, specificità e apertura integrativa. Ciascuna di queste competenze dovrà fare la sua parte, ricercando la "pienezza" della sua espressione proprio nel riconoscimento del limite, o, se si preferisce, superando il proprio limite per riconoscersi, più potenziata, nella pienezza dell'insieme.

Da una coerente interpretazione in senso organizzativo-aziendale degli attuali dispositivi di riforma potrà conseguire un orientamento diverso degli obiettivi generali, e quindi del processo decisionale del sistema sanitario nel suo complesso. Una cultura nuova che attraversando tutti i piani, da quello più alto delle scelte politico-amministrative a quello delle prassi esecutive, mostrerà l'ispirazione di una visione ampia, prospettica, della salute. Una cultura che non si limiti a "curare", nell'*hic et nunc*, la malattia della persona singola ma, allargando lo sguardo alla salute e alla qualità della vita, sia in grado di "prendersi cura" integralmente di questa persona, nel contesto più ampio dell'ambiente fisico e sociale in cui si muove, e tenendo conto delle coordinate storiche di sviluppo da cui parte e verso cui si dirige.

Un'operazione di questo tipo, per es. il preoccuparsi della salute di domani, è incompatibile con una concezione aziendalistica di tipo mediocremente efficientistico, interessata a vedere risultati a brevissima distanza. Si tratta di una strategia di corto respiro che può trovare, purtroppo, forti alleanze collusive fra tecnici e clienti della salute. Anche un leggero spostamento di accento verso strategie lungimiranti, per es. di promozione della salute, trova un grande consenso sul piano delle dichiarazioni di principio ma uno scarso seguito: sia nei politici, spesso interessati a risultati visibili immediatamente o a brevissima scadenza, sia negli amministrativi, preoccupati di quadrature di bilancio, sia nei tecnici, anch'essi rassicurati e gratificati dal risultato terapeutico immediato.

C'è tuttavia una speranza e l'indicazione di una strategia. Forse è possibile per tutti noi capire che, occuparsi in modo intelligente e moderno di promozione della salute significa, non solo prendersi cura della salute di domani, *ma anche lavorare per il miglioramento della qualità della vita di oggi*. Le scienze psico-sociali forse non si rendono conto a sufficienza dell'interesse latente nella popolazione verso un cambiamento di paradigma; o forse non sono ancora capaci di assecondarlo con operazioni concrete.

Se è vero che un'appropriata capacità di marketing è inerente a una forte cultura aziendale, scommettere sulla qualità della vita potrebbe risultare una strategia da perseguire con attenzione, riorientando in senso scientifico, le tensioni "salutistiche" visibilmente presenti nell'attuale società.

Il problema ovviamente è molto complesso e probabilmente prematuro per la cultura attualmente prevalente, al riguardo, nel nostro Paese.

Tuttavia, nelle scelte politiche di carattere generale, il Piano Sanitario Nazionale potrebbe prevedere qualche serio meccanismo innovativo, almeno a livello di significative esperienze pilota, lungo linee simili a quelle tratteggiate nella scheda curata da Paride Braibanti.

Riferimenti bibliografici

Antonovsky A. (1979), *Health, Stress, and coping*, Jossey-Bass, S. Francisco.

Bertini M. (1988), *Psicologia e salute,* La Nuova Italia Scientifica, Roma.

Bertini M. (1995), La Psicologia della Salute e la città, *L'Arco di Giano. Rivista di Medical Humanities*, 8, 85-99.

Carli R., Paniccia R. (1989), Psicosociologia dell'ospedale: riflessioni sul ruolo dello psicologo clinico, *Rivista di Psicol. Clinica*, 2, 148-160.

Carli R. (1996), Psicologi e servizio sanitario nazionale, *Psicologia Clinica*, 1, 30-41.

Engel G.L. (1977), The need for a new medical model: a challange for biomedicine, *Science*, 196, 129-36.

Fleming C., Wasson J.H., Albertsen P.C., Barry M.J., Wennenberg J.E. (1993), A decision analysis of alternative treatment strategies for clinically localized prostate cancer, *J. of American Med. Ass.*, 269 (20): 2650-8.

Fox-Rushby J.A. (1993), The relationship between health economics and health related quality of life, in Orley J., Kuyken W. (eds.), Quality of life assessment: international perspectives, Springer-Verlag, Berlino.

Kaplan R. (1995), Health related quality of life assessment: a basic science for twenty-first century, in Marìn J.R. (ed.), Health psychology and quality of life research, Murcia, Alicante.

Lu-Yao G.L., Mc Lerran D., Wasson J., Wennberg J.E. (1993), An assessment of radical prostatectomy, *J. of American Med. Ass.*, 269 (20): 2633-6.

2. Un progetto-obiettivo: "Promozione della Salute"

di Paride Braibanti*

Il Piano Sanitario Nazionale (PSN) per il triennio 1994-1996 conteneva alcuni passaggi-chiave e dichiarazioni di principio che aprono importanti prospettive per un quadro interpretativo del servizio sanitario nazionale proiettato in una "visione positiva di salute".

Esso in primo luogo si orienta verso "un sistema sanitario davvero pluralistico, che veda coinvolti soggetti diversi al fine di costituire una rete di supporto ai più deboli... in continua evoluzione, in una dinamica di sperimentazioni e di verifica dei risultati, di coinvolgimento di soggetti sociali, di risposte sempre più adeguate ai bisogni di chi soffre" (p. 7). In questo senso il PSN si propone come strumento di definizione di "un quadro programmatorio centrale entro il quale trovino collocazione non più formulazioni standard di dimensionamento delle offerte sradicate dalle peculiarità e contingenze specifiche dei singoli ambiti regionali, ma l'indicazione di obiettivi di civiltà da perseguire in tutto il Paese, accompagnata dalla strumentazione necessaria per verificare il grado di avanzamento, misurato nel tempo, raggiungibile con l'impiego di determinati livelli di risorse" (p. 8).

Il modello di civiltà a cui si ispira il PSN 1994-1996 viene declinato esplicitamente richiamando sei temi principali della strategia elaborata dall'Ufficio europeo dell'Organizzazione Mondiale della Sanità. I temi dell'equità, della promozione della salute, della partecipazione dei cittadini, del pluralismo, dello sviluppo di una medicina di base di facile accessibilità e di elevata qualità, della cooperazione internazionale, sono assunti come punto di riferimento per adeguare il sistema sanitario del nostro Paese al contesto internazionale a agli impegni assunti in tale sede (p. 11).

Partendo da tale declinazione del quadro di riferimento, uno dei punti focali del PSN è rappresentato dalla presa d'atto di una progressiva trasforma-

* Provveditorato agli studi di Vicenza

zione del ruolo del cittadino e dello sviluppo di un nuovo senso di responsabilità verso la propria salute. In questo scenario il PSN richiama al superamento della "medicina trionfante" e alla accettazione di "una sfida che può derivare da un cambiamento che comporta meno certezze o leggi indiscutibili, mentre richiede maggiore partecipazione, attenzione alle modalità operative e alle debolezze non rimediabili degli assistiti. In quest'ottica di attenzione ai bisogni nascosti, gli indicatori di civiltà suggeriscono una cura particolare degli aspetti preventivi e riabilitativi, che rappresentano due momenti di particolare protezione verso le fragilità umane" (p. 14).

Alla scadenza del primo Piano Sanitario Nazionale, la sensazione diffusa è che queste importanti dichiarazioni di principio non siano state considerate adeguatamente come nodo cruciale delle trasformazioni in atto nel sistema sanitario, e che abbia prevalso uno sforzo verso la "razionalizzazione" in termini economico-efficientistici piuttosto che verso la valorizzazione e la diffusione di un sistema pluralista, integrato e partecipato, di promozione della salute. Tale tendenza lascia peraltro intravedere il rischio di rinchiudere le aziende sanitarie in una tenaglia costituita, da un lato, da una rappresentazione procedurale e ingegneristica dei controlli di qualità e dall'altro da una accentuazione del carattere tecnicistico nell'erogazione delle prestazioni sanitarie. Cioè il sistema potrebbe preferire un'ottica centrata sulla prestazione anziché sulla promozione della salute e potrebbe finire col restringere e selezionare, in questa dimensione, anche la fisionomia della domanda sociale. È ingenuo infatti pensare che la "domanda sociale" di salute si costituisca indipendentemente dalla tipologia di servizi per la salute con la quale essa si trova a interloquire. La pertinenza della domanda ai servizi, se lasciata esclusivamente a una definizione interna e a una logica organizzativa di tipo aziendale, può determinare opzioni non pienamente controllabili di emarginazione, verso altri ambiti, di porzioni consistenti di espressione di bisogni sociali e alla frantumazione di un'ottica integrata dell'assistenza. È ben chiaro che ciò può facilitare lo slittamento di aree di bisogno dalla sanità all'assistenza sociale o all'educazione e rendere oltremisura mobile e arbitraria la linea di confine tra pertinenza e compatibilità in territori delicatissimi come quello della prevenzione e della riabilitazione.

Il PSN ha certamente tra le proprie finalità quella di evitare il rischio che l'obiettivo di impiego razionale delle risorse si traduca in un ridimensionamento della funzione sociale del sistema sanitario, governato da una logica intrinseca alle dinamiche aziendali. Il riferimento ai princìpi e alle strategie di promozione della salute rappresenta chiaramente un punto irrinunciabile nell'assolvimento di questo compito, ma altrettanto chiaramente è di per sé insufficiente, se non riesce a essere declinato in dispositivi operazionali più puntuali. Occorre infatti che le strategie di promozione della salute si rendano chiaramente visibili entro il sistema sanitario nazionale e che siano possibilmente presidiate ai diversi livelli nello scenario del Ssn. Nella misura in cui la promozione della salute costituisce un punto di forza reale del PSN e non una mera e rituale enunciazione di principio, occorre che essa affronti in modo sistematico e puntuale alcune questioni nodali:

a) indicazione di strategie generali, per la promozione della salute, orientate dall'analisi dei bisogni e dalla domanda sociale di salute;
b) nel quadro di razionalizzazione delle risorse, tenere in debito conto il capitolo dedicato alla "promozione";
c) individuazione di livelli uniformi di intervento volti alla promozione della salute:
   - a livello dell'assistenza sanitaria di base,
   - a livello del distretto sanitario di base, inteso come "presidio territoriale per la promozione della salute",
   - a livello dell'organizzazione,
   - a livello della valutazione e del controllo delle attività sanitarie;
d) individuazione di priorità nella promozione della salute;
e) individuazione della promozione come una delle esigenze prioritarie per la ricerca sanitaria;
f) indicazione della promozione della salute come quadro di riferimento per la formazione del personale sanitario.

Si tratta naturalmente di un compito estremamente ambizioso, che non può probabilmente essere contenuto e realizzato nell'ambito della validità di un solo piano triennale, ma che richiede un respiro temporale più ampio. Tuttavia, com'è del resto scritto nel PSN 1994-1996, la programmazione sanitaria deve avere lo sguardo rivolto "oltre il limite di validità del Piano, per cogliere quale sarà da qui al 2000 l'evoluzione della società italiana". In questa prospettiva può essere tuttavia estremamente importante una prima azione di puntualizzazione. Potrebbe essere opportuno ad esempio definire entro uno specifico progetto-obiettivo una prima realistica e significativa approssimazione alla definizione di uno scenario sistemico centrato sulla "promozione della salute" (intesa come capacità di sviluppare, mantenere e usare pienamente le capacità fisiche, mentali ed emotive della persona che si scopre sorgente auto-organizzatrice di salute). Tale progetto dovrà porsi l'obiettivo prioritario di elaborare e valutare strategie appropriate per un'azione trasversale che coinvolga sia i diversi settori del Ssn, sia altri servizi (socio-assistenziale, educativo, ecc.) e altre agenzie presenti nel territorio nazionale (università, centri di ricerca, ecc.). Si può ipotizzare la costituzione a livello di alcune Regioni e di alcune Aziende Sanitarie Locali di "centri sperimentali" con l'obiettivo primario di osservazione, documentazione, progettazione di interventi, stimolando le risorse culturali e finanziarie presenti nel territorio. Obiettivo non secondario è quello di fornire allo stesso sistema sanitario, indicatori pertinenti sui quali sviluppare un'azione di valutazione e controllo delle attività sanitarie in ambito di promozione della salute.

Questo obiettivo andrà sviluppato anche prestando una specifica attenzione ai processi di formazione del personale, sia con riferimento al rafforzamento nelle professionalità degli operatori dei servizi sanitari e sociali di competenze orientate alla promozione, sia mediante la formazione di specifiche figure professionali di raccordo sistemico. Benché tali figure possano e debbano ricoprire un ventaglio di competenze piuttosto articolato nell'ambito socio-sanitario, può essere molto significativo lo sviluppo di una specifica competenza di tipo psicologico (o psico-sociale) come punto di riferimento professionale. Il Progetto-Obiettivo potrebbe in questo senso promuovere, in collaborazione con le università, la costituzione di itinerari formativi di specializzazione di specifiche figure professionali, come ad esempio quella degli psicologi della salute; di laurea breve, ad esempio per operatori psico-sociali di base; o di perfezionamento degli itinerari formativi degli operatori medici, psicologi, paramedici ecc., in servizio.

Potrebbe essere valorizzata in questo contesto l'apertura, a partire dal prossimo anno accademico 1997/98, di tre corsi di specializzazione in Psicologia della Salute presso le Università di Roma "La Sapienza", Bologna e Torino. Il progetto di offrire una precisa formazione specialistica agli psicologi può infatti rappresentare un fulcro significativo nello sforzo di promuovere nel sistema sanitario una dimensione professionale orientata alla promozione delle risorse psicologiche sane dell'individuo e delle comunità. Uno stretto rapporto tra i corsi di specializzazione e i centri sperimentali di promozione della salute, più sopra proposti, potrebbe in effetti assicurare un significativo punto di riferimento sia sul piano della ricerca applicata sia su quello dello sviluppo di interventi diretti e qualificati, strettamente correlati agli indirizzi di politica sanitaria. Questa relazione potrebbe da un lato costituire un appropriato scenario formativo per le nuove professionalità e, dall'altro, produrre concreti modelli operativi, strategie e tecniche di intervento specifici a un approccio promozionale capace di qualificare tanto il versante dell'offerta di servizi sanitari alla persona e alla comunità quanto il versante della domanda e della consapevolezza sociale.

3. Rischio, controllo, partecipazione e Psicologia della Salute*

di Dario Romano**

1. Essere giovani vuol anche dire osare orizzonti che la senilità tende a restringere, atteggiarsi criticamente, se non in maniera irriverente, nei confronti delle tradizioni per cercare di reinventare se stessi e il proprio futuro. La Psicologia della Salute è certamente giovane oggi in Italia, per lo meno sotto il profilo istituzionale: da poco è stato celebrato il terzo congresso; è questa la seconda annualità della rivista; le prime scuole stanno aprendo i battenti; i primi specialisti saranno tra noi fra qualche anno. In questo spirito è scritto l'articolo: un contributo al dibattito in corso circa le prospettive e il campo d'azione della Psicologia della Salute, come essa si sta configurando da noi in questi ultimi tempi.

Nel congresso di Milano e sul primo fascicolo del nostro trimestrale (cfr. anche Bertini, in questo volume, pp. 67-82) due aspetti della disciplina sono stati ripetutamente enfatizzati:

- la valenza sistemica, integrativa, in particolare espressa dal modello bio-psico-sociale;
- il passaggio dalla patogenesi alla salutogenesi come aspirazione sia teorica che pratica.

Vorrei iniziare col discutere questi due assunti.

2. Il **modello bio-psico-sociale** afferma la copresenza o, come direbbe la *Taetigkeittheorie*, la coevoluzione dei livelli biologico, psichico e sociale della condotta e dunque sanziona ogni *dèmarche* riduzionistica tanto verso il basso quanto verso l'alto. Al di là di questa apprezzabile posizione

* Articolo apparso su *Psicologia della Salute*, n. 1/1999.
** Dipartimento di psicologia, Università di Torino.

di principio esso tende a scadere nel generico, quando non qualifica le **relazioni tra i livelli** (o sottosistemi?). E una parte cospicua della annosa storia della psicologia – quella appunto che cerca di scongiurare scotomi riduzionistici – dibatte di mente e corpo, fatti e valori, natura e cultura, comportamentale e fenomenico, micro e macro ...

Nell'articolo citato Bertini sembra affidare il compito cruciale dell'integrazione all'intreccio tra: a) approccio sistemico, b) concertazione organizzativa delle diverse specificità tecniche e delle istanze tecniche con quelle dell'utenza. Proverò a chiarire il mio punto di vista con un esempio.

Si assuma come compito la **certificazione di qualità di una procedura di intervento** per la riabilitazione dei cardiopatici. Convenzionalmente distinguo tre accezioni di qualità (cfr. A.C. Bosio, 1996, p. 16 ss.):

- "oggettiva" (l'effettivo recupero delle funzioni fisiologiche, i tempi, i costi...);
- "percepita" (interpretata secondo una qualche procedura di *customer satisfaction*);
- "di processo" o "negoziale" (le risorse disponibili, i risultati attesi dal servizio, i tempi e i costi previsti ... come pattuiti tra le parti: azienda, tecnici e utenti).

La terza accezione è oggi sovente interpretata in riferimento alle pratiche di certificazione (quali, ad esempio, le norme ISO 9001) che perseguono l'intento di rendere standardizzabili, prevedibili e controllabili i contenuti dell'offerta di servizio da parte del potenziale utente. Questo modo di privilegiare una lettura tecnico-normativa, piuttosto che negoziale, della garanzia di servizio riflette probabilmente il riemergere di concezioni aziendali allineate a un'idea puramente tecnica di razionalità o, se si preferisce, a un'aspirazione burocratica a modelli di sistema chiuso, in barba a cinquant'anni di riflessione del pensiero organizzativo e dei recenti movimenti della qualità totale e della *customer satisfaction*. Un punto questo che varrebbe certamente la pena approfondire, ma comunque marginale alle argomentazioni qui sviluppate.

Dati i tre aspetti della qualità sopra ricordati, un primo problema nasce dal modo in cui essi vengono ordinati. Se, per ipotesi, operassimo nella prospettiva di un'azienda *customer oriented*, ne deriverebbe una sequenza del tipo:

percepita -----> oggettiva -----> negoziale

L'insieme sarebbe cioè incardinato sulla soddisfazione del cliente che detterebbe a cascata i criteri per definire gli standard della qualità oggettiva e negoziale.

Se si provasse a far funzionare un'azienda con tale mentalità, si scoprirebbe che vi è un'esigenza non solo e non tanto di "concertazione", quanto di "ridisegno" organizzativo sollecitato dall'importanza delle risorse cosiddette intangibili, dalla centralità tra esse delle risorse di fiducia (la "fede pubblica" della giurisprudenza), dalla necessità di nuove e più ricche informazioni, dalla maggiore capacità di comunicare, dalla relazione complessa tra clienti esterni e interni... (sull'impatto organizzativo della *customer satisfaction* cfr., ad esempio, Valdani E., Busacca B., 1995).

Ma le circostanze sono anche più complesse, ove si porti attenzione alla componente genuinamente sistemica e circolare del processo di qualità, qui considerato, per semplicità, solo nell'ottica dell'utente (cardiopatico).

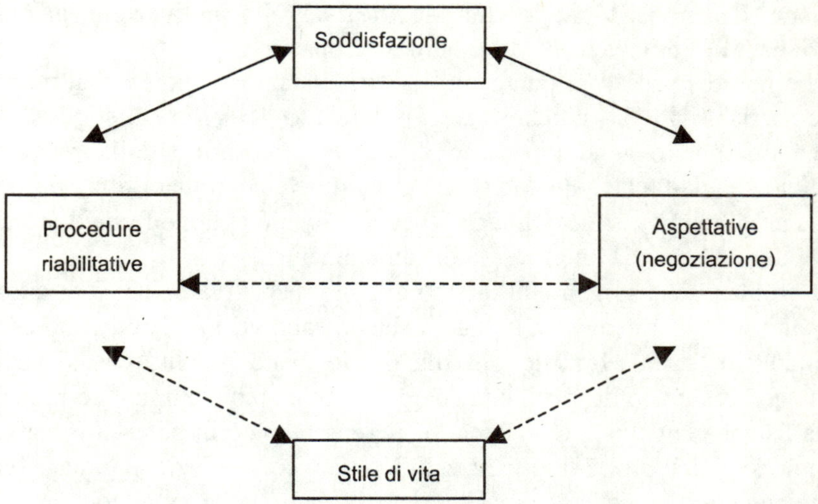

Fig. 1

In altri termini, la "soddisfazione": a) non è una variabile indipendente; b) non è solo interna al sistema riabilitativo.

La "soddisfazione" non è una variabile indipendente, poiché essa è circolarmente connessa alle promesse tecniche della procedura riabilitativa e alle attese che, anche grazie a esse, l'utente si forma. Due rilievi vanno fatti al proposito.

I sistemi del tipo abbozzato tendono all'equilibrio, in quanto, salvo casi estremi, il livello di soddisfazione oscilla lievemente attorno a un valore di soglia. Normalmente il nostro umore non segna grande felicità o cupo sconforto, bensì uno stato d'animo poco sopra o poco sotto una soglia di indifferenza. L'aggiustamento avviene agendo sulle molteplici variabili del sistema. Se, ad esempio, la "soddisfazione" consistesse, in un primo momento, per il cardiopatico nel riacquisire la sua prestanza di giocatore di tennis e se ciò si dimostrasse impossibile, si potrebbe verificare sia un ridimensionamento delle aspettative sia un minor investimento nelle procedure riabilitative: verrebbe cioè ricuperato un certo grado di soddisfazione, riaggiustando tutte le variabili su valori più bassi.

Inoltre va tenuto presente che tale riassetto non segue per solito un decorso automatico, come in un sistema biologico, bensì può comportare forme attive di apprendimento e di risposta, mediate dal rapporto tra l'utente e l'azienda erogatrice del servizio. In breve l'utente elabora un modello cognitivo del sistema che comprende risorse, programmi esistenziali, conoscenza tecnica delle procedure riabilitative, fiducia verso l'organizzazione. Un modello che fa riferimento al sé, alle motivazioni, ai piani d'azione, alle competenze... del nostro cardiopatico.

Siamo così passati al punto b) – la "soddisfazione" non è esaurita dal sistema riabilitativo – poiché il riaggiustamento dei valori di soglia coinvolge un mondo assai più vasto di quello circoscritto dalla relazione tecnici-azienda-utente. Poniamo che il cardiopatico rinunci alla sua passione per il tennis e si dedichi agli scacchi. Con ciò egli modifica il proprio "stile di vita" e avvia un processo di cambiamento.

I problemi che sorgono all'interno di una prospettiva euristica di questo tipo non sono, a mio avviso, tra quelli che possano venire convenientemente ricondotti entro la teoria dei sistemi, per lo meno sintanto che si voglia mantenere un grado di specificità congruo con le ambizioni teorico-pratiche della Psicologia della Salute. Pochi oggi penserebbero di poter affrontare la complessità dei processi organizzativi o dei corsi d'azione umana con l'impiego effettivo della nozione di "sistema aperto". Senza volerne fare una questione di principio, mi limito a dichiarare la mia predilezione per teorie in cui il raccordo tra lo "psico" e il "sociale" – per tacere del "bio" – sia tale da rappresentare con più precisione i processi di concertazione o la funzione proattiva della dinamica delle attese. Tornerò su questo punto più avanti.

3. L'altra parola d'ordine spesso richiamata è **"salutogenesi", come prospettiva euristica** contrapposta alla più tradizionale "patogenesi". Il valore della parola è sovente esemplificato con l'effetto placebo e l'esigenza di insistere, per così dire, sulla clinica della salute piuttosto che sullo studio della malattia. Anche in questo caso vale forse la pena di considerare più ampiamente il potenziale dell'idea di salutogenesi.

Qualche tempo fa l'allora presidente Prodi e il ministro della Sanità Rosi Bindi, nel presentare il piano sanitario 1998-2000, hanno insistito sull'obiettivo prioritario di promuovere stili di vita salutari, prima ancora di intervenire sulle patologie più diffuse. È questo un orientamento salutogenetico? E quanto può giovare ad esso la psicologia, al di là dello studio epidemiologico del rapporto, ad esempio, tra il comportamento a tavola e l'insorgere o meno di determinati malesseri e disfunzioni?

Non è azzardato supporre che, dove si manifesti l'esigenza di modificare una condotta, possa esservi un problema psicologico. Ciò vale per le diete o l'attività fisica in rapporto alle cardiopatie, come per il dissuadere dal guidare l'automezzo in stato di ebbrezza o per il convincere qualcuno a mettersi il casco quando entra in cantiere. Certo i comportamenti a rischio sono millanta e il lavoro per la Psicologia della Salute potrebbe non mancare. Ma è questa la strada maestra lungo la quale coniugare psicologia e salute? Vale allora la pena di soffermarsi sul senso che assumono, in questa prospettiva, le due nozioni di "rischio" e "stile di vita".

Sviluppando oltre l'esempio della cardiopatia potremmo, ad esempio, sostenere che una dieta ad alto contenuto di grassi saturi aumenta la probabibilità di infarto secondo un tasso variabile in funzione della maggiore o minore "predisposizione" dei soggetti. Tale asserzione ha un duplice fondamento empirico: a) un modello fisiopatologico che spiega come i lipidi, non sciolti nel sangue, concorrano alla sclerosi dei tessuti arteriosi e così via; b) un modello epidemiologico che rileva una maggiore incidenza di infartuati tra gli individui che fanno maggior consumo di grassi saturi e posseggono determinati caratteri. Entrambi i modelli dispongono ovviamente di sofisticati allestimenti tecnici da cui mi permetto qui di prescindere, limitandomi ad osservare che sul piano euristico essi sono strettamente collegati, in quanto uno orienta i campi di indagine dell'altro, e per solito, benché non sempre, è il primo a fungere da pilota.

Secondo l'argomento abbozzato potremmo qualificare "salubre" quello stile di vita che previene i rischi per la salute, ad es. contiene pochi grassi saturi nelle diete. Interessa però rimarcare che, benché la parola "salute" ricorra più volte, in effetti:

- la nozione di "rischio" resta sostanzialmente sotto l'egemonia della patogenesi (nella accezione sia fisiopatologica sia epidemiologica);
- i modelli empirici attivati sono eminentemente di tipo "bio" e, in seconda istanza, "socio";
- lo "psico" svolge un compito ancillare, allorquando gli si chiede di dare una mano, affinché la gente eviti i rischi ossia non si rimpinzi di grassi

saturi. In altre parole, lo "psico" svolge la funzione tecnica di manipolatore delle condotte secondo un qualche approccio, purché strumentalmente efficace.

L'approccio bio-psico-sociale non sta dunque naturalmente dalla parte della salutogenesi, bensì nelle sue applicazioni correnti si allinea alle *dèmarches* del tradizionale modello medico. Sorgono allora due domande:

- la **nozione di "rischio"** può venire declinata in un quadro concettuale più sintonico con la salutogenesi?
- è possibile ritagliare alla Psicologia della Salute un ruolo meno ancillare?

4. "Rischio" è termine polisemico. Nel precedente contesto esso per lo più indicava la probabilità, in senso frequentista, che un certo evento negativo possa realizzarsi (un po' il contrario di "fortuna"). Ma potremmo anche parlare di rischio per alludere, più in generale, alle minacce e alle incertezze che pervadono il mondo contemporaneo, ad esempio di "società del rischio" alla maniera di Beck (Beck U., Beck Gernsheim E., 1994). In tale prospettiva il rischio si associa alla perdita di controllo sugli eventi, in particolare su quelli da noi stessi messi in moto, come la nocività degli ambienti tecnici (ad es. di lavoro), la contaminazione dell'ecosistema, la criminalità, la proliferazione degli armamenti atomici e simili.

Ovviamente l'una accezione del termine non esclude l'altra. Fa però una certa differenza immaginare il rischio sotto la specie di probabilità oggettiva associata a un certo evento, piuttosto che come circostanza autoprodotta dal nostro modo di vivere: una differenza che può notevolmente incidere sull'idea di salute e sul modo di intendere i rapporti tra questa e la malattia.

Vorrei illustrare questo punto riannodando un filo e ricordando **Giulio Maccacaro e il movimento di *Sapere***: un'esperienza, ormai più di vent'anni lontana, che ancora oggi offre in tema di salutogenesi un terreno di riflessione forse più fecondo di molti venerati paradigmi d'oltre confine.

Il fascicolo n. 794 di *Sapere* (settembre, 1976) comprende una parte monografica su "Vera e falsa prevenzione", chiusa da un saggio di Ivar Oddone e introdotta da alcune pagine di Giulio Maccacaro: quasi un testamento spirituale, poiché questi morì l'autunno di quello stesso anno. In quelle pagine il tema del rapporto tra salute e malattia è centrale, in quanto traccia appunto il contorno tra "vero" e "falso" in fatto di prevenzione.

Maccacaro distingue al proposito due prospettive, secondo che si assuma come criterio la malattia piuttosto che la salute. Nel primo caso l'assunto di base è del tipo: "sono sani tutti coloro che non sono malati, oltre ad alcuni malati che non sanno di essere sani". Si afferma così l'oggettività della malattia la cui esistenza può essere verificata o smentita mediante criteri altrettanto oggettivi; la somma di questi criteri circoscrive il sapere medico del quale il sanitario è titolare esclusivo. Secondo questo punto di vista il malato vale in quanto manifestazione della malattia alla quale presta un fisico e occasionale supporto, se non vuole essere rimandato come sano o come "malato immaginario" (1976, p. 2).

Nel secondo caso i termini della questione vengono invertiti: "sono malati tutti coloro che non si sentono sani, più alcuni sani che non sanno di essere malati". L'accento si sposta ora sulla soggettività, "perché basta la sofferenza ad autenticare il sofferente: come titolare di una salute definita in positivo e della quale egli patisce la perdita o la decadenza. Da questo momento egli è l'autore di un discorso che non ha più per oggetto soltanto l'esistenza di un malessere ma il perduto benessere di una esistenza..." (1976, p. 2).

In quest'ultima prospettiva parole come "guarire" e "curare" assumono altri e più ricchi significati e "prevenire" non si riferisce semplicemente alla malattia che va prevista e rimossa, ma alla salute che va tutelata e promossa. Il passaggio dal primo al secondo assunto di base non comporta infatti solo un'inversione di termini, bensì un rovesciamento di mentalità: "salute e malattia non sono infatti realtà coestensive e di segno opposto talché alla definizione e all'accertamento della prima bastino l'identità e l'accertamento della seconda. Ci sono infatti moltissimi modi di essere malati, ma uno solo di essere sani: realizzare la pienezza del proprio benessere psico-fisico e sociale".

Considerando la storia della medicina l'autore sottolinea come la *forma mentis* tradizionale sia fortemente improntata al modello della malattia infettiva, dove l'agente patogeno è naturale e genera la malattia incontrando, per così dire, l'uomo dall'esterno. La malattia infettiva dunque:

- è caratterizzata da un agente specifico (microbo o virus) diagnosticato il quale si può identificare una terapia causale;
- è aggredibile da misure profilattiche (vaccini), in grado di aumentare la resistenza individuale sino a garantire l'immunità;
- ha dominato il quadro delle cause di morte, non raramente in misura epidemica, fino alla vigilia della seconda guerra mondiale.

Da qualche decennio a questa parte, però, un'altra patologia ha statisticamente soppiantato quella infettiva nelle cause di morte: "è una patologia da usura, da lavoro, da contaminazione ambientale, da stress ripetuti, da conurbazione ecc., che va sotto il nome comprensivo di 'malattie degenerative'" (1976. p. 3). Si tratta di una patologia che è il risultato di una molteplicità di agenti lesivi con effetti sia somatici sia psichici; il cui decorso cronico è praticamente irreversibile; per la quale spesso non si danno terapie eziologiche, se non meramente sintomatiche, e alla quale non si addicono misure profilattiche capaci di aumentare la resistenza individuale o di conferire immunità. "Si può curare una polmonite, operare un'appendicite, spegnere un tifo, ma non c'è guarigione per l'arteriosclerosi cerebrale, la malattia cronica, il cancro polmonare, la depressione psichica. Se ne possono mitigare i sintomi, correggere gli effetti, dilazionare gli esiti: ma poco più, talvolta poco meno" (ibidem).

Discende da ciò l'assoluta necessità di integrare la medicina clinica con quella preventiva e la forte enfasi sulla prevenzione primaria, rivolta appunto ad abbattere gli agenti patogeni. La prevenzione terziaria (ossia quella mirata a limitare o riparare i danni della malattia) resta un'utile e, a volte, preziosa declinazione della medicina clinica; mentre assai più prudente è l'atteggiamento del nostro autore nei confronti della prevenzione secondaria (intesa ad arrestare la genesi della malattia) la cui attrezzatura predittiva è certamente efficace per la malattia infettiva, assai meno per quella degenerativa malgrado gli alti costi e gli investimenti che comporta. "Si capisce come oggi occorra più che mai una medicina che invece si impegni alla ricerca e alla rimozione di tutte le cause di sofferenza, dovunque e comunque esse siano riconoscibili: non soltanto nel germe o nel gene, non soltanto fuori da un imperturbabile processo produttivo, ma proprio all'interno della sua stretta che spegne nell'uomo la libertà di essere sano e nella medicina la possibilità di essere liberatrice" (1976, p. 4).

Un esempio di approccio alla salute di questo tipo lo si ritrova nella discussione da parte di Maccacaro dell'allora nascente modello della Usl, discussione necessariamente coinvolta nelle questioni organizzative sotto il profilo sia del funzionamento sia della struttura. Parafrasando Talcot Parsons, che ne *Il sistema sociale* (1968) aveva parlato di "malattia come perdita di partecipazione", il nostro autore introduce un ulteriore caposaldo del suo modo di pensare ossia "l'intrinseca solidarietà tra il problema della salute e quello della partecipazione". Solidarietà che va interpretata anche alla luce della "inopportunità della persistenza di un'immagine tecnica e di un'immagine politica della forma sanitaria" (1977, p. 38) ossia, come vedremo tra poco, rifiutando la delega.

"Ci sembra dunque di poter dire che si ha *partecipazione* quando un'azione collettiva è voluta e operata da più agenti nel ruolo di soggetti. Ci sembra anche di poter limitare l'analisi ad un solo tipo di azione: la *decisione*, intesa come scelta tra alternative di *intervento* in un sistema (sanitario, in questo caso). Ci sembra infine di poter assumere che ogni decisione di intervento nel sistema implichi qualche *conoscenza* dello stato del sistema... Si noti subito che – essendo i soggetti parte integrante del sistema e la decisione nient'altro che una classe particolare di informazioni – l'immagine dell'Usl come 'sistema informativo' si pone da sé, con naturale evidenza" (1977, p. 39).

La "Usl-sistema informativo" sostiene l'idea della *partecipazione mediata* che naviga tra la Scilla del generico democraticismo e la Cariddi della delega sia tecnica sia politica. Se il coinvolgimento dei diversi soggetti dell'agire sanitario avviene nel momento della decisione, questa, oltre a mantenersi efficace e informata, deve essere capace di promuovere l'azione e di valutarne i risultati. Dove "promuovere" non significa necessariamente operare ma porre le condizioni per operare. Così come "valutare" può essere inteso quale controllo non tanto della operatività, quanto piuttosto dei suoi risultati. "Ciò configura il possibile affidamento della operatività, nei due sensi indicati, e suggerisce, per conseguenza, di distinguere tra partecipazione diretta e partecipazione mediata" (1977, p. 40).

Per comprendere lo stacco tra partecipazione mediata e delega si può ricorrere alla distinzione tra *informazione di governo* (essenzialmente relativa al programma e al controllo dei risultati) e *informazione di esercizio* (essenzialmente interna all'operatività): mentre per la prima non esiste possibilità di delega senza snaturare la partecipazione, è in sostanza la seconda che può venire affidata ai "mediatori".

Se dal piano del funzionamento passiamo alle ipotesi sulla struttura della Usl-sistema informativo (con importanti ricadute anche sulle opzioni tecniche circa il carattere delle informazioni e la configurazione del sistema) sorge ovviamente il problema di coniugare potere, autorità e controllo. Mi limito a richiamare tre richieste forti, avanzate da Maccacaro e ancora oggi attuali alla luce della riorganizzazione in atto del nostro apparato sanitario: "...siano ipotesi sulla 'struttura della partecipazione' e non sulla 'struttura dell'efficienza', siano ipotesi sulle componenti modulari e non sulla architettura totale, siano ipotesi ispirate a esigenze di articolazione e flessibilità piuttosto che di fissazione e di consolidamento di un disegno purchessia" (1977, p. 41). In un linguaggio diverso e senza esasperare la visione utopica di tali richieste potremmo dire: siano ipotesi capaci di recepire le elevate esigenze di concertazione e di negoziazione che provengono da una organizzazione partecipata.

Infine, per non confondere questo tipo di approccio con il liberismo libertario d'oggidì, è opportuno richiamare che i soggetti della salute non sono solo e tanto i singoli individui, quanto le forme collettive della loro aggregazione primaria: la famiglia, la scuola, l'azienda, il quartiere... "Se, come affermiamo convintamente, la comunità scolastica, il gruppo operaio omogeneo, la popolazione di quartiere sono esempi di autentici soggetti collettivi di partecipazione sanitaria è perché dalla scuola, dalla fabbrica, dalla residenza nascono domande di informazione e proposte di decisioni che sono loro proprie, con propri diritti e necessità, ulteriori a quelli degli individui che vi raccolgono. A sua volta ciò è vero perché la residenza, la fabbrica e la scuola sono altrettanti esempi di fattori condizionanti la salute fisica e psichica dell'uomo" (1977, p. 42).

5. L'approccio di Maccacaro, come il movimento di *Sapere*, era attraversato da una vena di operaismo che allora suscitava in me qualche disagio. Rileggendo oggi i suoi scritti, ormai a un quarto di secolo di distanza, devo confessare che, nel merito delle questioni, la posizione ideologica affiora appena e, al di là dello *Zeitgeist* primi anni '70, non offusca la lucidità dell'analisi e la ricchezza degli spunti. Non si riannoda però un filo, come dicevo in esordio del precedente paragrafo, per semplice ragione. La discussione sulle grandi riforme nei primi anni '70 – e non si trattava solo di sanità – ebbe per noi una forza aggregante – tra mondo della ricerca e società civile, tra teoria e pratica, tra discipline diverse – presto smarrita. Varrebbe la pena riflettere sui motivi del riflusso, sul solco subito spalancatosi tra delega e partecipazione.

Ma torniamo al compito ossia alle due domande circa la nozione di rischio e la collocazione della psicologia nel sistema bio-psico-sociale. La parentesi aperta con Giulio Maccacaro permette di integrare l'analisi precedente.

- **Il punto di vista salutogenico è incardinato nella soggettività** sia perché riconosce la sofferenza tra i criteri di malattia sia perché àncora la salute a un progetto, di partecipazione e di vita, che impegna le persone ovviamente al di là delle ipotesi organizzative da applicare al sistema sanitario.
- Le patologie degenerative, in quanto alimentate dalle opposizioni interne alla stessa società umana configurano **il rischio, oltre che sotto il profilo epidemiologico, come perdita di controllo** sui fattori storici della salute. In altre parole, il rischio viene ricondotto alla riflessività del sistema bio-psico-sociale, alla sua capacità di generare consapevolezza sui percorsi della salute e di presidiarli adeguatamente.

Da quanto sopra derivano per la psicologia incombenze diverse. Inoltre, non essendo esse semplicemente ancillari ad un bio-modello della malattia, presuppongono un'idea regolativa circa gli orizzonti, ad esempio in termini di salute, che si intendono perseguire. Ogni tanto qualcuno si domanda se "possiamo occuparci di libertà, di dignità, di giustizia". Per fortuna un problema che gli psicologi della salute non hanno (ma forse il "noi" cui allude il "possiamo" non ci comprende). Bisognerebbe, al contrario, spiegare come la psicologia impegnata in qualche processo di trasformazione e di cambiamento – e tale è certamente la Psicologia della Salute – possa prescindere dall'immaginare, dal proporre, dal discutere e dal negoziare un qualche traguardo di umanità. Proverò al proposito a sviluppare in maniera esplorativa alcuni esempi che collocano la precedente discussione nel dibattito attuale sulla Psicologia della Salute. Essi concernono rispettivamente:

- il rapporto tra benessere psico-fisico e lavoro,
- gli orizzonti euristici e pratici della Psicologia della Salute,
- l'intersezione tra qualità dei sistemi sanitari e partecipazione.

6. In un recente lavoro sulle applicazioni della Psicologia della Salute al mondo del lavoro, Schabracq, Winnubst e Cooper (1996) avanzano **un modello**, al tempo stesso esplicativo e normativo, **che allinea salute e benessere alla integrità dell'individuo e delle sue capacità di azione**. L'integrità è qui intesa come "un sistema semi-permanente di significati rilevanti, immagini, assunzioni, scopi, regole, canali di relazioni interpersonali, procedure, abilità, risorse e attrezzature" che permette alla gente di "agire in maniera sensata", in quanto "in grado, in qualche misura, di controllare il proprio funzionamente e i propri risultati" (1996, pp. 7-8). Si tratta di un costrutto che – benché possa venire espresso in termini di "identità", "sé", "ego" – non è esclusivamente intrapsichico, ma accoglie pure contingenze esterne di tipo sociale, culturale e materiale.

Gli assunti alla base di tale nozione sono di varia provenienza pur privilegiando i quadri concettuali degli approcci ecologici e della teoria dell'azione. Ne richiamo alcuni di interesse per la nostra discussione.

In primo luogo l'idea della scarsità delle risorse sia comportamentali sia cognitive. La condotta umana non è genericamente adattiva, bensì plasmata su una ecologia specifica, su un numero relativamente ristretto di nicchie ambientali, piuttosto stabili e permanenti. La gente per lo più trascorre la propria vita in un luogo fisso, da sola o con particolari altri individui, impiega il proprio tempo secondo sequenze regolari e ripetitive. Sul piano mentale ciò comporta il ricorso a un numero limitato di rappresentazioni sociali che, in quanto familiari, favoriscono e guidano l'interazione con le nicchie scongiurando, quanto possibile, sgradevoli sorprese.

Seguendo questo modo di ragionare la nozione di "stile di vita" richiama quella più forte di "forma di vita": non un semplice aggregato di condotte (benché ordinato nel tempo o secondo criteri di priorità), ma corsi d'azione sia inseriti in determinate condizioni storico-materiali (contesti, rapporti, episodi...) sia immersi in una data cultura (significati condivisi, schemi d'azione disponibili e accettati, valori...).

Ciò si attaglia ovviamente anche al mondo del lavoro, dove, attraverso la canalizzazione sociale dei destini umani e le scelte personali, gli individui voltano le spalle all'universo delle possibilità per dedicarsi ad alcuni compiti particolari. "Il loro mondo diviene una sequenza lineare di segmenti familiari di azione, una pratica più o meno standardizzata di ripetizione continua, secondo una complessa struttura di cicli temporali" (ibid., p. 7).

Ciò non toglie – ed è questo il secondo punto da sottolineare – che l'integrità comporti un attivo processo di significazione: scegliendo certi corsi d'azione noi li investiamo di significati particolari e cerchiamo poi di convincere gli altri della loro appropriatezza e validità. Dare senso al proprio modo di essere, giustificare i propri atti e il proprio scambio con l'ambiente aiuta a costruire e proteggere la propria integrità, anche e soprattutto quando siamo indotti a negoziare con gli altri le nostre attribuzioni di senso e magari a correggerle. Il modo in cui descriviamo, legittimiamo, magnifichiamo o neghiamo i nostri atti rimanda, da un lato, ai codici culturali, alle ideologie condivise o alle rappresentazioni sociali di repertorio, dall'altro ci impegna in un dibattito interno sulla coerenza dei nostri propositi, sulla loro trasparenza e adeguatezza, sulle priorità tra iniziative divergenti. "Questo processo può idealmente evolvere in un sistema di significati integrato e coesivo, che, oltre a servire i nostri scopi nella vita ed essere aperto a ulteriori sviluppi, è sintonizzato coi principali significati degli altri per noi rilevanti" (ibid., p. 9).

Le rappresentazioni sociali sono introdotte dagli autori nella accezione propria di S. Moscovici. Ciò che influenza l'integrità è però il movimento che si instaura tra la produzione collettiva di significato, la rappresentazione appunto (cui, per inciso, viene ricondotta anche la cultura organizzativa) e il *sense making* personale, l'elaborazione interna di ragioni, propositi e motivi dell'agire. Gli autori seguono qui una *dèmarche* costruttivista, poiché sono l'interazione sociale, il confronto e la concertazione a sorreggere e orientare tale movimento cognitivo il cui esito non è mai scontato. Dove infatti l'elaborazione sia carente o permangano rotture nell'universo mobile e composito di sensi e significati, può insorgere lo stress.

Seguendo un percorso analogo, anche se non sempre convergente sul piano teorico e terminologico, io ho riallacciato le disfunzioni delle condotte di consumo alla tensione tra "figure di identità" (le figure collettive di azione) e le "forme di individualità" (le forme personali di esecuzione) (cfr. Ferrari, Romano, 1999, cap. II). Si badi che la mancata integrazione cognitiva è, per così dire, un sintomo quasi sempre sovradeterminato: essa può infatti venire ricondotta a condizioni intrapsichiche, sia di tipo cognitivo (abilità) sia interne all'area dei motivi e degli affetti, come a condizioni esterne quali rapporti sociali, modelli culturali e risorse materiali.

Il terzo aspetto che vale la pena ricordare è la convergenza tra integrità e senso di realtà, poiché lo sviluppo del sistema di integrità circoscrive e conferisce la concretezza dell'esperienza all'unica realtà per noi al momento possibile. "Eseguire un compito implica che quel compito diviene realtà a tutto tondo; solo allora esso acquista il suo pieno significato; solo allora esso è sperimentato come vero e reale da tutti gli individui coinvolti. Inoltre la struttura entro cui tale compito è eseguito diviene essa stessa più reale di prima: con l'esecuzione del compito anche l'organizzazione di lavoro acquista un più elevato valore di realtà" (ibid., p. 9). Questa notazione lewiniana porta a riconoscere che anche il senso di realtà sviluppato dal compito non è una circostanza solo individuale. L'esecutore – poiché accetta di circoscrivere il proprio funzionamento, la propria attenzione e la propria esperienza entro i confini del compito – sincronizza il suo agire con il dintorno immediato, con l'organizzazione in cui è inserito e con il resto dell'ambiente circostante. Inoltre tale demarcazione attualizza una realtà partecipata da tutti coloro che sono "socializzati" entro gli stessi confini e che permettono allo stesso tipo di compito di plasmare il loro funzionamento, la loro attenzione e la loro esperienza.

L'ambivalenza del compito e, più in generale di ogni nicchia direttamente agita, riemerge anche sul piano motivazionale: l'azione infatti, da un lato, mobilita le energie, dall'altro rinchiude in un campo limitato di immagini, di sentimenti e di corsi possibili. Una linea di riflessione non lontana da quella di H. Simon, quando sostiene che noi viviamo in un mondo cognitivamente quasi vuoto, attraversato da una affettività monotona e ripetitiva. Le capacità adattive ci spingono a cogliere e a immergerci in alcune opportunità a scapito di mille altre. "Comunque, capitando la vita una volta sola e avendo essa lunghezza limitata, ogni realtà da cui ci si astiene è perduta per sempre" (ibid., pp. 14-15).

Il sistema semi-permanente dell'integrità governa dunque, accanto all'efficacia dell'agire, il benessere e la salute. La difesa e lo sviluppo dell'integrità vanno infatti di pari passo con il senso di efficacia e il controllo delle diverse condizioni del sistema: da quelle soggettive a quelle materiali, da quelle individuali a quelle collettive, da quelle interne a quelle ambientali. Salute e benessere sono il sintomo di un processo adattivo efficace, anche se il dominio su di sé e sulle cose sconta la limitatezza della nicchia e del compito, la specificità e la specializzazione dell'agire. Integrità vuol dire vivere in un mondo familiare che può essere condiviso, per una parte cospicua del tempo, con le persone per noi importanti; un mondo dove ognuno sa cosa fare, cosa pensare e cosa sentire. "Sintanto che le cose vanno bene, l'individuo si sottomette inconsapevolmente alle regole della situazione e, più o meno automaticamente, entra nei corrispondenti stati di coscienza. ... Naturalmente, questo è vivere un'illusione – un illusione scelta e in parte costruita da se stessi. Ma, alla fin fine, ciò si applica a tutte le realtà dell'esperienza" (ibid., p. 10).

Lo scivolamento idealistico della specificità ecologica non impedisce comunque che l'integrità sia sempre a rischio, poiché l'esercizio del controllo dipende da numerose condizioni riguardanti sia il corso d'azione in essere (il compito) sia il suo sfondo (l'ambiente). Senza entrare nel merito di questa disamina – che sul piano operativo è fondamentale per l'applicazione del costrutto alle condizioni di lavoro – mi limiterò a richiamare brevemente alcuni caratteri dello sfondo che possono lacerare l'integrità e appaiono quindi come potenziali *stressors*.

L'idea di base è che lo sfondo non debba disturbare il funzionamento dei singoli impegnati nell'azione e interferire con l'esigenza di raccordare *in itinere* le componenti intrapsichiche del sistema con quelle esterne, siano esse materiali o ideali, strutturali o culturali. È allora opportuno che l'ambiente sia "ordinato" ossia predisposto, programmato a garantire la coesione del sistema; che esso esorcizzi le minacce per i singoli o riduca, quanto possibile, l'incertezza; che i modelli culturali (dell'organizzazione, della collettività) siano coerenti coi valori delle persone; che sia garantito il sostegno sociale (guida, informazione, conferma, affiancamento emotivo, aiuto fattuale...) mediante una rete di relazioni sufficientemente specifica e estesa (ibid., p. 15 e sgg.).

Questo tipo di analisi evidenzia, al di là della sua declinazione nelle specifiche condizioni di lavoro, come, nella nostra cultura, la prospettiva dell'integrità – e dunque anche la costruzione del sé – sia tra l'altro strettamente intrecciata alla rappresentazione sociale del lavoro e della professionalità, ai percorsi di carriera, in quanto assi temporali lungo i quali si aggregano e sedimentano competenze, relazioni, affetti: in una parola, le forme di individualità. In tema di salute e di benessere ciò apre, ad esempio, la questione degli effetti del capitalismo flessibile – assunto oggi come un imprescindibile toccasana dall'economia politica – che appunto frantuma quel progetto e ne spezza la continuità.

Le riflessioni di Schabracq, Winnubst e Cooper si allineano qui a quelle di Richard Sennet che lamenta le conseguenze negative per il benessere personale prodotte dal neoliberismo: dall'erosione della "religione civile", dalla rottura della continuità e della coerenza dello "spazio pubblico". In questo quadro la flessibilità rafforza la tendenza alla disgregazione, poiché, favorendo "la privatizzazione e l'intimizzazione del lavoro", frantuma il tempo, dissolve le carriere e, non ultimo, incrina l'autorità e la coesione dei referenti ideali (su Sennet si veda, ad esempio, l'intervista di Gabriella Turnaturi, 1998).

7. L'"integrità" è un'idea regolativa che funge, da un lato, come quadro di controllo per rilevare, specie in contesti lavorativi, l'insorgere di tensioni (*stressors*), dall'altro, come modello di equilibrio atteso al fine del benessere personale. Vale la pena sottolineare che il modello non si esaurisce sul versante intrapsichico, ma opera, per così dire, sul versante psico-sociale.

Il secondo esempio investe più esplicitamente **le aspirazioni della Psicologia della Salute** o, come dicevo sopra, i suoi traguardi di umanità e pone specifiche opzioni teoriche che investono l'intero trittico bio-psico-sociale. Mi riferisco a **Albert Bandura** e al suo peculiare modo di interpolare variabili psicologiche e non della salute.

Nel settimo capitolo di *Self-Efficacy: The Exercise of Control* (1997) Bandura affronta il tema del *health functioning* lungo una *dèmarche* assai prossima a quella illustrata nel paragrafo 5 ossia contrapponendo modello bio-medico e modello bio-psico-sociale, malattie infettive e malattie cro-niche-degenerative, medicina clinica e medicina preventiva. Gli esiti della sua argomentazione sono anche più radicali di quelli di Giulio Maccacaro, poiché sostiene che l'intervento psico-sociale ottiene a volte risultati migliori di quello bio-medico anche nei confronti delle malattie infettive. Conclusione sorretta sia dai dati dell'economia sanitaria che mostra come le cautele igieniche, a parità di costo, sortiscano effetti maggiori delle vaccinazioni (salvo che per la poliomelite) sia dai suoi esperimenti sulla correlazione positiva tra senso di auto-efficacia e funzionamento dell'apparato immunitario.

"A parte la dotazione genetica, la salute fisica è in larga misura determinata dagli stili di vita e dalle condizioni ambientali. La gente subisce danni fisici e muore prematuramente per lo più a causa di prevenibili abitudini nocive. Le abitudini alimentari la espongono al rischio delle malattie cardiovascolari e di certi tipi di cancro; ... il fumo delle sigarette genera un grave pericolo di cancro, di disordini respiratori e di disfunzioni cardiache; l'abuso di alcol e di droghe mette gravemente a repentaglio il corpo; le malattie trasmesse sessualmente possono produrre serie conseguenze per la salute; gli uomini vengono minorati e le loro vite interrotte dalla violenza fisica e da altre attività fisicamente pericolose; modi erronei di confrontarsi con gli *stressors* possono pregiudicare la capacità del sistema immunitario di combattere la malattia.

Per quanto concerne le condizioni ambientali, i processi industriali e agricoli infestano con inquinanti cancerogeni e nocivi l'aria che respiriamo, il cibo che mangiamo, l'acqua che beviamo e tutto ciò mette a grave prova il nostro corpo. Dal punto di vista psico-biologico modificare gli stili di vita e le condizioni ambientali può portare grandi giovamenti alla salute. Il sostanziale declino nella mortalità e nella morbilità prematura è maggiormente derivato dall'estesa adozione di stili di vita più salutari che dalle tecnologie mediche... I metodi psico-sociali sono diventati il principale strumento di salute pubblica" (1997, pp. 259-260).

L'opinione di Bandura, per quanto influente, non pare abbia toccato i nostri governanti che, pur riconoscendo nel recente piano sanitario – come si è scritto – la priorità dell'intervento sugli stili di vita (non però di quello sulle condizioni ambientali!), neppure citano la psicologia tra le discipline (economia, sociologia, antropologia...) che dovrebbero ancillarmente dare una mano nel realizzare l'obiettivo.

L'orizzonte prefigurato dal collega canadese per la Psicologia della Salute consiste dunque nel contribuire da protagonista a una vita più lunga e, al contempo, più sana: tale cioè da ridurre al minimo disabilità, sofferenza e dipendenza. Non potendo esorcizzare la morte, se ne può contenere l'invadenza nell'arco della vita, comprimerla nel breve intervallo di "*a rapid, dignified exit*". Il compito della psicologia non sta però tanto nell'apportare un ulteriore estraneo sapere tecnico, quanto nel fornire alla gente le conoscenze e le capacità necessarie per controllare le proprie abitudini e il proprio ecosistema. In altre parole: "la salute degli uomini è parzialmente nelle loro mani, anziché in quelle dei medici" (ibid., p. 261).

Ma di quali attrezzi dispone a tale scopo la nostra disciplina? È noto come la proposta elaborata da Bandura sia stata da lui denominata "teoria socio-cognitiva" e come all'interno di questa un ruolo centrale sia svolto dalla nozione di "senso di auto-efficacia" (*self efficacy belief*). L'applicazione di questo punto di vista al tema della salute si dipana sostanzialmente a tre livelli:

- un primo, di base, che evidenzia come l'auto-efficacia percepita influenzi il sistema biologico che regola gli stati di salute e di malattia (in particolare l'apparato immunitario);
- un secondo che studia l'esercizio diretto del controllo sulle proprie abitudini e sulle condizioni ambientali;
- un terzo che prende in esame la pratica medica (in particolare quella di tipo prognostico) e i suoi effetti sulla "auto-efficacia".

Al di là di questi aspetti più noti della ricerca promossa dalla teoria socio-cognitiva, essa, come si è visto, mira sia a responsabilizzare le singole persone (mettere la salute "nelle loro mani") sia a trattare congiuntamente le determinanti socio-strutturali e quelle personali. Nell'economia del presente articolo è questo l'aspetto che merita approfondire: da un lato lo snodo tra teoria e pratica, dall'altro il passaggio dalla sfera individuale a quella collettiva, dalle condizioni intrapsichiche a quelle sociali.

Le possibilità di autoregolazione dell'agire umano, scrive Bandura, sono fortemente limitate dal fatto che esso è strettamente intrecciato a un vasto reticolo di relazioni sociali e strutturali che lo orientano e condizionano. Inoltre la salute dei singoli cade in un campo di influenze (ambientali, politiche, sociali) aggredibili mediante l'azione collettiva piuttosto che il semplice controllo delle variabili intrapsichiche. "A causa del pregiudizio individualistico, la nostra conoscenza e i nostri modelli per indurre il cambiamento sociale lasciano molto a desiderare. Programmi psicologici che aumentano i tassi di successo mediante il sostegno socio-strutturale al cambiamento personale vengono raramente adottati, malgrado la loro efficacia. Essi sono problematici da impiantare e la loro gestione richiede attenzione ai travagli mondani della vita di tutti i giorni. Una benefica tecnologia sociale non è un prodotto commerciabile, al contrario del trattamento mediante farmaci, che sono facili da prescrivere, richiedono poco sforzo e alimentano la loro vantaggiosa produzione mediante l'uso e l'acquisto ripetuto" (1998, p. 642).

La garbata denuncia indirizzata alla medicalizzazione e alla farmacoterapia della sofferenza e del disagio si accompagna a una espressione di vago sapore comportamentista: "*social technology*". I concreti esempi offerti da Bandura vanno però in una direzione assai diversa, quando considerano i gruppi di autoaiuto o la prevenzione primaria verso i giovani. Centrale in questa prospettiva è il costrutto di "efficacia collettiva" (*collective efficacy*).

"La qualità della salute di una nazione è una questione sociale e non solo personale. Essa comporta di cambiare le pratiche dei sistemi sociali che hanno effetti nocivi sulla salute piuttosto che cambiare soltanto le abitudini degli individui. Essa richiede un forte impegno unitario per stanare consolidate pratiche nocive e per rimuovere ostacoli spesso eretti dai legislatori manovrati dalle lobby industriali. La convinzione della gente nella propria efficacia collettiva nel promuovere il cambiamento sociale gioca pertanto un ruolo cruciale nelle prospettive volte a migliorare la salute e a prevenire la malattia" (1998, p. 644).

L'argomento di Bandura è che non manchino idee e programmi per promuovere la salute, ma che faccia difetto la loro attuazione per via della corruzione dei politici, conniventi con le lobbi industriali i cui interessi non sono sempre convergenti con quelle idee e quei programmi. Paradigmatico al proposito è, secondo il nostro autore, il caso dell'industria delle sigarette e dei suoi rapporti col Congresso statunitense. Diviene allora indispensabile per i cittadini farsi direttamente carico dei problemi che investono il loro benessere.

In questo quadro vi è continuità tra "*self-*" e "*collective efficacy*", poiché l'azione sociale presuppone in ogni caso la convinzione che il proprio agire, più o meno mediato dai gruppi di riferimento e dalle comunità di appartenenza, sia in grado di sortire gli effetti attesi.

"Un corretto approccio alla salute deve fornire alla gente conoscenze, capacità e senso di efficacia collettiva in grado di governare le iniziative sociali e di *policy* che influenzano la salute degli uomini. Tale impegno sociale mira a elevare la consapevolezza pubblica dei pericoli per la salute, a educare e influenzare i *policymakers*, a mobilitare il sostegno pubblico per le iniziative di *policy*, a escogitare strategie efficaci per migliorare le condizioni di salute. Sapere come sviluppare ed esercitare l'efficacia collettiva può offrire le linee guida per farci procedere oltre nel miglioramento della salute umana" (1998, p. 646).

L'autore fa esplicito riferimento ad alcuni esempi di azione collettiva che hanno positivamente modificato circostanze profondamente compromesse. In particolare richiama il *symbolic modeling*, una tecnica di influenza basata sull'uso dei mezzi di comunicazione di massa, impiegato per favorire il controllo delle nascite e l'emancipazione della donna e gli interventi di comunità mirati a prevenire la mortalità e la morbilità infantile in quartieri poveri e igienicamente degradati (di queste esperienze ispirate dalla teoria socio-cognitiva ho più diffusamente trattato in altra sede; cfr. Ferrari, Romano, 1999, cap. II). Inoltre si sottolinea la stretta interdipendenza tra sviluppo e sottosviluppo, poiché l'incremento demografico, la povertà, la malnutrizione, il deterioramento ambientale, la desertificazione ... del terzo mondo costituiscono una sfida per la salute e il benessere dell'intero pianeta. Circostanze che sollecitano, conclude il nostro, "*a more ambitious socially-oriented agenda of research and practice*" (ibid., p. 647).

Al di là della nozione di *collective efficacy* non si ritrova, a mio avviso, in Bandura una dottrina dell'azione sociale, tale da recepire operativamente le condizioni extrapsichiche e sovraindividuali a cui tale azione è intrecciata. Ciò non toglie che sul piano programmatico la sua disamina sia attraente e che le sfide che ne discendono per la Psicologia della Salute siano di notevole portata. Può forse sorgere il dubbio se, lungo tale percorso, non sia opportuno per la Psicologia della Salute recuperare con maggiore specificità le circostanze di gruppo, organizzative, comunitarie, culturali, sociostrutturali a cui i suoi orizzonti pratici paiono legarla. Ma in questa sede il mio intento è di suscitare scenari possibili piuttosto che di esercitare prudèrie concettuale. Da questo punto di vista la proposta di Bandura – per altro corredata da un ricco apparato tecnologico – mi pare di grande interesse e meritevole di essere attentamente approfondita. Tra l'altro mi preme sottolineare come riemergano qui, pur lungo traiettorie di pensiero diverse da quelle del par. 4, la complementarietà tra rischio e controllo dei fattori storici di salute, oltre che la conseguente radicale solidarietà tra partecipazione e salute.

8. Per chiudere questa riflessione e rimarcarne gli ambigui contorni, vorrei ora riprendere **il tema della qualità**. Nella cultura italiana di oggi esso rappresenta il **tratto d'unione tra sistema sanitario e cittadini**, come, ad esempio, si allude nel sottotitolo di un recente volume di Marco Trabucchi (1996): "dalla qualità percepita all'impegno per il cambiamento". In questa accezione la qualità – lo sottolinea lo stesso Trabucchi – è garanzia di consenso: consenso necessario non solo per vendere il prodotto (come sarebbe per un'automobile), ma pure per consentirne una adeguata messa in essere. Esprimendo la sanità, come direbbe James Thompson, una tecnologia intensiva, i suoi esiti sono condizionati dalla risposta degli utenti e non si compiono pienamente "se il cittadino non collabora in maniera significativa e se – allo stesso tempo – non ha fiducia nelle possibilità del sistema nel suo complesso e nelle varie articolazioni" (1996, p. 7).

La transizione dal modello bio-medico al modello bio-psico-sociale si presta pertanto ad una ulteriore lettura: la metamorfosi della *patient-compliance* nella *patient* – o meglio *customer-satisfaction*. Il tema è affrontato da Claudio Bosio (1996) che raccorda la qualità della salute alla nuova cultura di servizio della pubblica amministrazione e al maturare di nuove forme di rapporto tra questa e il cittadino.

L'idea regolativa e le procedure della *customer satisfaction* aprono dunque un duplice fronte. Da un lato conferiscono all'utente una posizione più attiva, una maggiore incidenza nel processo sanitario. Dall'altro permettono di "dotare i decisori dell'area sanitaria di strumenti di valutazione-intervento atti a monitorare e a migliorare la qualità dei propri servizi" favorendo così "una ibridazione fra cultura tradizionale (burocratica) dei ruoli direttivi e nuova cultura (manageriale) più in linea con la cornice organizzativa di tipo aziendale". L'aziendalizzazione del sistema sanitario si compie cioè all'insegna di un rinnovato interesse per la mentalità e le tecniche di marketing, sviluppate dal settore privato per i prodotti di consumo. Si profila così, in nome dell'orientamento al cliente, la trasposizione di un consistente corpo di pratiche aziendali dal mondo dei consumi a quello dei pubblici servizi, dalle iniziative *profit* a quelle *non profit*: operazione emblematica, complessa e certamente non risolvibile nella semplice sovrapposizione dei due mondi, a scapito delle loro differenze e specificità (cfr. C. Bosio, 1996, p. 12 e sgg.).

Pur avvertiti dell'esistenza di un marketing del settore pubblico che non si risolve nella puntuale fotocopia di quello originariamente elaborato per i consumi, sorge a questo punto un problema. Siamo partiti negli anni '70 da grandi progetti di partecipazione per la salute – forse un po' avveniristici e utopici, ma non sprovvisti di retroterra culturale – per approdare oggi alla *customer satisfaction* ossia a un sostanziale allineamento del benessere personale al consumo di cioccolato, detersivi e frigoriferi.

Non vorrei essere frainteso. Kotler e i suoi seguaci hanno certamente contribuito a innovare la civiltà industriale e i rapporti tra produzione, distribuzione e consumo; la *customer satisfaction* configura uno strumento di valutazione del ciclo aziendale, oltre che importante, tale da imporre, almeno in teoria, una radicale revisione dei processi organizzativi. Ciò non toglie che il referente della *customer satisfaction* sia un soggetto che, rispetto all'appagamento delle sue esigenze, dispone di capacità di scelta tra le alternative sul mercato, ma certamente non di potere decisionale, e spesso neppure di delega, sulla messa in essere delle stesse alternative. L'utente sanziona (acquistando o meno) gli esiti del processo aziendale o amministrativo, ma non esercita alcun controllo su di esso. Tale discrezionalità può anche essere adeguata per orientare l'universo dei consumi, ma la condivisione del "patrimonio" salute richiede forse qualcosa in più del consenso a valle sui "servizi".

In altre parole, i movimenti partecipativi non hanno sedimentato in questo ambito un apparato professionalmente fungibile e ancor meno pratiche capaci di contribuire alla gestione e alla organizzazione del sistema salute. Si è detto della *customer satisfaction*, ma, se considerassimo l'uso della informazione, la conclusione sarebbe anche più desolante. È allora inevitabile che la sanità si affidi all'unica strumentazione concretamente a portata di mano: quella appunto dei frigoriferi, del cioccolato e dei detersivi. A dispetto degli stili di vita e dei piani ministeriali, l'apparato (o, come usava dire una volta, la riproduzione) dei detersivi, dei frigoriferi e del cioccolato genera e mobilita sapere sociale assai più di quanto non faccia l'apparato della salute.

Non intendo sostenere che la rappresentazione della salute sia in Italia stagnante. Al contrario, ancora Claudio Bosio, in uno studio sulle "Culture della Salute" (1997), ha messo chiaramente in evidenza come la salute non possa venire ridotta a uno statico insieme di "bisogni", bensì vada intesa quale una "domanda" dinamica e cangiante in funzione della progettualità delle persone e della loro capacità di comprenderne, intellettivamente e affettivamente, le traiettorie entro le proprie forme di vita. Circostanza che, oltre a ribadire l'insufficienza degli algoritmi della *customer satisfaction* per l'analisi della domanda, pone la salute all'interno di un circuito, dove condotte e stili di vita derivano anche dai modelli e dagli scenari antropologici (i traguardi di umanità) collettivamente proposti e elaborati.

Il silenzio culturale dell'apparato della salute, cui prima alludevo, riguarda allora la strumentazione partecipativa o, come direbbe Bandura, la tecnologia socio-organizzativa mediante cui quella domanda può, e deve, tradursi in servizi di salute, dinamicamente e negozialmente in rapporto con essa. La richiesta – pur legittima e sacrosanta, stante il livello di degrado cui si era giunti – di aziendalizzazione, in quanto egemonizzata dalla cultura dell'industria dei prodotti di consumo, attesta il fallimento dei tentativi di traghettare la sanità (e qualcosa di analogo sta oggi accadendo alla scuola) oltre una mentalità di esclusivo mercato.

Circa vent'anni fa, congedandomi dal movimentismo degli anni caldi, sottolineavo la sterilità intellettuale del terziario municipale (l'insieme dei pubblici servizi) prigioniero della razionalità del consenso e delle prebende. Resta l'esigenza di costruire un sapere e una pratica della partecipazione che, pur attenti alla soddisfazione dei clienti, li sappiano anche considerare e invogliare a essere, a pieno titolo, cittadini. Un compito che, come si è visto, la Psicologia della Salute ha già fatto proprio e al quale potrà, speriamo, significativamente contribuire.

Riferimenti bibliografici

Bandura A. (1997), *Self-efficacy: the exercise of control*, Freeman, Company, New York.
Bandura A. (1998), "*Health promotion* from the perspective of social cognitive theory", *Psychology and Health* 13 pp 623-649

Beck U., Beck-Gernsheim E. (eds.) (1994), *Riskante freiheiten,* Suhrkamp, Frankfurt a/M.
Bertini M. (1998), "La 'qualità' del sistema sanitario: l'azienda come rischio/opportunità", *Psicologia della Salute*, 1, pp. 15-34.
Bosio A.C. (1996), *Rapporto sulla qualità percepita dei servizi sanitari in Italia*, in Trabucchi M., cit., pp. 11-100.
Bosio A.C. (1997), *Health care: indagine sulle culture della salute in Italia*, Rapporto Eurisko.
Ferrari L., Romano D.F. (1999), *Mente e denaro*, Cortina, Milano.
Maccacaro G. (1976), "Vera e falsa prevenzione", *Sapere*, 794, pp. 2-5.
Maccacaro G. (1977), "L'Unità Sanitaria Locale come sistema", *Sapere*, 798, pp. 36-44.
Oddone I. (1976), "Tra partecipazione e speculazione", *Sapere*, 794, pp. 39-41.
Parsons T. (1968), *Il sistema sociale*, Comunità, Milano.
Schabracq M.J., Winnubst J.A.M., Cooper C.L. (1996), *Handbook of work and health psychology*, Wiley, Sons, Chichester.
Trabucchi M. (1996), *I cittadini e il sistema sanitario nazionale. Dalla qualità percepita all'impegno per il cambiamento*, Il Mulino, Bologna.
Turnaturi G. (1998), "L'importanza del confronto con l'altro. Lavoro e riconoscimento nella fase di globalizzazione", *Rassegna Italiana di Sociologia,* XXXIX, 1, pp. 3-13.
Valdani E., Busacca B. (1995), "La customer satisfaction: specificità, analisi e management", *Micro, Macro Marketing*, 4, 315-343.

4. Strategie di intervento psicologico nelle strutture sanitarie*

di Giovanni Guerra**

1. Premessa

Le strutture sanitarie sono indubbiamente al centro di un processo di cambiamento che mescola accelerazioni improvvise e resistenze insormontabili, esigenze nuove e valori consolidati, opportunità fino a poco tempo fa imprevedibili e inaspettate difficoltà di accesso (Guerra, 1995b).

In questo universo complesso, popolato da molte professioni (medici, infermieri, odontoiatri, biologi, chimici, fisici...), entra in modo sempre più incisivo anche la professione dello psicologo.

Non è un inserimento privo di problemi, né naturalmente avrebbe potuto esserlo.

Prima di tutto si pone il problema della specificità dell'intervento psicologico, soprattutto nel rapporto con l'area psichiatrica e sul tema della psicoterapia. Non entro nel merito della questione, il cui dibattito è ancora in corso con implicazioni molte vaste sia per gli ordini professionali sia per le facoltà e i corsi di laurea in psicologia e le scuole di specializzazione, se non per richiamare un tema che ci riguarderà nel discorso successivo. Il tema concerne l'identificazione di quelle prestazioni che lo psicologo dovrebbe esercitare più o meno in termini di monopolio (Bosio, 1995). Si tratta, dunque, di una questione cruciale sia perché la vicenda si svolge all'interno del sistema sanitario e dunque con i problemi di rapporto con gli specialisti medici della "psiche" sia perché rende complicato anche il rapporto con le altre professioni sanitarie intorno a quelle "problematiche

* Articolo apparso su *Psicologia della Salute*, n. 1/1998.

** Dipartimento di Scienze Neurologiche e Psichiatriche, Università di Firenze.

psicologiche"[1] che investono inevitabilmente tutti gli operatori della sanità.

La domanda è se proprio tali problematiche non costituiscano quel campo specifico di monopolio di cui lo psicologo è alla ricerca. L'impressione è che, in effetti, accada proprio questo o meglio che ci sia una sorta di collusione per cui si tende ad affidare agli psicologi un oggetto ingombrante e confusamente connotato di psicologico che questi, peraltro, accettano ben volentieri nella speranza di ottenere per questa via riconoscimento e legittimità. Il che però ripropone la debolezza di un'offerta allusiva e implicita, passivamente in attesa di una committenza (Carli, 1992; Bosio, 1995).

Tuttavia non discuterò di questo problema. Partendo dal problema particolare e limitato della richiesta fatta al servizio psicologico di occuparsi di "problematiche psicologiche dei pazienti" (o dei familiari) cercherò di analizzare alcune possibilità di movimento dello psicologo all'interno delle organizzazioni e dei ruoli sanitari.

2. Lo psicologo all'interno dei ruoli sanitari

L'analisi delle possibili strategie dello psicologo può utilmente partire dall'esplorazione del rapporto interpersonale tra medico e paziente[2] quale supposto campo di lavoro dello psicologo. Dico subito che non ritengo che il lavoro psicologico nelle strutture sanitarie si limiti ai problemi relazionali, come preciserò più avanti. Tuttavia assumerò provvisoriamente il campo relazionale come rappresentazione condivisa esemplare del lavoro psicologico.

1.1. Il rapporto medico-paziente

Senza dubbio il rapporto medico/paziente rappresenta un modello prototipico delle relazioni di aiuto e, nello stesso tempo, si costruisce su basi assolutamente uniche. È però una relazione complessa, non così facile da

[1] Uso questa espressione per riferirmi in modo aspecifico alle più diffuse rappresentazioni sociali sugli oggetti di lavoro dello psicologo.

[2] Userò spesso il termine "medico" per economia espositiva includendovi tutti gli operatori sanitari che hanno contatto con gli utenti. Peraltro la preferenza rispetto al più anodino "operatore" è dovuta anche al più sostanziale fatto che il modello medico di relazione è il prototipo al quale si rifanno (per imitazione o per differenza) tutte le relazioni interpersonali all'interno delle strutture sanitarie.

definire in tutti i suoi molteplici aspetti come attestano le contrastanti definizioni di uno storico della medicina come Sigersit: "relazione pura da persona a persona" e di un economista come Schumpeter: "l'ultimo esempio sopravvissuto di sfruttamento diretto e puro dell'uomo sull'uomo" (Donati, 1987).

Si possono descrivere le dimensioni formali del contratto medico/paziente individuando una serie di assunti impliciti che riguardano tre aspetti fondamentali (Guerra, 1995a):

- la *consapevolezza* del bisogno, che può essere più o meno presente nel richiedente; in effetti è sufficiente che una persona si rivolga al medico anche senza avere un'idea precisa dei suoi problemi: il medico stabilisce l'esistenza di una condizione di bisogno o meno[3] ed è legittimato socialmente ad attribuire lo *status* di malato a quella persona;
- stabilita la necessità dell'intervento medico, la *titolarità* del problema passa al medico che gestirà la vicenda fino alla sua risoluzione che coincide con la riacquisizione dell'autonomia da parte del paziente;
- il tutto si svolge all'interno degli obblighi sociali di curarsi e di voler guarire.

Su queste basi si fonda il contratto e la specifica competenza relazionale del medico.

La formulazione del contratto in questi termini formali è perfettamente congruente con le ragioni profonde che sostanziano, da un punto di vista psicologico, la relazione. Faccio riferimento a quegli aspetti difensivi più volte messi in luce nella pratica medica (Guerra, 1992). I desideri di conoscere e di guarire, da una parte e il contatto con la malattia e la morte, da un'altra, sono fonti diverse di ansietà che ovviamente vanno contenute pena l'impossibilità di svolgere l'intervento medico. Il frazionamento della relazione con il paziente, la spersonalizzazione, la categorizzazione e la negazione del significato dell'individuo sono, ad esempio, alcune delle manifestazioni difensive più comuni nel mondo sanitario contro l'ansietà (Menzies, 1970).

Considerando queste difese, se ne devono riconoscere due caratteristiche: non sono un prodotto individuale ma sono istituzionali, condivise e interiorizzate nel corso della formazione; sono difese piuttosto primitive,

[3] In effetti, l'igiene pubblica si muove a prescindere da qualunque consapevolezza di bisogno da parte degli utenti. Il check-up appartiene ugualmente a quelle forme di controllo della salute in assenza di un bisogno: il bisogno, eventualmente sarà scoperto successivamente proprio grazie all'esame.

poco elaborate e tuttavia non prive di funzionalità. Si presentano in effetti congruenti non solo con la forma del contratto medico/paziente ma anche con l'evoluzione del sapere. A questo proposito, Cosmacini (1989) osserva che "la medicina scienza della natura umana e scienza per l'uomo, si è storicamente strutturata su due piani, tecnologico e antropologico, fitti di intersezioni e di rimandi reciproci. Originariamente, nel paradigma ippocratico, i due piani erano coincidenti...". In seguito, la vocazione antropologica della medicina sarebbe stata abbandonata a favore della vocazione tecnologica che, non senza conseguenze problematiche – dice Cosmacini, "si presenta oggi dominante".

Certamente si può affermare che la funzionalità delle difese è relativa, a volte in contraddizione con la potenziale efficacia dell'intervento clinico stesso, spesso fonte di insoddisfazione nel paziente. Proprio per questo, sempre più frequentemente si levano contro i medici accuse di incompetenza nel rapporto interpersonale. Peraltro è questa un'accusa solo parzialmente corretta. Per esempio, non c'è dubbio che certe pratiche cliniche sono possibili solo grazie all'uso di massicce difese che implicano l'oggettivazione del malato e l'espulsione della soggettività sia del paziente sia del medico stesso dal campo clinico. Dunque il problema può essere più precisamente descritto nei termini della rigidità dell'uso delle difese. Così rigide che il medico rischia di non essere in grado di impiegare modalità differenti di relazione in funzione delle diverse situazioni cliniche.

Non mi dilungo comunque su questo punto, per evidenziare invece come proprio l'assetto difensivo giustifichi il fatto che il personale medico e infermieristico decida di affidare ad altro specialista la gestione di quegli aspetti che non vengono contenuti nel quadro del contratto. Anzi, si può pensare che proprio una qualche difficoltà nel mantenimento del contratto nelle forme usuali faccia scattare nel personale sanitario l'invio allo psicologo.

È di questo invio che ora ci occuperemo esplorando due possibili strategie che lo psicologo si trova di fronte. Da una parte può cercare di assumere un ruolo sostitutivo e, da un'altra parte, può cercare di favorire una riappropriazione delle competenze psicologiche da parte dei differenti ruoli professionali sanitari[4].

[4] Non discuterò qui dei problemi tecnici relativi soprattutto alla seconda strategia, rinviando alla ormai abbondante letteratura sull'analisi della domanda.

1.2. La strategia sostitutiva

La strategia "sostitutiva" può sembrare piuttosto seducente. Si può infatti pensare che l'occuparsi dei "problemi psicologici" dei pazienti e/o dei familiari apra quell'area di lavoro, potenzialmente anche molto ampia, che consente agli psicologi di rafforzare il loro peso e la loro immagine all'interno delle organizzazione sanitarie. Tuttavia questa strategia può andare incontro almeno a tre tipi di problemi.

Un primo tipo è legato al fatto che ci sono delle situazioni nelle quali il medico non può sottrarsi al compito di occuparsi della relazione. Esemplare, in questo senso, è il consenso informato che ovviamente non può essere trattato al di fuori della relazione specifica tra curante e curato. Ma ci sono anche quelle situazioni cliniche che richiedono la partecipazione attiva del paziente o un suo atteggiamento "positivo" nei confronti della terapia, nelle quali delegare ad un altro operatore l'elaborazione della relazione finisce per essere nociva agli stessi fini terapeutici e assistenziali.

Un secondo tipo di problemi è più legato al fatto che i pazienti e i loro familiari certamente vogliono che sia il medico curante a interagire con loro e non un suo sostituto. Questa naturale esigenza viene frequentemente elusa dai medici ed è assunta spesso dagli infermieri (Guerra, Petriccioli, Bianco e Cavatorta, 1984). Ma in ogni caso, medici e infermieri fanno parte del personale che quotidianamente si occupa del paziente. Comparire come terzo attore prima non presente sulla scena e non richiesto dal paziente o dai familiari, pone sicuramente lo psicologo in difficoltà: si finisce infatti per cercare di avviare un contatto (e forse un contratto) con qualcuno che probabilmente non ha idea del perché gli venga proposto un estraneo per trattare problemi che nemmeno supponeva di avere.

Infine, un terzo tipo di problemi può nascere dal fatto che la richiesta di sostituzione è spesso ambivalente. L'occupazione di spazio da parte dello psicologo può allora generare conflitti o gelosie con gli invianti.

Ma più ancora di questi problemi c'è un'altra questione che rende la strategia sostitutiva meno convincente di come può apparire. Si tratta di una questione legata ai processi attraverso cui prendono forma e possono essere letti i problemi relazionali stessi. In altre parole è un problema legato al contesto dell'organizzazione sanitaria al cui interno prendono forma e sostanza quei fenomeni che, osservati dagli operatori, vengono qualificati di competenza psicologica.

Cerco di illustrare questo punto utilizzando il problema della donazione di organi, con riferimento ad un'esperienza di formazione che su questo tema ho condotto con il personale dei servizi di Rianimazione di una Asl del centro Italia.

Come è noto, la Rianimazione è diventata il luogo in cui, constatata la morte di un paziente, si avviano le procedure per il prelievo di organi. La competenza delle Rianimazioni ad avviare la richiesta di donazione di organi si connota, in generale, di ambiguità in quanto non è in senso stretto un dovere del rianimatore. D'altra parte, anche se fosse un dovere, potrebbe essere eseguito in modo così maldestro da avere senz'altro un esito negativo. Non è certo un caso che le proposte di legge vadano nel senso di evitare che questo compito sia affidato ad un operatore sanitario prevedendo il consenso implicito alla donazione salvo esplicito rifiuto. Ma anche con tale protezione, i rianimatori non potranno comunque rimanere estranei al processo né alla relazione con i familiari.

In ogni caso, medici ed infermieri delle Rianimazioni affrontano questo compito con molta difficoltà anche se sostenuti dalla convinzione dell'ottimo fine della richiesta. Le ragioni di tale difficoltà sono molteplici.

Da una parte, c'è la già discussa difficoltà ad interagire con gli utenti rafforzata dal fatto di dover porre, come è stato detto, "la domanda più difficile nel momento peggiore alla più infelice delle famiglie". Già di per sé, la relazione con i familiari è percepita in generale dal personale sanitario come un elemento di disturbo nel regolare svolgimento delle attività assistenziali e terapeutiche: le richieste sono pressanti e confuse, le informazioni date non sembrano mai soddisfacenti, vengono riproposte ripetitivamente domande per le quali nessuna riposta è adeguata. Di fronte poi alla morte, l'incontro è emotivamente coinvolgente per il personale: ci si identifica con la sofferenza dei familiari, ci si immagina nelle stesse condizioni e sembra difficile poter trattare queste identificazioni in modo diverso dall'evitamento e dall'allontanamento.

Da un'altra parte, nascono problemi specificamente legati al modello standard di relazione medico/paziente e alle aspettative di ruolo. Ci si trova infatti davanti ad un capovolgimento degli abituali termini della relazione. La struttura che fonda l'atto medico prevede che sia il malato ad andare dal medico a porre una domanda di cura. È a partire da questa delega che il medico si permette di dire al malato quello che deve fare. Nel caso della donazione la situazione si rovescia: sono i medici e gli infermieri che fanno una domanda ai familiari, per la prima volta è il personale sanitario ad essere dipendente dai pazienti. Questo capovolgimento della relazione crea difficoltà in quanto è del tutto al di fuori degli schemi consueti di relazione. Per di più, per la natura della richiesta, il personale corre il rischio di trasformarsi, agli occhi degli utenti, da salvifico a persecutore. Né si possono dimenticare le aspettative legate al ruolo del rianimatore, cioè di colui che lotta strenuamente per conservare la vita: la morte inevitabilmente suscita sentimenti di fallimento, di frustrazione, di colpa.

Da questo universo di emozioni diverse, facilmente nasce l'ipotesi di lasciare il compito così difficile e doloroso della richiesta della donazione ad uno specialista della comunicazione o delle relazioni, quale appunto dovrebbe essere uno psicologo.

Ma è una buona ipotesi?

La cosa è sicuramente discutibile. Da una parte si possono riproporre tutte le difficoltà sopra elencate nell'assumere una delega; d'altra parte – e soprattutto – si deve riconoscere che solo chi ha tenuto fino a quel momento i rapporti con i familiari avrà avuto la possibilità di individuare i modi più adeguati per entrare in relazione anche su questo tema così difficile. Individuazione che implica un'operazione tecnica certamente sofisticata che prevede, tra l'altro, l'uso delle emozioni piuttosto che la loro repressione.

Il punto diventa allora l'interesse e la volontà del personale sanitario di acquisire una competenza nell'uso delle emozioni per sviluppare tecniche di osservazione e di comunicazione. Il medico e l'infermiere possono assumere una posizione diversa da quella abitualmente riscontrabile nei servizi e frutto inevitabile della formazione? Certamente sì, purché, per il rianimatore, lo stabilire e il mantenere una buona relazione con i familiari (di solito il paziente in Rianimazione non è nelle condizioni di interagire) faccia parte integrante della professionalità e non costituisca un elemento opzionale, legato alla buona volontà individuale o alla estemporaneità. Si tratta, dunque, di sviluppare prima di tutto una riflessione dei medici e degli infermieri sul mandato professionale e sulle competenze necessarie a svolgerlo.

La riflessione sul ruolo si accompagna, d'altra parte, ad un preciso risvolto tecnico suggerito dalla ricerca psicologica. È l'insieme di problemi che possiamo comprendere sotto il termine di *setting*, riferendoci al contesto all'interno del quale si sviluppano le osservazioni e si comprendono i fenomeni. In qualunque ambito – scientifico o anche più semplicemente operativo – si deve definire il campo all'interno del quale si collocano e prendono forma i fenomeni che si intendono osservare e sui quali si intende intervenire. È evidente che non si può comprendere alcunché né intervenire al di fuori di un setting, di un contesto nel quale l'osservatore sa con precisione quale posizione occupa. La cosa appare tanto più evidente per "oggetti" così complessi e coinvolgenti come le emozioni: senza aver definito la posizione da cui osservarle, la propria finestra di comprensibilità, i limiti e gli strumenti dell'intervento non è pensabile che se ne possa fare un buon uso. Per i rianimatori il setting si costruisce sulla base della professionalità e della struttura di lavoro. Non si tratta, infatti, di acquisire una professionalità diversa come potrebbe essere, ad esempio, appunto quella degli psicologi. Si tratta, invece, di sviluppare una competenza che, come qualunque altra competenza tecnica, entri a far parte della professionalità integrandosi nel modo appropriato.

Avendo come quadro di riferimento il contesto della propria professionalità è allora possibile precisare i limiti della propria azione. Non si tratta di fare lo psicologo in modo più o meno improvvisato ma di attrezzarsi ad utilizzare delle tecniche psicologiche proprio come si utilizzano le altre tecniche professionali. Il problema del rapporto con i familiari, allora, non è il problema di aiutare in generale delle famiglie alle prese con un incidente drammatico o con la morte. È invece il compito più limitato e preciso – ma non per questo meno impegnativo da un punto di vista tecnico – di rispondere e dare forma alle domande che la famiglia può fare alla Rianimazione. In questo senso, il rianimatore si muove all'interno dei limiti del suo campo di osservazione e di azione: non è chiamato a fare psicoterapia o ad aiutare ad una buona morte, ma è chiamato a seguire sempre tutti i suoi pazienti (non solo i candidati alla donazione) e i loro familiari per tutto il tempo del contatto. Il richiamo ai limiti è di aiuto all'operatore proprio nel momento in cui, di fronte alle elevate angosce che incontra, rischia di farsi travolgere da aspettative (proprie e altrui) del tutto irrealistiche e fuorvianti.

1.3. La strategia consulenziale

La breve presentazione del problema della donazione di organi che abbiamo proposto ripercorrendo il cammino di un corso di formazione, permette di vedere il progressivo spostamento dalla strategia sostitutiva alla funzione consulenziale. Compito dello psicologo è quello di aiutare medici, infermieri e altro personale nell'operazione di acquisizione e di integrazione nella professione di quelle competenze di cui egli è portatore.

I punti che caratterizzano questa seconda strategia possono essere così sommariamente indicati:

- l'ipotesi che i cosiddetti problemi psicologici che nascono nel contesto sanitario devono essere gestiti prima di tutto dai medici e dagli infermieri la cui professionalità deve implementarsi di quelle competenze psicologiche che comunque ne dovrebbero fare parte integrante;
- la capacità di analizzare i ruoli di cui si è consulenti, attivando o partecipando a quel processo di continua riprogettazione professionale;

- l'aiuto all'implementazione della professionalità non è diretto solo all'individuo o al gruppo (équipe). Citando ancora una volta l'esperienza con i rianimatori, si notava che uno dei problemi più frequentemente presentati era il senso di una certa confusione nelle finalità, della mancanza di filtro, della perdita di specificità del Servizio[5]. Questione molto importante se consideriamo questi segnali come indici di una certa fragilità del contesto (setting). Se non è chiaro dove mi muovo, come potrò svolgere un'azione corretta? Il lavorare a stretto contatto con ansietà molto profonde in assenza di coordinate e procedure chiaramente definite e condivise tra gli operatori aumenta l'ansietà e la difficoltà di controllo. Per questa via, peraltro, lo psicologo è chiamato ad occuparsi anche delle dimensioni organizzative del lavoro e non più solo della dimensione relazionale: entrano così nel campo dell'intervento psicologico anche quei processi di cambiamento organizzativo che investono con intensità crescente la sanità;
- una comprensione analitica dei modi di funzionare delle professioni sanitarie, dell'evoluzione del sapere, dei cambiamenti organizzativi, nel senso che verrà illustrato nel successivo paragrafo.

L'ipotesi di uno psicologo "consulente" non è naturalmente contrapposta all'ipotesi di uno psicologo che lavora in linea con le altre professioni sanitarie. Sottolinea però quella posizione particolare in grado di interrogare gli altri saperi e le altre pratiche che caratterizza la psicologia (o almeno quella psicologia alla quale qui mi riferisco). Caratteristica che naturalmente non vieta che la psicologia interroghi se stessa e sia interrogata da altri saperi.

3. Il sapere medico come istituzione

Di quali strumenti di analisi deve dotarsi lo psicologo per intervenire secondo una strategia consulenziale?

Il riferimento che qui faccio è in generale alla pratica dell'intervento psicosociologico così come si è sviluppato a partire dai classici lavori di E. Jaques e del Tavistock Institute[6].

Nell'ipotesi originaria di Jaques, l'introduzione del concetto di istituzione permette di identificare nel funzionamento sociale una serie di mec-

[5] Per l'analisi di un'analoga situazione nel servizio di pronto soccorso si veda Chatauret e Revah, 1995.

[6] Il mio riferimento è legato soprattutto agli sviluppi della psicosociologia che ho potuto seguire collaborando con l'Arip di Parigi, lo Studio di Analisi Psicosociologica di Milano, lo Studio di Psicosociologia di Roma.

canismi difensivi che sottendono il funzionamento organizzativo. È a questo livello che vanno identificati, ad esempio, certi modi di funzionare apparentemente irrazionali e incomprensibili nonché le resistenze al cambiamento.

Nel caso dell'ospedale, mi è sembrato utile ricondurre la dimensione istituzionale alle caratteristiche del sapere medico in quanto è il sapere che crea gli oggetti di lavoro, definisce le posizioni degli attori sociali, i modi delle interazioni, le forme organizzative fornendo una straordinaria coerenza e solidità del sistema medico nel suo complesso: ogni elemento sembra richiamare ed appoggiarsi all'altro (Guerra, 1992).

Naturalmente la coerenza e la solidità non equivalgono ad un'affermazione di valore. Anzi, possono costituire proprio il punto di partenza per un'interrogazione sui limiti, le aporie, le potenzialità del sapere.

Forse i tempi sono maturi per un'evoluzione del paradigma biomedico classico verso un nuovo paradigma bio-psico-sociale (Bertini, 1988). Tuttavia, mi sembra utile rimanere ancora all'interno del paradigma dominante per analizzarne in profondità alcuni elementi (Guerra, 1997a, b).

Prenderò in considerazione, come esempio, un tema cruciale già comparso più volte nel corso di questo articolo: la scomparsa della soggettività.

Come ho cercato di dimostrare altrove (Guerra, 1992), la scomparsa della soggettività del paziente è sovradeterminata da fattori eterogenei e peraltro convergenti. Si è accennato alle difese nei confronti delle ansietà suscitate dalle curiosità originarie e dai desideri di dare la vita che fondano l'indagine medica nonché dal contatto con la malattia e la morte. Ma ci sono altri fattori intrinseci allo sviluppo che il sapere medico ha avuto in età moderna, sui quali conviene fermarsi.

Certo, utilizzando il termine "sapere medico", rischiamo di rendere più unitaria e compatta un'area che va invece articolata al suo interno. Ma non è facile reperire delle categorie che consentano di caratterizzare le differenti componenti della medicina. Azzone (1991) propone di utilizzare i differenti contenuti culturali e i metodi, incrociando i quali si ottengono tre aree della medicina: l'area clinica, finalizzata allo studio del malato; l'area della patologia medica, che si occupa della classificazione su base fisiopatologica delle malattie; l'area della medicina sperimentale, affine alla biologia fisico-chimica o funzionale, caratterizzata dall'approccio sperimentale allo studio dei fenomeni patologici. Accogliendo questa ipotesi, si potrà notare che i riferimenti che orientano questi diversi indirizzi non sono del tutto integrati fra di loro. Peraltro è possibile identificare un progetto centrale che attraversa la medicina contemporanea nell'orientamento verso lo studio delle basi cellulari e molecolari della fisiologia e della patologia: la medicina sperimentale fonda la clinica. È il processo cosiddetto di molecolarizzazione della medicina[7] (Azzone, 1991; Guerra, 1997a).

Questo orientamento ha portato ad un certo declino dell'attenzione nei confronti dell'organismo e delle sue complessive capacità di interazione con l'ambiente. Ne derivano alcune conseguenze rilevanti per la biologia evolutiva e per la biologia funzionale. Per esempio, alcuni fenomeni biologici fondamentali, quali le funzioni del metabolismo e dell'impiego di energia, non sono comprensibili senza prendere in considerazione appunto l'organismo. La cosa non è irrilevante dal momento che sono proprio le prestazioni metaboliche a promuovere le principali svolte evolutive: sono infatti gli organismi come entità reali che si trasformano durante lo sviluppo e nell'evoluzione (Reichholf, 1992). Rischia di scomparire anche l'importanza decisiva di quella qualità fondamentale dell'organismo che è la forma. Per rendere l'idea dell'importanza della forma basti pensare che alle sempre più possibili manipolazioni genetiche non corrisponde una qualsivoglia variabilità a livello della forma dell'organismo. Uno dei limiti nello sviluppo delle forme è appunto il metabolismo ed è evidente che ci sono forme che non potrebbero vivere. Ma non è solo a livello della biologia evoluzionista che il minor interesse nei confronti dell'organismo si rivela problematica. A livello della biologia funzionale, la patologia sistemica indica, rispetto alla patologia molecolare e cellulare, "che il quadro patologico può essere compreso soltanto in relazione al funzionamento di un organo o sistema" (Azzone, 1991, p. 183). Proprio da questo punto di vista, è possibile distinguere tra l'eziologia del quadro morboso e la patogenesi del danno – riconducibili ad eventi molecolari e cellulari – da una parte e l'evoluzione della malattia – che è vicenda dell'organismo dall'altra.

Il richiamo all'interesse per l'organismo trova una risonanza naturale nella clinica che è appunto prima di tutto l'incontro con un organismo con tutte quelle particolarità legate specificamente alla sua unicità. È nota la difficoltà ad importare e ad accogliere fino in fondo nella clinica l'universalità di leggi che rischiano di annullare la specificità del singolo caso. Non ci sono malattie ma solo malati, recita l'aforisma di Galeno. Proprio l'attenzione all'unicità di ogni organismo mi sembra la via che porta a reintrodurre inevitabilmente e per le esigenza di un accresciuto rigore – co-

[7] Potrebbe risultare superfluo ricordare gli spettacolari progressi in termini di terapia, prevenzione, qualità della vita resi possibili da questo approccio, se non fosse che una certa critica rischia di buttare il bambino con l'acqua sporca: non vorrei che si confondesse il discorso che stiamo facendo con quelle critiche.

me direbbe Hamburger (1972) – la soggettività del paziente nel campo clinico.

Il discorso può risultare più chiaro discutendo della normalità e del senso della cura, due tematiche evidentemente cruciali per l'attività medica e tuttavia raramente oggetto di dibattito.

I concetti di normale e patologico sono ovviamente necessari al pensiero e all'attività del medico. Ma, come Georges Canguilhem (1966) ha magistralmente dimostrato, questi concetti non sono tanto chiari quanto invece sono indispensabili nella pratica.

In effetti, la nozione di normalità, come giudizio di valore, possiede un duplice significato. Da una parte, c'è un'accezione *statistica* della norma che, con tutti i vantaggi che presenta, fa pensare ad una sorta di sostituto della classica idea di "essenza", abbandonata dalla biologia post-darwiniana. C'è poi un'accezione *normativa* che richiama il senso del rapporto tra essere vivente e ambiente. In questa seconda accezione, viene valorizzata la capacità del vivente, di ciascun vivente, di ogni singolo organismo di instaurare la propria norma singolare e unica nell'ambiente in cui vive. In questo senso, la regola della normalità risiede nella relatività specifica di ciascun organismo vivente. Chiaramente tale regola non confonde normale e patologico, dal momento che per ogni singolo individuo la distinzione è senz'altro assoluta. Permette invece di cogliere che il "patologico" non è il contrario di "normale", poiché non è l'assenza di norme ma la presenza di altre norme: la malattia è una norma inferiore di vita perché non tollera scarti e riduce il potere di adattabilità. Il patologico è invece il contrario di "sano" che è l'organismo capace di funzionare secondo diverse norme, un organismo che pertanto potremmo definire "più che normale". La salute, da questo punto di vista, appare come la possibilità di infrazione alla norma: "il lusso di potersi ammalare e guarire" – aforisma che descrive i processi dinamici propri della vita[8].

Su questa stessa linea si pone una riflessione sul tema della guarigione e del senso della cura.

L'idea di guarigione si pone spesso sotto il segno della resitutio ad integrum cioè dell'aspettativa di riportare l'organismo nella condizione precedente l'evento patologico. Per la verità si tratta di un'aspettativa non del tutto dicibile, dal momento che tutti i medici ovviamente sanno che l'irreversibilità dei processi vitali, chiaramente dotati di una freccia del tempo, non consente di dare un significato se non metaforico a quell'espressione. Invece

[8] In questa sede non è possibile approfondire ulteriormente questa tematica di cui peraltro non è difficile intravedere le interessanti conseguenze per la Psicologia della Salute.

utilizzando il concetto di normalità prima esposto è possibile pensare che la guarigione rappresenti la comparsa di una nuova norma per l'organismo, quella compatibile con le sue risorse. In tal senso, la valutazione della guarigione verterà sulla comparsa e l'ampiezza di questa nuova norma.

Ponendo la guarigione in questa prospettiva, anche il senso della cura assume un significato più sottile. Se gli organismi evolvendo vanno incontro a norme di vita ora più ora meno ampie e comunque sempre nuove, curare un organismo significa aiutarlo ad esprimere e a realizzare le sue potenzialità senza cercare di forzarlo verso una condizione solo statisticamente ideale. Interpretando la cura in questo modo, il curante appare effettivamente quella sorta di pedagogo al quale pensava Kurt Goldstein: colui che con tutti i mezzi che ha a disposizione favorisce e potenzia l'autonomia possibile del soggetto curato.

Questi brevi spunti di analisi vogliono segnalare, in modo puramente indicativo anche se non casuale, il lavoro di analisi che a mio avviso va effettuato per sviluppare una strategia di intervento attenta alla specificità del contesto organizzativo e istituzionale.

Ho cercato di rimanere all'interno dei paradigmi medici correnti. Questo tentativo si giustifica col fatto che i medici, gli infermieri e le altre professioni sanitarie si sono formati proprio all'interno di questi riferimenti. Prima di proporre modelli alternativi, mi sembra dunque interessante cercare di andare più a fondo nell'analisi delle implicazioni, dei punti ciechi, delle aporie ma anche delle potenzialità non viste eppure presenti in quei modelli.

Lavorando in questa direzione, tra l'altro, è possibile affrontare anche alcuni problemi del personale sanitario stesso. Penso a fenomeni come il *burn-out*, alla capacità che il personale sia in grado di ascoltare, capire e dunque interagire correttamente con l'utente nelle varie situazioni, dal consenso informato alla visita di controllo, capacità indispensabile anche ai fini di una gestione delle strutture sanitarie centrata sul cliente.

Un'analisi come quella proposta, mi sembra offrire allo psicologo uno strumento prezioso di un intervento che non è superbo né arrogante. Le professioni sanitarie, per la loro natura, non possono non confrontarsi e non trattare quelle componenti "psicologiche" che lo psicologo potrebbe voler reclamare come suo monopolio. Rivendicare la propria competenza professionale specifica non come recinzione di uno spazio monopolistico ma come servizio dello sviluppo organizzativo può costituire una vera occasione di sviluppo anche per la professione psicologo.

Riferimenti bibliografici

Azzone G.F. (1991), *Biologia e medicina*, Laterza, Roma-Bari.

Bertini M. (1988), *Dalla psicologia medica alla Psicologia della Salute*, in Bertini M. (a cura di), *Psicologia della Salute,* La Nuova Italia Scientifica, Roma.

Bosio A.C. (1995), *Note sulla costruzione sociale della psicologia come professione*, in Perussia F., Converso D., Miglietta M.A. (a cura di), *Psicologia Futura,* Tirrenia Stampatori, Torino.

Canguilhem G. (1966), Le *normal et le pathologique*, Puf, Paris.

Chatauret A., Revah J.-F. (1995), Pour une modernisation des realtions de travail à l'hôpital, *Connexions*, 66, 121-136.

Carli R. (1992), Editoriale, *Rivista di Psicologia Clinica*, 6, 142-148.

Cosmacini G. (1989), *Tecnologia, antropologia e vocazione etica del medico*, in Di Meo A., Mancina C. (a cura di), *Bioetica*, Laterza, Bari.

Donati P. (1987), *Modelli e trasformazioni del rapporto medico-paziente*, in Donati P. (a cura di), *Manuale di sociologia* sanitaria, La Nuova Italia Scientifica, *Roma.*

Guerra G., Petriccioli S., Bianco I., Cavatorta P. (1984), *Disadattamento e senso del lavoro: il caso del personale infermieristico*, Atti del Convegno nazionale di studio "Ricerca socio-sanitaria sulle cause del disadattamento al lavoro", Istituto Italiano di Medicina Sociale, Roma 11 maggio 1984.

Guerra G. (1992), *Psicosociologia dell'ospedale,* La Nuova Italia Scientifica, Roma.

Guerra G. (1995a), Medicina e psicologia: due pratiche cliniche a confronto, *Locus Terrarum*, 3, 24-29.

Guerra G. (1995b), Savoir médical, structure d'organisation et changement, *Connexions*, 66, 21-34.

Guerra G. (1997a), *Mente e scienze della vita*, La Nuova Italia Scientifica, Roma.

Guerra G. (1997b), Progetti di psicologia e modelli di biologia, *Ricerche di psicologia*, numero speciale Bosio A.C., Cesa-Bianchi M. (a cura di), *Contributi per la Medicina*, 4, 1996/1, 1997, 19-33.

Hamburger J. (1972), *La puissance et la fragilité*, Flammarion, Paris.

Menzies I.P. (1970), The functioning of social systems as defence against anxiety, Tavistock Inst., London.

Reichholf J.H. (1992), *L'impulso creativo*, tr. it., Garzanti, Milano, 1995.

5. Modello bio-psico-sociale e salutogenesi

di Mario Bertini

Traendo lo spunto da un mio articolo comparso nel primo numero di questa rivista, Dario Romano prende in esame due aspetti centrali della Psicologia della Salute: la valenza sistemica del modello bio-psico-sociale e il passaggio dalla patogenesi alla salutogenesi[1].

Accettando la sollecitazione dello stesso Romano, aggiungo alcune brevi riflessioni, al solo scopo di incoraggiare un dibattito. Devo premettere tuttavia che la problematica è così ampia e di tale rilievo che, aldilà delle buone intenzioni, si corre inevitabilmente il rischio di scorciatoie semplificatorie e di ambiguità espositive, che possono far torto alle idee di chi scrive.

1. Il modello bio-psico-sociale

Nei confronti di questo modello si può constatare nella letteratura più recente, una certa ricorrenza di accenni critici, non sempre del tutto obiettivi. Non è sicuramente il caso del contributo di Dario Romano, giustamente orientato alla ricerca di ulteriori articolazioni di specificità. Tuttavia, forse proprio per il taglio scelto, la posizione espressa nei confronti del modello bio-psico-sociale potrebbe risultare non del tutto chiara. Nel riferirsi al mio articolo non è sufficientemente chiaro, cioè, se egli intenda manifestare l'esigenza di vedere approfondite o "qualificate le relazioni tra i livelli" – affermazione di principio sulla quale naturalmente concordo –, o se si tratta invece di rifiutare come poco utile, la "valenza sistemica, integrativa" del modello stesso, affermazione che mi sembrerebbe meno opportuna.

[1] L'articolo di D. Romano è riportato in questo volume alle pp. 87-108.

Nell'articolo succitato – che aveva un obiettivo limitato e specifico – facevo un diretto riferimento alla natura sistemica del modello bio-psico-sociale come premessa per un'analisi dell'azienda sanitaria, in quanto organizzazione. La sottolineatura, sia pur di carattere generale, mi sembrava appropriata, considerando il vuoto della dimensione organizzativa nella tradizione del vecchio modello sanitario; basti pensare alle norme implicite, tutt'altro che ispirate alle transazioni sistemiche, che regolano tendenzialmente le relazioni fra le varie componenti di un Ospedale. Il richiamo all'attuazione della dimensione organizzativa, in ambito sanitario, apre interessanti scenari alla riflessione teorica e soprattutto alla prassi operativa, andando oltre l'appello generico all'"efficienza", nel quale potrebbe piano piano esaurirsi l'impulso innovativo della recente riforma. Va da sé che l'apertura alla domanda dell'utente (o *customer satisfaction* come dice Romano) non si esaurisce in uno schematico rapporto di "concertazione", parola che peraltro non ho mai usato, ma pone un'istanza di cambiamento nell'organizzazione.

Se si provasse a far funzionare un'azienda con tale mentalità (costumer oriented) – afferma Romano – si scoprirebbe che vi è un'esigenza non solo e non tanto di "concertazione", quanto di "ridisegno" organizzativo sollecitato dall'importanza delle risorse cosiddette intangibili, dalla centralità tra esse delle risorse di fiducia, dalla necessità di nuove e più ricche informazioni, dalla maggiore capacità di comunicare, dalla relazione complessa tra clienti esterni e interni...

Si tratta di una conclusione a cui aderisco e che peraltro sottolineavo con parole analoghe nell'articolo in questione: "...Non è concepibile un'apertura dialogica reale verso la domanda dell'utente senza un'evoluzione chiara, in senso integrativo, *dell'organizzazione interna al sistema dell'offerta*, a partire dal vertice decisionale politico più alto, fino a quello delle varie aziende locali".

Ma lasciando da parte il riferimento al mio articolo, il problema di approfondire il senso e la specificità delle relazioni fra livelli rimane in tutta la sua importanza.

Si tratta di trovare linee di elaborazione coerenti e diversificate, sia a livello teorico che operativo; linee, a mio parere, non in alternativa ma in derivazione dal modello generale, e nel rispetto della complessità dei problemi.

...Mi limito – dice Romano – a dichiarare la mia predilezione per teorie in cui il raccordo fra lo "psico" e il "sociale" – per tacere del "bio" – sia tale da rappresentare con più precisione i processi di concertazione o la funzione proattiva delle dinamiche delle attese.

Mi sembra che non si tratti tanto di optare per altre teorie, quanto di specificare ulteriormente. Nello sviluppo successivo del contributo di Dario Romano, non scorgo la proposta di linee teoriche che si pongano in alternativa, ma vedo solo indicazioni – come la *self efficacy* di Bandura o il rinnovato costrutto della partecipazione – in consonanza, e sicuramente non estranee al clima culturale del modello "sistemico" bio-psico-sociale.

Questo modello ha avuto una consacrazione ampiamente riconosciuta nel famoso articolo di Engel comparso nella rivista *Science* verso la fine degli anni settanta. Il suo valore storico sta nell'aver sollevato in forma generica, ma perentoria, il problema della complessità della salute, dando vigore a una pluralità di voci emergenti dai campi della psicologia e della sociologia. È del tutto comprensibile e apprezzabile che questa emergenza di dimensioni nuove, rispetto alla dimensione medico-biologica dominante, non sia avvenuta in modo semplicemente addittivo, ma si sia fatta strada attraverso l'impalcatura formale della teoria generale dei sistemi, che peraltro, proprio nel terreno biologico, aveva trovato un'eco significativa (mi riferisco ovviamente a von Bertalanffy). Considerando il quadro culturale e operativo attuale, tutt'altro che in linea con le premesse innovative che il modello contiene, mi sembra importante ricordare questo punto di riferimento originario per mantenere chiarezza di orientamenti e segnalare le eventuali anomalie nei movimenti di riforma.

Ho voluto attardarmi in questa precisazione, per la preoccupazione di un raffreddamento culturale delle linee che hanno accompagnato lo sviluppo del modello bio-psico-sociale e per il sostegno epistemologico che questo modello offre nel conciliare una visione olistica con il pieno rispetto di contribuzione delle varie specificità disciplinari. Sono convinto che se la grande pianta della Psicologia della Salute non avesse respirato l'aria delle concezioni sistemiche, avrebbe prodotto frutti molto più fedelmente allineati al vecchio modello biomedico.

Naturalmente, condivido in pieno l'invito a confrontarci con le analisi del livello psicologico e la ricerca delle relazioni con gli altri livelli.

2. La salutogenesi

E veniamo all'altra "parola d'ordine" (ma perché chiamarla così?...), della salutogenesi.

È questo un tema centrale che terrà impegnati a lungo – me lo auguro – gli psicologi della salute italiani. Condivido quindi, anche a questo riguardo, lo sforzo di ricercare linee di specifico interesse psicologico.

... L'approccio bio-psico-sociale – dice Romano a p. 34 – non sta dunque naturalmente dalla parte della salutogenesi, bensì nelle sue applicazioni correnti si allinea alle *demarches* del tradizionale modello medico.

La prima reazione mi fa dire: e perché dovrebbe stare solo dalla parte della salutogenesi? Dovremmo aspettarci forse che medici e psicologi, cessassero di occuparsi di patogenesi e terapia per riorientarsi anima e corpo alla salutogenesi? O forse ancora ci si dovrebbe aspettare che l'orientamento verso la salutogenesi non coinvolga altri livelli, per es. la medicina?

La salutogenesi, in realtà, non deriva necessariamente dal modello bio-psico-sociale. L'approccio bio-psico-sociale implica una copresenza di più dimensioni e, nell'accezione di Von Bertalanffy o di Engel, una loro relazione sistemica, ma di per sé non qualifica la direzione dell'interesse, in senso patogenetico o in senso salutogenetico. Il riferimento, pur tanto appropriato, a Maccacaro e le sue intuizioni anticipatorie degli anni "caldi", può in qualche modo portare fuori strada quando lascia intravedere la coincidenza fra il concetto di salutogenesi e quello di soggettività; come se lo scenario della salutogenesi si aprisse in virtù dell'introduzione della soggettività nella definizione di salute. Inserire la voce della psicologia o della soggettività nel coro degli operatori della salute di per sé non sposta l'ago della bilancia dal versante della patogenesi a quello della salutogenesi. Di fatto si può osservare come la stragrande maggioranza delle riflessioni teoriche e delle ricerche nell'ambito della moderna psico-immunologia, siano orientate a descrivere come un fattore psicologico possa determinare una patologia somatica (o mentale) e non, viceversa, come possa favorire un processo di crescita del benessere fisco o psichico.

L'avventura della salutogenesi ha un respiro di grande ampiezza che coinvolge tutte le dimensioni del sistema salute. In questo senso mi sembra parziale l'affermazione che il "punto di vista salutogenico è incardinato nella soggettività" (p. 39).

Nell'antica mitologia greca, come noto, Esculapio aveva due figlie: una si chiamava Igea e l'altra Panacea. Mentre quest'ultima rappresentava l'impegno continuo di ricerca e di "cura" nei confronti della malattia in tutte le sue forme, la prima era conosciuta come la dea della salute e della prevenzione. Anche nella storia millenaria della medicina, si riconosce quindi il volto della salute e non solo quello della patologia. Se è vero che il grande progresso della medicina di questi ultimi due secoli è caratterizzato dalla prevalenza di attenzione per la malattia, sarebbe un grave errore creare una sorta di divaricazione fra approccio medico e approccio psicologico, collocando il primo lungo il crinale patogenetico e il secondo in quello salutogenetico. Si tratta di due orientamenti assolutamente complementari nei quali si devono riconoscere pari responsabilità sia per lo psicologo che per il medico, anche se esercitate con diverse e specifiche competenze. Credo che sia legittimo attenderci oggi un passo visibile lungo la strada di Igea, anche da parte della medicina. L'attenzione della medicina è stata massivamente rivolta a capire come difendere il corpo e "restaurare" la norma dagli assalti dell'ambiente interno e esterno, mentre ben poco è stato fatto per salvaguardare e, meno ancora, per accrescere la "capacità di normatività".

Occorre ricordare che lo stesso Cannon che ha parlato tanto di "omeostasi" ha parlato anche di "saggezza del corpo"; una saggezza maturata dopo apprendimenti adattivi di lunghissima data nel corso dell'evoluzione, ed è quindi molto più preparata a "costruire" salute di quanto di solito non gli si riconosca. Galeno, come noto, diceva che il medico è l'"assistente" della natura; forse è il momento che anche la medicina, senza minimamente trascurare Panacea, si dedichi con rinnovata attenzione a capire meglio e ad assecondare i percorsi biologici della salutogenesi.

Fa sorpresa constatare, a titolo di esempio, come mentre si conoscano nei dettagli i correlati fisiologici di quelle emozioni negative, che accompagnano e mediano le evenienze patologiche, vedi la rabbia la paura, gli stati depressivi, ecc., ben poco si sappia dei correlati fisiologici delle emozioni positive (solo da pochi anni la letteratura ci presenta qualche lavoro significativo sulle influenze positive della gioia, dell'humor, anche sul soma).

3. Gli stili di vita

Concordo con la seconda parte dell'affermazione precedente in cui Romano osserva che "... L'approccio bio-psico-sociale ... nelle sue applicazioni correnti si allinea alle *demarches* del tradizionale modello medico".

Riferendosi all'inserimento dell'obiettivo primario degli stili di vita salutari, nell'ultimo piano sanitario nazionale, egli così commenta

> ... È questo un orientamento salutogenetico? E quanto può giovare ad esso la psicologia, aldilà dello studio epidemiologico del rapporto, ad esempio, tra il comportamento a tavola e l'insorgere o meno di determinati malesseri o disfunzioni?

La tendenza a trattare questa tematica con un'accentuazione tecnologica di livello intrapsichico è diffusa soprattutto nell'ambito della cosiddetta *behavior medicine*, ma trova larga eco anche nella *health psychology*; è una tendenza che si spiega pensando alla forte influenza, esercitata dal pragmatismo nordamericano, sul primo sviluppo di queste due discipline.

Tuttavia, lo spazio per "lo psico" che successivamente lo stesso Romano indica, appare tutt'altro che secondario, come si può rilevare dalla lunga citazione di Bandura a p. 46-47. Si tratta di non schiacciare troppo questo fattore alla funzione tecnica di *manipolatore* delle condotte (ma qui ci potremmo imbattere in una polemica tutta interna alla psicologia, circa il valore degli approcci comportamentali e cognitivo-comportamentali, rispetto a quelli più orientati in senso "dinamico"). Non credo d'altra parte che la ricetta psicologica della *self efficacy*, offerta da Bandura, possa essere definita anch'essa "manipolatoria", nel senso di "convincere" la persona" ad avere più fiducia nelle capacità di controllo individuale e collettivo della salute. In realtà, come Bandura insegna, si tratta di allargare il respiro delle tecniche psicologiche individuando linee, strategie, più in grado di spostare l'equilibrio da un atteggiamento statico di "pre-venire" ad un atteggiamento dinamico di "pro-muovere". È evidente comunque che anche Bandura riconosce l'importanza degli stili di vita; sarà poi la scelta e il "respiro" dei modelli psicologici a qualificare l'orientamento teorico e applicativo rispetto a questa tematica.

In questa direzione mi sembra molto opportuno il richiamo al piano sanitario nazionale. L'enfasi che si attribuisce alle tematiche in questione è inversamente proporzionale all'entità dei capitoli di bilancio ad esse destinati. In ogni modo si apre uno spazio di grande interesse per gli psicologi della salute, ai quali spetta il compito di segnalare la loro specifica competenza e di reclamare una precisa responsabilità di contrattazione al tavolo delle scelte politiche.

4. Il concetto di rischio

Dopo la critica alle più frequenti applicazioni del modello bio-psico-sociale, troppo inclinato alla patogenesi, e troppo ancillari alle discipline mediche, Romano introduce il concetto di rischio come tentativo di proiettarsi sul versante della salutogenesi. Egli distingue due accezione nella parola polisemica "rischio". Oltre alla "probabilità in senso frequentista, che un certo evento negativo possa realizzarsi", "si potrebbe anche parlare di rischio per alludere, più in generale, alle minacce e alle incertezze che pervadono il mondo contemporaneo"… "In tale prospettiva il rischio si associa alla perdita di controllo sugli eventi, in particolare su quelli da noi stessi messi in moto…".

È in questa seconda accezione del termine che si cercano indicazioni per ritagliare una collocazione meno subalterna della psicologia e più proiettata nel versante salutogenetico.

Appare interessante la proposta di utilizzare questo concetto del rischio "come perdita di controllo sui fattori storici della salute" e quindi come stimolo alla "riflessività del sistema bio-psico-sociale, alla sua capacità di generare consapevolezza sui percorsi della salute e di presidiarli adeguatamente". Questa tematica andrebbe esplicitata ulteriormente e penso che non mancherà l'occasione anche in questa rivista di rileggere Dario Romano al riguardo. Per il momento non sono personalmente in grado di cogliere tutte le possibili implicazioni teoriche e soprattutto operative di questo percorso: quanto cioè il concetto di rischio possa aiutare a superare l'ottica "preventiva". Per "stuzzicare" Dario, e per stimolarlo a parlarci ancora di questo argomento, posso tuttavia far notare come l'ombra della malattia da prevenire e del "negativo" da cui difendersi appare giocare fortemente sullo sfondo; dico questo, anche se le prospettive del rischio – rispetto a quelle ristrette del tradizionale rischio epidemiologico – appaiono suggestivamente allargate alle dimensioni del controllo individuale e collettivo sulla salute da salvaguardare.

La categoria del pre-venire, compare, per es., laddove si parla della difesa dell'"integrità" a rischio nella società e nel mondo del lavoro in particolare:

> … mi limiterò a richiamare brevemente alcuni caratteri dello sfondo che possono lacerare l'integrità e appaiono quindi come potenziali *stressors*…È allora opportuno che l'ambiente sia "ordinato" ossia predisposto, programmato a garantire la coesione del sistema; che esso esorcizzi le minacce per i singoli o riduca, quanto possibile l'incertezza….

Siamo veramente nella linea della salutogenesi, o siamo ancora nell'ottica della prevenzione? Nella prima direzione, più che il "rischio", non dovrebbe risaltare "l'opportunità" degli incontri con l'ambiente? Nella indicazione degli *stressors* senza ulteriore qualificazione, non si nasconde una concezione globalmente negativa dello stress?

In realtà, superando l'accezione che il termine "stress" ha avuto nelle scienze fisiche – dove si fa riferimento a un corpo inattivo o passivo che è deformato dai carichi ambientali – la sua valorizzazione successiva, prima nel campo biologico e poi in quello psicologico, ha fatto emergere una visione più ampia; lo stress, come noto, va inteso non solo nell'accezione negativa ma anche in quella positiva di risposta adattiva, di sviluppo, rispetto ad una gamma potenzialmente infinita di stimoli interni ed esterni. La tensione dinamica con cui in particolar modo la riflessione psicologica ci prospetta le problematiche dello stress, fa apprezzare di quest'ultimo, non solo le connotazioni di minaccia all'equilibrio fisico e mentale ma anche i vantaggi legati ad una sollecitazione positiva delle risorse personali, la crescita di competenze, "la gioia del trionfo sulle avversità". Immaginiamo, del resto, quale fonte di stress potrebbe essere l'assenza assoluta di ... stress!

È evidente che esistono anche gli *stressors* negativi, ed è altrettanto evidente che difendendosi da questi si favorisce la salvaguardia e lo sviluppo della salute, ma è proprio nello shifting di attenzione verso la dimensione delle opportunità e delle risorse che mi sembra si possano declinare meglio le proprietà di un processo direttamente salutogenetico.

Il problema non è di sfumature terminologiche, ma tocca il nodo di un cambiamento importante di ottica che coinvolge processi di fiducia, superamento delle dinamiche di ostilità, orientamento verso la cooperazione, ecc.

5. Salutogenesi come percorso di salute positiva

Il concetto di promozione di salute, rispetto a prevenzione di malattia, prevede per l'appunto una profonda e articolata riflessione sulla salute, e il primo passo da compiere per muoverci appropriatamente in questa direzione è riconoscere che si tratta di partire da zero. La salutogenesi è come un mare che si distende pressoché inesplorato all'orizzonte di tutti coloro che si occupano di salute.

Per cambiare metafora, siamo come in un deserto con l'aiuto di pochissimi strumenti per orientarci. Mentre abbiamo mille parole per indicare la patologia, abbiamo poco più di una sola parola per ragionare di salute. È interessante al proposito riprendere lo scritto di Maccacaro riportato da Romano:

> ... Ci sono infatti moltissimi modi di essere malati, ma uno solo di essere sani: realizzare la pienezza del proprio benessere psico-fisico e sociale.

Domandiamoci perché non si può dire "c'è un solo modo di essere malati: realizzare la pienezza del proprio malessere"? Ma è evidente, perché sul malessere sappiamo un'enorme quantità di cose: lo abbiamo studiato per secoli, costruendo una varietà infinita di nosologie, di articolazioni ezio-patogenetiche, di schemi diagnostici, terapeutici, e chi più ne ha più ne metta. In realtà mentre ci siamo allenati a dovizia nel riconoscere gli indicatori negativi di malattia, ben poco abbiamo fatto per riconoscere gli indicatori positivi di salute.

In questa strada la letteratura psicologica mostra segni di impegno piuttosto recente ma non irrilevante. L'articolo di Romano offre un contributo stimolante al riguardo, segnalando il modello meno noto, di Schabrach e coll., sull'"integrità" e quello più noto della *self efficacy* di Bandura. A questi riferimenti se ne potrebbero aggiungere altri, come per es., "il senso di coerenza" di Antonosky (che ha molti punti di contatto con l'integrità), la *hardiness* di Kobasa, l'autostima, l'ottimismo.

Un rilievo a parte meriterebbe la tematica delle *Life Skills*, anche per l'importanza che questi indicatori positivi di salute possono avere sul piano delle applicazioni pratiche soprattutto nella scuola. Si tratta come molti sapranno di competenze di vita evidenziate in programmi di formazione promossi soprattutto dall'Oms e diffuse con successo in molte parti del mondo. Ma di questo parleremo più a lungo in uno dei prossimi numeri della Rivista.

A rivisitare la tematica degli indicatori positivi della salute vi sono state anche delle *task forces*, appositamente promosse dalle agenzie internazionali della salute. Il cammino, come dicevo, anche se difficile e in larga misura pionieristico, appare molto stimolante e merita un'ampia concentrazione di energie.

Infine vorrei sottolineare il significativo richiamo di Dario Romano al problema della "partecipazione".

I riferimenti a Maccacaro sono interessanti in quanto ci ripropongono una rivisitazione in chiave attuale di impulsi emersi in modo "passionale", in un momento particolare del nostro recente passato. Sono anch'io profondamente convinto che gli appelli ripetuti di quegli anni alla partecipazione, contenessero una verità di fondo, che va letta e reinterpretata in un contesto di maggiore chiarezza e rigore propositivo. Oggi questo esigenza di scambio o coinvolgimento partecipativo, è profondamente avvertito a tutti i livelli, da quelli più elementari a quelli più complessi, in cui si articola il "sistema" salute. Il compito a fuoco è quello tuttavia di superare la genericità, a volte il richiamo puramente esortativo, per trovare linee rigorose di specificazione in cui oltre al rispetto dei singoli livelli si possano evidenziare le continuità fra i medesimi. La parola "partecipazione" oggi appare logora: è possibile rivestirla di abiti moderni, che siano in grado di far risaltare la sua valenza scientifica?

Si tratta, anche in questo caso, di una tematica di interesse primario per la Psicologia della Salute, su cui val la pena intrattenerci nei prossimi numeri della rivista.

Parte seconda

Soggettività, benessere, bisogni

1. Il benessere soggettivo: natura e determinanti*

di Elvira Cicognani**

1. Introduzione

In senso stretto, quando si parla di benessere soggettivo si fa riferimento all'esperienza del benessere così com'è percepita, sperimentata e valutata dall'individuo. Si tratta di un termine non perfettamente coincidente con quelli di benessere psicologico o benessere psicofisico, sia a livello concettuale che degli strumenti abitualmente adottati per misurarli. La differenza più importante sta nel fatto che chi si propone di indagare e misurare il benessere psicologico, generalmente parte da assunti a priori (più o meno fondati su teorie) sulla natura del fenomeno, che si esprimono ad esempio attraverso l'adozione di strumenti come le scale che misurano la depressione e l'ansia (es. CES-D, Beck Depression Inventory, il GHQ, solo per citarne alcune), l'autostima, o criteri del funzionamento psicologico positivo (es. Ryff, 1989). Nel caso del benessere soggettivo, abitualmente definito e operazionalizzato come "soddisfazione per la vita" (o per aspetti particolari di essa, es. salute, lavoro, ecc.) o come "livello edonico" (altri termini diffusi sono "felicità", "emozioni positive", ecc.) (cfr. Diener, 1984), è l'individuo medesimo che viene chiamato a valutare il proprio senso di benessere, a partire dai propri personali criteri. Questo significa che se un soggetto si dichiara soddisfatto della propria vita, si accetta come valido il suo giudizio a prescindere dalle effettive condizioni di vita e dal modo in cui un osservatore esterno possa valutarle. In questo contesto, il benessere soggettivo costituisce una dimensione primaria dell'esperienza umana, ed è considerato un indicatore psicologico sintetico della qualità

* Articolo apparso su *Psicologia della Salute*, n. 2-3/1998.
** Dipartimento di scienze dell'educazione, Università di Bologna.

della vita di un individuo nella società (Andrews e Robinson, 1991).

L'interesse per il benessere soggettivo non è affatto prerogativa della psicologia; anzi, la psicologia è stata l'ultima in ordine di tempo ad occuparsene, dopo discipline come la filosofia, la religione, le ideologie politiche, l'economia, le scienze sociali, ciascuna delle quali ha sviluppato le proprie prospettive e una propria terminologia (Strack, Argyle e Schwarz, 1991; Andrews e Robinson, 1991). Inoltre, paradossalmente, la psicologia si è interessata inizialmente, e soprattutto, delle condizioni in cui il benessere manca, cioè dei problemi a livello psicologico e dell'infelicità umana (Diener, 1984; Strack *et al.*, 1991; Ryff, 1989). Tale ritardo è imputabile alla svalutazione dei resoconti soggettivi delle persone sulla propria esperienza interiore, reputati poco veritieri e soggetti all'influenza di *biases* egodifensivi, ma anche al disinteresse nei confronti dello studio dell'esperienza soggettiva nell'epoca del comportamentismo.

Il riconoscimento dell'importanza e del valore scientifico dello studio della dimensione soggettiva dell'esperienza del benessere, attraverso l'uso di misure di *self-report*, è avvenuto per la prima volta a partire dagli anni sessanta, e in alcuni ambiti di ricerca particolari: la salute mentale, la qualità della vita e la gerontologia sociale. Sino alla fine degli anni cinquanta, la maggior parte degli studi sul benessere si sono focalizzati sui sintomi di malattia mentale; le indagini epidemiologiche riportavano l'incidenza, nelle comunità, della sintomatologia psichiatrica, come l'ansia e la depressione. Nel 1957 venne condotta un'indagine su larga scala sulla salute mentale della popolazione, da parte dell'Institute of Social Research dell'Università del Michigan. Questa ricerca andò oltre l'analisi della sintomatologia, per indagare, nella popolazione normale, che non soffriva di disturbi particolari, gli aspetti della *positive mental health*, come la felicità, la soddisfazione, e gli stili di *coping* (Gurin, Veroff e Feld, 1960). È in questo contesto che si riconobbe per la prima volta che le persone stesse (e non solo gli psichiatri) potevano fornire informazioni preziose per la comprensione dei fattori determinanti della condizione di salute mentale, attraverso i loro giudizi soggettivi.

Accanto alle ricerche sulla salute mentale della popolazione, un contributo di rilievo è stato fornito, a partire dalla fine degli anni sessanta e negli anni settanta, dal Movimento degli Indicatori Sociali della qualità della vita in sociologia (Bradburn, 1969; Campbell *et al.*, 1976; Andrews e Withey, 1976). L'interesse dei sociologi per la qualità della vita della popolazione, inizialmente valutata attraverso l'adozione di misure di tipo economico (es. prodotto interno lordo, reddito pro-capite, ecc.), si è poi esteso fino ad adottare indicatori di tipo psicologico (es. giudizi di felicità o soddisfazione delle persone per i vari ambiti della propria vita e per la vita nell'insieme). In questo contesto, nel 1976 è stata replicata anche l'indagine del 1957 (riportata in *The inner american* di Veroff, Douvan e Kulka, 1981; e in *The quality of american life* di Campbell *et al.*, 1976). Gli anni settanta hanno visto un fiorire di questi sondaggi su larga scala (cfr. Andrews e Robinson, 1991), che hanno prodotto una quantità enorme di informazioni sui cosiddetti "correlati socio-demografici" (es. età, sesso, stato civile, condizioni abitative, reddito, occupazione, ecc.) del benessere soggettivo. Una caratteristica di queste ricerche è che le misure adottate per valutare il senso di benessere soggettivo non si fondavano (con l'eccezione di Bradburn, 1969) su teorie psicologiche sulla natura di questo costrutto.

L'approccio della qualità della vita è stato applicato in psicologia di comunità anche per valutare il benessere di gruppi particolari, come le persone invalide e i malati di mente che avevano la necessità di riabilitazione o di cure per lunghi periodi, nell'ambito del dibattito circa la relativa validità delle diverse forme di assistenza (istituzioni e strutture territoriali) (Lehman, 1983; Barry e Crosby, 1995).

Infine, un terzo settore nel quale il tema del benessere soggettivo ha assunto una posizione di primo piano è la ricerca in gerontologia sociale sul processo di invecchiamento (Ryff, 1989; Baltes e Baltes, 1990; Cesa-Bianchi, 1987; Laicardi, 1987). In questo contesto, le misure della soddisfazione per la vita (es. la *Life Satisfaction Scale*, di Neugarten *et al.*, 1961) sono considerate uno dei criteri per valutare, da un punto di vista soggettivo, il *successful aging* (Baltes e Baltes, 1990), ovvero la capacità di adattarsi ai processi di invecchiamento in modo ottimale. La ricerca è stata motivata in buona parte dal tentativo di spiegare il "paradosso della felicità" o del "sé invulnerabile" negli anziani (Costa e McCrae, 1984), ovvero il risultato secondo cui gli anziani dichiarano, nelle indagini su larga scala, un livello di soddisfazione uguale o addirittura superiore a quello dei giovani.

Nell'insieme, le ricerche realizzate all'interno di queste tre aree hanno prodotto numerose informazioni, di natura essenzialmente descrittiva, sui fattori esterni (demografici e di altro tipo) che risultano correlati con livelli diversi di benessere. A testimonianza dell'enorme e crescente interesse per questo tema negli ultimi 25 anni, basta scorrere i titoli catalogati negli *Psychological Abstracts* sotto parole chiave come *well-being*, *life satisfaction*, *quality of life*, *mental health* (cfr. anche Andrews e Robinson, 1991; Diener, 1984). Tuttavia, i limiti esplicativi di questo approccio sono risultati presto evidenti, e a partire dagli anni ottanta, hanno indotto a dedicare maggiore attenzione, da un lato, alle variabili e ai processi psicologici implicati nell'esperienza del benessere e, dall'altro, alle determinanti ambientali, socio-culturali, psico-sociali. Fra i vari problemi emersi, che necessitavano di una spiegazione, vi era in primo luogo il dato, rilevato sia nelle indagini sulla qualità della vita della popolazione generale, sia nelle ricerche su gruppi particolari (es. pazienti istituzionalizzati), in base al quale gli indicatori oggettivi della qualità della vita (condizioni di vita effettive, valutate da osservatori esterni attraverso una serie di misure) predicono una porzione estremamente limitata della varianza nei giudizi di benessere globale (meno del 10%), contrariamente agli indicatori soggettivi (giudizi di soddisfazione per i vari ambiti della propria vita) che spiegano una percentuale di varianza superiore al 50% (Andrews e Robinson, 1991; Lehman, 1983). Un secondo aspetto, collegato al precedente, è il risultato in base al quale le persone che da un punto di vista oggettivo sembrano trovarsi in una condizione relativamente sfavorevole, si dichiarano in realtà soddisfatte della propria condizione di vita, con giudizi che non si differenziano spesso da quelli di persone relativamente più avvantaggiate (es. Taylor, 1983; Brickman, Coates e Janoff-Bulman, 1978).

Accanto all'evidente interesse da un punto di vista teorico (il peso degli indicatori soggettivi suggerisce che è opportuno approfondire maggiormente i fattori psicologici sottostanti alla percezione delle proprie condizioni di vita), questi risultati rivestono implicazioni da un punto di vita applicativo e per la valutazione (es. problema della scelta degli indicatori più appropriati per valutare la qualità della vita e il benessere delle persone), e solleva interrogativi inquietanti anche riguardo al tema della promozione (in quali condizioni è utile intervenire per modificare le condizioni oggettive di vita?). Inoltre, rimane anche il problema, o il dubbio legittimo, circa la validità degli strumenti di valutazione scelti, e l'eventualità che riescano a cogliere in modo adeguato tale costrutto. Visti i limiti delle misure prevalentemente adottate in queste ricerche (es. mancanza di una solida base teorica), il punto di partenza di vari studi successivi è consistito nel tentativo di fondare la ricerca (e i metodi di valutazione) su concezioni teoriche più adeguate. Esamineremo qui di seguito le principali concettualizzazioni prodotte in letteratura, soffermandoci poi su alcune linee di indagine sulle determinanti dell'esperienza del benessere.

2. La struttura del benessere soggettivo: principali concezioni

Un primo problema che i ricercatori si sono posti è stato quello di specificare in che cosa consiste l'esperienza soggettiva del benessere, le sue componenti strutturali e le relazioni reciproche fra queste componenti. Le dimensioni individuate inizialmente (es. esperienza emozionale positiva e negativa) possono essere considerate per lo più l'esito di analisi fattoriali compiute su strumenti di misurazione che non si fondavano su una teoria psicologica di questo costrutto ma erano stati ideati per altri scopi (es. valutare il processo di invecchiamento o la qualità della vita della popolazione). Gli sviluppi successivi, attribuibili soprattutto al contributo della psicologia sociale (in particolare le teorie cognitive delle emozioni e le prospettive sui processi di giudizio sociale), non hanno modificato sostanzialmente la distinzione fra le dimensioni in precedenza individuate. Tutte le concezioni proposte muovono da un presupposto di base: l'esperienza del benessere implica la consapevolezza. In questo senso, si parla di senso di benessere soggettivo solo se si può supporre la presenza di un'attività cognitiva di valutazione, o, per lo meno, di un'attenzione consapevole della persona verso i propri stati emotivi interni (sono esclusi pertanto i casi in cui tale consapevolezza manca, come negli animali, o nei bambini piccoli).

a) Il benessere soggettivo come esperienza emozionale. Una prima concezione del benessere soggettivo, elaborata da Bradburn (1969), si concentra sull'esperienza emozionale, e definisce il senso di benessere come una "preponderanza di emozioni positive rispetto a quelle negative" (cfr. Diener e Larsen, 1993). Nel contesto di una indagine sulla qualità della vita della popolazione (Bradburn e Caplovitz, 1965), l'autore sviluppò un modello nel quale si postula che la posizione di una persona sulla dimensione del benessere psicologico sia la risultante della sua posizione rispetto a due dimensioni **indipendenti**, una di *affect* (affetto) positivo e l'altra di *affect* negativo. Un individuo sperimenterà un benessere psicologico elevato nella misura in cui l'*affect* positivo supererà quello negativo, mentre sperimenterà un basso livello di benessere nel caso opposto. Per misurare il senso di benessere, l'autore sviluppò una scala a 10 item, chiamata Scala di Equilibrio Affettivo (*Affect-balance scale*), che include due sottoscale volte a valutare i due tipi di *affect*, e la differenza fra di essi. Uno dei principali risultati della sua ricerca è stato l'assenza di relazione fra i punteggi ottenuti nelle due sottoscale, che confermava l'ipotesi circa l'indipendenza delle due dimensioni dell'esperienza emozionale, ulteriormente rafforzata dal fatto che l'*affect* positivo e l'*affect* negativo risultarono associati ad eventi di natura parzialmente diversa. Ciò significa che è possibile che una persona sperimenti allo stesso tempo livelli elevati di emozioni piacevoli e spiacevoli (provocati da eventi distinti) oppure bassi livelli di entrambi i tipi di *affect*.

Questo risultato ha sollevato numerose controversie, anche se è stato successivamente confermato da altre ricerche e utilizzando misure e metodi diversi (cfr. Diener, 1984). Un tentativo di chiarire il problema delle dimensioni del benessere emozionale, è stato effettuato da varie ricerche condotte nell'ambito dell'approccio della *social cognition*, ed in particolare a partire dalle prospettive cognitiviste sulle emozioni (Diener, Larsen, Levine e Emmons, 1985). Secondo questi autori, la relativa indipendenza fra i due tipi di *affect* riscontrata da Bradburn (1969) dipende dal fatto che la scala da lui utilizzata misura i livelli medi delle emozioni nel corso di un certo periodo. Tali livelli medi derivano da due componenti distinte delle emozioni: la frequenza e l'intensità. Secondo il ragionamento degli autori (poi confermato dalle ricerche empiriche), la relativa indipendenza delle due componenti dell'*affect* sarebbe dovuta scomparire distinguendo più attentamente queste due dimensioni. Sembra pertanto che se la scala adottata misura la frequenza dell'esperienza emozionale piacevole e spiacevole, i risultati mostreranno un correlazione negativa (cioè quanto più frequentemente una persona sperimenterà emozioni piacevoli, tanto meno frequentemente essa sperimenterà emozioni spiacevoli); se invece la scala misura prevalentemente l'intensità dell'*affect* (come ad es. l'*Affect Intensity Measure*), si osserverà una correlazione positiva (cioè una persona che sperimenti intense emozioni piacevoli tenderà a sperimentare anche intense emozioni spiacevoli, in base a meccanismi psicologici simili); se la scala misura i livelli medi nell'arco di un certo periodo (senza distinguere i due aspetti, i quali tendono a compensarsi), il risultato sarà un'assenza di relazione.

In un lavoro più recente, gli autori hanno cercato anche di stabilire quale delle due dimensioni sia più importante per definire il benessere emozionale (Diener, Sandvik e Pavot, 1991), giungendo alla conclusione che il senso di benessere emozionale dipende principalmente dal fatto di sperimentare emozioni piacevoli con maggiore frequenza rispetto alle emozioni spiacevoli. L'intensità dell'emozione piacevole, invece, non ha mostrato relazioni significative con il benessere emozionale, probabilmente, secondo gli autori, perché le emozioni piacevoli intense sono rare, e i loro costi elevati (dato che si accompagnano anche alla propensione a sperimentare intense emozioni spiacevoli).

Allo stato attuale, sembra tuttavia che il problema della relativa indipendenza fra i due tipi di *affect* non sia stato risolto in maniera definitiva, al punto che si suggerisce di utilizzare strumenti che misurino entrambe le dimensioni dell'esperienza emozionale, dato che esse mostrano un grado di indipendenza sufficiente a determinare risultati differenti (Diener e Larsen, 1993), e a far supporre che si tratti di fenomeni di natura diversa.

b) Il benessere soggettivo come "atteggiamento" nei confronti della propria vita. Accanto all'esperienza emozionale, numerosi altri autori, nell'ambito delle ricerche sugli indicatori soggettivi della qualità della vita e in gerontologia, hanno incluso fra le misure del benessere soggettivo, anche i giudizi di soddisfazione per la propria vita. Le ricerche al riguardo (es. Andrews e Withey, 1976) hanno generalmente distinto tre componenti strutturali del benessere soggettivo: i giudizi di soddisfazione per la vita, l'*affect* positivo e l'*affect* negativo, confermate successivamente da varie ricerche (Veenhoven, 1984; Argyle, 1987). Attualmente, si tratta della definizione di benessere soggettivo più utilizzata e che sottostà all'adozione delle scale di valutazione più diffuse.

Da una prospettiva psico-sociale, Andrews e Robinson (1991) hanno riassunto la relazione fra queste componenti strutturali affermando che il benessere soggettivo è assimilabile a un "atteggiamento" che i soggetti manifestano nei confronti della propria vita. Come ogni altro tipo di atteggiamento, esso include una componente cognitiva (giudizi di soddisfazione) e una emozionale (livello edonico).

Nell'affrontare il problema della relazione fra le diverse componenti, Diener (1994) ha specificato la "teoria implicita" che sembra essere alla base di questa concezione del benessere soggettivo. Muovendo dalla teoria delle emozioni di Lazarus (1991), l'autore afferma che la tendenza degli esseri umani a valutare gli eventi rispetto a una dimensione di piacevolezza-spiacevolezza è una tendenza universale, che si manifesta in continuazione (generando emozioni piacevoli o spiacevoli). La soddisfazione per la vita è un giudizio globale che le persone compiono quando valutano la propria vita nell'insieme, mentre il livello edonico è costituito dalla presenza di un *affect* piacevole (causato da valutazioni positive degli eventi in corso) per una buona quantità di tempo e di un *affect* spiacevole infrequente (derivante da poche valutazioni negative). La soddisfazione per la vita e il livello edonico sono in parte correlati perché sono entrambi influenzati dalle valutazioni degli eventi, delle attività e delle condizioni di vita. Tuttavia, essi sono allo stesso tempo distinti in una certa misura perché il livello edonico può essere influenzato anche da scopi inconsci e fattori biologici che agiscono sull'umore. A sostegno di questa distinzione vanno i dati di varie ricerche, che mostrano che in determinate condizioni le diverse componenti del benessere soggettivo possono divergere (Campbell *et al.*, 1976), anche se ricadono all'interno di un fattore globale di benessere. Inoltre, l'autore distingue, all'interno del benessere soggettivo, componenti stabili e componenti modificabili. Il livello edonico può modificarsi con facilità; al tempo stesso, esiste un livello medio delle emozioni, che è influenzato dal temperamento e dalle condizioni di vita generali, e che può modificarsi se, ad esempio, si modificano drasticamente le condizioni di vita.

c) Il benessere soggettivo come un "giudizio" che è costruito al momento della risposta. Recentemente, Diener (1994), sulla base dei risultati delle ricerche nell'area della cognizione ed emozione, ed in particolare di quelle che hanno esaminato i processi psicologici sottostanti alla produzione di giudizi di soddisfazione (es. Schwarz e Strack, 1991), ha proposto di rivedere la concettualizzazione della struttura del benessere (nonché i metodi di misurazione). L'autore sostiene in particolare che quando si domanda alle persone di esprimere un giudizio sul grado di soddisfazione per la propria vita, esse non si limitano a ricordare un giudizio immagazzinato in memoria e a riferirlo fedelmente. Al contrario, i giudizi di soddisfazione sono formati al momento della domanda, e come tali possono essere influenzati dai ricordi e dagli ambiti della vita che sono salienti in quel momento, nonché dagli standard di confronto preminenti. Al tempo stesso, tuttavia, è probabile che i giudizi di soddisfazione mostrino una certa stabilità perché molte persone hanno compiuto e immagazzinato dei giudizi su aspetti specifici della loro vita, e perché le condizioni di vita sulle quali tali giudizi si fondano tendono a rimanere stabili.

3. Le determinanti del benessere soggettivo

Alla base delle ricerche compiute all'interno del movimento degli indicatori psicologici della "qualità della vita", vi è l'assunto che il senso di benessere soggettivo sia determinato in maniera congiunta dalle caratteristiche sociodemografiche, dalle condizioni di vita oggettive delle persone, e dal modo in cui tali condizioni sono percepite soggettivamente (Campbell *et al.*, 1976; Lehman, 1983). In quest'ottica, il giudizio di soddisfazione per la vita viene visto nell'insieme come la combinazione additiva di numerose valutazioni distinte che le persone compiono nei confronti dei vari ambiti della propria vita (es. lavoro, salute, reddito, matrimonio, condizioni abitative, ecc.) (Campbell *et al.*, 1976). Tuttavia, anche se da un punto di vista statistico, le valutazioni dei singoli ambiti della vita si dimostrano dei predittori significativi del giudizio complessivo, rimane tuttavia il problema teorico di spiegare l'importanza primaria ricoperta dagli indicatori di tipo soggettivo rispetto a quelli di tipo oggettivo. Ciò è stato effettuato approfondendo i processi mentali che conducono agli atteggiamenti sul benessere soggettivo, ed esaminando in particolare il ruolo di processi e variabili psico-sociali (es. stili attribuzionali, processi di giudizio, autostima, locus of control, ecc.) e di personalità (es. estroversione, neuroticismo).

Secondo Andrews e Robinson (1991) si possono distinguere due linee di ricerca sulla psicodinamica del benessere soggettivo:

a) l'approccio dei confronti. È opinione comune che i giudizi sul proprio benessere, al pari di tutti gli altri giudizi che implicano se stessi, siano giudizi relativi, che le persone producono confrontando mentalmente la propria condizione con un insieme di standards di riferimento; in tal senso essi riflettano uno scarto (*gap*) o un rapporto (*ratio*) fra le aspirazioni delle persone e le loro percezioni riguardo alla propria situazione effettiva (Parducci, 1968; Michalos, 1985). Nel primo caso (*gap*), lo scarto è la differenza fra il livello cui si aspira e il livello raggiunto. Si presume che le aspirazioni siano di solito più elevate dei risultati effettivamente raggiunti, e che minore è la differenza, maggiore è il senso di benessere soggettivo. Nel secondo caso (*ratio*) il rapporto è calcolato sotto forma di risultati percepiti divisi per le aspirazioni: maggiore è il rapporto, più elevato si presume sia il senso di benessere.

Esistono varie versioni di questa prospettiva, nelle quali si sottolinea l'importanza di standards di confronto diversi che le persone utilizzano nell'effettuare i confronti fra le aspirazioni e i risultati effettivi. Per esempio, la teoria del confronto sociale afferma che le persone usano gli altri significativi a tale scopo (Festinger, 1954; Suls e Wills, 1991; Diener e Fujita, 1997), scegliendo attentamente e strategicamente gli standard di confronto allo scopo di migliorare il proprio senso di benessere (es. Taylor, 1983; Taylor e Lobel, 1989). Nella teoria dell'adattamento (Helson, 1964; Brickman *et al.*, 1978) e nella teoria "range-frequency" (Parducci, 1982), lo standard è fornito dalla vita passata. Se il soggetto percepisce che la condizione attuale è migliorata rispetto al passato, probabilmente si sentirà soddisfatto. Tuttavia, se le condizioni positive (ma anche quelle negative) continuano, si verificherà un processo di adattamento, attraverso una modificazione degli standards di confronto utilizzati. Questa è la conclusione cui sono giunti, ad esempio, Brickman *et al.* (1978) ponendo a confronto i giudizi di soddisfazione di due gruppi di persone con condizioni di vita nettamente distinte (vincitori di una lotteria e persone rimaste menomate fisicamente in seguito ad un incidente), subito dopo il verificarsi dell'evento critico e dopo qualche tempo.

L'interesse suscitato da questo tipo di approccio è dovuto al fatto che sembra in grado di spiegare perché persone che da un punto di vista oggettivo sembrano trovarsi in condizioni migliori della maggioranza delle altre, mostrano livelli di benessere soggettivo (espressi nei giudizi forniti alle scale di valutazione) al di sotto della media. Una possibile spiegazione è che queste persone, che pur si trovano in condizioni di vantaggio, possono avere aspirazioni molto più elevate di quelle che vivono in condizioni più modeste. Tuttavia, in genere si tratta di ipotesi non verificate empiricamente; le scale prevalentemente adottate si limitano infatti a misurare il giudizio finale, senza fornire informazioni sul processo attraverso il quale si è pervenuti ad esso (a tale scopo, occorrerebbe ad esempio misurare separatamente le aspirazioni, i risultati percepiti e il benessere soggettivo).

In quest'ambito, la teoria delle discrepanze multiple di Michalos (1985), particolarmente sofisticata, costituisce uno sviluppo di approcci precedenti di Andrews e Withey (1976) e Campbell (1976): essa afferma che il senso di benessere di un individuo nei confronti di un particolare aspetto della propria vita è determinato dalla combinazione mentale di informazioni relative a diversi scarti (*gaps*) distinti. Si tratta delle differenze che esistono fra ciò che un individuo percepisce di avere e un insieme di aspirazioni (ciò che vuole), le quali sono determinate da (1) ciò che hanno le altre persone significative, (2) ciò che di meglio l'individuo ha avuto in passato, (3) ciò che si aspettava di avere al punto in cui si trova ora, (4) ciò che si aspetta di avere in futuro, (5) ciò che ritiene di meritare, e (6) ciò di cui crede di aver bisogno. In una verifica empirica condotta dall'autore, questa teoria ha dimostrato di riuscire a spiegare il 50% della varianza nei giudizi di soddisfazione e felicità.

b) l'approccio delle influenze sociali. Si tratta di una prospettiva complementare alla precedente, che mira ad esplorare (attraverso un approccio correlazionale) l'influenza di una serie di fattori sociali e psicologici sui sentimenti di benessere delle persone. Fra i costrutti che sono stati approfonditi vi sono lo stress, le relazioni sociali, il sostegno sociale, il controllo interno (la credenza di poter controllare il proprio destino), il controllo esterno (che alcuni autori hanno distinto in controllo da parte di altre persone e da parte del caso), l'autostima. Altri aspetti importanti sono il fatto di avere amici, la soddisfazione per la propria vita familiare, essere sposati (Argyle, 1987).

Lewinson, Redner e Seeley (1991) hanno dimostrato che il senso di soddisfazione per la vita è collegato in maniera complessa ad un insieme di variabili psico-sociali. Lungi dal costituire un attributo isolato delle persone, si tratta di una caratteristica che possiede una vasta gamma di implicazioni per le interazioni sociali, le attività, i pensieri, l'autostima, i metodi per affrontare lo stress, e la valutazione della propria salute. Inoltre, gli autori hanno trovato una stretta relazione fra la soddisfazione per la vita e la sindrome clinica depressiva: i fattori che influenzano la soddisfazione per la vita sembrano gli stessi che inducono le persone a sentirsi più o meno depresse.

Infine, sembra che determinate variabili di personalità influenzino la propensione delle persone a sperimentare un senso di benessere. Le più studiate sono l'estroversione (associata all'*affect* piacevole) e il neuroticismo (il quale determina la propensione a sperimentare emozioni spiacevoli) (cfr. Diener e Larsen, 1993).

4. Conclusioni

Lo scopo di questa breve rassegna era di illustrare sinteticamente una linea di ricerca sul fenomeno del benessere e la sua valutazione, che si caratterizza per il fatto di attribuire un ruolo primario all'esperienza soggettiva così com'è sperimentata e valutata dalle persone medesime. L'utilità e l'interesse dei resoconti soggettivi sono dovuti alla possibilità di evitare un problema che inevitabilmente si pone nella valutazione o nella promozione del benessere: definire in che cosa consista la condizione di "benessere" o di "malessere". Per quanto le concezioni del ricercatore siano fondate su teorie del funzionamento psicologico ottimale, esse non garantiscono che le dimensioni rilevanti del benessere corrispondano a quelle che i soggetti medesimi giudicano importanti nel valutare la propria vita. La relatività delle concezioni è inevitabile poiché definire la natura del benessere implica definire i valori che si ritengono preminenti. In questo senso, affidarsi ai criteri dei soggetti medesimi evita di imporre le concezioni precostituite.

Tuttavia, tale approccio pone altri problemi, che diventano evidenti quando non ci si accontenta di misurare il livello di soddisfazione delle persone, come nelle ricerche sulla qualità della vita della popolazione o di gruppi particolari, ma si vuole anche comprendere le ragioni che le conducono a formulare tali giudizi. La ricerca psicologica ha seguito varie direzioni per dare una risposta a questi interrogativi: due di queste sono definire in maniera più appropriata la natura dell'esperienza del benessere e approfondire i processi psicologici che conducono alla formulazione dei giudizi.

Riferimenti bibliografici

Andrews F.M., Robinson J.P. (1991), *Measures of subjective well-being*, in J. Robinson, P. Shaver, L. Wrightsman (eds.), *Measures of personality and social psychological attitudes*, vol. 1, Academic Press, New York.

Andrews F.M., Withey S.B. (1976), Social indicators of well-being: America's perception of life quality, Plenum, New York.

Argyle M. (1987), *The psychology of happiness*, Methuen, London (tr. it. *Psicologia della felicità*, Cortina, Milano).

Baltes P.B., Baltes M.M. (1990), *Successful aging*, Cambridge University Press, Cambridge.

Barry M.M., Crosby C. (1995), Quality of life and mental health: evaluating the impact of long-term care, in I. Markova, R. Farr (eds.), Representations of health, illness and handicap, Harwood Academic Publishers, Chur.

Bradburn N.M. (1969), *The structure of psychological well-being*, Aldine, Chicago.

Bradburn N.M., Caplovitz D. (1965), *Reports on happiness*, Aldine, Chicago.

Brickman P., Coates D., Janoff-Bulman R. (1978), Lottery winners and accident victims: is happiness relative?, *Journal of Personality and Social Psychology*, 36: 917-927.

Campbell A., Converse P.E., Rodgers W.L. (1976), *The quality of american life*, Russell Sage Foundation, New York.

Cesa-Bianchi M. (1987), *Psicologia dell'invecchiamento*, Nis, Roma.

Costa P.T. Jr, McCrae R.R. (1984), *Personality as a lifelong determinant of well-being*, in C.Z. Malatesta, C.E. Izard (eds.), *Emotion in adult development*, Sage, Beverly Hills.

Diener E. (1984), Subjective well-being, *Psychological Bulletin*, 95: 542-575.

Diener E. (1994), Assessing subjective well-being: progress and opportunities, *Social Indicators Research*, 31: 103-157.

Diener E., Fujita F. (1997), *Social comparisons and subjective well-being*, in B.P. Buunk, F.X. Gibbons (eds.), *Health, coping and well-being*, Lea, Mahwah.

Diener E., Larsen R.J. (1993), *The experience of emotional well-being*, in M. Lewis, J.M. Haviland (eds.), *Handbook of emotions*, The Guilford Press, New York.

Diener E., Larsen R.J., Levine S., Emmons R.A. (1985), Intensity and frequency: dimensions underlying positive and negative affect, *Journal of Personality and Social Psychology*, 48: 1253-1265.

Diener E., Sandwik E., Pavot W. (1991), Happiness is the frequency, not the intensity, of positive versus negative affect, in Strack F., Argyle M., Schwarz N. (eds.), Subjective well-being. An interdisciplinary perspective, Pergamon, Oxford.

Festinger L. (1954), A theory of social comparison processes, *Human Relations*, 7: 117-140.

Gurin G., Veroff J., Feld S. (1960), *Americans view their mental health*, Basic Books, New York.

Helson H. (1964), Adaptation level theory: an experimental and systematic approach to behavior, Harper, Row, New York.

Laicardi C. (1987), *Psicologia e qualità della vecchiaia*, Il Pensiero Scientifico, Roma.

Lazarus R.S. (1991), *Emotion and adaptation*, Oxford University Press, New York.

Lehman A.F. (1983), The well-being of chronic mental patients: assessing their quality of life, *Archives of General Psychiatry*, 40: 369-373.

Lewinsohn P., Redner J., Seeley J. (1991), *The relationship between life satisfaction and psychosocial variables: new perspectives*, in F. Strack, M. Argyle, N. Schwarz (eds.), Subjective well-being. An interdisciplinary perspective, Pergamon, Oxford.

Michalos A. (1985), Multiple Discrepancies Theory (MDT), *Social Indicators Research*, 16(4): 347-414.

Neugarten B.L., Havighurst R.J., Tobin S. (1961), The measurement of life satisfaction, *Journal of Gerontology*, 16: 134-143.

Parducci A. (1968), The relativism of absolute judgments, *Scientific American*, 219(6): 84-89.

Ryff C.D. (1989), Happiness is everything, or is it? Explorations on the meaning of psychological well-being, *Journal of Personality and Social Psychology*, 57, 6: 1069-1081.

Schwarz N., Strack F. (1991), Evaluating one's life: a judgment model of subjective well-being, in F. Strack, M. Argyle, N. Schwarz (eds.), Subjective well-being. An interdisciplinary perspective, Pergamon, Oxford.

Strack F., Argyle M., Schwarz N. (1991), *Subjective well-being. An interdisciplinary perspective*, Pergamon, Oxford.

Suls J., Wills T.A. (1991), Social comparison: contemporary theory and research, Erlbaum, Hillsdale.

Taylor S. (1983), Adjustment to threatening events: a theory of cognitive adaptation, *American Psychologist*, 38: 1161-1173.

Taylor S., Lobel M. (1989), Social comparison activity under threat: downward evaluations and upward contacts, *Psychological Review,* 96:569-575.

Veenhoven R. (1984), *Conditions of happiness*, Reidel, Dordrecht.

Veroff J., Douvan E., Kulka R.A. (1981), *The inner american: a self-portrait from 1957 to 1976*, Basic Books, New York.

2. Il bambino veramente curato*

Processi di reinserimento scolastico dei bambini affetti da malattie oncologiche. L'esperienza di Bergamo

di Ilaria Cattaneo** e Walter Fornasa***

Un bambino seriamente malato che necessiti di lunghi periodi di ospedalizzazione, spesso in condizioni di isolamento a causa dell'intensità delle cure, è un soggetto intorno al quale si concretizza un nuovo e complesso contesto personale, familiare e sociale, nell'ambito del quale l'obiettivo dichiarato deve essere non solo la guarigione, ma anche la garanzia, durante tutte le fasi della malattia, del massimo di qualità della vita (Capurso, Prattico, 1997).

Come sostiene Jan Van Eys (1991), il concetto del bambino "veramente curato" fu introdotto nel 1977: la cura è la norma nell'oncologia pediatrica, eppure la "vera cura" di una malattia potenzialmente mortale e delle sue conseguenze introduce una situazione decisamente più complessa.

Il concetto di cura possiede diverse componenti: la cura biologica, la cura psicologica e la cura sociale e relazionale: le prime due sono state realizzate, ma la cura sociale deve ancora essere raggiunta (Van Eys, 1991).

Il reinserimento scolastico è il metodo privilegiato con il quale la cura psico-sociale e relazionale viene realizzata.

Questo articolo descrive la sfida del ritorno a scuola per la famiglia, gli insegnanti, i compagni di classe e il piccolo paziente cercando di sottolineare, come ribadisce più volte nel corso dei suoi lavori P.D. Spinetta (1984, 1993), il valore insostituibile della scuola all'interno del percorso di cura.

* Articolo apparso su *Psicologia della Salute*, n. 3/2000.

Si ringrazia il dott. V.A. Ferrari per le preziose indicazioni e gli utili suggerimenti forniti in fase di stesura del presente lavoro.

** Collaboratrice insegnamento di Psicologia dello sviluppo e dell'educazione – Corso di laurea in Scienze dell'educazione – Università di Bergamo.

*** Docente di Psicologia dello sviluppo e dell'educazione – Corso di laurea in Scienze dell'educazione – Università di Bergamo.

Gli ultimi tre decenni hanno prodotto un importante cambiamento nel trattamento del cancro infantile. Attualmente, le degenze per malattie gravi si sono ridotte sensibilmente e sono molto aumentate le possibilità di esiti positivi nella terapia: diventa, pertanto, di primaria importanza quella che viene definita da Spinetta (1982) e Ruccione (1983) la "psychosocial rehabilitation", cioè la relazione con il territorio di provenienza, la salvaguardia e la promozione di rapporti con la scuola di provenienza, con i compagni, con gli insegnanti.

Di fatto, oggi, in Italia, un intervento di accompagnamento così inteso, rappresenta ancora un'area alquanto poco esplorata.

Quello che abbiamo definito processo di riaccoglienza è di fatto affidato alla "buona volontà" degli insegnanti o a strutture territoriali o ospedaliere più sensibili: non esistono in modo diffuso supporti o interventi mirati e consapevoli che possano promuovere questo tipo di percorso sostenendo, nell'ottica batesoniana (Bateson, 1998) dell'unità e della relazione tra storie, i contesti in cui il bambino malato si trova a vivere.

Il processo di reinserimento dovrebbe cominciare dalla comunicazione della diagnosi al bambino e alla famiglia e proseguire sino all'effettivo rientro a scuola del piccolo paziente (Spinetta, 1984).

Il lavoro coinvolge pertanto, in modo differenziato, ma ugualmente importante, la famiglia, la scuola, nelle sue componenti di insegnanti e compagni di classe, e l'ospedale nella consapevolezza che una comunicazione attenta e una seria collaborazione tra gli attori coinvolti sono elementi fondamentali per un intervento che crei benessere e un buon livello di qualità della vita per il bambino, nonché le migliori condizioni per un rientro scolastico soddisfacente.

Si cercherà pertanto di descrivere con metodologia narrativa, attraverso "nuclei di presentazione", la realtà degli attori coinvolti nel processo di ri – accoglienza sottolineandone le specificità operative e la situazione emotiva dentro la quale si trovano a muoversi.

1. Metodi

I dati per questo articolo sono stati raccolti nel corso di uno studio esplorativo e descrittivo condotto presso l'azienda ospedaliera "Ospedali Riuniti di Bergamo" – unità operativa pediatrica, sez. emato-oncologica da settembre 1998 a giugno 1999.

Lo studio si è avvalso di un approccio metodologico di tipo qualitativo (cfr. Ricolfi, 1998, Mantovani, 1995, Dovigo, 2001): in una prima fase (settembre-gennaio) abbiamo frequentato pertanto il reparto di pediatria nel contesto specifico dell'ambulatorio di day hospital e dell'aula della scuola ospedaliera affiancandoci all'insegnante di scuola elementare in servizio presso il reparto. Le osservazioni sono state raccolte "a posteriori", dunque, alla fine di ogni giornata, con la rilevazione particolare dei racconti e dei vissuti osservati in relazione all'esperienza di malattia e ai rapporti con le scuole di provenienza.

L'osservazione descrittiva è stata utilizzata durante gli incontri tra l'insegnante e l'èquipe ospedaliera e gli insegnati delle scuole di provenienza: esplicitata la volontà di osservare le dinamiche di questi scambi, durante l'incontro venivano registrate le reazioni emotive degli insegnanti nei confronti della malattia e i progetti operativi di reinserimento dichiarati.

La seconda parte dello studio si è avvalsa dello strumento dell'intervista ai genitori dei bambini malati e agli insegnanti che nel corso dei cinque anni precedenti si erano trovati a gestire un reinserimento scolastico nelle loro classi; è stato utilizzato il modello di intervista in profondità; le interviste sono state registrate e trascritte nella massima fedeltà al colloquio; gli intervistati sono stati messi al corrente dell'utilizzo delle informazioni ed hanno, a questo, acconsentito.

La grande quantità di materiale è stato scomposto e analizzato nei suoi contenuti e utilizzato per la stesura dell'intero lavoro.

2. Il bambino e la scuola

Il bisogno di continuare il processo educativo è importante poiché la scuola è l'occupazione del bambino. "La scuola è la parte maggiore della vita normale e il piccolo paziente non potrà recuperare la normalità senza aver recuperato il suo ruolo nella scuola. La qualità della vita scolastica è vitale per la sua salute mentale" (Kirten e Livermann, 1977, p. 170). J. Munn Bracken (1990) parla della scuola come una delle possibilità che consente ai bambini seriamente malati di mantenere il controllo della situazione, di sentire di poter ancora fare e decidere: la scuola in effetti può aiutare il bambino a restituirsi un ruolo attivo, autonomo e di partecipazione che aiuti a superare l'isolamento, la passività e la dipendenza indotte dall'ospedalizzazione e da una malattia grave. Rispetto alla malattia in cui molto è deciso dagli altri, medici o genitori, in cui il proprio corpo è soggetto a manipolazioni con pochissime possibilità di controllo (Senatore Pilleri e Oliverio Ferraris, 1989), la scuola può offrire, come dicono Blandino e Granieri (1995), la sperimentazione di uno spazio dove i bambini possono trovare le soluzioni da sé. Del resto Fauvre (1988) sottolinea come l'esperienza della classe e le opportunità di socializzazione siano importanti per tutti i bambini, ma particolarmente per i bambini malati gravemente: "nella classe il bambino ha l'opportunità di esplorare, di provarsi di acquisire abilità e riconoscere i limiti; la possibilità di fare di scoprire e di produrre" (p. 71).

Molti genitori ribadivano queste esigenze nel corso delle interviste: *La scuola è un momento troppo importante in tutti i sensi, adesso perché è ammalata, ma anche se non lo fosse, la possibilità di stare con gli altri, con i compagni è importante. E gratificante soprattutto.*

E il fatto di dire a Settembre vado a scuola le è servito: addirittura c'era stato un momento quest'estate in cui era stanca, come dire, apatica aveva perso... cominciando ad andare a scuola è veramente cambiata: sembrava le fosse tornata la voglia di vivere che aveva perso (I genitore).

E questo è servito perché lo distoglieva dall'essere rivolto su stesso in quel momento di estrema sofferenza e quindi di abbattersi ancora di più (II genitore).

In questo senso è fondamentale che la scuola di provenienza di ogni singolo paziente favorisca i processi di reinserimento accentuando, come dichiara Vico (1991), l'azione educativa in favore della promozione dei diritti dell'alunno malato. Il processo di reinserimento risulta però soddisfacente solo in presenza di alcune condizioni di cui l'accettazione dei compagni di classe, il lavoro continuativo e consapevole degli insegnanti e la disponibilità della famiglia diventano assolutamente fondamentali (Spinetta e Spinetta, 1984).

3. La famiglia

Di Cagno e Ravetto (1980) hanno ampiamente descritto le dinamiche familiari che si determinano in seguito alla comunicazione della diagnosi di una malattia grave di un figlio: secondo questi autori, quando i genitori prendono coscienza della gravità della malattia mettono in atto meccanismi difensivi di negazione caratterizzati per lo più da una sorta di regressione attuando un processo di identificazione con il bambino. J. de Ajuriaguerra (1979) parla dell'articolazione di tre fasi da parte dei familiari nei confronti della malattia: il periodo dello shock iniziale, il periodo della lotta contro la malattia e il periodo della riorganizzazione e della accettazione.

I sensi di colpa da parte dei genitori sono spesso presenti e come reazione essi tendono a dedicare interamente tutte le loro energie al figlio assumendo spesso atteggiamenti iperprotettivi e di controllo verso il piccolo paziente (Senatore Pilleri e Oliverio Ferraris, 1989).

È evidente allora, come l'intera famiglia, oltre allo stress causato dalla diagnosi, debba affrontare una serie di cambiamenti di abitudini emotive e pratiche, che influiscono necessariamente sui rapporti tra i suoi vari membri e sulle relazioni esterne che in un certo modo caratterizzano la famiglia stessa. Uno degli aggiustamenti più impegnativi, oltre a quello nei confronti del figlio malato, richiesti alla famiglia riguarda certamente l'esperienza scolastica. Barbara Sourkes (1995, p. 100) sostiene che imparare fin dall'inizio a trattare il proprio figlio nel modo più normale possibile "è un compito estremamente arduo per i genitori". Questa affermazione sottolinea come la possibilità del reinserimento scolastico, luogo di normalità, diventi per molti genitori fonte di nuove ansie e preoccupazioni.

Nel ricordare il momento del reinserimento scolastico un genitore diceva: *Il distacco con me è stato duro. Ormai erano mesi che eravamo sempre insieme perciò si era creata quella simbiosi di quando era piccola (III genitore).*

Spesso se i genitori riescono a trattare il piccolo nel modo più normale possibile, trasmettono al bambino un messaggio cruciale: anche se la malattia è una situazione del tutto particolare, ai loro occhi lui è ancora "normale", assimilando una nuova visione di normalità che integra la routine della malattia e del trattamento nella vita quotidiana restituendo un senso di stabilità dentro una realtà alterata (Sourkes, 1995).

Al contrario, come osservano Antonucci, Cecchini e Digilio (1984), quando il permissivismo o l'iperprotezione diventano la norma relazionale tra genitori e figlio malato, il bambino viene continuamente confermato nel suo esistere in quanto malato in una crescente disconferma del bambino in quanto tale, togliendo così alla famiglia, e di conseguenza alla scuola, ogni possibilità di esercitare il proprio ruolo di educatori.

Un genitore ha raccontato la sua e l'esperienza di altre famiglie così: *Il genitore travolto dal problema della malattia non pensa alla scuola, per cui il genitore non va a reclamare come il genitore del bambino handicappato che si deve organizzare la vita. Qui non si sa come va a finire, se sopravviverà, sono soverchiati da questa paura e sono immobili. Io ho scritto in uno dei miei esposti che la scuola è terapeutica. Vuol dire che senza quella non si guarisce del tutto. Ma questo problema non viene accolto perché ci sono genitori che non urlano. E non urlano perché non sono nelle condizioni di urlare (II genitore).*

In questo senso il ritorno a scuola rappresenta un evento chiave sia per il bambino che per i genitori, soprattutto quando segue il periodo di fusione emotiva successivo al momento della diagnosi. Come per tutti i nuovi inizi, c'è una fase di ambivalenza: il desiderio di avventurarsi è attenuato dalla paura della separazione e i genitori si trovano a dover rinunciare al loro desiderio di stare sempre con i figli e di poterli sempre controllare. Comprensibilmente, i genitori che danno al bambino il supporto necessario nonostante la loro ansia favoriranno in modo decisivo un'esperienza di rientro positiva (Sourkes, 1999, Capurso e Prattico 1997).

4. Gli insegnanti

L'impatto psico-sociale di una malattia come il cancro, e in particolare, di un cancro che colpisce i bambini, è durissimo. Susan Sontag (1979) parla della malattia come del "lato notturno della vita", di una "cittadinanza più onerosa" e spingendosi oltre dichiara che il cancro copre il ruolo della malattia vista come invasione spietata e segreta a cui è impossibile sfuggire, rappresentazione non solo di una malattia di solito mortale ma di una malattia che si identifica con la morte stessa.

Se vi è una circostanza in cui ogni individuo avanza a livello personale o a livello sociale una richiesta di senso, è quella che da inizio al disordine fisiologico, cioè la malattia (Augè e Herzlich, 1986).

In questo senso, anche gli insegnanti, in fase di processo di comunicazione della diagnosi di cancro di un loro allievo, hanno solitamente una reazione di ansia e di smarrimento: la presenza di un bambino potenzialmente minacciato nella classe è spesso occasione di ansia e timore nello staff scolastico (Spinetta e Spinetta, 1993).

Il rientro a scuola può, in questo senso, presentare dei problemi. Gli insegnanti a volte si mostrano riluttanti ad avere in classe un bambino gravemente malato. Anche Kanizsa e Dosso (1998) ribadiscono che gli operatori rimanderanno della stessa malattia un'immagine derivata dai loro vissuti e dalle loro immagini ideali e M. Adams-Greenly (1991) suggerisce che ci sono ragioni diverse alla base di questo comportamento che includono problemi irrisolti con il cancro: preoccupazione di essere inadeguati, timore di non saper rispondere al bambino o alla classe circa la malattia.

Se si ritiene che ogni esperienza è soggettiva e che l'uomo risponde non a "ciò che il mondo è", ma "all'interpretazione che egli ne dà" (Marchetti,1997, p.44), diventa facilmente comprensibile riconoscere come le convinzioni, le aspettative, le rappresentazioni degli insegnanti sulle malattie gravi peseranno necessariamente sulla qualità della relazione educativa alla base del processo di ri-accoglienza. Un genitore raccontava: *Le maestre hanno tante di quelle cose a cui pensare che quando ti capita, se poi non sanno niente, non hanno mai sperimentato, hanno l'impressione che ha chiunque di fronte a questo: il luogo comune. Vieni condizionato a vederla come una malattia che non dà scampo; e se la dà gridano al miracolo (II genitore).*

La gravità della situazione patologica del bambino, la personale sensazione degli insegnanti di sentirsi impreparati e inadatti, la paura presente, ma raramente ammessa, suscitata dall'immagine di un bambino che Brun (1996) definisce "dato per morto" e ora, quasi contro ogni logica aspirazione, presente nella propria classe, determinano reazioni emotive con le quali gli insegnanti non possono non fare i conti e per le quali, spesso, non trovano un nome appropriato. Modulare l'ansia e il dolore che derivano dall'accettazione di riconoscere nel bambino l'immagine di una morte possibile e dalla consapevolezza della necessità di un intervento che non neghi la malattia ma la accompagni è un percorso emotivo faticoso e troppo poco seriamente affrontato (Genevay e Katz, 1994).

Alcuni insegnanti hanno dichiarato queste difficoltà: *La prima volta che l'abbiamo saputo l'abbiamo vissuto con ansia; questa cosa l'avevamo vissuta con ansia perchè pensavamo comunque di non essere preparate a questa cosa e mi ricordo che in particolare la mia collega di lingua, che adesso si è trasferita, mi diceva che quando pensava a B. le venivano i pensieri di morte, cioè questi pensieri...(I insegnante)*

Quando siamo andate la prima volta in ospedale dalla psicologa quando lei è entrata le è venuta proprio l'angoscia, mi ha detto che stava proprio male. Mi aveva detto che le creava angoscia andare in ospedale e che non ci sarebbe più venuta (II insegnante).

Chekryn, Deegan e Reid, (1987) nel corso di uno studio volto a valutare proprio le reazioni degli insegnanti al momento del rientro a scuola di un bambino-paziente, sottolineano, oltre alle difficoltà di tipo personale, anche alcuni "dilemmi educativi e didattici" che gli insegnati si trovano ad affrontare. Difendersi dalla sofferenza all'interno della classe scolastica, comporta, da parte degli insegnanti, ed in linea molto generale, la messa in atto di due diversi atteggiamenti nella relazione con il piccolo paziente (nel senso attribuitogli da H. G. Gadamer, 1994): da una parte essi saranno portati ad esasperare la situazione patologica del bambino identificandolo completamente con la malattia e con ciò che essa non permette a lui di fare o di essere; dall'altra, qualche insegnante tenderà a minimizzare la malattia, in considerazione della riduzione delle assenze e del rientro a scuola, evitando di riconoscere e di considerare la realtà particolare dell'alunno. Ambedue gli atteggiamenti appena descritti disconoscono il bambino come soggetto di intenzionalità, come soggetto in divenire, riservandogli un contesto relazionale che non consideri in nessuno modo la sua storia. Esasperare e sottolineare in continuazione la malattia del bambino, anche solo dentro di sé, porterà ad un'impossibilità reale di pensare in termini di processo, negando la possibilità di riconoscere che un bambino con una malattia grave può, come suggeriscono Kirten e Livermann (1977), continuare a realizzare se stesso, svilupparsi e prepararsi ad avere davanti anni, mesi, giorni di vita preziosi. Questo atteggiamento definito come "eutanasia psicologica" (Spinetta e Spinetta, 1987) porta necessariamente a segnare il destino del piccolo e a rinunciare agli investimenti educativi nei suoi confronti.

Un genitore diceva: *Io capisco che da un punto di vista esterno, quando non sei dentro... è una malattia che fa paura nonostante tutto, nonostante i risultati, è una malattia che quando tu dici ho un tumore ti sentenziano, traggono subito le conclusioni che sono sempre e comunque conclusioni nefaste e te lo fanno anche capire (II genitore).*

D'altra parte non riconoscere l'esperienza di malattia del bambino, considerandola semplicemente conclusa, significa negare all'alunno la possibilità di essere ciò che egli è diventato: spesso gli insegnanti tra la rappresentazione imposta del "bambino normale" e quella, più sottile, del "bambino che incarna la morte" (Brun, 1996), non sanno più come gestirsi. Trattare un bambino che sta attraversando l'esperienza della malattia grave, come un bambino normale significa privarsi, in termini di ricchezza relazionale, dell'immagine del bambino malato, quindi perdere uno dei contesti in cui il bambino può rivelare se stesso.

Un'insegnante, in una lettura assolutamente diversa da quella della famiglia, rivelava questo atteggiamento: *Non è che nel fare l'orario abbiamo tenuto presente lui: nell'organizzarci non abbiamo tenuto più di tanto presente questa cosa. Problemi non c'erano. B. è un bambino seguito, molto educato, quindi non ci sono stati problemi (III insegnante).*

5. I compagni di classe

La scuola mette il bambino a contatto con il gruppo dei coetanei; per questo, nella prospettiva di un reinserimento scolastico di un bambino a lungo assente per malattia grave, è necessario oltre al lavoro con gli insegnanti, coinvolgere nel processo la classe stessa. Benner e Marlow (1991) dichiarano che il successo del rientro a scuola per i pazienti oncologici dipende in grande misura dall'accettazione dei pari. I bambini con il cancro vivono l'accettazione dei compagni come fondamentale e spesso temono il rifiuto a causa della loro diversità.

Del resto all'interno della classe i legami di amicizia che si instaurano sono molto importanti perché permettono al bambino di sperimentare una vasta gamma di sentimenti propri della vita sociale, compresi quelli negativi (Blandino e Granieri, 1995), sentimenti che nel caso di pazienti oncologici, raramente hanno trovato nel contesto ospedaliero o familiare una dimensione di espressione che non fosse spesso mediata dagli adulti presenti.

Spinetta e Spinetta sottolineano come la questione della comunicazione della diagnosi abbia anche sui bambini un impatto sconvolgente; essa giunge, infatti ai bambini, ai compagni di scuola e agli amici come "un colpo difficile da superare". In effetti, diversi studi (cfr. Michielutte e Diseker, 1982; J. Van Eys, 1982) hanno evidenziato come la percezione della malattia grave che i bambini hanno, non è molto diversa da quella degli adulti. In particolare l'equazione "cancro-morte" è presente anche nei piccoli soprattutto per il senso di ineluttabilità e tragedia che la società adulta comunica loro. La ricerca di Michielutte e Diseker (1982) riuscì a evidenziare in modo chiaro questo atteggiamento dei bambini nei confronti della malattia: proposero ad un campione di trecentoventinove bambini in età scolare un test volto a misurare l'impatto psicologico dell'idea "cancro" sui propri vissuti e sulle proprie convinzioni. Il risultato mostrò che il confronto tra il cancro e le altre malattie croniche (diabete, malattie cardiache e malattie mentali) sottolineava grandi e consistenti differenze rispetto alla percezione di gravità, di predisposizione alla malattia e rispetto ai benefici dei trattamenti. Il cancro è stato definito ben più grave del diabete e delle malattie mentali e poco più grave dei disturbi cardiaci. Il cancro inoltre era visto come più diffuso delle altre malattie croniche. Tra l'altro il percepirsi, così come è emerso dall'analisi dei risultati, come molto predisposti a contrarre la malattia è una vera e propria distorsione della realtà: infatti la possibilità di contrarre e morire per una malattia cardiaca negli Stati Uniti è più alta che per il cancro.

È evidente pertanto come percezioni di questo tipo influenzino inevitabilmente il rapporto con il compagno-paziente: a questo si aggiunge inoltre anche la paura di potersi ammalare come il compagno. "La paura di ammalarsi è molto forte tra i bambini che vedono molte somiglianze tra se stessi e il paziente, specialmente quando non ne capiscono le cause. L'apparente casualità porta a dire 'Perché non anch'io?'" (Sourkes, 1987, p. 116).

La paura di poter contrarre una malattia anche non grave è ricorrente tra i bambini in particolare nell'età che va dai sei agli undici anni e la malattia richiama al bambino sano emozioni quali la stanchezza, la tristezza, la delusione e che tali emozioni non potrebbero essere mitigate neppure da un'occasione di divertimento (Kanizsa, Dosso, 1998).

In questo senso l'importanza di fornire anche ai compagni, secondo le capacità della classe e la volontà del paziente e della famiglia, strumenti di comprensione nei confronti della malattia, risulta un passaggio decisamente importante. Gli operatori professionali di solito concordano nel fatto che comunicare ai bambini la verità rispetto alla malattia diminuisce l'ansia e previene la sensazione di colpa come causa della malattia stessa (National Cancer Institute Usa, 1990). Quando un bambino è lontano dalla scuola per una malattia potenzialmente mortale, l'esperienza insegna che le voci cominciano a circolare quasi immediatamente e che queste voci sono, solitamente peggiori della realtà stessa. Neissim e Katz (1995) aggiungono che in assenza di informazioni accurate, i compagni, quasi sempre si fideranno di chiacchiere e insinuazioni. D'altra parte l'osservazione per cui i bambini potrebbero rimanere traumatizzati dall'informazione che una malattia grave ha colpito un loro compagno non trova riscontro nell'esperienza e nelle ricerche. Il National Cancer Institute (1990) sostiene che i bambini dai due ai sette anni sono sufficientemente attrezzati per comprendere la malattia pur avendo bisogno di spiegazioni semplici e mediate da racconti e paragoni abbastanza familiari.

Chambers, Klink e Rynard (1990) sottolineano come ogni bambino della classe avrà le sue convinzioni e fantasie a riguardo del cancro e che per alcuni potrebbe essere legato ad un ricordo spiacevole circa la perdita di un nonno o un'altra figura significativa. I bambini più piccoli potrebbero essere anche spaventati dalla stessa paura di ammalarsi. Perciò è assolutamente necessario "che gli insegnanti e l'èquipe ospedaliera forniscano informazioni accurate per parlare delle loro esperienze di malattia. Una discussione aperta, aiuterà ad incoraggiare la comprensione e l'accettazione del piccolo paziente" (Katz, Rubinstein, Hubert, Blew, 1988).

Un genitore così si esprimeva: *ho visto le maestre chiedendo di informare i bambini che D. sarebbe rientrato, di dire le cose essenziali, cioè il discorso del catetere, spiegare che aveva perso i capelli quindi il perché aveva perso i capelli e tutte queste cose. Però non l'hanno fatto. Credo che abbiano avuto un senso di paura ad affrontare l'argomento con i bambini (II genitore).*

È fondamentale in questo senso dare ai compagni di classe l'opportunità di conoscere la malattia prima che il paziente ritorni a scuola. Di fronte a spiegazioni evitate o negate dagli adulti, essi si rivolgeranno direttamente al compagno paziente per dissipare i loro dubbi: pertanto se si riduce in loro il livello d'ansia, i confronti dolorosi saranno ridotti al minimo (Spinetta, Irving, 1993).

Un'insegnante racconta: *I bambini non sapevano niente: io mi ricordo che volevamo andare a casa sua con i bambini a trovarla; però questa bambina non aveva i capelli e noi sapendo che avevamo bambini un po' vivaci forse avrebbero fatto qualche battuta sulla testa pelata. Allora non ci siamo andati (IV insegnante).*

6. Conclusioni

Il ritorno a scuola è, all'interno del percorso terapeutico, una tappa fondamentale sia per il bambino che per la sua famiglia. Un bambino che prima aveva un buon adattamento all'ambiente scolastico potrebbe, al momento del rientro, manifestare alcune fatiche o preoccupazioni: riconoscere che il piccolo che rientra è per alcuni aspetti un "bambino nuovo" che merita rispetto per la sua storia personale e le sue capacità scolastiche rappresenta una nuova "sfida" per gli insegnanti (cfr. Chekryn, Degan, Reid, 1987; Spinetta, 1993; Sourkes, 1999; Brun, 1996).

In realtà bilanciare flessibilità e strutturazione non è un compito facile e, proprio per questo sarebbe necessario che le scuole di provenienza dei bambini pazienti si attivassero dall'esordio della malattia con tempestività e consapevolezza. Molte delle interviste effettuate per questo studio, agli insegnanti e ai genitori, hanno in realtà sottolineato la casualità di molti processi di riaccoglienza, mostrandone, in alcuni casi, la debolezza. Tentativi di far recuperare mesi di assenza (non prevedendo altro intervento se non il sostegno), forzature per trattare come gli altri un bambino seriamente malato, la fatica ad andare là "dove l'alunno emotivamente è" (Blandino e Granieri, 1995) con il carico di paura e cambiamenti che la malattia lascia in eredità, sono alcuni esempi delle difficoltà spesso riscontrate. Ed esse non sono frutto di cattiva volontà o di diffusa insensibilità: in realtà rivendicano un bisogno di formazione degli insegnanti in quest'ambito scarsamente diffusa, che tenga conto del fatto che l'interpretare il ruolo dell'insegnante in modo più ricco e approfondito implica una specifica preparazione. E i bambini affetti da malattie oncologiche richiedono proprio questo: una concezione globale della persona nelle sue abilità cognitive, affettive e relazionali che metta in grado gli insegnanti di comprendere e contestualizzare la sua vicenda personale attraverso l'attivazione di un accompagnamento quanto più possibile a misura di "quel bambino".

È auspicabile, infine, che la scuola, come uno dei luoghi privilegiati di crescita del bambino, si riscopra come nodo insostituibile nel passaggio dell'alunno-paziente verso la promozione di un nuovo benessere che ne sottolinei la funzione evolutiva per la costruzione del "sé" del bambino.

Riferimenti bibliografici

Adams-Greenly M. (1991), "Psychosocial assestment and intervention at initial diagnosis", *Pediatricians,* 18: 3-10.

Antonucci F., Cecchini M.G., Digilio G. (1984), *Il bambino leucemico tra la famiglia e l'istituzione sanitaria*, Bulzoni, Roma.

Augè M., Herzlich C. (1986), Il senso del male. Antropologia, storia e sociologia della malattia, Il Saggiatore, Milano.

Bateson G. (1998), *Una sacra unità*, Adelphy, Milano.

Benner A.E., Marlow L.S. (1991), "The effects of a workshop on childhood cancer on student's knowledge concern and desire to interact with a classmate with cancer", *CHC*, 20 (2): 101-107.

Blandino G., Granieri B. (1995), La disponibilità ad apprendere. Dimensioni emotive nella scuola e formazione degli insegnanti, Cortina, Milano.

Brun D. (1996), Il bambino dato per morto. Implicazioni psichiche della guarigione, Guerini Studio, Milano.

Capurso M., Prattico M., 1997, *Se tuo figlio*, Litostampa, Perugia.

Chekryn J., Deegan M., Reid J. (1987), "Impact on teachers when a child with cancer returns to school", *CHC,* 15 (3):161-165.

Dosso B., Kanizsa S. (1998), La paura del lupo cattivo. Quando un bambino è in ospedale, Meltemi, Roma.

Dovigo F. (2001), *Avventure dello sguardo*, CELSB, Bergamo.

Fauvre M. (1988), "Including young children with new chronic illness in an early childhood education setting", *Young children*, 43(6): 71-77.

Gadamer H.G. (1994), *Dove si nasconde la salute*, Cortina, Milano.

Genevay B, Katz R.S. (1994), Le emozioni degli operatori nelle relazioni d'aiuto, Erickson, Trento.

Katz E.R., Rubinstein C.L., Hubert N.C., Blew A. (1988), "School and social reintegration of children with cancer", *The Journal of Pediatric Psychology*, 2 (2) :69-75.

Kirten C., Livermann M. (1977), "Special Education needs of the child with cancer", *The Journal of School Health,* 47 (3): 170-173.

Mantovani S. (a cura di) (1995), La ricerca sul campo in educazione. I metodi qualitativi, Mondadori, Milano.

Michielutte R, Diseker R.A. (1982), "Children's perceptions of cancer in comparison to other chronic illness", *The Journal of Chronic Disease*, 35: 843-852.

Munn Bracken J. (1990), *Il bambino e le malattie maligne*, Piccin, Padova.

National cancer Institute (1990), *Talking with your child about cancer*, Maryland Bethesdae.

Neissim S., Katz E.R. (1995), *Cancervive teacher's guide. For kids with cancer* (opuscoli ad uso nelle scuole).

Ricolfi L. (a cura di) (1998), *La ricerca qualitativa,* Carocci, Roma.

Rynard D.W., Gray J., Chambers A. (1990), *School and children with cancer*, London, Ontario.

Senatore Pilleri R., Oliverio Ferraris A. (1989), *Il bambino malato cronico. Aspetti psicologici*, Cortina, Milano.

Sontag S. (1979), Malattia come metafora. Il cancro e la sua mitologia, Einaudi, Torino.

Sourkes B.M. (1987), "Siblings of the child with cancer", *The candlelighters childhood cancer foundation Progress Report*, 7 (3\4): 9-12.

Sourkes B.M. (1999) Il tempo tra le braccia. L'esperienza psicologica del bambino affetto da tumore, Cortina, Milano.

Spinetta P.D. (1984), "School intervention: an ongoing process", *The candlelighters foundation Progress report*, 4 (3):9-10.

Spinetta P.D., Irving E. (1993), *Educating the child with cancer*, The Candlelighters childhood cancer foundation.

Spinetta P.D., Spinetta J.J. (1987), *Comunicare con i bambini affetti da una grave malattia cronica*, Fondazione Tettamanti, Monza.

Van Eys J. (1982), Children with cancer: mainstreaming and reintegration, Spectrum, New York.

Van Eys J. (1991), The truly cured child?, *Pediatricians*, 18: 90-95.

Vico G. (1991), L'alunno malato e la scuola, Continuità e scuola. *Rivista bimestrale di problemi educativi e di concrete esperienze di attività scolastiche*, anno IV(2): 10-13, Sciascia.

3. Nuovi anziani e salute: orientamenti, comunicazione e modalità di intervento*

di Nadia Olivero**

1. Introduzione

Cosa significa essere anziani oggi? A seguito di cambiamenti socio-demografici quali la diminuzione delle nascite ed il miglioramento delle condizioni igienico-sanitarie, in tutti i paesi industrializzati si assiste ad un progressivo invecchiamento della popolazione. Sebbene la portata quantitativa del fenomeno sia di per sé sufficiente a richiamare la necessità di un approfondimento sul tema, si ritiene qui di rintracciarne la significatività nelle variazioni qualitative degli orientamenti che coinvolgono l'identità e la definizione dei bisogni.

Occupandoci di salute possiamo registrare simili cambiamenti anche per quelle tendenze che guidano la cultura della salute nel nostro paese. Già qualche anno fa A.C. Bosio (1992; 1995) aveva ampiamente monitorato il cambiamento in atto: i nuovi anziani, caratterizzati in primo luogo da un certo benessere economico e poi culturale, si distinguevano per un orientamento verso la salute piuttosto che verso la malattia e per un conseguente incremento nei consumi di quei beni e servizi utili al perseguimento di uno stile di vita più sano e soddisfacente. Il sottogruppo dei "nuovi anziani", emerso dalla rilevazione statistica condotta nel 1995, si configurava come una realtà già consistente e destinata ad un'ulteriore crescita futura.

A distanza di qualche anno possiamo oggi confermare l'esattezza di quelle previsioni oltre ad osservare un generico cambiamento che coinvolge l'intera popolazione a tutti i diversi stadi evolutivi. I dati qui riportati evidenziano l'emergere di nuovi orientamenti verso la salute fra gli anziani del nostro paese, orientamenti che convenzionalmente si sarebbero consi-

* Articolo apparso su *Psicologia della Salute,* n. 1/2000.
** Dipartimento di Psicologia, Università di Torino.

derati tipici della popolazione giovane ed attiva. Questi risultati ribadiscono che mai come oggi, in seguito alle attuali ristrutturazioni socio-culturali, l'invecchiamento sembra dipendere da condizioni diverse dalla pura età anagrafica. Anche in ambito pubblicitario ne sono già state evidenziate le conseguenze: molto frequentemente il target anziano non risponde positivamente alle immagini stereotipate di dipendenza e ritiro nel focolare domestico; al contrario, l'età cognitiva, in contrapposizione all'età anagrafica, sembrerebbe più influente nel predire la risposta ad un messaggio pubblicitario (Sthephens, 1991). Oggi sempre di più sono coloro che, non identificandosi nel ruolo di vecchio, si dedicano alla cura di sé stessi ed impegnano attivamente il proprio tempo libero divenendo un importante target di riferimento per i settori del turismo e del divertimento. A questo riguardo la comunicazione di massa ha contribuito oltre che nel veicolare informazione utile al perseguimento attivo del benessere anche nel fornire immagini e rappresentazioni diverse da quelle tradizionali, ovvero riconducibili all'equazione anziano = malattia.

Alla luce di quanto anticipato emerge la primaria importanza di indagare quei mutamenti che incidono nel ristrutturare gli orientamenti degli anziani verso la salute. L'eterogeneità del segmento richiederà infatti una altrettanto differenziata erogazione del servizio alla salute, oltre ad introdurre nuove opportunità di intervento per la prevenzione e la cura.

2. La demografia

In base ai dati Istat dal 1900 ad oggi la vita media è praticamente raddoppiata, passando dai 42,6 anni per i maschi e 43 anni per le femmine nel 1900 a, rispettivamente, 73,5 e 80 nel 1990 con la plausibile previsione di raggiungere i 78,3 e 84,7 anni nel 2020. Questo netto miglioramento della speranza di vita è ascrivibile in buona parte ai progressi medico-scientifici che hanno consentito di debellare alcune fra le principali cause di morte per malattia. Fra le più importanti innovazioni emerge sicuramente la cura delle malattie infettive, le quali avevano inciso fortemente sulla mortalità infantile. Un'altra riduzione degna di nota concerne le morti per malattie cardiovascolari e spiega in parte il declino della mortalità in età senile. Quindi, sebbene le nascite siano in diminuzione anche i decessi per malattia calano e la popolazione è destinata ad invecchiare.

Questo trend dell'invecchiamento presenta inoltre delle differenziazioni interne per genere ed area geografica: sono le donne a vivere di più e le regioni del Centro-Nord sembrano essere le favorite. Nonostante le donne dispongano di una più lunga aspettativa di vita (nel 1990 gli ultraottantenni erano rappresentati da due donne per ogni uomo) questo differenziale va comunque ridimensionato in relazione alle condizioni qualitative della sopravvivenza che appaiono superiori fra gli uomini. Da ciò deriva che le donne costituiscono il gruppo con maggior bisogno di assistenza, invecchiando in solitudine ed in peggiori condizioni di salute. Per quanto riguarda le aree geografiche dell'invecchiamento si denotano differenze che corrispondono agli stessi divari relativi al benessere culturale ed economico: la senilizzazione della società coinvolge primariamente le regioni del Nord Italia, successivamente del Centro e poi con un'incidenza inferiore il Sud e le Isole. Un'ulteriore differenziazione interna al segmento è dovuta alla presenza di diverse fasce d'età: le più giovani caratterizzate da buona salute ed orientamenti attivi, le più anziane forse meglio rappresentative dello stereotipo di "vecchio".

L'eterogeneità anagrafica risultante dall'estensione della speranza di vita richiama l'attenzione verso ciò che convenzionalmente rappresenta il più usato criterio di definizione di anziano: l'età anagrafica come soglia di ingresso. Indipendentemente dalla controversia fra chi la vorrebbe fissata a 65 anni e chi a 60, essa vuole corrispondere alla fine dell'età produttiva coincidente con il pensionamento ed il ritiro dal lavoro. La determinazione di tale parametro pur originando dalla necessità delle classificazioni demografiche, ha in realtà una certa influenza anche sulla rappresentazione sociale dell'anziano. Da un punto di vista economico, per esempio, l'anziano è per definizione inattivo e quindi molto frequentemente associato a stili di consumo scarsamente innovativi nonché orientati al risparmio. Nella pratica, tuttavia, l'età del pensionamento risulta sempre meno definibile in quanto si registra una tendenza crescente a posticipare il ritiro dal lavoro ed emergono contemporaneamente nuove forme di dilazione dello stesso. Più precisamente emerge l'orientamento ad interrompere gradualmente l'attività lavorativa, assecondando i tempi individuali dell'invecchiamento piuttosto che quelli esternamente prestabiliti (Guillemard e Rein, 1993). Contemporaneamente, come osservano Webley, Burgoyne *et al.* (in stampa), sempre più anziani una volta raggiunta l'età del pensionamento continuano ad essere produttivi magari, intraprendendo nuove attività o impegnandosi in associazioni ricreative o di volontariato. Ne deriva che la definizione di anziano così come risulta dalla soglia d'entrata convenzionale non è pienamente soddisfacente o per lo meno sempre meno rappresentativa della reale variabilità intergruppo.

3. Gli anziani e la salute

La prospettiva di invecchiare evoca spesso immagini di malattia, decadimento e abbandono. Immagini che fortunatamente non riflettono sempre la realtà degli anziani, almeno per quanto riguarda i paesi occidentali. Al contrario gli anziani rappresenterebbero un segmento attivo della popolazione, sicuramente in grado di ammalarsi ma anche di curarsi e di farsi carico del proprio benessere. L'immagine del decadimento psico-fisico associato alla vecchiaia alimenta plausibilmente la paura di morire ed è quindi responsabile di quei comportamenti evitatori che sono all'origine della scarsa considerazione, se non addirittura "rimozione" dell'anziano. La paura di invecchiare, nonché morire, è stata particolarmente sentita nelle società moderne dove alla fede nelle religioni si sono andati sostituendo valori più terreni quali la massimizzazione dell'efficienza e della bellezza giovanili. Questa cosiddetta gerontofobia (Dychtwald, 1990) ha influenzato lo scarso riconoscimento dell'importanza sociale dell'anziano, causando uno scarso investimento di risorse verso gli interventi supposti a valorizzarne le potenzialità.

All'opposto, la rivalutazione del ruolo attivo dell'anziano risulta particolarmente significativa in un'ottica di azione preventiva della malattia. Infatti se si accetta l'assunto per cui l'anziano è malato perché è malato e non perché è anziano, si possono intravedere ampi spazi di intervento per il perseguimento del benessere ed il miglioramento delle condizioni di vita. Un cambiamento di approccio questo che si rivela necessario per l'adattamento a due principali ordini di evoluzione: quella socio-demografica che vede il segmento degli anziani crescere e differenziarsi e quella epidemiologica che in parte è causa della prima ma che ne viene, a sua volta, influenzata. Perché se si diventa più vecchi grazie alla vittoria su certe malattie, e la salute incide sulla demografia, a sua volta la demografia si caratterizza socio-culturalmente, adottando stili di vita e di consumo che concorrono alla patogenesi delle nuove malattie degenerative.

Con il concetto di transizione epidemiologica ci si riferisce a quel mutamento di cui siamo stati spettatori nel corso del secolo appena concluso: le malattie che minacciano la qualità della vita e possono sancirne la fine sono cambiate, obbligandoci a ripensare ai modi con cui si concepisce la malattia e si tenta di preservare la salute. La scoperta degli antibiotici ed il progresso medico in generale hanno decretato il successo della cura su molte malattie; la medicina in questo senso ha aderito alla funzione, positivisticamente scientifica, di intervenire sul problema (la malattia) e risolverlo. Paradossalmente oggi ci si ammala sempre più spesso di malattie degenerative, per le quali non esiste una cura "risolutiva" a posteriori. Si tratta di malattie pluri-determinate, altamente influenzate dallo stile di vita, dove lo psichico ed il sociale emergono come concause della patogenesi. Come ci fa notare Romano (1999), per queste patologie non esistono misure in grado di intervenire modificando il funzionamento del sistema immunitario. "Discende da ciò l'assoluta necessità di integrare la medicina clinica con quella preventiva e la forte enfasi sulla prevenzione primaria, rivolta appunto ad abbattere gli agenti patogeni" (1999: 37). La prevenzione si attua quindi attraverso la promozione di stili di vita più sani, ed è resa possibile per mezzo di interventi comunicativi rivolti al senso di auto-efficacia individuale.

A questo scopo diventa fondamentale alla nostra indagine la comprensione di come gli anziani si percepiscono in rapporto alla propria salute, al fine di monitorarne la progettualità e rendere possibile l'identificazione delle misure preventive.

La letteratura fornisce crescente evidenza circa il ruolo che la percezione della capacità di controllo sulla salute avrebbe nell'orientare i comportamenti, nonché lo stato di salute stesso. Per quanto riguarda gli anziani, la percezione di barriere che impediscono di prendersi cura della propria salute sarebbe particolarmente significativa, tanto che la vecchiaia mentale potrebbe addirittura precedere quella fisica e stabilire con questa una relazione causale. Ad esempio, gli anziani che pensano di non essere in grado di curarsi da soli a causa di limitazioni personali, come la scarsa memoria, saranno tentati di assumere un atteggiamento rinunciatario ed abbandonare i programmi di cura.

Ci sono studi che hanno sostenuto che la percezione di tali barriere può essere un significante predittore di mortalità. Chipperfield (1993), controllando la variabilità individuale in termini di stato di salute, età e reddito, ha provato l'incidenza delle *health barriers* sul tasso di mortalità a distanza di 12 anni. Estendendo lo studio anche all'incidenza del "valore" attribuito alla propria salute, Struthers, Chipperfield e Perry (1993) hanno esaminato il ruolo di questi fattori su una serie di risultati attenenti la salute: numero di malattie gravi, espresso bisogno di cure mediche, benessere psicologico e mortalità. Lo studio è stato condotto su due gruppi di anziani diversi per età anagrafica: i senior di 80 anni ed oltre ed i giovani anziani fra i 65 ed i 79 anni. Indipendentemente da queste differenze d'età i risultati emersi hanno indicato la generale associazione fra *health barriers* ed un maggiore bisogno (percepito) di cure mediche, una maggiore incidenza di malattie gravi ed un inferiore benessere psicologico. Per quanto concerne l'incidenza sulla mortalità questa sembra valere soprattutto per i giovani anziani, mentre i *seniors* riportano una più significativa interazione fra *health barriers* e *health value*, andando così a rappresentare la categoria che anche intuitivamente si trova in maggior bisogno di assistenza.

Il ruolo che questi fattori psicologici giocano sulla salute e sulla qualità del processo di invecchiamento è stato interpretato alla luce di diversi ambiti teorici. In un'ottica che vede il comportamento dell'individuo orientato al raggiungimento di scopi, le aspettative future ed il valore che si attribuisce ad un certo scopo si combinano nel determinare la motivazione che è a guida del comportamento. Pertanto, gli anziani che attribuiscono le cause della degenerazione fisica e dell'invecchiamento allo stile di vita condotto e che concepiscono la buona salute come uno scopo importante adotterebbero comportamenti preventivi, riducendo di conseguenza il bisogno di cure mediche (cfr. Struthers, Chipperfield e Perry, 1993). Gli stessi anziani rappresenterebbero quindi la principale utenza della comunicazione alla salute e dei servizi sanitari di prevenzione; tuttavia quegli anziani che tendono a ricorrere spesso a cure mediche e che non si assumono la diretta responsabilità del proprio benessere restano un importante obiettivo da raggiungere. Di qui risulta l'urgenza di realizzare strategie comunicative rivolte alla modificazione delle percezioni di autoefficacia.

4. Gli orientamenti degli anziani verso la salute in Italia

La presente indagine è stata mossa dall'obiettivo di interpretare i mutamenti sociali che coinvolgono gli anziani in rapporto alla salute. A tal fine si è ricorsi ai dati provenienti dalle rilevazioni della ricerca Health Care 1999 condotta da Eurisko.

In particolare i dati presentati riguardano:

- la valutazione dello stato di salute;
- lo stato di salute;
- le concezioni sulla salute;
- le pratiche per la salute;
- le fonti di informazione.

Dalle rilevazioni condotte su un campione totale di 2.000 individui, rappresentativi della popolazione italiana, è possibile estrapolare le informazioni caratterizzanti le tendenze della salute del sottogruppo degli anziani nonché evidenziarne gli elementi di differenziazione rispetto alla popolazione totale. Il sottogruppo degli anziani, composto da 494 individui, si presenta stratificato secondo tre fasce d'età: 60-64, 65-74, oltre i 74 anni.

5. La valutazione dello stato di salute

Come prevedibile la soddisfazione per la propria salute tende a diminuire con l'età, si può osservare infatti un ordinato andamento decrescente per la soddisfazione circa la salute in generale, la forma fisica e la forma mentale. Inoltre, il sottogruppo degli anziani, in linea con il resto della popolazione, presenta livelli di soddisfazione più alta per la forma mentale rispetto alla forma fisica. Più nel dettaglio, il 66,5% degli anziani si dimostra pienamente soddisfatto della propria forma mentale quando coloro che hanno valutato la propria forma fisica – ottima/buona – rappresentano il 43,4% (fig. 1). Questi dati lasciano emergere la presenza di una consistente porzione del sottogruppo anziani caratterizzata da un'elevata soddisfazione circa la propria condizione di salute; pertanto sebbene si registri un inevitabile peggioramento in relazione all'invecchiamento ciò non implica che tutti gli anziani siano malati e percepiscano negativamente le proprie condizioni. Al contrario, proprio l'ottima percezione della forma mentale consente di ipotizzare la potenzialità di un atteggiamento progettuale positivo.

A sostegno dell'esistenza di un'ulteriore caratterizzazione interna al sottogruppo degli anziani, si rilevano delle differenze nella distribuzione socio-demografica per genere, area geografica di residenza, posizione economica, istruzione e livello di soddisfazione inerente alle relazioni sociali.

In particolare:

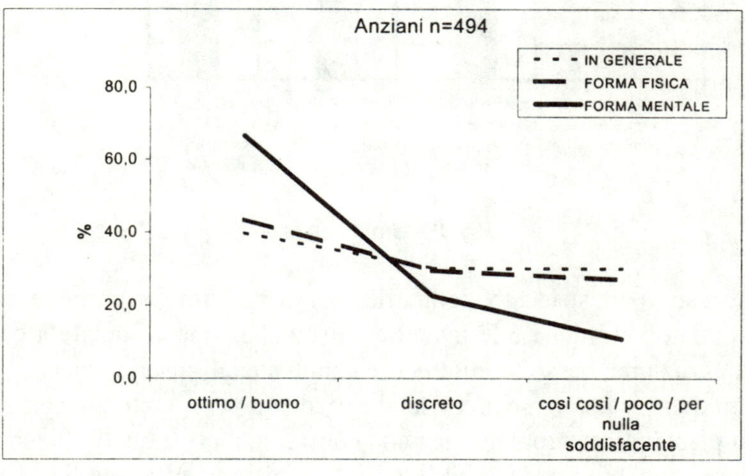

Fig. 1 – Valutazione dello stato di salute

- gli uomini appaiono più soddisfatti del proprio stato di salute;
- il Sud e le Isole sono le aree dove si rileva maggior insoddisfazione;
- la percezione positiva dello stato di salute è associata ad un elevato livello economico e culturale;
- ad una più alta soddisfazione per le relazioni sociali e famigliari corrisponde una più positiva percezione della condizione di salute.

Lo stato di salute riportato è intuitivamente alla base del grado di soddisfazione di cui sopra. Il 91,2% degli anziani, contro il 58,6% degli adulti, dichiara di avere almeno una malattia cronica e nel 53,5% dei casi di soffrirne in modo serio. Tuttavia se nel complesso le condizioni fisiche appaiono peggiorare con l'avanzare dell'età lo stesso non vale per il benessere psicologico, infatti gli anziani che dichiarano di aver sofferto di un problema psicologico ammontano al 61,2% qualora gli adulti rappresentano il 67,6% (fig. 2).

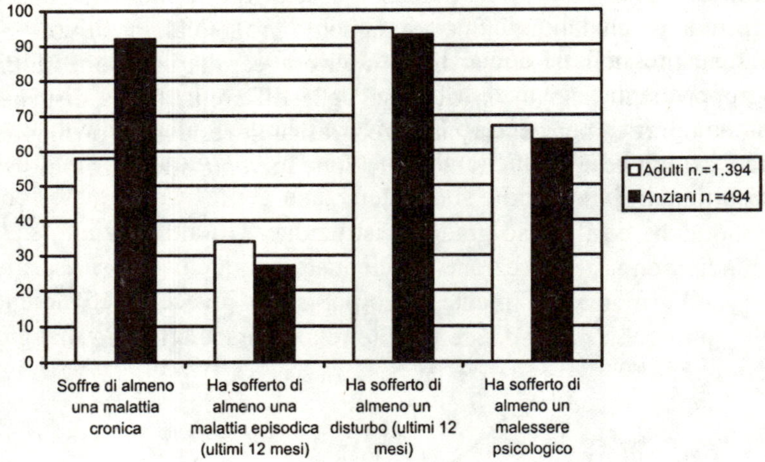

Fig. 2 – Stato di salute

Osservando lo spaccato delle rilevazioni socio-demografiche si nota che le malattie croniche e le malattie episodiche sono associate a bassi livelli di istruzione, basso reddito e a relazioni sociali insoddisfacenti. L'importanza delle relazioni sociali è anche evidente per quanto concerne il benessere psicologico, problematica che contrariamente a quelle fisiche è invece positivamente associata al livello di istruzione ed al reddito. Conformemente alle rilevazioni sul grado di soddisfazione, gli uomini riportano un miglior stato di salute in termini generali. L'incidenza per area geografica richiede invece di fare una distinzione fra malattie croniche e malattie episodiche, gli anziani del Nord Italia registrano infatti meno malattie episodiche mentre non differiscono dai coetanei del Centro-Sud per le malattie croniche.

Esistono diversi modi possibili di concepire la salute, la si può rappresentare come uno stato perturbabile da malattie oppure può essere sinonimo di equilibrio psico-fisico e di armonia il cui mantenimento risulta essere dipendente dalla progettualità individuale. I dati osservati dimostrano l'eterogeneità del gruppo degli anziani anche per il modo di concepire la salute. Coloro che identificano il concetto di salute con l'assenza di dolori, disturbi o malattie rappresentano il 50,7%, il restante della popolazione anziana invece si dimostra più consapevole circa l'importanza delle condizioni psichiche e la necessità di un equilibrio fra le funzioni psichiche e fisiche.

Più nel dettaglio il 23,3% si sente in salute quando può vantare una perfetta efficienza sul piano psico-fisico, mentre il 25,6% riconosce il ruolo dell'armonia e dell'equilibrio con sé stessi (fig. 3). È interessante notare che gli uomini puntano maggiormente all'efficienza mentre la concezione di salute espressa dalle donne è soprattutto orientata all'armonia. In generale, si delinea una spaccatura fra coloro che considerano la salute uguale ad assenza di malattie e coloro che invece guardano alla salute in senso più olistico, dando rilievo anche al benessere psicologico. I primi risiedono soprattutto nel Centro-Sud e si caratterizzano per le svantaggiate condizioni economiche ed il basso grado di istruzione. Gli altri anziani, sia quelli che condividono la concezione efficientista sia quelli che si esprimono a favore dell'armonia fra mente e corpo, sono invece relativamente più istruiti, più ricchi, più soddisfatti delle relazioni sociali ed in maggioranza residenti al Nord.

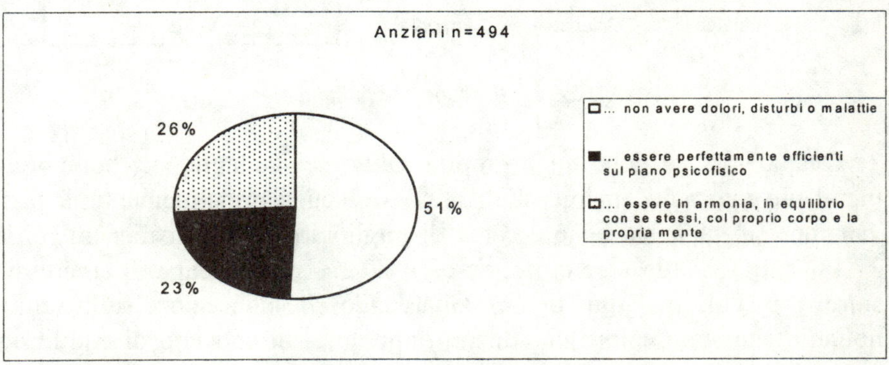

Fig. 3 – Concezioni sulla salute

6. Le pratiche per la salute

Gli anziani appaiono particolarmente solerti nell'intervenire a fronte dell'emergere di una malattia, il 64,2% dichiara infatti di intervenire "abbastanza-molto" prontamente quando avverte l'insorgere di un problema, benché il 27,3% ammetta la tendenza a trascurarsi. Emerge inoltre, particolarmente fra gli anziani "giovani", il tentativo di rendersi autonomi dal medico, per cui si cerca di risolvere da soli i problemi di salute. Questo orientamento, coinvolgendo il 35,6% degli anziani, suggerisce una significativa tendenza a considerarsi in grado di influire sulla propria salute intervenendo per migliorare situazioni problematiche. Contemporaneamente, gli anziani "più anziani" tendono ad accontentarsi delle conoscenze possedute, atteggiamento che li priverebbe della possibilità di partecipare in modo più consapevole alle decisioni in merito di prevenzione e cura.

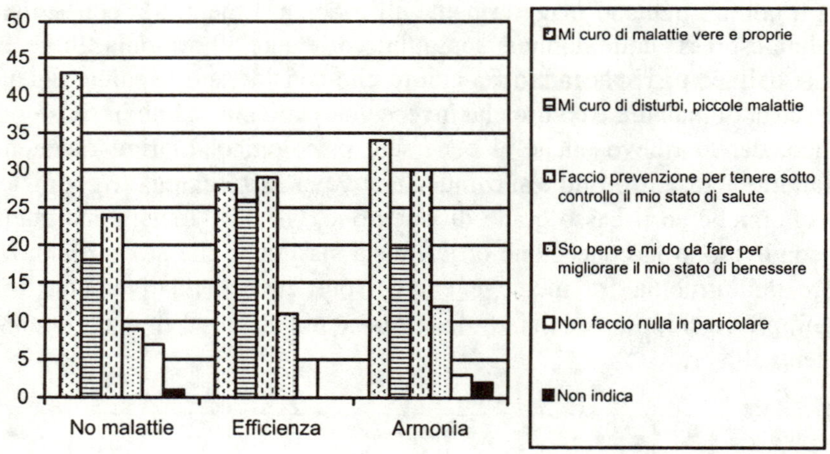

Fig. 4 – Pratiche per la salute

Quanto alla gestione della propria salute nel dettaglio dei comportamenti più ricorrenti emerge che il 27% si occupa principalmente di prevenzione, il 9,8% sta bene e cerca di migliorare il proprio benessere, il 37,1% cura malattie vere e proprie ed il 20,2% si preoccupa di curare disturbi e piccole malattie (fig. 4). Guardando alle concezioni sulla salute notiamo che sono coloro che danno importanza al concetto di equilibrio psico-fisico ad essere particolarmente coinvolti in attività rivolte alla prevenzione e al miglioramento dell'attuale stato di benessere. Per cui se da un lato esistono anziani obbligati alla cura di malattie vere e proprie, si rileva d'altro canto una situazione di casi più fortunati impegnati nella cura di semplici disturbi nonché casi che godendo di un soddisfacente stato di salute si contraddistinguono per la progettualità positiva.

L'attuazione di quest'ultima pare differenziarsi in relazione alle concezioni della salute individuali, per cui gli anziani orientati all'efficienza dell'equilibrio psico-fisico si potrebbero descrivere come soggetti volitivi che intervengono prontamente ai primi segnali d'allarme, al fine di mantenere sempre elevati gli standard di efficienza. L'altra tipologia definita "dell'armonia" sembra invece maggiormente orientata al futuro, avendo fra gli obiettivi l'equilibrio fra mente e corpo si adopera alla previsione di eventuali disturbi operando controlli medici a scopo preventivo. Gli "efficienti" si dimostrano anche più attivi nell'affrontare i malesseri psicologici rappresentando il 32,2% di coloro che dichiarano di "aver fatto qualcosa" sia cercando in sé stessi la forza di risolvere il problema sia rivolgendosi all'esterno per un aiuto.

7. Le fonti di informazione

Accanto al tradizionale ricorso al medico di base ed al medico specialista emerge il ruolo dell'informazione televisiva e della stampa (fig. 5).

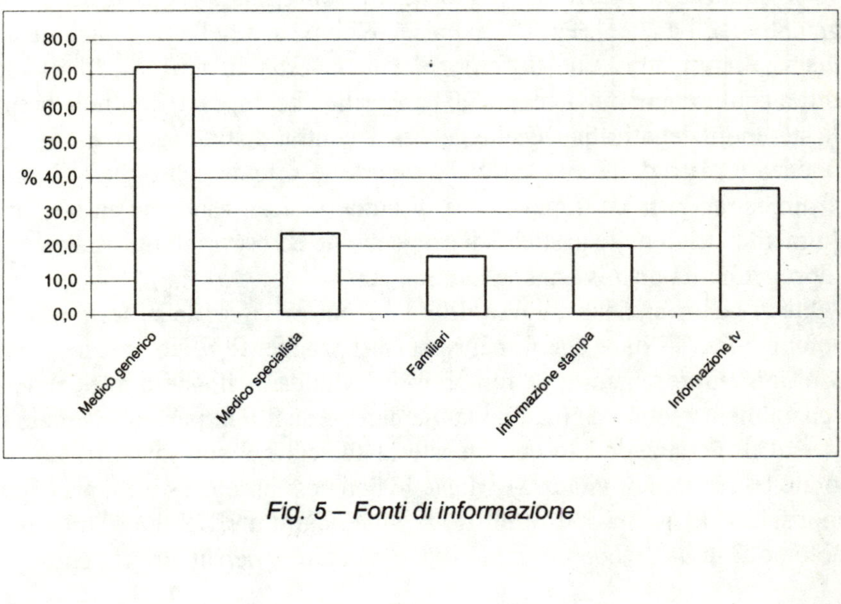

Fig. 5 – Fonti di informazione

L'incremento dell'informazione veicolata attraverso i mezzi di comunicazione ha certamente contribuito alla diffusione di massa delle informazioni mediche ed è almeno in parte responsabile di una crescente consapevolezza. Gli anziani a questo riguardo rappresentano un target di particolare interesse: oltre ad avere motivo di preoccuparsi della propria salute dispongono anche del tempo libero necessario ad informarsi.

Per quegli anziani, quindi, che abbiamo visto distinguersi per l'orientamento attivo, la comunicazione alla salute veicolata dai media risulterà particolarmente attraente. Contemporaneamente alla ricezione passiva dei messaggi, essi possono infatti ricercare autonomamente le informazioni utili al proprio caso, in modo da intervenire attivamente nei processi di cura nonché di prevenzione. Ricollegandoci a quanto analizzato relativamente alle pratiche della salute, si era evidenziato che gli anziani più anziani tendevano ad accontentarsi delle informazioni già possedute, questo in contrapposizione ai più giovani che dimostravano la tendenza a rendersi autonomi dal medico attraverso un atteggiamento progettuale positivo. Ed è coerentemente con il quadro delineato che si spiega l'interesse per un numero verde dedicato all'informazione sulla salute, interesse che appare decrescere con l'età anagrafica mentre alletta particolarmente il segmento degli "efficienti".

8. Discussione

Nel complesso i dati fin qui descritti confermano l'eterogeneità del segmento degli anziani. Per cui al crescere numerico della popolazione anziana si accompagna una differenziazione interna in termini di orientamenti e comportamenti. Accanto ad una realtà che risponde più fedelmente agli stereotipi legati alla vecchiaia, ossia contraddistinta da malattia, dipendenza e ritiro dalla vita "attiva", emergono orientamenti che all'opposto, dimostrando la consapevolezza di autoefficacia, risultano in un coinvolgimento attivo nelle pratiche di prevenzione ed esprimono l'esistenza di una progettualità positiva anche in tarda età.

Questi nuovi anziani godono di condizioni privilegiate in termini economici e culturali oltre che di benessere propriamente fisico, ma in questo senso non rappresentano una minoranza destinata a rimanere tale, almeno potenzialmente sono destinati ad aumentare, essendo in parte il risultato di un trend di potenziamento che investe la società nel suo insieme. Le migliorate condizioni di vita e la diffusione della conoscenza sono i principali responsabili di questa ristrutturazione socio-culturale. In più cambiano i problemi di salute, e con essi i modi di concepire e perseguire il benessere.

I nuovi anziani stanno meglio ed hanno più potere rispetto ai coetanei degli anni passati, si tratta di potere economico ma anche di un potere consentito dall'informazione che permette un maggior controllo sulla propria salute e concede la possibilità di progettarsi positivamente. Anche fra i nuovi anziani, accomunati da una concezione della salute che enfatizza l'equilibrio psico-fisico e l'armonia con sé stessi, si possono tuttavia individuare delle diversità in termini di attivismo rivolto alla gestione della propria salute. I più giovani sono i più attivi, dimostrando un'elevata tendenza a rendersi autonomi dal medico ed un parallelo maggior interesse verso strumenti di comunicazione che possano facilitare percorsi di auto-informazione.

8.1. La comunicazione alla salute

Oltre a rivestire un fondamentale ruolo strumentale per l'acquisizione di informazioni utili al perseguimento attivo del benessere e quindi rappresentare la modalità privilegiata per promuovere la salute, i mezzi di comunicazione sono inoltre originariamente coinvolti nei mutamenti che riguardano l'identità sociale dell'anziano. La comunicazione, veicolando rappresentazioni ed immagini diverse da quelle disponibili nella realtà dell'interazione quotidiana, inciderebbe nell'alimentare lo sviluppo dei sé possibili, favorendo la ristrutturazione dell'autorappresentazione di sé. I sé possibili, così come descritti da Markus e Nurius (1986), consistono nelle idee che l'individuo possiede circa le proprie potenzialità di autorealizzazione, queste concezioni influiscono sul comportamento, rappresentando un collegamento attivo fra cognizione e motivazione. Il repertorio dei sé possibili deriverebbe dalle esperienze sociali dirette ma anche dalle immagini e dalle rappresentazioni veicolate dai media. Ne consegue che l'esposizione a modelli di salute, efficienza, bellezza e giovinezza favorirebbe l'insorgere di nuovi modi di rappresentarci stimolando aspirazioni ed orientamenti nella stessa direzione. L'orientamento al benessere anziché alla malattia e la progettualità positiva che caratterizzano il segmento dei "nuovi anziani" possono dunque ricondursi a quelle aspirazioni più tipicamente giovanili che orienterebbero la nuova identità dell'anziano. Giunti a questo stadio il ruolo della comunicazione si enfatizza in senso strumentale in quanto la progettualità positiva stimola la ricerca di informazioni utili al perseguimento della salute e, seguendo il modello presentato in figura 6, le informazioni tratte dai media andrebbero ulteriormente a rinforzare il flusso delle rappresentazioni ed immagini influenti sull'identità.

Il venir meno della rigida corrispondenza fra età e identità sociale, per cui il senso di appartenenza al gruppo e l'adesione a determinati stili culturali e di consumo divengono meno prevedibili, è stato interpretato come il risultato dell'attuale compromissione fra ambiente fisico e situazione sociale.

Secondo Meyrowitz (1985), molte differenze, che fino a ieri si erano percepite fra individui appartenenti a gruppi sociali diversi per livello culturale, per situazione economica ed appartenenza generazionale, erano dovute all'impossibilità di condividere gli stessi mondi di conoscenze ed esperienze. Tali distinzioni erano favorite dalla separazione degli individui in luoghi diversi, per cui l'identità sociale risultava dalle esperienze fruibili in un luogo preciso. Per gli anziani il ritiro dal lavoro ha molto spesso significato chiusura nel focolare domestico e graduale abbandono delle attività sociali, così che la vecchiaia, tipicamente caratterizzata dal decadimento fisico, è stata per molto tempo anticipata e sorretta da una vecchiaia sociale e psichica dovuta all'isolamento culturale dell'anziano.

Oggi, grazie all'attuale diffusione dei mezzi di comunicazione, ed in particolare a seguito del superamento delle barriere spazio-temporali reso possibile dai nuovi media, l'accessibilità all'informazione è sempre più indipendente dall'essere in un certo posto in un dato momento. Inoltre, se si considera che uno stesso messaggio può raggiungere chiunque indiscriminatamente dall'età, appare chiaramente l'opportunità di una massificazione della conoscenza a partire dalla condivisione degli stessi stimoli ed informazioni. Sulla base del modello di interazione fra comunicazione e identità (fig. 6), si osserva che il cambiamento della geografia situazionale, implicante una stimolazione "di massa", produrrebbe l'insorgere di esigenze analoghe ed il conseguente rimescolamento di ruoli un tempo nettamente distinti: dove i giovani crescono più in fretta, gli anziani riscoprono bisogni giovanili.

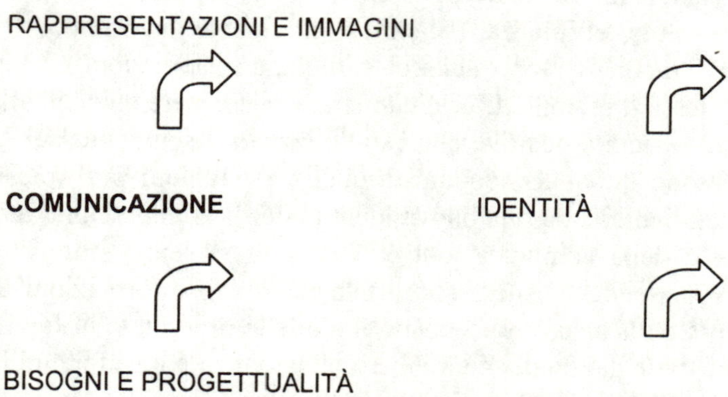

Fig. 6 – Modello di interazione tra comunicazione e identità

Inoltre, il maggior tempo libero a disposizione da dedicare all'informazione, allo svago ed alla socializzazione insieme alla tendenza a trascorrere più tempo in casa, anche a seguito di problematiche che incidono sulla mobilità, aumenterebbe notevolmente l'esposizione ai media degli anziani. In particolare, essi si presentano, per interesse e necessità, un importante pubblico potenziale per le reti di comunicazione elettronica. Si può prevedere che una volta che la generazione dell'informatica abbia raggiunto l'età senile, Internet diventi un mezzo privilegiato per la comunicazione ed il consumo. Al fine di sondare l'interesse degli anziani verso la partecipazione a comunità elettroniche, nel 1986 prese avvio un progetto di ricerca denominato Senior Net e coinvolgente venti individui in cinque luoghi diversi, dove gli anziani vennero introdotti all'uso del computer e poi collegati attraverso un network in modo da conoscersi fra loro. I risultati dimostrarono che gli anziani, oltre ad essere in grado di imparare ad utilizzare il computer, traevano ampi benefici dalla comunicazione attraverso il network. Gli iniziali successi della condizione sperimentale si sono poi consolidati nel tempo, consentendo di raggiungere nel 1997 la quota di ventimila membri negli Stati Uniti. Attualmente Senior Net Online, stabilitasi come organizzazione indipendente no-profit, è una realtà in continuo sviluppo correntemente disponibile sul Web; inoltre, ai gruppi di discussione finalizzati alla socializzazione si sono venuti ad aggiungere gruppi di discussione a tema tra cui quelli dedicati alla salute appaiono riscuotere il maggiore successo (Dixon, 1997).

Collateralmente allo specifico di questo network si assiste ad una crescente diffusione delle pagine Web rivolte alla salute, basti pensare che nel 1998 più di 17 milioni di americani hanno cercato su Internet informazioni mediche (Reuters, 1999). Sebbene non si raggiungano i livelli americani anche in Europa si può registrare un simile trend che coinvolge i servizi di comunicazione alla salute in generale: sempre più persone si affidano ad altre fonti di informazione in aggiunta, se non in alternativa, alle consultazioni con il medico di base. In accordo con le tendenze emerse nel gruppo dei "nuovi anziani" tale orientamento riflette un atteggiamento attivo verso il mantenimento del benessere e la cura delle malattie. Non stupisce d'altronde che, nell'ambito di Internet, siano i siti di informazione sulle malattie degenerative a ricevere il più alto numero di visite; questo a testimonianza di come di fronte a condizioni per le quali non esiste una cura dispensabile dall'esterno diventi di primaria rilevanza la partecipazione attiva dell'individuo, al fine di ricercare le "soluzioni" utili al miglioramento nonché alla prevenzione degli stati di sofferenza.

La progettualità positiva verso la salute emerge come un necessario adattamento per contrastare la patogenesi delle nuove malattie degenerative; al pari di queste la vecchiaia è concepibile come un processo influenzato dallo stile di vita, le cui condizioni sono pertanto migliorabili tramite la partecipazione attiva dell'individuo. La comunicazione emerge in questo senso come un importante mezzo per la promozione della salute, attraverso l'adempimento a due ruoli fondamentali:

- la trasmissione di modelli che stimolino la percezione di auto-efficacia;
- la diffusione di informazioni utili al perseguimento attivo del benessere.

I nuovi anziani, come emerge dalle rilevazioni sopra presentate, rappresentano una risposta positivamente adattata alle attuali evoluzioni epidemiologiche e sociali. Ponendosi come obiettivo quello di stimolare le condizioni necessarie ad un ulteriore sviluppo del fenomeno si ritiene di dover indagarne le origini psicologiche oltre che descriverne gli orientamenti. Senza voler ignorare la portata fondamentale dei fattori economici e culturali coinvolti, si intende qui evidenziare il ruolo della comunicazione, richiamando la necessità di interventi miranti da un lato alla modificazione degli orientamenti e dall'altro alla creazione delle fonti di informazione utili al sostenimento di questi ultimi.

Riferimenti bibliografici

Bosio A.C. (1992), *I nuovi anziani e la cultura della salute in Italia*, Angeli, Milano.

Bosio A.C. (1995), *I "nuovi anziani" e i bisogni di salute. Un contributo psico-sociale*, in S. Algheri e U. Senin (a cura di), *Il Cervello Senile*, Pythagora Press, Milano.

Chipperfield J.G. (1993), Perceived barriers in coping with health problems: A 12 year study of survival among elderly individuals, *Journal of Aging and Health*, 5, pp. 123-139.

Dixon J.M. (1997), *Predicting seniors'use of cyberspace*, Garland Publishing, New York.

Dychtwald K. (1990), *Age wave*, Bantam Books, New York.

Guillemard A.M., Rein M. (1993), Comparative patterns of retirement: Recent trends in developed societies, *Annual Review of Sociology*, 19, pp. 469-503.

Istat (1993), Alcuni aspetti demografici e sociali degli anziani in Italia, *Note e Relazioni*, n. 2.

Istat (1994), *Indagine Multiscopo sulle Famiglie, Anni 1987-1991. La condizione degli anziani*, Vol. 8, Roma.

Markus H., Nurius P. (1986), Possible Selves, *American Psychologist*, 41, pp. 954-969.

Meyrowitz J. (1985), *No Sense of Place. The impact of electronic media on social behavior*, Oxford University Press, New York.

Reuters (1999), Analyst: HealthGate IPO will be hot. Special to CNET News.com (*http://news.cnet.com/news/0-1005-200-344671.html?tag=st.ne1005-200-120404*) visto il 10.08.1999.

Romano D. (1999), Rischio, controllo, partecipazione e Psicologia della Salute, *Psicologia della Salute*, 1, pp. 31-51.

Sthephens N. (1991), Cognitive age: A useful concept for advertising?, *Journal of Advertising*, 20, pp. 37-48.

Struthers C.W., Chipperfield J.G., Perry R.P. (1993), Perceived health barriers and health value in seniors: implications for well-being and mortality, *Journal of Applied Social Psychology*, 23, 19, pp. 1619-1637.

Webley P., Burgoyne C.B., Lea S.E.G., Young B.M. (in stampa), *The economic psychology of everyday life*, Routledge, London.

4. Donne e salute: un modello per predire l'intenzione ad eseguire il Pap-test*

di Bruna Zani** e Luca Pietrantoni***

1. Introduzione

È ampiamente noto che la diagnosi precoce del tumore del collo dell'utero può ridurre la mortalità conseguente a tale malattia nelle donne. I programmi di screening, in particolare l'esame di Papanicolaou, anche detto Pap-test, hanno lo scopo di consentire il più precocemente possibile l'individuazione di alterazioni delle cellule che potrebbero in futuro evolvere, se non trattate tempestivamente, verso un tumore. Tuttavia, è altrettanto noto che alcuni segmenti della popolazione femminile adulta non attuano tali comportamenti di prevenzione della salute, anche quando le donne sono espressamente invitate a partecipare a tali programmi di screening.

Alcuni modelli in Psicologia della Salute hanno cercato di predire il comportamento di partecipazione allo screening, mostrando come gli esiti di salute dipendono sia da variabili socioeconomiche e demografiche, sia da altre dimensioni socio-psicologiche di mediazione, in particolare processi cognitivi (conoscenze, credenze ecc.), motivazionali (motivazioni, aspettative) o socio-emotivi (esperienze di difficoltà, paure, disponibilità di risorse supportive) (cfr. Rutter, Quine e Chesam, 1993).

Un modello che ha suscitato notevole interesse nell'applicazione alla salute, è la teoria del comportamento pianificato (Ajzen, 1988) in base al quale il comportamento è determinato in primo luogo dall'intenzione ad attuarlo, che a sua volta è il prodotto di tre componenti: gli atteggiamenti verso l'esecuzione del comportamento (risultato delle credenze sui risultati del comportamento e dalla valutazione soggettiva di questi risultati), le

* Articolo apparso su *Psicologia della Salute*, n. 1/2000.
** Dipartimento di Scienze dell'Educazione, Università degli Studi di Bologna.
*** Dipartimento di Psicologia, Università di Firenze.

norme soggettive (costituite dalle aspettative delle persone più significative e dalla motivazione a conformarsi a tali aspettative), e il controllo comportamentale (convinzione di riuscita nell'esecuzione del comportamento).

Molte ricerche hanno applicato e testato la teoria del comportamento pianificato in vari ambiti, anche se in taluni studi il modello è stato integrato con altre variabili supplementari al fine di migliorarne l'utilità predittiva. Un fattore di ordine socio-cognitivo spesso preso in considerazione è la percezione del rischio o di vulnerabilità, costrutto che riveste un ruolo importante nel Modello delle Credenze sulla Salute (Becker, 1974) o più recentemente nel Health Action Process Approach (Schwarzer, 1995). In base all'ipotesi sottostante, coloro che si ritengono più vulnerabili e preoccupati rispetto ad una malattia, più frequentemente attuano il comportamento preventivo. Su questo tema si è accumulata una considerevole letteratura teorica e di ricerca, da cui è emerso che le stime del rischio personale sono spesso assai poco accurate. È stato, infatti, notato che quando si domanda ai soggetti di stimare il rischio applicato a se stessi e di confrontarlo con il rischio medio corso da altre persone (percezione comparativa del rischio), le persone tendono a considerare le possibilità di un evento spiacevole nell'ambito della salute meno probabile rispetto agli altri. Questo fenomeno in particolare è stato descritto per la prima volta da Weinstein (1982) che lo ha definito "ottimismo irrealistico" ed è stato ampiamente indagato soprattutto nei soggetti giovani (Cicognani, Zani, 1999).

Questi modelli teorici, utilizzati per spiegare specificatamente il comportamento di screening per il cancro al collo dell'utero, hanno dato esiti alquanto controversi sulla loro applicabilità od esaustività dei singoli modelli. Burak e Meyer (1997) hanno testato il Modello delle Credenze sulla Salute con modesti risultati: il modello spiegava solo il 15% della varianza per quanto riguarda il comportamento e l'11% della varianza rispetto alle intenzioni. Barling e Moore (1996) hanno mostrato la validità predittiva della teoria del comportamento pianificato, ma il loro studio presentava lacune metodologiche, ad esempio la scarsa numerosità del campione. In una ricerca di Hill, Gardner e Rassaby (1985), i due costrutti della teoria dell'azione ragionata (atteggiamento e norme soggettive) spiegavano il 27% della varianza riguardo alle intenzioni comportamentali. Hennig e Knowles (1990) hanno messo a confronto la Teoria dell'Azione Ragionata e il Modello delle Credenze sulla Salute: anche in questo caso la varianza spiegata dai due modelli rispetto all'intenzione a sottoporsi allo striscio (12% nel primo caso e 27% nel secondo caso) non è risultata pienamente soddisfacente.

I ricercatori hanno esplorato la specificità degli aspetti emotivi e cognitivi associati alla pratica dello striscio. Uno studio italiano di Magherini *et al.* (1995) ha messo in luce l'ansia e il disagio che sono spesso accompagnati alle procedure di screening ginecologico. Ogni accertamento clinico, dicono gli autori, comporta un costo emotivo in chi si sottopone; confrontando due gruppi di donne che si rivolgevano in una struttura, per un regolare Pap-test o per una colposcopia volta ad approfondimenti diagnostici, gli autori hanno evidenziato un livello di ansia pressoché simile nei colloqui in profondità, segno che l'esame clinico in sé mobilita un forte disagio anche se a volte non esplicitamente dichiarato. In uno studio sulle credenze e gli atteggiamenti verso il Pap-test in una comunità di donne asiatiche, Seow *et al.* (1995) hanno riscontrato che i predittori cognitivi dell'intenzione a fare il Pap-test erano diversi nel gruppo di coloro che aveva già fatto un Pap-test e nel gruppo di chi non l'aveva ancora fatto. Nel gruppo delle donne con almeno un Pap-test alle spalle, il disagio e l'imbarazzo suscitati dal test erano dei potenti ostacoli che influenzavano l'intenzione, mentre nel gruppo delle donne senza un precedente Pap-test nel passato era la vulnerabilità percepita alle malattie del collo dell'utero ad essere la principale variabile determinante.

Dall'analisi della letteratura emerge inoltre che le variabili socio-anagrafiche (es., l'età e lo stato socio-economico) sono altamente correlate con il ricorso alle pratiche preventive per il cancro alla cervice, anche se non è stato approfondito il legame con i fattori psico-sociali intervenienti. Secondo Holland e Stewart (1990), le donne più anziane e quelle appartenenti a classi socio-economiche inferiori sembrano più restie a esami ginecologici regolari. Nel caso della differenza di età, dicono gli autori, è incerto se questo sia dovuto ad un diverso atteggiamento e disponibilità dei servizi socio-sanitari o alla presenza di specifiche determinanti cognitive e motivazionali nelle donne appartenenti alle diverse fasce d'età. Un altro fattore demografico degno di nota è lo stato civile: in uno studio a largo raggio sulle donne americane (Calle, Flanders, Thun, Martin, 1993), il gruppo delle donne non sposate era tra quelli con una maggiore difficoltà ad eseguire il Pap-test, forse per una sottovalutazione del fattore sessuale di rischio o per un minor sostegno da parte dei loro partners.

2. Obiettivi e ipotesi

La finalità generale della presente ricerca è di verificare le variabili che predicono le intenzioni a sottoporsi al Pap-test, prendendo in conoiderazione donne con diverso stato civile e appartenenti a diverse fasce d'età. La ricerca è stata svolta all'interno di un programma di educazione sanitaria in una città del Nord Italia specificatamente rivolto alla promozione della salute nelle donne.

Il nostro obiettivo è stato la costruzione e la verifica di un modello che integrasse le variabili sociocognitive incluse nella Teoria del Comportamento Pianificato con altre che si sono dimostrate fondamentali per spiegare il comportamento di screening. In base alla teoria del comportamento pianificato, le intenzioni delle donne ad eseguire il Pap-test sono più forti se nutrono atteggiamenti positivi verso il Pap-test (ad es., valutano che siano maggiori i benefici fisici e precauzionali rispetto ai costi o sforzi personali), se percepiscono un maggiore incoraggiamento da parte di persone per loro importanti (ad es., il medico o i familiari le sostengono ad andare a fare il Pap-test) e se avvertono un maggiore controllo personale sull'esecuzione delle procedure di screening (ad es., ritengono il Pap-test un'operazione facile e accessibile). Accanto a queste variabili è stata analizzata anche la percezione del rischio rispetto al tumore al collo dell'utero, considerata la principale conseguenza negativa per la salute della donna, se trascura la pratica regolare dello striscio. Da un punto di vista concettuale, è stata mantenuta la distinzione tra percezione di vulnerabilità e percezione comparativa del rischio (in questo caso, il proprio rischio in confronto al rischio di altre donne della stessa età), per verificare quali componenti della percezione del rischio avessero una maggiore influenza sulla variabile intenzionale. Si è ipotizzato che le intenzioni ad eseguire il Pap-test siano più forti nei soggetti che si percepiscono più vulnerabili al cancro alla cervice e che si credono più a rischio di sviluppare un tumore rispetto alle altre donne della stessa età.

All'interno del modello sono state prese in considerazione alcune importanti variabili strutturali: i dati di tipo socioanagrafico e altri fattori relativi all'esperienza passata e alla conoscenza specifica dell'esame. In particolare, sono state incluse nel modello, come variabili antecedenti, l'accuratezza delle informazioni sul Pap-test, la conoscenza personale di donne con tumore al collo dell'utero ed eventuali sintomi di natura ginecologica verificatisi in passato. In base alle nostre ipotesi, le donne con conoscenze più corrette sul Pap-test, le donne che si erano personalmente confrontate con persone malate di tumore al collo dell'utero e le donne che avevano avuto problemi medici all'utero erano quelle che con più probabilità delle altre avevano un atteggiamento positivo verso il Pap-test, si sentivano più incoraggiate dagli altri e più in grado di poter fare il Pap-test e meno a rischio rispetto alla possibilità di un tumore.

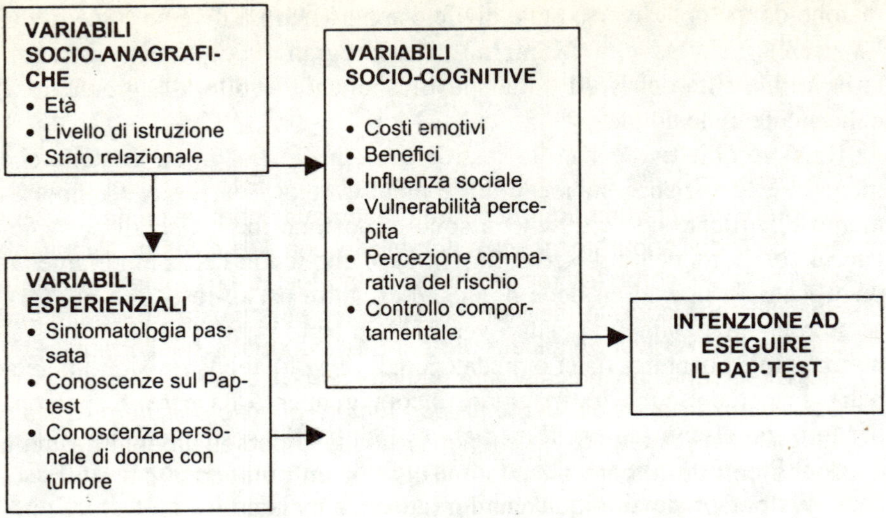

Fig. 1 – Modello proposto

Analizzando complessivamente tutte le variabili sopraesposte, abbiamo testato un modello (vedi figura 1) che distingue tra variabili antecedenti (socio-anagrafiche ed esperienziali), variabili di mediazione di ordine socio-cognitivo e variabili dipendenti (intenzione). Attraverso un modello di equazioni strutturali per variabili osservate (*path analysis*), si intendeva verificare l'adattamento ai dati di questo modello e contribuire al miglioramento mediante l'analisi dei parametri significativi e quelli non significativi.

3. Metodologia

Campione. Il campione è composto complessivamente da 1007 donne con un età compresa tra i 25 e i 64 anni provenienti da una provincia della Regione Emilia Romagna. Per quanto riguarda il livello di istruzione, il 17,1% del campione ha la licenza elementare, il 30.5% la licenza media inferiore, il 40,0% il diploma e il 12,4% la laurea. La maggior parte delle donne del campione è coniugata o convivente (66,9%), circa un quinto (19,1%) è single mentre una minoranza (10,5%) è in una relazione con un partner senza convivere. La situazione lavorativa dominante è quella di impiegata (28,9%) e di lavoratrice in proprio (11,4%), seguita da un 9,8% di operaie. Il resto del campione comprende 17,1% di pensionate e un

11,5% di donne che si sono dichiarate disoccupate, accanto a un 3,5% di casalinghe.

Strumento. È stato utilizzato un questionario autosomministrato che includeva le seguenti sezioni.

- *Conoscenze sulle parti del corpo indagate dal Pap-test*. Nel questionario era inserita una figura che rappresentava schematicamente alcuni organi dell'apparato genitale femminile con la richiesta di indicare quali parti del corpo femminile indaga il Pap-test. Le risposte sono state classificate in corrette (se veniva data la risposta giusta), parzialmente corrette (se venivano indicate più parti tra cui anche quella giusta) ed errata (se venivano indicate altre parti del corpo).
- *Conoscenza personale di donne con tumore al collo dell'utero*. È stato attribuito un punteggio 1 a chi non conosceva personalmente nessuna donna con un tumore al collo dell'utero e un punteggio 2 a chi conosceva personalmente qualche donna con la malattia.
- *Sintomatologia passata all'utero*. Si è domandato ai soggetti se avevano avuto in passato dei problemi o sintomi all'utero ("qualcosa di preoccupante"). Essendo la domanda di tipo dicotomico, è stato dato il punteggio 1 a chi non riportava precedenti problemi ginecologici e il punteggio 2 a chi invece rispondeva affermativamente.
- *Atteggiamenti nei confronti del Pap-test*. Tramite 11 item sono state valutate le credenze e le emozioni sulle conseguenze del Pap-test, estratte da un questionario di Rutter, Quine e Chesam (1993). Ogni item era valutato su una scala a 5 punti da 1 = per niente d'accordo a 5 = moltissimo. L'analisi fattoriale con rotazione Varimax ha fatto emergere due fattori che spiegano il 48,1% della varianza totale. Il primo fattore spiega il 26,1% della varianza (alpha = .74), denominato "costi" include 6 item (Pap-test come perdita di tempo, disagio, imbarazzo, dolore, preoccupazione, paura che qualcosa non vada); il secondo fattore spiega il 22.0% della varianza (alpha = .77), denominato "benefici" include 5 item (Pap-test come strumento per scoprire diagnosi precoce, per indagare anche su malattie non cancerose, per fare trattamento precoce, per avere conferma che non si ha nulla).
- *Influenza sociale*. L'influenza sociale è stata valutata mediante quattro item riguardanti le pressioni percepite a sottoporsi al Pap-test esercitate da persone significative. Un item esempio era "le amiche più care dicono che io dovrei fare il Pap-test". I gruppi di riferimento erano: i familiari, le amiche più care, gli esperti e il medico di base. La modalità di risposta era su scala Likert a 5 punti da "per niente d'accordo" = 1 a "completamente d'accordo" = 5. L'alfa di Cronbach è risultata .68. Nelle successive analisi è stata calcolata la media nei quattro item; un punteggio più alto indica una maggiore influenza percepita a eseguire il Pap-test.

- *Controllo comportamentale.* È stato chiesto ai soggetti di indicare la difficoltà percepita nel mantenere un appuntamento per il Pap-test tramite un singolo item ("mantenere l'appuntamento per uno striscio dovrebbe essere per lei") con formato di risposta da 1 = molto difficile a 5 = molto facile.
- *Percezione comparativa del rischio.* La percezione del rischio del tumore al collo dell'utero è stata valutata mediante un item teso a misurare la valutazione comparativa del rischio personale di sviluppare un tumore al collo dell'utero, rispetto ad una donna della stessa età. Le alternative di risposta erano cinque: 1= molto inferiori, 2 = inferiori, 3= uguali, 4= superiore, 5 = molto superiore.
- *Vulnerabilità percepita.* La percezione di vulnerabilità rispetto a patologie del collo dell'utero è stata misurata attraverso 5 item. La verifica degli indici di affidabilità ha suggerito l'estromissione di due item, che mostravano un esigua correlazione inter item. La scala finale è risultata composta da tre item ("quando penso ad amiche o persone famose che hanno il tumore mi rendo conto che potrei averlo anch'io", "più invecchio più mi viene da pensare al tumore al collo dell'utero", "sono preoccupata della possibilità di avere un tumore al collo dell'utero"). Le domande avevano una modalità di risposta su scala a 5 punti. L'alpha di Cronbach per i 3 item è stata di .58.
- *Intenzione a sottoporsi al Pap-test.* L'intenzione a sottoporsi al Pap-test è stata misurata attraverso un singolo item il cui formato di risposta era una scala Likert a 5 punti (1= sicuramente no, 5 = sicuramente sì).

4. Analisi dei dati

Per quel che riguarda l'analisi univariata dei dati, si è proceduto ad un'analisi della varianza ad una via per evidenziare le differenze in base all'età, allo stato relazionale e al livello di istruzione nelle variabili conoscitive, esperienziali e socio-cognitive misurate.

Rispetto all'analisi multivariata, ci si è avvalsi delle consuete procedure per verificare la bontà dei modelli di equazione strutturale per variabili osservate con l'ausilio del software Amos; da una parte si è valutato la significatività dei parametri, dall'altra gli indici di adattamento ai dati. Rispetto a questi ultimi, ricordiamo che l'output del programma Amos contiene oltre una ventina di differenti indici riguardo alla bontà complessiva del modello e la scelta di quali indici utilizzare è tuttora oggetto di dispute tra i metodologi (Maruyama,1997). Nella presente ricerca, gli indici utilizzati sono stati: il Chi-quadrato il cui valore non deve raggiungere la significatività ; il *Goodness of Fit Index* (GFI) e l'*Adjusted Goodness of Fit Index*

(AGFI) che devono avere valori superiori rispettivamente a 0,92 e 0,90 per essere indicativi di un buon adattamento ai dati; la radice quadrata della media dei residui (RMR = *Root mean square residual*) che deve tendere a 0; la radice quadrata della media dell'errore di approssimazione (RMSEA = *Root mean square error of approximation*) che indica un buon adattamento ai dati se il suo valore è inferiore a 0,05.

5. Risultati

Punteggi nelle variabili conoscitive ed esperienziali: differenze in base all'età, allo stato relazionale e al livello di istruzione. Per quanto riguarda le conoscenze sulle parti del corpo indagate dal Pap-test, le risposte fornite fanno emergere un quadro di conoscenza approssimativo, in quanto solo un quarto del campione (24,9%) ha risposto in modo corretto. La grande maggioranza (67,5%) ha dato risposte plurime esprimendo la convinzione che oltre al collo dell'utero il test indaghi anche altre parti del corpo, allargando in modo inesatto l'area di intervento dello striscio. Infine, 68 persone (pari al 7,6% del totale) hanno fornito risposte classificate come sbagliate. Se ne evince che le donne tendono a "sovrastimare" il raggio di azione del test, includendo aree del corpo femminile che non sono indagate con lo striscio. Vi sono differenze significative in base all'età e al livello di istruzione: le donne nella fascia d'età compresa tra i 35 e i 44 anni rispondono comparativamente in modo più corretto (Chi-quadro = 28,04; $p<0,001$); le donne con licenza elementare o media inferiore tendono a riportare risposte scorrette (Chi-quadro = 26,2; $p<0,001$).

Rispetto alla propria storia sanitaria passata, il 37% dei soggetti dichiara di aver avuto "qualcosa di preoccupante" all'utero, soprattutto nelle fasce d'età elevate (Chi-quadro = 30.8; $p<0,001$). Per quanto riguarda, invece, la conoscenza di donne con tumore al collo dell'utero, il 40% dei soggetti ha conosciuto di persona una donna con un pregresso cancro al collo dell'utero. Anche qui l'età svolge un ruolo nel differenziare le risposte poiché sono le donne più anziane a riportare un più diretto contatto con le persone malate (Chi-quadro = 34,42, $p<0,001$).

Punteggi nelle variabili di ordine socio-cognitivo: differenze in base all'età, allo stato relazionale e al livello di istruzione. Le medie, le deviazioni standard e le proprietà psicometriche delle misure relative alle variabili di ordine socio-cognitivo e delle intenzioni comportamentali sono illustrate in tabella 1.

Tab. 1 – Proprietà psicometriche, punteggi medi e deviazione standard delle variabili di ordine socio-cognitivo

	Numero degli item	*Alpha di Cronbach*	*Media*	*Deviazione standard*
Benefici	5	0,77	3,71	0,69
Costi emotivi	6	0,74	1,53	0,59
Influenza sociale	4	0,69	3,86	0,41
Controllo comportamentale	1	/,0	4,04	,76
Percezione comparativa del rischio	1	/,0	2,91	0,54
Vulnerabilità percepita	3	0,58	2,54	,80
Intenzione al Pap-test	1	/,0	2,04	1,48

Nota: un punteggio alto nell'influenza sociale indica un maggiore sostegno da parte degli altri significativi a fare il Pap-test; un punteggio alto nel controllo indica la percezione di maggiore facilità associata all'esecuzione del Pap-test.

Nell'insieme, le donne nutrono un atteggiamento positivo verso il Pap-test come si può facilmente notare dal punteggio medio che è più elevato nel caso dei benefici che dei costi emotivi. Analizzando in specifico ciascuna credenza sui benefici del test, è emerso che le donne intervistate condividono, con valori medi che si collocano tra "abbastanza" e "molto", l'idea che il Pap-test abbia il vantaggio di permettere un trattamento precoce (Media = 4,10), di indagare su anomalie non cancerose (Media = 3,83), di consentire una diagnosi precoce (Media = 3,76), di avere la conferma che non si ha nulla di grave (Media = 3,53), e, infine, di scoprire che tutto va bene (Media = 3,43). Vi sono differenze sia in base all'età che al livello di istruzione e allo stato relazionale: le donne più giovani ($F = 3,61$; $p<0,05$) e più istruite ($F = 4,70$, $p<0,01$) sono più convinte dei benefici del Pap-test; le donne sposate sono meno convinte dei benefici rispetto alle single e alle donne in coppia non sposate ($F = 4,12$, $p<0,05$).

Rispetto ai costi emotivi del Pap-test, le donne dichiarano punteggi relativamente bassi riguardo agli ostacoli emozionali. Gli aspetti maggiormente indicati sono il disagio (Media = 1,73), l'imbarazzo (Media = 1,64), la preoccupazione (Media = 1,61) o la paura che scoprano qualcosa (Media = 1,60) e, in misura minore, sono evidenziati altri elementi come il dolore (Media = 1,44) o la perdita di tempo (Media = 1,13). Le appartenenze socio-anagrafiche sono fattori decisivi a riguardo poiché le donne più anziane ($F = 4,48$; $p<0,001$), le donne meno istruite ($F = 3,05$, $p<0,05$) e le donne single ($F = 18,43$, $p<0,01$) evidenziano più questi aspetti emozionali rispetto alle altre.

L'elevato valore medio circa l'influenza sociale indica che i soggetti percepiscono un forte incoraggiamento da parte delle persone significative a sottoporsi regolarmente allo striscio. Analisi più specifiche hanno indicato che le fonti di influenza sociale più importanti per le donne sono gli esperti (Media = 3,50) e il medico di base (Media = 2,83) piuttosto che i familiari (Media = 2,28) o le amiche (Media = 2,21). A livello generale, solo l'età gioca un ruolo nel livello di influenza sociale complessivo, giacché le donne più anziane in generale si sentono più incoraggiate dalle persone significative a ricorrere al Pap-test (F = 4,86, p<0.01). Se si analizzano però gli item in specifico, si riscontra l'effetto anche delle altre variabili socio-anagrafiche: le donne più anziane si sentono più incoraggiate a fare il Pap-test in particolare dalle amiche (F = 4,84, p<0,01) e dal medico di base (F = 12,63, p<0,001); le donne con basso livello di istruzione dal medico di base (F = 2,66, p<0,05); le donne in una relazione di coppia dai familiari (F = 3,74, p<0,05) e dagli esperti (F = 3,98, p<0,05).

Riguardo al controllo comportamentale, in generale vi è la percezione di poter mantenere l'appuntamento per lo striscio con una certa facilità (60,2%) o addirittura molto facilmente (25,1%) mentre le situazioni di incertezza sul mantenimento dell'impegno riguardano una percentuale di donne relativamente limitata (14,8%); in particolare i dati mostrano che le single riportano più difficoltà delle altre a mantenere l'appuntamento (F = 4,46. p<0,05).

Le donne del nostro campione si sentono moderatamente vulnerabili alla possibilità di un tumore al collo dell'utero (punteggi medi intorno a 2,5). Questa percezione di vulnerabilità poco elevata è ad esempio riconoscibile nell'item della preoccupazione, in cui ben il 53% del campione riporta di essere "poco" o "per nulla" preoccupato di ammalarsi di cancro al collo dell'utero. Le risposte riguardo alla percezione comparativa del rischio hanno registrato un moderato ottimismo comparativo: la maggioranza (82,4%) di donne sono convinte di avere "le stesse probabilità" delle donne della stessa età di sviluppare un tumore al collo dell'utero mentre l'11,7% ritiene di essere meno a rischio e solo il 5,9% pensa di avere probabilità superiori alle donne coetanee di ammalarsi. Successive elaborazioni statistiche univariate hanno messo in evidenza che sia l'ottimismo comparativo (F = 4,22, p<0,01) che la percezione (F = 3,96, p<0,01) di vulnerabilità diminuiscono con l'età.

Per quanto riguarda l'intenzione ad eseguire il Pap-test, la maggioranza del campione manifesta una forte motivazione a recarsi nella struttura per fare lo striscio quando riceverà l'invito (il 57,4% risponde "sicuramente sì") mentre una percentuale inferiore si colloca in una posizione affermativa più indecisa (il 16,7% "forse sì"); sul versante negativo di insicurezza troviamo una minoranza (3,7% dice “forse no”) mentre più numerose sono le prese di posizione contrarie al test pari al 15,5% del totale (“sicuramente no”).

Relazioni tra le variabili. Per analizzare la relazione tra le variabili ed esaminare l’adattamento ai dati del modello proposto, è stata dapprima calcolata la matrice di correlazione tra le variabili misurate (vedi tabella 2).

È emerso un *pattern* di correlazioni coerente e significativo fra le variabili socio-cognitive considerate, specialmente tra quelle derivate dalla teoria del comportamento pianificato (costi emotivi, benefici, influenza sociale e controllo comportamentale). Le donne che percepiscono più benefici e meno costi emotivi nell’esecuzione del Pap-test, ritengono di avere un maggior incoraggiamento a fare il Pap-test e trovano facile andare all’appuntamento. La percezione di vulnerabilità invece risulta significativamente correlata con i benefici, l’influenza sociale, l’intenzione e la sintomatologia passata e, infine, considerata la similarità dei costrutti, con la percezione comparativa del rischio.

Coerentemente con le aspettative, i soggetti con precedenti sintomatologie all’utero percepiscono un maggiore sostegno da parte delle persone significative, mostrano una più elevata percezione di vulnerabilità rispetto alla possibilità di sviluppare il tumore al collo dell’utero e riportano di conoscere personalmente un maggior numero di donne che sono state malate di cancro. I soggetti inoltre che possiedono conoscenze scorrette delle funzioni del Pap-test tendono anche a percepire maggiori costi emotivi e una maggiore difficoltà nel riuscire a mantenere l’appuntamento. Fra le variabili precedenti, le uniche che risultano consistentemente correlate con le intenzioni a sottoporsi al Pap-test sono i costi emotivi, l’influenza sociale e la percezione di vulnerabilità e, in misura più debole, il controllo comportamentale.

Verifica della bontà del modello proposto. Un’analisi preliminare dei dati si è focalizzata esclusivamente sulla verifica del modello teorico a cui ci eravamo inizialmente ispirati, ovvero la teoria del comportamento pianificato. Abbiamo quindi considerato come predittori dell’intenzione ad eseguire il Pap-test le dimensioni dell’atteggiamento, dell’influenza sociale e del controllo comportamentale. Questa soluzione si è tuttavia dimostrata altamente insufficiente e il modello inadeguato: le variabili considerate spiegavano solo il 3% della varianza concernente l’intenzione comportamentale. Si è quindi proceduto alla verifica del modello integrato che avevamo proposto.

Tab. 2 – Correlazioni tra variabili

	1	2	3	4	5	6	7	8	9	10	11	12	13
1. Benefici	1,00												
2. Costi emotivi	-0,08*	1,00											
3. Influenza sociale	0,26**	-0,17**	1,00										
4. Controllo comportamentale	0,11**	-0,31**	0,19**	1,00									
5. Percezione comparativa	0,00	0,05	0,01	-0,02	1,00								
6. Percezione di vulnerabilità	0,12**	0,07	0,13**	0,00	0,22**	1,00							
7. Intenzione	0,05	-0,14**	0,13**	0,08*	0,00	0,11**	1,0						
8. Sintomatologia passata	0,03	-0,04	0,11**	0,02	0,03	0,24**	0,05	1,0					
9. Conoscenze sul Pap-test	-0,04	0,10**	0,02	-0,12**	-0,02	0,03	-0,05	-0,01	1,00				
10. Stato relazionale °	0,05	-0,19**	0,05	0,09**	0,00	0,03	0,07*	0,06	0,04	1,00			
11. Livello di istruzione°	0,11**	-0,09**	-0,02	0,05	0,11**	-0,06	0,00	-0,04	-0,15**	-0,04	1,00		
12. Età	-0,10**	0,07*	0,11**	-0,04	-0,04	0,05	0,11**	0,15**	-0,02	0,00	-0,40**	1,00	
13. Conoscenza persone con tumore	-0,04	-0,04	0,05	0,03	0,05	0,04	0,02	0,12**	-0,03	0,02	-0,02	0,18**	1,00

Nota: *p<.05. **p<.001; ° le variabili "stato relazionale" e il livello di istruzione sono state ricodificate in variabili dicotomiche (1 = single, 2 = in coppia; 1 = bassa istruzione; 2 = elevata istruzione).

Nel modello di *path analysis* le variabili esogene erano: le caratteristiche sociodemografiche (in particolare l'età, il livello di istruzione e lo stato relazionale), la presenza di sintomatologie pregresse all'utero, le conoscenze sulle zone del corpo femminile indagate dal Pap-test. Abbiamo ipotizzato che queste variabili influenzino l'intenzione a sottoporsi al Pap-test attraverso l'effetto dei costrutti socio-cognitivi, vale a dire le aspettative sui benefici o sui costi dell'esame ginecologico, la convinzione a mantenere l'appuntamento, la percezione generale e comparativa di vulnerabilità rispetto al tumore al collo dell'utero.

Il modello finale è stato ottenuto da progressive modifiche sulla base della significatività dei *path* e degli indici di modifica. Alcune variabili sono state escluse dal modello, precisamente i benefici, la percezione comparativa del rischio, la conoscenza di persone con tumore e il controllo comportamentale, poiché mostravano *path* non significativi e la loro esclusione permetteva di ottenere un modello più parsimonioso e più coerente dal punto di vista teorico. Il modello finale presenta tutti i *path* significativi e mostra un buon adattamento ai dati di partenza sulla base degli indici di bontà di adattamento utilizzati: Chi-quadro (gdl= 12) = 20,07; p = 0,06; GFI = 0,99; AGFI = 0,98; RMR = 0,02; RMSEA = 0,02 (vedi fig. 2).

Passando ad esaminare il flusso di relazioni tra variabili, possiamo distinguere due aggregazioni di predittori dell'intenzione a sottoporsi al Pap-test. In primo luogo il più forte predittore è l'aspettativa sui costi dell'esame: le donne che ritengono che lo screening sia associato a conseguenze psicologiche e fisiche negative (dolore, imbarazzo, perdita di tempo) hanno meno intenzione ad eseguire il Pap-test. Queste convinzioni sono influenzate principalmente dallo stato relazionale, dal livello di istruzione e dalle conoscenze riguardo al Pap-test: le donne single, le donne meno istruite e le donne meno informate sulle zone del corpo femminile indagate dall'esame sono quelle con più probabilità convinte dei costi del Pap-test. In secondo luogo, l'intenzione è predetta da un gruppo di variabili associate tra loro che hanno soprattutto a che fare con l'esperienza passata. Le donne che hanno avuto problemi ginecologici tendono a riportare una forte influenza sociale a sotto- porsi al Pap-test e a sviluppare una maggiore vulnerabilità mentre la vulnerabilità e l'influenza sociale mediano l'effetto sull'intenzione. L'età è una variabile che influenza moderatamente la sintomatologia (le donne più anziane hanno avuto più problemi ginecologici) e moderatamente l'intenzione in forma diretta. Ciò significa che l'effetto dell'età sull'intenzione è mediato da altre variabili che non sono presenti nel modello. L'età incide sull'influenza sociale indicando che le donne con l'aumento dell'età si sentono più incoraggiate ad eseguire il Pap-test.

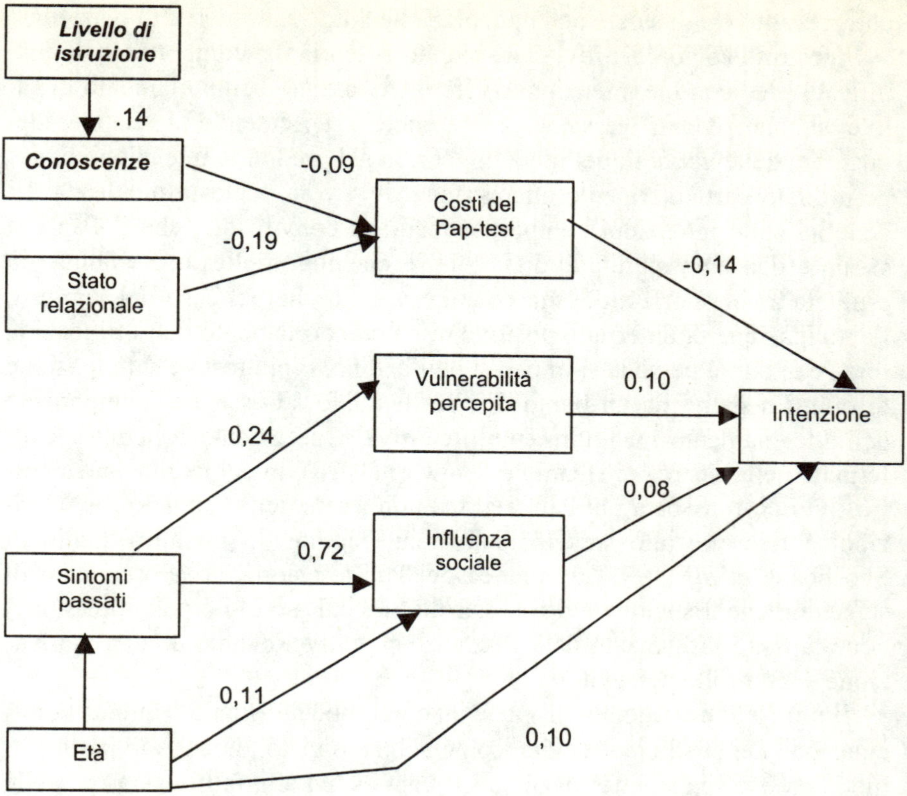

Fig. 2 – Modello di Path Analysis. Indici di bontà di adattamento: Chi-quadro=20.07 (gdl = 12); p = .06; GFI = .99; RMR = .02; RMSEA = .02

Discussione. Questa ricerca si proponeva di indagare le variabili che predicono le intenzioni ad eseguire il Pap-test come mezzo per trattare precocemente una possibile alterazione cellulare antecedente allo sviluppo dei tumori al collo dell'utero in un campione di donne adulte di diversa età ed estrazione sociale e culturale.

Nel nostro campione, la percentuale di donne che ha espresso l'intenzione di sottoporsi al Pap-test rappresenta la gran maggioranza. Ciononostante la ricerca ha permesso di indagare le caratteristiche psico-sociali di quella fascia minoritaria, ma egualmente consistente, di popolazione femminile che sembra particolarmente resistente alla pratica di screening. L'individuazione dei fattori responsabili della scarsa adesione personale diventa essenziale per chi è impegnato ad incrementare l'utilizzo di pratiche preventive e di salute nella popolazione attraverso interventi o azioni.

I costrutti socio-cognitivi che secondo la teoria del comportamento pianificato predicono le intenzioni a effettuare un dato comportamento di salute, si sono rivelati scarsamente convincenti. Discutendo la relativa adeguatezza delle variabili del modello teorico nel predire le intenzioni, emerge un dato particolarmente interessante, ovvero la mancata incidenza dei benefici sulle intenzioni comportamentali: la convinzione che il Pap-test sia un'efficace possibilità di diagnosi precoce non implica una volontà più esplicita a sottoporsi all'esame. Sembra quindi che nel caso del Pap-test, l'anticipazione di un effetto positivo di un comportamento non influenzi la forza con cui la persona si impegna nell'azione. È piuttosto l'anticipazione di effetti negativi da un punto di vista emotivo ad essere la componente dell'atteggiamento maggiormente predittiva. Questo dato è peraltro confermato nella ricerca di Hennig e Knowles (1990), in cui risultavano significativi i costi associati al Pap-test, ma non i benefici, nel predire le intenzioni a ricorrere allo striscio nelle donne adulte. In un altro studio di Shoshoana *et al.* (1997), la pratica del Pap-test era il comportamento di screening che, rispetto ad altri (controllo del colesterolo o della pressione) non era tanto influenzato dalle credenze cognitive, quanto da una motivazione di controllo della paura.

Il più forte predittore dell'intenzione nel modello finale è quindi l'anticipazione dei costi emotivi che, come abbiamo visto, dipende in particolar modo da una scarsa informazione sul Pap-test ed è, infatti, maggiore nelle donne meno istruite. Gli aspetti conoscitivi quindi giocano un ruolo importante. Il nostro dato è coerente con una ricerca di Hasenyager (1999), in cui più della metà delle donne che si sono rivolte ad una clinica per un Pap-test pensavano che l'esame servisse anche a diagnosticare altre forme di cancro ginecologico o la presenza di malattie a trasmissione sessuale. Ulteriori indagini potrebbero verificare in che misura altri aspetti informativi, come la conoscenza dei fattori di rischio del tumore al collo dell'utero, predicono la motivazione alle pratiche di screening. Si pensi che in un campione di 330 donne adulte (Price *et al.*, 1996), il 94% dei soggetti non è stato in grado di identificare correttamente i cinque fattori comportamentali di rischio del tumore al collo dell'utero (assuefazione da nicotina, rapporti non protetti, partner multipli, primo rapporto prima dei 16 anni e precedente diagnosi di herpes genitale).

La seconda variabile psicologica con maggior potere predittivo è risultata la percezione di vulnerabilità al tumore al collo dell'utero, che appare importante nel comprendere la variabile intenzionale, mentre, contrariamente alle aspettative, non lo è il possibile "bias ottimistico" della donna che confronta il suo rischio con quello delle coetanee. Questa percezione di vulnerabilità personale che riesce a motivare al test, ha a che fare direttamente con la preoccupazione derivata dalla consapevolezza del "può accadere anche a me"; è spesso l'esito di esperienze passate in cui la donna si è scontrata con problemi ginecologici che hanno compromesso il suo sentimento di relativa invulnerabilità alle malattie.

Il terzo predittore prossimo più rilevante è l'influenza sociale, a sua volta influenzata dall'esperienza sintomatologica passata che si colloca all'interno di questo pattern di relazioni di variabili tra loro coerenti: le donne che hanno avuto problemi ginecologici, tendenzialmente più anziane, hanno sviluppato una percezione più accentuata di vulnerabilità, ricevono anche dalle persone significative (specialmente medici) un maggiore incoraggiamento e quindi sono più motivate delle altre a sottoporsi al Pap-test.

Una riflessione conclusiva è rivolta alla variabile dell'età che, nonostante sia un fattore che spiega l'intenzione attraverso l'effetto sulla storia clinica personale, contribuisce alla varianza della variabile dipendente anche autonomamente: ciò significa che le donne con l'aumentare dell'età sviluppano una maggiore intenzione a sottoporsi al test, in seguito a fattori psico-sociali non altrimenti inclusi in questo modello.

Un limite di questo studio è la mancanza del dato comportamentale. Come sottolineano, infatti, Barling e Moore (1996), la relazione intenzione-comportamento nel caso del ricorso al Pap-test, può essere più debole proprio a causa degli aspetti emozionali che sono coinvolti e che possono frenare le donne nel passaggio dall'intenzione all'azione.

In conclusione, una campagna educativa dovrebbe alleviare il disagio emotivo che connota la rappresentazione del Pap-test, dovrebbe aumentare l'influenza sociale e il sentimento di vulnerabilità personale. In particolare, un intervento di promozione dello screening non dovrebbe soffermarsi sulla convinzione, già adeguatamente condivisa, che il Pap-test ha la funzione di cautelarsi rispetto al tumore al collo dell'utero, ma focalizzarsi su una gestione del carico emotivo associato all'esecuzione del Pap-test, alleviando il senso di disagio, imbarazzo o paura attraverso molteplici accorgimenti e azioni informative. Secondo Magherini *et al.* (1995), l'utente che si rivolge ad un servizio dovrebbe essere informato ed avere la percezione che gli operatori sono a conoscenza del disagio provocato da questi provvedimenti sanitari. Queste due azioni dovrebbero essere rivolte con particolare forza alle donne che "non" hanno una pregressa storia di problemi ginecologici che quindi si sentono estranee all'idea di una malattia nella loro vita e peraltro sono scarsamente sollecitate dall'esterno. Dall'analisi delle variabili socio-anagrafiche incluse nel modello, emerge inoltre che gruppi di donne particolarmente reticenti, come le donne single o le donne meno istruite, potrebbero costituire potenziali gruppi-bersaglio mirati per una campagna preventiva.

Riferimenti bibliografici

Ajzen I. (1988), *Attitudes, personality and behavior*, Open University Press, Milton Keynes.

Barling N.R., Moore S.M. (1996), Prediction of cervical cancer screening using the theory of reasoned action, *Psychological Reports*, 79: 77-78.

Becker H. (1974), The health belief model and personal health behavior, *Health Education Monograph*, 2: 324-508.

Burak L.J., Meyer M. (1997), Using the Health Belief Model to examine and predict college women's cervical cancer screening beliefs and behavior, *Health Care for Women International*, 18: 251-262.

Calle E.E., Flanders W.D., Thun M.J., Martin L.M. (1993), Demographic predictors of mammography and pap smear screening in US women, *American Journal of Public Health*, 83: 53-60.

Cicognani E., Zani B. (1999), La salute "a rischio" in adolescenza: il fenomeno dell'ottimismo irrealistico, *Psicologia Clinica dello Sviluppo*, 1: 81-100.

Hasenyager C. (1999), Knowledge of cervical cancer screening among women attending a university health center, *Journal of American College Health*, 47: 221-224.

Hennig P., Knowles A. (1990), Factors influencing women over 40 years to take precautions against cervical cancer, *Journal of Applied Social Psychology*, 20: 1612-1621.

Hill D., Gardner G., Rassaby J. (1985), Factors predisposing women to take preacautions against breast and cervical cancer, *Journal of Applied Social Psychology*, 15:59-79.

Holland W.W., Stewart S. (1990), *Screening in health care,* Nuffield, London.

Magherini P., Cecchini S., Catagni C.F., Di Francisca F. *et al.* (1995), Metodi di valutazione del disagio psicologico in utenti richiamate per approfondimenti diagnostici in corso di screening ginecologico, *Bollettino di Psicologia Applicata*, 21: 31-36.

Maruyama G.M. (1997), *Basics of structural equation modeling*, Sage, Thousand Oaks.

Orbell S., Crombic I., Johnston G. (1996), Social cognition and social structure in the prediction of cervical screening uptake, *British Journal of Health Psychology*, 1: 35-50.

Price J. H., Easton A. N., Telljohann S. K., Wallace P. B. (1996), Perceptions of cervical cancer and pap smear screening behavior by women's sexual orientation, *Journal of Community Health: the Publication for Health promotion, Disease Prevention*, 21:89-105.

Rutter D. R., Quine L., Chesam D.J. (1993), *Social psychological approaches to health*, Harvester, New York.

Schwarzer R. (1995), Self-efficacy and health behavior, in Conner M., Norman P. (eds.), *Predicting health behavior,* Open University Press, Buckingham.

Seow A., Wong M.L., Smith W.C.S., Lee H.P. (1995), Beliefs and attitudes as determinants of cervical cancer screening: a community based study in Singapore, *Preventive Medicine*, 24: 134-141.

Shoshoana S., Vinter M., Barak A. (1997), Correlates of health screening utilization: the role of health beliefs and self-regulation motivation, *Psychology and Health*, 12: 301-17.
Weinstein N.D. (1982), Unrealistic optimism about susceptibility in health problems, *Journal of Behavioral Medicine*, 5:441-60.

Parte terza

Prevenzione e promozione della salute

1. I programmi di *Life Skills Education* (LSE) nel quadro della moderna Psicologia della Salute*

di Mario Bertini, Paride Braibanti e Maria Pia Gagliardi**

All'interno del mondo complesso e articolato della Psicologia della Salute, si possono identificare delle propensioni di linea e di interesse che, per quanto diversificate e distanti fra di loro, trovano comunque una giustificazione, sia sul piano teorico che applicativo. Noi ci riconosciamo pienamente in quella linea che tende a spostare lo sguardo dal versante della diagnosi e della terapia, per aprirsi con rinnovata attenzione alle dinamiche dello sviluppo della persona e della convivenza sociale. Le "risorse" più o meno nascoste, anziché le "patologie" più o meno manifeste, costituiscono il punto focale di riferimento. Ne consegue pertanto, sul piano applicativo, che l'orientamento prevalente si ispira piuttosto alla sollecitazione o valorizzazione delle prime che non alla correzione o rimozione delle seconde. Lo spostamento di accento, da una linea prescrittiva ad una linea di stimolo e di sollecitazione, comporta anche un sensibile cambiamento nella relazione fra l'esperto psicologo e l'utente.

Il problema che ci poniamo in questo articolo è di capire come e in che misura, questo modo di intendere la Psicologia della Salute possa concretamente rispondere alle aspettative della Scuola italiana, soprattutto tenendo conto delle importanti novità che stanno maturando nell'attuale quadro normativo.

Di particolare interesse appaiono, al riguardo, iniziative di formazione ampiamente utilizzate nel panorama internazionale, mentre ancora non risultano molto presenti all'attenzione del nostro Paese.

Ci riferiamo in particolare ai programmi delle cosiddette *Life Skills* (LS), che si stanno sviluppando a partire dagli inizi degli anni '80 e si stanno diffondendo in varie parti del mondo soprattutto per l'impulso della

* Articolo apparso su *Psicologia della Salute*, n. 2/1999.
** Dipartimento di Psicologia, Università di Roma "La Sapienza".

Divisione di Salute Mentale dell'Oms.

Il termine di "LS", su cui torneremo con maggiore precisione in seguito, viene generalmente riferito ad una gamma di abilità cognitive, emotive e relazionali di base, che consentono alle persone di operare con competenza sia sul piano individuale che sociale.

Con questo contributo, necessariamente di carattere generale, vorremmo richiamare l'attenzione degli psicologi e degli operatori della scuola su questa attualissima tematica, incoraggiandoli comunque ad approfondirne i molteplici risvolti non solo teorici ma anche pratico-applicativi.

1. La derivazione delle "LS" dal tronco della psicologia generale

La psicologia come scienza di base ha come suoi obiettivi costitutivi l'approfondimento delle conoscenze sul funzionamento della psiche umana nella sua interezza, sia per quanto riguarda i processi cognitivi che quelli emotivi e relazionali. Nel corso di questo secolo si sono accumulate conoscenze di indubbio rilievo sia sul piano teorico che su quello applicativo. Tuttavia non è difficile notare come l'utilizzazione applicativa di queste conoscenze, salvo per certi settori, non sia stata particolarmente visibile. Fin dagli inizi si è creato uno hiatus fra il mondo della psicologia cosiddetta sperimentale e quella applicativa, soprattutto in campo clinico. Inoltre, quando lo hiatus è stato superato, l'utilizzazione prevalente di questo patrimonio di conoscenze si è declinato soprattutto nel versante psicodiagnostico e psicoterapeutico.

Semplificando problemi certamente molto più complessi, il particolare quadro epistemologico, entro il quale è nata e cresciuta la nostra disciplina, ha fatto sì che il funzionamento della mente sia stato concepito e trattato più come meccanismi "dati", da individuare e correggere, che non come processi evolutivo-adattivi sul cui orientamento giocano precisi fattori autopoietici. Le funzioni della mente indagate da psicofisiologi, generalisti, evolutivisti, psicosociologi, sono così emerse più nella luce di "strutture" da valutare e conservare, alla luce di una norma astratta, anziché come "risorse" da rispettare e assecondare nel circolo virtuoso delle transazioni evolutive, individuali, sociali ed ecologiche. Si tratta ora di prestare attenzione alle scoperte di base della psicologia per valorizzarne le acquisizioni in una linea innovativa.

La psicologia è stata in grado di mettere in evidenza una serie di competenze della mente e della personalità umana; competenze delle quali, per secoli, si è parlato in termini generali o puramente filosofici. Si è capito meglio (per quanto siamo ben lungi da aver maturato conoscenze soddisfacenti) la trama più articolata del funzionamento psicologico secondo linee che possono essere descritte come "competenze" o abilità potenziali; alcune di queste più facilmente individuabili nella cosiddetta sfera cognitiva (capacità di risolvere i problemi, di prendere decisioni, di operare con spirito critico e creativo ecc.); altre più attinenti alla sfera delle emozioni e degli affetti, come (capacità di gestire le emozioni, gli stress o sollecitazioni della vita quotidiana ecc.); altre ancora più orientate nel senso di un'apertura alla relazione sociale (risorse di empatia, competenze comunicative ecc.).

Il punto su cui intendiamo richiamare l'attenzione è quello di guardare con occhio nuovo a tutte questo complesso di acquisizioni oggi a disposizione degli psicologi, considerando le funzioni della mente non tanto – e non solo – come un patrimonio da conservare, pre-servare, correggere se lesionato (secondo norme di cui lo scienziato sarebbe il detentore prescrittivo) quanto come risorse, o "abilità di vita", da riconoscere e da sollecitare per il miglior funzionamento possibile nei percorsi dell'adattamento individuale e collettivo.

Noi riteniamo che la tematica delle LS, mentre da una parte è fortemente ancorata alle acquisizioni della psicologia di base, dall'altra costituisca nel suo insieme un significativo tentativo di utilizzare fin dalla prima infanzia queste conoscenze, sul piano applicativo, in una linea più aperta ad un moderno concetto di salute.

2. L'uso dei programmi di LS nel mondo

Le abilità o competenze psico-sociali che, nella maggior parte degli studi, vengono individuate come centrali per la promozione della salute e del benessere dei bambini e degli adolescenti, sono le seguenti: Capacità di prendere decisioni, Capacità di risolvere i problemi, Pensiero creativo, Pensiero critico, Comunicazione efficace, Capacità di relazioni interpersonali, Autoconsapevolezza, Empatia, Gestione delle emozioni, Gestione dello stress.

Nel diagramma a pagina seguente queste competenze vengono inquadrate all'interno di 5 aree entro le quali si possono prevedere ulteriori aggiunte e differenti specificazioni.

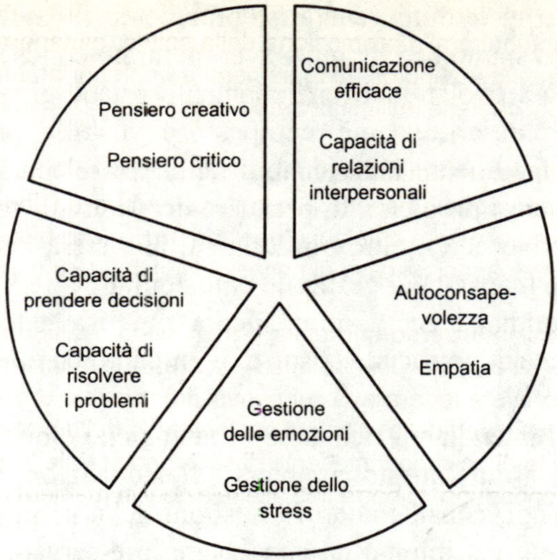

Diagramma

Nel riquadro riportiamo le definizioni di carattere generale proposte dall'Oms.

Definizioni sintetiche delle *Life Skills*[1] (Oms)

Decision making (capacità di prendere decisioni): competenza che aiuta ad affrontare in maniera costruttiva le decisioni nei vari momenti della vita. La capacità di elaborare attivamente il processo decisionale, valutando le differenti opzioni e le conseguenze delle scelte possibili, può avere effetti positivi sul piano della salute, intesa nella sua accezione più ampia.

Problem solving (capacità di risolvere i problemi): in maniera analoga, questa capacità, permette di affrontare i problemi della vita in modo costruttivo. I problemi significativi che vengono lasciati irrisolti, possono infatti causare stress mentale e produrre tensioni fisiche.

Pensiero creativo: agisce in modo sinergico rispetto alle due competenze sopracitate, mettendo in grado di esplorare le alternative possibili e le conseguenze che derivano dal fare e dal non fare determinate azioni. Il pensiero creativo aiuta a guardare oltre le esperienze dirette e, anche se non viene identificato alcun problema e non ci sono decisioni da prendere, può aiutare a rispondere in maniera adattiva e flessibile alle situazioni della vita quotidiana.

[1] V. *Life Skills Education* for children and adolescents in schools: WHO/MNH /PSF/93.7A. Rev.1, 2-3.

Pensiero critico: è l'abilità ad analizzare le informazioni e le esperienze in maniera obiettiva. Può contribuire alla promozione della salute, aiutando a riconoscere e valutare i fattori che influenzano gli atteggiamenti e i comportamenti, vedi per es. i valori, le pressioni dei coetanei e l'influenza dei mass-media.

Comunicazione efficace: sapersi esprimere, sia sul piano verbale che non verbale, con modalità appropriate rispetto alla cultura e alle situazioni. Questo significa essere capaci di manifestare opinioni e desideri, ma anche bisogni e paure. Può voler dire inoltre esser capaci, in caso di necessità, di chiedere consiglio e aiuto.

Capacità di relazioni interpersonali: aiuta a mettersi in relazione e interagire con gli altri in maniera positiva. Ciò vuol dire riuscire a creare e mantenere relazioni amichevoli che possono avere forte rilievo sul benessere mentale e sociale. Tale capacità può esprimersi sul piano delle relazioni con i membri della propria famiglia, favorendo il mantenimento di un'importante fonte di sostegno sociale; può inoltre voler dire esser capaci, se opportuno, di porre fine alle relazioni in maniera costruttiva.

Autoconsapevolezza: ovverosia riconoscimento di sé, del proprio carattere, delle proprie forze e debolezze, dei propri desideri e delle proprie insofferenze. Sviluppare l'autoconsapevolezza può aiutare a riconoscere quando si è stressati o quando ci si sente sotto pressione. Si tratta infine di un prerequisito di base per la comunicazione efficace, per instaurare relazioni interpersonali, per sviluppare empatia nei confronti degli altri.

Empatia: è la capacità di immaginare come possa essere la vita per un'altra persona anche in situazioni con le quali non si ha familiarità. Provare empatia può aiutare a capire e accettare i "diversi"; questo può migliorare le interazioni sociali per es. in situazioni di differenze culturali o etniche. La capacità empatica può inoltre essere di sensibile aiuto per offrire sostegno alle persone che hanno bisogno di cure e di assistenza, o di tolleranza, come nel caso dei sofferenti di Aids, o di disordini mentali. Queste persone rischiano di essere stigmatizzate e poste all'ostracismo proprio da coloro dai quali dipendono per ricevere aiuto.

Gestione delle emozioni: implica il riconoscimento delle emozioni in noi stessi e negli altri; la consapevolezza di quanto le emozioni influenzino il comportamento e la capacità di rispondere alle medesime in maniera appropriata. Emozioni intense come la rabbia o il dolore, se non si è in grado di reagire in modo positivo, possono avere effetti negativi sulla salute.

Gestione dello stress: consiste nel riconoscere le fonti di stress nella vita quotidiana, nel comprendere come queste ci "tocchino" e nell'agire in modo da controllare i diversi livelli di stress. Questo può significare prendere iniziative per ridurre le stesse sorgenti dello stress – apportando per es. cambiamenti nell'ambiente fisico o nello stile di vita – oppure può voler dire imparare a rilassarsi e far sì che le tensioni create da stress inevitabili, non diano luogo a problemi di salute.

Può essere utile tracciare un rapido flash di carattere storico, sullo sviluppo di questi programmi nello scenario internazionale. La nascita negli anni '80 si caratterizza soprattutto per l'orientamento di prevenzione: la loro utilizzazione compare in molti e diversificati programmi di educazione volti alla prevenzione dell'abuso di sostanze (Botvin *et al.*, 1980, 1984; Penz, 1983), delle gravidanze precoci (Zabin *et al.*, 1986; Schinke, 1984), del bullismo (Olweus, 1990) ecc.

L'efficacia di questi programmi viene confermata in interventi più orientati alla promozione: vedi per es. interventi di promozione di abilità cognitive (Gonzales, 1990), della fiducia e della stima di sé (TACADE, 1990), di educazione alla pace (Prutznam *et al.*, 1988).

Agli inizi degli anni '90, l'Organizzazione Mondiale della Sanità (Oms), definisce le LS come "abilità che consentono di trattare efficacemente con le richieste e le sfide della vita quotidiana", possono quindi essere considerate come quelle "abilità di vita" e "per la vita" che si pongono alla radice di ogni processo adattivo "umano".

Il forte consenso registrato dalle diverse iniziative in molte nazioni e l'interesse di queste a sviluppare, migliorare, valutare e adattare alla propria cultura i vari progetti di Salute, spinge la Divisione di Salute Mentale dell'Oms a mettere a punto delle "linee guida"[2]. Si avvia in tal senso una collaborazione dell'Oms con agenzie internazionali già impegnate nella promozione di questi programmi nel curricolo scolastico (come per es. LS International, Usa; TACADE, Inghilterra; Office of Public Health, Svizzera).

Nascono così i programmi di *Life Skills Education* (LSE) che possono essere sviluppati all'interno di interventi di *promozione*, *protezione*, e *prevenzione* soprattutto nella Scuola.

Nella raccomandazione n. 4 del Comitato degli Esperti dell'Oms (Ginevra 1996), si dichiara che "Ogni scuola deve mettere in grado bambini ed adolescenti, a tutti i livelli di imparare aspetti critici della salute e sviluppare le LS".

La diffusione dell'Aids, soprattutto nei paesi sottosviluppati, convince molte altre Agenzie internazionali (per es. Unicef, Unesco, Unfpa, United Nations Population Found), Università (per es. la Yale Usa) e diverse amministrazioni statali di culture molto differenti come Uganda, Giappone,

[2] Il documento è composto di tre parti; le prime due, aiutano a sviluppare programmi di *Life Skills Education*, la terza parte è riservata alla formazione degli operatori coinvolti nello sviluppo e diffusione di programmi Nazionali o Locali.

Parte 1: Introduction to *Life Skills* for Psychosocial Competence. Parte 2: Training Workshops for the Development and Implementation of Life Skill Education and Guidelines to facilitate the Development and Implementation of *Life Skills* Programmes MNH/PSF/93.7A. Parte 3: Training Workshops for the Development and Implementation of *Life Skills* Programmes MNH/PSF/93.7B.

South Africa, Messico, Russia a privilegiare e sperimentare la LSE, come strategia per raggiungere l'obiettivo "Salute per tutti negli anni 2000".

Sulla base di numerose esperienze avviate e condotte in molti Paesi[3], si riconosce la necessità di tener conto delle diversità dei vari destinatari dei programmi, in termini di linguaggio, norme, valori, costumi, modelli di rappresentazione della famiglia, ecc.

3. La LSE e la scuola

L'approccio generale delle *Life Skills* nella scuola trova fondamento nei recenti studi sulla socializzazione, secondo i quali l'attuale formulazione didattica (oggi ancora prevalentemente frontale e fondata sulle "lezioni") non appare più adatta a sostenere i rapidi cambiamenti sociali, mentre occorre dare molto spazio allo sviluppo della capacità dei soggetti di rispondere come individui e di orientarsi in modo attivo in un contesto complesso di valori e pressioni spesso contraddittorie.

La prospettiva della "LSE" si basa su un approccio educativo di tipo olistico, e su modelli didattici attivi e partecipativi in cui trova ampio risalto la promozione di abilità di base, che vengono affrontate alla luce dei principali e più aggiornati approcci psico-sociali e psicopedagogici.

Nel loro complesso tali abilità possono costituire un insieme ordinato di linee evolutive ampiamente utilizzabili come "indicatori" e come "organizzatori", sia dell'azione didattica ordinaria della scuola, sia di specifici programmi di promozione della salute.

Nell'educazione di queste abilità, gli alunni sono attivamente impegnati in un processo dinamico di apprendimento. Si tratta di valorizzare in modo coordinato e finalizzato, nuovi metodi di insegnamento: lavoro in piccoli gruppi e a coppie, brainstorming, role playing, giochi e dibattiti.

A titolo di esempio, una sessione di *Life Skills* può iniziare con l'esplorazione, insieme agli alunni, delle rappresentazioni, degli atteggiamenti o delle conoscenze su una particolare situazione di vita in cui l'"abilità" può essere usata. Agli alunni si può richiedere di discutere i punti sollevati, in maggiore dettaglio, nei piccoli gruppi o con un partner. Essi possono poi

[3] Per una visione generale dei progetti realizzati vedi le News letter "Skills for Life" pubblicate periodicamente dalla Divisione di Salute dell'Oms. Questi bollettini possono essere richiesti al seguente indirizzo:

Mrs. Rhona Birrel Weisen, Technical Officer, Mental *Health promotion* Unit, Programme on Mental Health; Division of Mental Health and Prevention of Substance Abuse.

World Health Organization CH-1211 Geneva 27, Switzerland.

impegnarsi in brevi scenari di role playing, o prendere parte in attività che consentano di praticare le abilità in situazioni differenti. Infine vengono incoraggiati a verificare ulteriormente e a praticare le abilità nelle loro famiglie e con gli amici.

Il successo dei programmi dipende fortemente, da una parte, dalla competenza degli esperti e, dall'altra, dalla disponibilità degli insegnanti a formarsi effettivamente in queste metodologie. Appare quindi giustificata la raccomandazione dell'Oms di garantire la formazione specifica degli insegnanti e una loro appropriata supervisione da parte degli esperti, soprattutto nelle prime fasi di attuazione dei programmi stessi.

4. Consenso e valutazione dei programmi

Scorrendo la letteratura ed esaminando i bollettini "Skills for Life" periodicamente diffusi dall'Oms, è possibile apprezzare il notevole consenso che l'operazione delle LS sta ottenendo in varie parti del mondo. Risultano indicativi al riguardo i resoconti del seminario organizzato dall'Oms a Ginevra nel 1998 al quale hanno partecipato un numero qualificato di agenzie internazionali[4].

Intorno ai seguenti punti si è raggiunto un consenso generale:

- con il termine *Life Skills*, si deve intendere il complesso di competenze psico-sociali (decision making, problem solving, comunicazione ecc.) da distinguere dalle *livelihood skills* ("abilità di sussistenza") o altre abilità pratiche e fisiche;
- necessità che l'apprendimento delle LS avvenga nel corso degli anni di scuola;
- necessità di sviluppare interventi per l'apprendimento delle LS anche per i ragazzi che non frequentano la scuola;
- progettazione di un'iniziativa congiunta delle Nazioni Unite, destinata a sostenere lo sviluppo e la valutazione dei programmi delle LS nei curricoli scolastici.

Per quanto riguarda l'efficacia dei programmi, mentre per una più attenta analisi rimandiamo ai riferimenti delle pubblicazioni dell'Oms[5], possiamo qui riportare delle indicazioni di carattere molto generale.

Nei vari Paesi dove la sperimentazione di questi programmi è in atto si

[4] Vedi la Newsletter *Skill for Life* n. 8 del 1998.

[5] Life Skill Education Planning For Research, MNH/PSF/96.2.Rev1.

registra un forte consenso sia nell'ambito degli operatori che degli utenti. I risultati positivi riguardano non solo gli obiettivi di prevenzione o di promozione a livello individuale, ma si estendono allo stesso contesto scolastico, dove si registra un miglioramento delle relazioni fra pari, della relazione insegnante alunno, delle prestazioni scolastiche stesse.

Negli ultimi anni l'impegno nei processi di valutazione appare sempre più accentuato e di livello qualitativo maggiore; anche Università prestigiose come la Yale University (Usa) stanno lavorando in questa direzione.

5. Le prospettive delle LS nella cultura della scuola italiana

Se confrontiamo il nostro Paese con quanto si sta realizzando oggi nel mondo in questo campo, a parte alcune iniziative sporadiche, non si registra al momento l'evidenza di un impegno coerente e coordinato. Tuttavia il tempo sembra maturo per un rapido coinvolgimento nella direzione segnalata. Per operare questo passo, gli psicologi della Psicologia della Salute sono certamente motivati a dare il loro contributo alla realizzazione dei programmi di LS nelle scuole.

È importante, in prima istanza, valutare la recettività culturale dell'attuale Scuola Italiana e la sua disponibilità ad accogliere queste tematiche.

Il giudizio appare decisamente favorevole per un motivo abbastanza evidente. Non da oggi è facile leggere negli enunciati della scuola un continuo richiamo di motivi ed aspirazioni tese ad un'educazione integrale dello studente. Si tratta di aspirazioni autentiche verso una scuola in cui l'obiettivo non sia solo quello di trasmettere contenuti ma di favorire la crescita della persona "per" e "nel" processo di apprendimento. Tuttavia queste aspirazioni fanno fatica a tradursi in operazioni efficaci, il che comporta delusione e qualche volta il senso di rinuncia che traspare nei comportamenti anche degli insegnanti migliori; comportamenti che meriterebbero una lettura più comprensiva delle reali difficoltà cui essi devono far fronte.

Lo sfondo culturale della Scuola Italiana favorevole all'accettazione delle LS può essere apprezzato attraverso una lettura attenta dei programmi e delle normative emanate nel corso degli anni.

Può essere utile fare solo qualche riferimento, per avvalorare la credibilità generale delle nostre affermazioni.

Nel riquadro riportiamo alcuni brani tratti da documenti ufficiali riguardanti, rispettivamente la Scuola Materna, la Scuola Elementare e la Scuola Media.

Scuola Materna

Nel documento "Orientamenti dell'Attività educativa nelle Scuole Materne statali" del 1991 si può leggere:

"La scuola dell'infanzia concorre, nell'ambito del sistema scolastico a promuovere la *formazione integrale* della personalità dei bambini dai tre ai sei anni di età, nella prospettiva della formazione di soggetti liberi, responsabili ed attivamente partecipi alla vita della comunità locale, nazionale ed internazionale....

La scuola materna deve consentire ai Bambini che la frequentano di raggiungere avvertibili traguardi di sviluppo in ordine all'*identità* (il radicamento nel bambino dei necessari atteggiamenti di sicurezza, di *stima di sé, di fiducia nelle proprie capacità, motivazione alla curiosità*), all'*autonomia* (capacità di orientarsi e di compiere scelte autonome in contesti relazionali e normativi diversi, disponibilità all'interazione costruttiva con il diverso da sé e con il nuovo...) e alla *competenza* (intuizione, immaginazione e *intelligenza creativa*).

Le finalità proprie... si possono condensare nell'acquisizione della *fiducia* nelle proprie *capacità di comunicazione* e di espressione, nella disponibilità a riconoscere il diritto degli altri alle proprie idee ed opinioni, nell'impegno a farsi un'idea personale ed a *manifestarla*, nello sforzo di ascoltare e comprendere, nella disposizione a *risolvere i conflitti con la discussione, nella consapevolezza* della possibilità di esprimere le medesime esperienze in modi diversi".

Scuola Elementare

Scorrendo le indicazioni contenute nei più recenti Programmi della Scuola elementare formulati nel 1985, si può leggere che "la scuola in relazione alle complesse finalità educative" ha il compito di:

- sostenere l'alunno nella progressiva conquista della sua *autonomia* di giudizio, di scelte e di assunzioni di impegni e nel suo inserimento attivo nel mondo delle *relazioni interpersonal*i, sulla base *della accettazione e del rispetto dell'altro*, del dialogo, della partecipazione al bene comune...
- operare perché il fanciullo abbia più ampie occasioni di *iniziativa, decisione*, responsabilità personale ed *autonomia*, e possa sperimentare progressivamente, forme di lavoro e di vicendevole aiuto e sostegno, anche per prendere chiara coscienza della differenza fra «*solidarietà» attiva* con il gruppo e «cedimento passivo» alla *pressione di gruppo*, tra la capacità di conservare *indipendenza di giudizio* e il conformismo, tra il chiedere giustizia e farsi giustizia da sé....

La Scuola concorre a sviluppare la *creatività* del fanciullo...; l'attenzione alla *creatività* rappresenta in sostanza, l'esigenza di promuovere nel fanciullo la *consapevolezza delle proprie possibilità e la «consapevolezza di sé»*, come progressiva capacità di autonoma valutazione dell'uso delle conoscenze sul piano personale e sociale...

Pertanto le sollecitazioni culturali, operative e sociali offerte dalla scuola elementare promuovono la progressiva costruzione della capacità di *pensiero riflesso e critico*, potenziando nel contempo *creatività*, *divergenza e autonomia di giudizio*, sulla base di un adeguato equilibrio affettivo e sociale e di una positiva immagine di sé".

Scuola Media

I Programmi della Scuola Media che risalgono al 1979, pur definendo le discipline come "strumento e occasione per uno sviluppo unitario, ma articolato e ricco di funzioni, conoscenze, capacità e orientamenti indispensabili alla maturazione di persone responsabili ed in grado di compiere scelte", propongono di prestare particolare attenzione all'età come "delicata fase evolutiva in cui avvengono le trasformazioni più importanti nella condizione fisica e psicologica" e di tener presente che in questa fase gli alunni "si trovano ad affrontare il passaggio dalla fanciullezza all'adolescenza per giungere ad una più avvertita *coscienza di sé, alla conquista di una più strutturata capacità di astrazione e di problematizzazione e ad un nuovo rapporto con il mondo e con la società.*

Come si può vedere ripercorrendo la trama delle sottolineature nel testo, la scuola italiana in tutti gli ordini, sottolinea con forza l'importanza di favorire le potenzialità di sviluppo e di espressione delle abilità cognitive, emotive, relazionali di base dello studente. Infatti il riferimento è specifico rispetto al promuovere:

- autonomia;
- empatia;
- creatività;
- capacità di decisione;
- autoconsapevolezza;
- autostima;
- capacità comunicativa e relazionale;
- pensiero critico.

Questi sono quindi gli obiettivi ritenuti primari per il raggiungimento delle finalità proprie della scuola. È facile notare come essi si riferiscano proprio alle competenze psico-sociali delle LS.

6. Le *Life Skills* nel quadro dell'autonomia scolastica

Tali obiettivi divengono ancor più rilevanti alla luce di una profonda trasformazione della cornice istituzionale della scuola italiana, che sta vivendo da alcuni anni una stagione di cambiamento molto significativa con l'introduzione della Autonomia scolastica. Infatti il punto centrale di questo complesso processo di trasformazione non risiede, a nostro avviso, in una "ottimizzazione organizzativa" della scuola italiana, ma nel radicale ribaltamento dei suoi scopi e della sua funzione in rapporto all'evoluzione della domanda sociale.

In armonia con i documenti europei (i cosiddetti "libri bianchi" Delors e Cresson), infatti, l'autonomia delle istituzioni scolastiche va letta in funzione della costituzione nel sistema scolastico e formativo di una nuova centralità del soggetto: cioè l'autonomia delle istituzioni scolastiche non costituisce un valore in sé, ma è funzionale alla promozione dell'autonomia e della responsabilità del soggetto rispetto alla propria formazione personale e sociale.

Questo cambiamento deriva dalla consapevolezza della perdita di spessore dell'orientamento "funzionalista" delle politiche formative che hanno caratterizzato l'Europa nel periodo postbellico, secondo cui l'istruzione era considerata una variabile dipendente dello sviluppo economico e le risorse umane un bene strumentale alla produzione e all'accumulo di beni materiali.

Nelle prospettive delineate dai nuovi orientamenti, la formazione è intesa da un lato come risorsa permanente per la crescita e il benessere di ogni individuo e dall'altro come "...una delle principali condizioni dello sviluppo economico, sociale e culturale, nonché dell'esercizio dell'autentica democrazia... Una buona formazione deve consentire a tutti di accedere all'autonomia e alla pratica della cittadinanza e di trovare gli sbocchi per il proprio inserimento sociale e professionale". In particolare il documento Cresson "individua come obiettivo per l'Europa la transizione verso la società cognitiva in cui la posizione di ciascuno sarà decisiva e determinata in ragione del possesso di conoscenza e competenze e, soprattutto, dalla capacità di combinazione di conoscenze e acquisizione continua di competenze. L'istruzione e la formazione oltre a favorire una qualificazione progressiva devono promuovere l'inserimento sociale e lo sviluppo personale mediante la condivisione dei valori comuni, la trasmissione di un patrimonio culturale e l'apprendimento dell'autonomia, in modo da permettere ad ogni individuo di accedere alla cultura generale al fine di cogliere il significato delle cose, sviluppare comprensione e creatività, potenziare le capacità di valutare e decidere".

Anche in questo documento si può notare il richiamo alla sollecitazione di competenze consonanti con gli obiettivi dei Programmi di LSE.

In prospettiva più ampia è necessario che una pluralità di soggetti divenga co-protagonista del sistema di istruzione/formazione (dalla comunità, alle imprese, alla formazione professionale), ma è soprattutto importante riconoscere:

- *alle istituzioni scolastiche* la competenza diretta nella trasmissione di una cultura generale e lo sviluppo di competenze metodologiche capaci di innescare un continuo processo di autoapprendimento,
- *all'individuo* una nuova e piena titolarità, per cui egli esce dalla posizione passiva dei sistemi scolastici tradizionali e diviene protagonista e artefice principale della propria qualificazione.
- Secondo questa angolatura la formazione:

- è intesa in primo luogo come risorsa permanente per la crescita e il benessere di ogni individuo;
- promuove nuove competenze sociali e professionali (attitudine ad apprendere, capacità di comunicare, lavorare in gruppo, valutare la propria situazione, capacità critica e autonomia);
- è orientata verso competenze trasferibili proprie dei modelli cognitivi dinamici e autopoietici, superando la trasmissione di conoscenze e capacità acquisite una volta per tutte;
- garantisce a tutti i cittadini il diritto alla formazione continua e permanente (lungo tutto l'arco della vita).

Questa prospettiva, in definitiva, contrassegna e finalizza l'autonomia scolastica come strumento fondamentale per la promozione delle "autonomie" e del pieno sviluppo delle potenzialità degli individui e delle comunità. Essa cioè non può essere letta semplicemente come espediente organizzativo che rende la scuola più efficiente, ma prevede un cambiamento strategico in cui la scuola è chiamata a promuovere e a centrarsi sull'autonomia personale del soggetto conferendo ad esso una progressiva responsabilità nella costruzione del proprio processo formativo.

Naturalmente se sono poste le premesse istituzionali di questa vera e propria rivoluzione copernicana delle politiche formative, non si deve trascurare il fatto che la sua realizzazione non può essere affidata esclusivamente al completamento "dall'alto" del quadro normativo. Benché necessario, questo deve accompagnarsi ad un profondo rinnovamento sul piano culturale, per evitare che ad una "retorica" della riforma che si arricchisce di nuovi orizzonti e prospettive, corrisponda una "pragmatica" dell'azione formativa che non riesce in realtà a definire le proprie coordinate culturali e operative.

Per la natura stessa della "svolta" storica del sistema scolastico italiano, le scienze bio-psico-sociali possono contribuire concretamente a riempire questa potenziale frattura tra "retorica" e "pragmatica" della riforma.

La collocazione della autonomia del soggetto e della comunità sociale di riferimento, al centro del processo dell'autonomia scolastica e dell'integrazione del sistema scolastico impone, sulla base anche dei bisogni soggettivi, una nuova e strategica attenzione alla modulazione dell'offerta formativa. Tale spostamento può attingere alle scienze bio-psico-sociali il contributo di una visione integrale della persona nelle sue diverse dimensioni, ma soprattutto, la messa a disposizione di concetti operativi, analizzatori culturali e indicatori capaci di avviare una interlocuzione positiva ed esplicita tra i saperi fondamentali e le esigenze di sviluppo personale e sociale.

Anche per questa via sarà possibile evitare che la cultura dell'autonomia rifluisca verso una unilaterale collateralità del sistema formativo alle pur importanti esigenze dello sviluppo economico e del mercato del lavoro.

Questo territorio di interazione è sembrato aprirsi negli anni che hanno preceduto la riforma, in quella complessa e ambivalente stagione della "educazione alla salute nella scuola". Effettivamente l'educazione alla salute costituisce un concetto rilevante e può rappresentare il terreno su cui la cultura educativa e la cultura psicologica possono trovare significativi momenti di convergenza e di esplicita collaborazione. Tuttavia, forse perché introdotta con la Legge 162 del 1990 sulle tossicodipendenze, l'educazione alla salute si è trovata ancorata entro rigidi dispositivi burocratico-amministrativi. Allo stato attuale le recenti concettualizzazioni che emergono nella letteratura bio-psico-sociale internazionale (*health promotion*, *community care*, *peer education*, *learning community*, ecc.) potrebbero acquisire uno spessore significativo come possibili strumenti di mediazione culturale sia nei contesti di analisi della domanda formativa sia in quelli della elaborazione sociale dell'offerta di percorsi formativi integrati. Per diversi aspetti invece, si ha l'impressione che continuino a pesare negativamente certe diffuse iniziative di educazione alla salute eccessivamente ripiegate su una dimensione riduttiva del benessere a scuola e, contemporaneamente, la loro giustificatoria realizzazione in aree oggettivamente marginali della vita scolastica (i cosiddetti "progetti" di educazione alla salute).

Nonostante significativi punti di forza, molti di questi progetti, hanno finito con l'evidenziare limiti consistenti su diversi piani essenziali. In primo luogo l'educazione alla salute ha scontato una propria sostanziale "insituabilità" nella architettura strutturale fortemente disciplinare e nelle rigidità organizzativa del "centralismo scolastico". Ciò ha finito spesso col relegare le attività di educazione alla salute in una area di marginalità e aggiuntività rispetto ai curricoli che hanno impedito di valorizzarne la portata strategica. In secondo luogo è andato via via imponendosi un progressivo slittamento verso una interpretazione della salute capace di accogliere ogni proposta formativa sostanzialmente extracurricolare. In tal modo la salute ha finito col confondersi con un'area culturale dentro la quale inserire argomenti eterogenei, aggiuntivi ed insoliti, la cui effettiva capacità di raggiungere finalità preventive è del tutto generica. Infine l'educazione alla salute ha finito col focalizzare l'attenzione sullo "Star bene" piuttosto che sui processi di base e sugli indicatori di salute, contribuendo per questa via alla difficoltà di una valutazione di efficacia preventiva, sia quantitativa che qualitativa, che andasse al di là dell'enumerazione delle "tematiche" trattate.

Ciò nonostante il mandato legislativo di introdurre la dimensione della salute nella scuola (ribadito anche recentemente dalla cosiddetta Legge

Lumia – Legge 45 del 18 Febbraio 1999) corrisponde non solo ad una significativa esigenza sociale, ma costituisce oggi una rilevante opportunità culturale. Il suo incontro con la cultura strutturale dell'autonomia esige una decostruzione dell'educazione alla salute come contenitore indifferenziato. Prende rilievo l'esigenza di una declinazione puntuale dei contenuti e delle relative modalità di elaborazione così da ricondurre gli interventi entro un quadro unitario progettuale tanto lontano dalle "campagne", quanto vicino ai compiti di sviluppo cognitivo ed emotivo-relazionale dei soggetti.

Sotto questo profilo la proposta di una "LSE" sembra possedere i requisiti per una relazione più coerente tra la psicologia e la scuola. Essa infatti si candida bene ad inserirsi in questo spazio di attenzione al soggetto e ai suoi compiti di sviluppo; attenzione auspicata, come si è visto più volte nei documenti normativi, ma tuttavia rimasta priva di credibili e significativi strumenti operativi.

In definitiva i programmi contengono potenzialità significative per la realizzazione degli obiettivi che la scuola italiana da tempo si propone.

Occorre tuttavia prestare attenzione e una certa prudenza nell'avviare questa operazione nel contesto italiano. È necessario lavorare molto sul piano della sperimentazione non solo per la traduzione e l'adattamento di queste metodiche, ma anche per il coinvolgimento degli operatori scolastici e degli studenti.

La differenza fra la nostra sensibilità rispetto a quella "anglosassone" si può valutare anche semplicemente scorrendo le presentazioni illustrative dei programmi di LSE diffuse dalle varie agenzie di formazione statunitensi. Le connotazioni di tipo pragmatico, con la tendenza alla semplificazione e all'accentuazione ottimistica delle aspettative, se da úna parte possono suscitare coinvolgimento e consenso, dall'altra possono anche creare una certa reazione di diffidenza se non di rigetto.

D'altra parte sarebbe interessante riportare, per contrasto, alcuni documenti italiani dove si cerca di illustrare l'importanza di un'attenzione educativa alla personalità dello studente, alle problematiche extracurricolari e della classe come gruppo: l'accento esortativo o di raccomandazione generica, domina il campo e favorisce facilmente un processo di "abituazione" e di distacco.

Si tratta in realtà di capire il senso professionalmente concreto dell'applicazione delle conoscenze psicologiche, evitando sia la tentazione delle tecniche "pronte per l'uso", come l'accettazione del vuoto che si nasconde dietro la retorica di una letteratura educativa che scorre sulla superficie del tessuto scolastico, senza affondare nei nodi incisivi del cambiamento.

Per altro verso appare necessaria una prospettiva di "svolta" su tutto l'arco della formazione professionale degli psicologi, a partire dai corsi di laurea e dalle scuole di specializzazione, per finire nel versante degli aggiornamenti applicativi. Ci proponiamo tuttavia di ritornare in altri momenti e ben più a lungo su questa tematica.

7. L'applicazione delle LS nel contesto della Psicologia della Salute

Per le finalità limitate di questo articolo indicheremo brevemente alcuni risvolti concreti del nuovo modo di operare.

Il problema vero non è tanto quello di modificare le connotazioni pragmatiche delle procedure, la veste esteriore dei processi formativi – così da renderli più accettabili al contesto italiano – quanto quello di introdurre questi programmi in un quadro di appropriata integrazione con la funzione complessiva, curriculare dei percorsi scolastici.

L'introduzione dei programmi sulle LS, più che un obiettivo strategico dovrebbe essere visto come uno strumento tattico, nel senso di rendere la scuola, nel suo contesto più ampio, integralmente consonante con le indicazioni "di vita" che queste "skills" suggeriscono.

Questi programmi, in conclusione, non possono configurarsi come un "corpo aggiuntivo", per quanto "attraente", rispetto ai compiti molteplici e già gravosi della scuola, ma devono calare al suo interno, come un *contributo* da tempo atteso per la realizzazione di un cambiamento che appare significativo e possibile.

Noi riteniamo che la moderna Psicologia della Salute, disciplina chiaramente cresciuta in un clima di orientamenti evolutivo-sistemici, contenga in sé i riferimenti teorici e le attrezzature metodologiche necessarie per garantire lo sviluppo di questi programmi lungo le linee sopra descritte.

Da qualche tempo, stiamo riflettendo sulle LS alla luce delle prospettive di Psicologia della Salute e abbiamo anche dato vita a un progetto sperimentale di ricerca-intervento presso alcune scuole delle città di Orvieto e di Piacenza. Senza entrare nei dettagli, può essere utile riportare alcuni principi di metodo che abbiamo posto come premessa e che riteniamo estendibili ad altre esperienze.

L'esperto, il docente, lo studente (e il più ampio contesto sociale), devono essere coinvolti in un processo evolutivo-sociale in cui sia rispettato il co-protagonismo paritetico dei partecipanti, pur nella esplicita distinzione dei ruoli.

Ruolo dell'esperto. Deve muoversi in una visione globale integrativa, che tenga conto delle caratteristiche di contesto ed evitando la somministrazione del tipo "pacchetto di tecniche".

Nella specifica responsabilità di ruolo, si richiede agli psicologi la preparazione di programmi che siano:

- *garantiti* nella loro validità, da riferimenti solidi di letteratura;
- *appropriati* per quanto riguarda la specificità culturale dell'ambiente in cui si opera;
- *aggiornati* rispetto al continuo progredire della teoria;
- *monitorati* di volta in volta con strumenti idonei di valutazione e follow-up.

Assicurate le premesse, raccomandiamo di presentare le LS come risorse da esplorare e da assecondare nel loro sviluppo, più che come rivelatori di livello da correggere. Tenendo presente le insufficienze e gli errori frequenti degli psicologi nella scuola, sembra opportuno preannunciare una linea di co-costruzione in cui i diversi ruoli si qualificano e si potenziano proprio nella sostanziale parità del coinvolgimento esplorativo, e nella sostanziale diversità e complementarità delle funzioni espresse.

Ruolo del docente. Dopo un appropriato periodo di formazione personale nel merito, si presenta per il docente un quadro di collaborazione con lo psicologo a partire dalla stessa fase di elaborazione e adattamento delle strategie. Su questa base di scambio, si potranno anche valutare i livelli di collaborazione nell'attuazione dei seminari direttamente rivolti agli studenti.

Aldilà dell'applicazione di questi programmi, gli insegnanti si muoveranno autonomamente nel tempo, utilizzando le guide e le ispirazioni offerte dalle LS, senza appoggiarsi passivamente ad esse come corpo staccato dalla docenza. In particolare essi ne cureranno l'integrazione, in modo creativo, nel contesto delle tematiche disciplinari di specifica competenza. Il ruolo del docente, di raccordo fra le competenze di vita e lo sviluppo del curriculum didattico, è indubbiamente centrale nel processo.

Ruolo dello studente. Nella LSE il ruolo di protagonisti attivi degli alunni costituisce un requisito indispensabile. Proprio la natura dinamico-esperienziale che la caratterizza richiede infatti la condivisione degli obiettivi e una partecipazione crescente nella determinazione degli itinerari formativi. In un certo senso si può sostenere che la LSE si trova pienamente in armonia con scelte formative orientate alla consapevolezza e all'intenzionalità e con una relazione educativa tra docenti e studenti orientata alla costruzione di un "contratto" o di un "patto" di apprendimento.

Sotto questo profilo la LSE deve riuscire a caratterizzarsi entro la complessità della relazione didattica ed educativa, senza identificarsi strettamente, o cristallizzarsi, entro una metodologia didattica particolare. Benché certamente essa possa trovare una collocazione in esperienze di collaborazione educativa tra coetanei (la cosiddetta *peer education*, largamente usata in molte strategie di educazione alla salute e di prevenzione) essa non può identificarsi interamente con questa. La proposta della LSE è, sotto questo profilo, più complessa e trova applicazione in uno spettro più ampio di valorizzazione del protagonismo degli alunni e dei gruppi studenteschi. D'altra parte, per certi aspetti si può anche affermare che proprio la promozione e il sostegno delle competenze psico-sociali, propri della LSE, costituiscono il requisito per la realizzazione di esperienze di educazione tra coetanei che superino i nodi problematici segnalati nell'esperienza internazionale di *peer education*. Ci si riferisce ad esempio al rischio di una esposizione del giovane educatore ad una inflazione narcisistica, al sovrainvestimento sostenuto dalla qualifica di "esperto", con riflessi negativi sulla personale costruzione dell'identità. Allo stesso modo la LSE può contribuire ad una consapevolezza psico-sociale che ponga al riparo dal rischio collusivo degli studenti con le figure istituzionali dell'organizzazione scolastica: l'affidamento educativo di tipo delegato da parte dei docenti nei confronti di alcuni studenti del ruolo di "adulti", potrebbe assumere i risvolti di una semplice cooptazione, con possibile caduta d'immagine nei confronti dei compagni.

8. Considerazioni conclusive

Nel concludere la presentazione sommaria delle *Life Skills* e della loro utilizzazione nella scuola, vogliamo avvertire il lettore che lo scenario reale di questa tematica ci sembra molto più articolato e ricco di prospettive di quanto non siamo riusciti a tracciare in queste pagine.

Qualche anno fa – per la precisione, nel 1994 – in un incontro a Ginevra con il rappresentante degli psicologi della divisione di salute mentale dell'Oms, fu per noi una sorpresa constatare il grado di sviluppo dei programmi di LS e la loro diffusione nel mondo. Di fatto oggi molte nazioni stanno facendo sforzi significativi per creare ed attuare nelle Scuole primarie e secondarie, metodi di LSE integrati, olistici e a lunga scadenza. Appare evidente come l'impegno concreto verso una sollecitazione delle risorse positive, un miglioramento delle competenze psico-sociali lungo tutto l'arco di vita, possa rappresentare una tematica di grande respiro nel quadro della moderna Psicologia della Salute.

Ed è proprio entro questo quadro che, nell'auspicare l'inserimento sistematico – per quanto graduale – della LSE nella cultura italiana, vorremmo sottolineare di nuovo una propensione di linea.

Nella letteratura internazionale, in generale la LSE viene applicata più in un contesto preventivo di devianza o malattia che non esplicitamente promotivo di salute. È comprensibile questo, anche per la maggiore facilità di accettazione di programmi finalizzati alla prevenzione di problemi di cui la società avverte l'importanza e, spesso, la drammaticità; non c'è dubbio *d'altra parte* che l'utilizzazione della LSE possa essere appropriatamente modulata, e assicurare ottimi risultati, in rapporto alle finalità specifiche dei programmi in cui viene utilizzata.

Tuttavia, la riconsiderazione di questa tematica all'interno di una concezione "positiva" di salute, ci spinge a sottolineare l'importanza di utilizzare la LSE in funzione esplicita di "promozione". La distinzione non è puramente terminologica, come potrebbe sembrare dal momento che, in sostanza, prevenire eventi negativi vuol dire anche promuovere aspetti positivi e, viceversa, promuovere aspetti positivi vuol dire anche prevenire eventi negativi; in realtà più che la finalità, è l'ottica di fondo, la modalità di "processo", che segna la qualità di una linea di promozione rispetto a una linea di prevenzione. Seguendo l'accezione più ampia di promozione, lo psicologo della salute si pone di fronte al soggetto, per così dire, senza pre-giudizi; non è tanto interessato a valutare il grado di normalità o di anormalità, quanto a sollecitare lo sviluppo delle risorse e delle competenze psico-sociali, mettendo a disposizione di tutte le persone, il patrimonio di conoscenze che, via via, la scienza psicologica è in grado di offrire. Lo fa questo, professionalmente, nel rispetto totale della unicità e della responsabilità del soggetto, del gruppo o della comunità, al quale presta il servizio di consulenza, e nella consapevolezza dei limiti con cui offre il suo contributo tecnico. Passando oltre la distinzione o discriminazione fra normale e patologico, al di fuori delle stigmate individuali o sociali, il processo formativo accomuna le persone nella tensione condivisa verso lo sviluppo di maggiori competenze psico-sociali.

In coerenza con questa impostazione, "a regime", l'inserimento della LSE dovrebbe idealmente riguardare tutte le scuole di vario ordine e grado e lungo tutto l'arco dello sviluppo dello studente a partire dalla scuola materna fino al compimento delle scuole secondarie superiori. Inoltre la LSE dovrebbe far parte del percorso scolastico, non come una delle discipline aggiuntive, ma come un processo di formazione, trasversalmente e longitudinalmente integrato al processo didattico.

È sulla base di queste riflessioni, che ci siamo mossi per approfondire gli aspetti scientifico-culturali di questa tematica ed avviare alcune esperienze pilota nel campo della scuola. Per quanto ancora non siamo in grado di documentare risultati, vorremmo con questo articolo creare uno stimolo ad una riflessione più estesa. Vorremmo invitare molti operatori nell'ambito della Psicologia della Salute a riportare in questa rivista impressioni, riflessioni o esempi di iniziative eventualmente già assunte, anche se solo indirettamente inquadrate nel campo specifico della LSE.

Riteniamo che i tempi siano oggi maturi al riguardo, e abbiamo alcuni riscontri positivi che ci indicano come l'istituzione Scuola, non solo a livello di base, ma anche nei suoi vertici amministrativi sia oggi favorevolmente disposta a sostenere un impegno di larga prospettiva in questa direzione.

Riferimenti bibliografici

Bandura A. (1977), *Social Learning Theory*, Prentice-Hall, Englewood Cliffs, NJ.

Botvin G.J., Eng A., Williams C.L. (1980), "Preventing the onset of cigarette smoking through *Life Skills* Training", *Preventive Medicine*, 11, 199-211.

Botvin G.J., Baker E., Botvin E.M., Filazzola A.D., Millman R.B. (1984), "Alcool abuse prevention through the development of personal and social competence: A pilot study", *Journal of Studies on Alcohol*, 45, 550-552.

Gonzales R. (1990), "Ministering intelligence: a Venezuelan experience in the promotion of cognitive abilities", *International Journal of Mental Health*, 18 (3), 5-19.

Olweus D. (1990), *A national campaign in Norway to reduce the prevalence of bullying behavior*, Paper presented to the Society for Research on Adolescence Biennal Meeting, Atlanta, Decembre 10-12.

Pentz M.A. (1983), *Prevention of adolescent substance abusa through social skills development*, in Glynn, T.J. *et al.* (eds.), *Preventing adolescent drug abuse: Intervention strategies*, NIDA Research Monograph n. 47, NIDA, Washington DC, 195-235.

Prutzman P., Stern L., Burger M.L., Bodenhamer G. (1988), *The friendly classroom for small planet: children's creative response to conflict program*, New Society Publishers, Santa Cruz, Usa.

Schinke S.P. (1984), *Preventing teenage pregnancy*, in Hersen M., Eisler R.M., Miller P.M. (eds.), *Progress in behavior modification*, Academic Press, New York, 31-64.

TACADE (1990), *Skills for primary school child: promoting the protection of children*, Salford, U.K.

Zabin L.S., Hirsch M.B., Smith E.A., Street R., Hardy J.B. (1986), "Evaluation of pregnancy prevention programme for urban teenagers", *Family Planning Perspectives*, 18, 119-126.

2. La prevenzione primaria dei fattori di rischio: quale spazio per la Psicologia della Salute?*

di Albino Claudio Bosio**

1. Introduzione

Il Piano Sanitario Nazionale 1998-2000 (1998) indica come suo primo obiettivo "la promozione di comportamenti e stili di vita in grado di favorire la salute e di sostenere la diffusione di attività di controllo e di riduzione dei fattori di rischio", identificati anzitutto con riferimento all'alimentazione, all'alcool, al fumo e all'attività fisica. In connessione a questo obiettivo, il Piano sottolinea anche l'urgenza di avviare un patto con il mondo della comunicazione a cui viene riconosciuto "un ruolo rilevante nel diffondere le informazioni e le conoscenze scientifiche, nel favorire l'adozione di modelli di comportamento e di stili di vita, nel determinare bisogni nei confronti della salute e dei servizi sanitari".

In queste intenzioni programmatiche sono contenute una sfida e una opportunità per la Psicologia della Salute (PS): una sfida alla capacità di sviluppare paradigmi e aree di ricerca/intervento in linea con gli obiettivi assunti dal Sistema Sanitario Nazionale; un'opportunità connessa alla possibilità di ottenere più riconoscimento sociale (in termini di percezione di esistenza e di rilevanza). Per una realtà – quale la PS – ancora giovane e impegnata a crescere sia come disciplina, sia come professione, l'occasione è senza dubbio importante.

Peraltro, nel precisare i fini (la prevenzione primaria dei fattori di rischio) e nel richiamare una condizione essenziale per il loro perseguimento (l'alleanza con il mondo della comunicazione) il Piano Sanitario Nazionale indica un compito senza addentrarsi nelle condizioni che ne consentono la

* Articolo apparso su *Psicologia della Salute,* n. 3-4/1999.

** Facoltà di Psicologia, Università di Milano-Bicocca e Dipartimento di Ricerche sulla Salute, Eurisko-Milano.

realizzazione. Prevenzione primaria e comunicazione, insomma, si configurano come i punti iniziale e terminale di un progetto di intervento che necessita di essere definito nelle sue articolazioni operative.

Che cosa si pone fra una (lodevole) intenzione di prevenzione primaria e la sua (efficace) attuazione attraverso la comunicazione? Nell'articolare le condizioni che rendono possibile questa connessione la PS può costruire e legittimare la propria presenza, riconoscendo senza incertezze la necessità che altre discipline (epidemiologiche, mediche, manageriali, economiche...) concorrano alla realizzazione del compito, ma rivendicando con altrettanta sicurezza uno spazio per sé: sostanziale, specifico, non surrogabile da altre forme di sapere e di competenza. Per la PS si tratta, in definitiva, di:

- svelare l'illusorietà e l'inefficacia di un progetto di prevenzione ingenuamente fondato su un cortocircuito fra conoscenze medico-epidemiologiche e *technicalities* comunicative, come se la mediazione fra informazioni scientifiche e comunicazione sociale fosse un problema demandabile *tout court* a *copywriters*, *art directors* e *media planners* (qualcosa di simile è capitato nei primi progetti di comunicazione preventiva sull'Aids, salvo poi verificare che una efficace comunicazione sul rischio di contagio era qualcosa di più complesso del semplice trasferimento nel sociale di informazioni sulle vie di trasmissione del virus HIV);
- mostrare come la conoscenza relativa ai modelli culturali sulla salute presenti nella popolazione sia fondamentale per sviluppare una comunicazione capace di produrre conoscenze, atteggiamenti, condotte nella direzione preventiva sperata;
- fornire adeguati strumenti conoscitivi ed operativi, perché l'introduzione di un "terzo" (il pubblico interlocutore) non costituisca una mera problematizzazione del progetto comunicazionale, ma ne rappresenti una condizione qualificante ai fini dell'efficacia e dell'efficienza.

Nel realizzare questi obiettivi la PS può oggi avvalersi di un apprezzabile lavoro di riflessione già sviluppato a livello internazionale (cfr. ad esempio: Wallack, 1989; Wilde, 1993; Stecker *et al.*, 1995; Johnson *et al.*, 1996; Keller e Stevens, 1997; Sellers *et al.*, 1997), di un consistente supporto operativo elaborato in questi ultimi anni nell'ambito del *social marketing* (cfr. Goldberg *et al.*, 1997; Weinreich, 1999), nonché di un mutamento di prospettiva culturale nella classe medica, come è testimoniato dalla recente Conferenza nazionale sulla prevenzione della cardiopatia ischemica (Roma, aprile 1999) e dalla attenzione in quel contesto dedicata ai temi della comunicazione sociale (cfr. Bosio e Vecchio, 1999).

Alla realizzazione di questi obiettivi vuol concorrere anche il presente contributo; un contributo che non esaurisce certo le possibilità "applicative" della PS alla comunicazione per la prevenzione primaria dei fattori di rischio, ma che illustra e offre alla discussione una via attraverso cui la PS può mostrarsi e mostrare la propria rilevanza.

In concreto – a partire da un'indagine sulla salute le cui caratteristiche sono illustrate nel paragrafo che segue – mi propongo di:

- stimare le attuali dimensioni sociali dei fattori di rischio (alimentazione, alcool, fumo, sedentarietà) oggetto di attenzione preventiva nel Piano Sanitario Nazionale;
- descrivere sul piano psico-sociale le caratteristiche (generali e in riferimento all'area della salute) dei segmenti della popolazione interessati dai fattori di rischio;
- cogliere le implicazioni della lettura psico-sociale per quanto concerne lo sviluppo di una comunicazione preventiva.

La finalità (metodologica ed esemplificativa) del contributo sollecita un'analisi limitata agli aspetti fondativi del problema; un più ampio esame dei dati è demandato ad un lavoro di prossima pubblicazione (Bosio, s.d.).

2. Il database di riferimento e gli strumenti di analisi: una nota metodologica

I dati qui di seguito proposti sono tratti da un'indagine multiscopo realizzata a partire dal 1993 con cadenza semestrale da Eurisko su un campione di 5.000 casi rappresentativo, per i principali parametri socio-demo-culturali (area geografica, ampiezza di centro, sesso, età, istruzione), della popolazione italiana dai 14 anni in poi (universo di riferimento: 46.819.000 individui). In particolare, il database utilizzato in questo studio somma le due più recenti rilevazioni dell'indagine (novembre 1998, maggio 1999) e si basa su un campione di 10.000 casi (i campioni delle due rilevazioni sono sommabili in quanto indipendenti). Attraverso interviste personali condotte con un questionario strutturato, nell'ambito di una singola rilevazione sono state raccolte più di un migliaio di informazioni; fra queste:

- i dati socio-demo-culturali;
- gli orientamenti concernenti lo stile di vita in generale (qui non considerati);
- gli orientamenti relativi all'area della salute (percezione dello stato di salute in generale, esposizione ai fattori di rischio, situazioni di morbili-

tà, atteggiamenti di base nella gestione della salute, comportamenti di sviluppo del benessere e di gestione delle malattie/disturbi, strategie di informazione sui temi di salute);
- l'esposizione ai mezzi di comunicazione di massa (TV, radio, stampa, cinema, nuovi mezzi).

A partire da queste informazioni è dunque possibile rispondere agli obiettivi sopra illustrati di: dimensionamento dei fattori di rischio nella popolazione italiana, analisi socioculturale dei segmenti della popolazione interessati dai fattori di rischio, identificazione di criteri per lo sviluppo di un progetto di comunicazione preventiva.

La copertura di questi obiettivi si avvale – oltreché degli usuali trattamenti statistici di tipo descrittivo – anche di una mappa illustrativa degli orientamenti culturali (sintesi di rappresentazioni, atteggiamenti, schemi d'azione) degli italiani nell'area della salute. La mappa è uno strumento d'analisi costruito nel 1993 (derivato da un'analisi fattoriale, metodo delle componenti principali) ed aggiornato nel 1998 sulla base di un'indagine sistematica appositamente condotta nell'area della salute. L'uso della mappa consente di rendere immediatamente evidenti fenomeni altrimenti configurabili attraverso analisi molto più onerose e dispersive. Esso, peraltro, richiede l'apprendimento di alcune informazioni di base sullo strumento qui schematizzate nella fig. 1. La lettura della figura rivela, anzitutto, come gli orientamenti degli italiani in riferimento alla salute si organizzino su due dimensioni di fondo: da un lato, la percezione del proprio stato di salute (*benessere* vs. *malessere*); da un altro lato, la propensione e la capacità di sviluppare iniziative per la propria salute (*progetto* vs. *inerzia*).

A partire da questa strutturazione di fondo, è possibile identificare tre aree, espressione di specifiche appartenenze sociali e di peculiari approcci nel modo di pensare e di agire in riferimento alla salute (*malattia, disattenzione, progetto*). Per un approfondimento si rinvia a una lettura dei profili caratteristici di area riportati in fig. 1 (il profilo descrive le peculiarità differenziali dei soggetti appartenenti a ciascuna area). Qui basterà sottolineare la conferma circa l'adeguatezza e l'opportunità di un approccio di lettura psico-sociale nell'ambito della salute, in luogo di uno prettamente medico-epidemiologico. Gli orientamenti di salute, infatti, non si articolano soltanto su una percezione dello stato fisico (malessere/benessere) ma su un insieme di tratti immateriali (conoscenze, rappresentazioni, atteggiamenti, piani d'azione) che, di fatto, danno vita a domande e progetti (culturali) non ricodificabili in termini di puro bisogno (biologico).

A questo strumento si farà ricorso qui di seguito per descrivere dal pun-

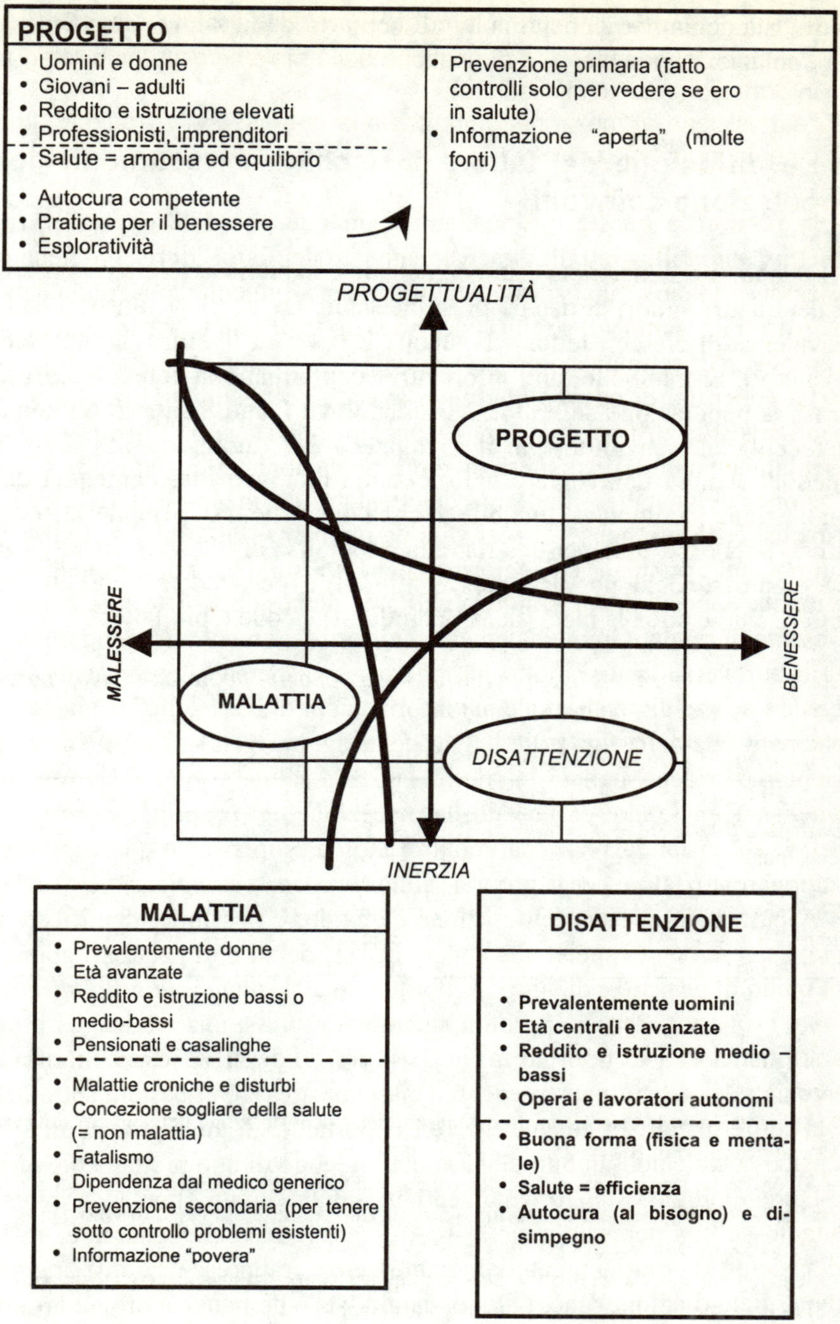

Fig. 1 – Una mappa socioculturale degli italiani nell'area della salute

to di vista degli orientamenti culturali nell'area della salute i segmenti della popolazione a rischio.

3. La diffusione dei fattori di rischio[1] e i segmenti della popolazione coinvolti

Le tabb. 1 e 2 mostrano – in percentuale e in stima assoluta – la presenza dei quattro fattori di rischio presi in esame. La tabella 1 illustra i dati di prevalenza di ciascun fattore; la tabella 2 riporta i livelli di compresenza dei fattori. Entrambe le fonti informative confermano la notevole diffusione fra la popolazione dei fattori considerati dal Piano Sanitario Nazionale: la sedentarietà, anzitutto; poi il sovrappeso e il fumo; soltanto il rischio "alcool" sembra coinvolgere una porzione relativamente contenuta della popolazione (comunque stimabile in circa 4.5 milioni di persone!). In definitiva, fatta eccezione per una ristretta minoranza di italiani (circa 8 milioni), gran parte della popolazione (39 milioni) è toccata da almeno un fattore di rischio e circa la metà (quasi 23 milioni) da due o più fattori.

Tab. 1 – Prevalenza dei fattori di rischio nella popolazione italiana: valori percentuali e stime assolute (in milioni di individui)
(base: n = 10.000; universo di riferimento: 46.819.000 individui)

	%	milioni
Sovrappeso (BMI ≥ 25)	40,9	19,1
Alcool (pasto + fuori pasto)	9,6	4,5
– Maschi (almeno ½ litro di vino)	6,3	2,9
– Femmine (almeno ¼ litro di vino)	3,3	1,6
Fumo	30,5	14,3
Sedentarietà	64,4	30,2

[1] I fattori di rischio qui considerati sono stati così sviluppati in termini operazionali e metrici:

- Alimentazione ⇒ calcolo del Body Mass Index, identificazione dei soggetti in sovrappeso per valori di BMI ≥ 25.
- Alcool ⇒ consumo di vino quotidiano a pasto e fuori pasto, identificazione dei soggetti oltre la soglia di sicurezza (maschi: ½ litro di vino e più; femmine: ¼ di vino e più).
- Fumo ⇒ uso abituale di sigarette.
- Sedentarietà ⇒ assenza di attività fisica di qualsiasi tipo (ginnastica, corsa, sport).

Si ricorda che le informazioni sono raccolte sulla base di dichiarazioni di intervistati; esse, pertanto, sono sottoposte ai ben noti fenomeni di sottostima che si verificano nelle indagini demoscopiche a fronte di rilevazioni su comportamenti soggettivamente imbarazzanti o socialmente riprovevoli (è il caso soprattutto del consumo di alcool e di sigarette).

Tab. 2 – La compresenza dei fattori di rischio nella popolazione: valori percentuali e stime assolute (in milioni di individui)
(base: n = 10.000; universo di riferimento: 46.819.000 individui)

	%	milioni
Nessun fattore a rischio	16,6	7,8
Almeno 1 fattore di rischio	83,4	39,0
Almeno 2 fattori di rischio	48,4	22,7
Almeno 3 fattori di rischio	12,1	5,7
4 fattori di rischio	1,4	0,7

Venendo a considerare le articolazioni interne alla popolazione esposta al rischio, si può facilmente osservare l'esistenza di segmenti ampiamente differenziati per caratteristiche socioculturali, sia di ordine generale, sia in riferimento alla salute. Ciò appare manifesto esaminando la proiezione dei fattori di rischio sulla mappa socioculturale della salute sopra descritta (cfr. fig. 2).

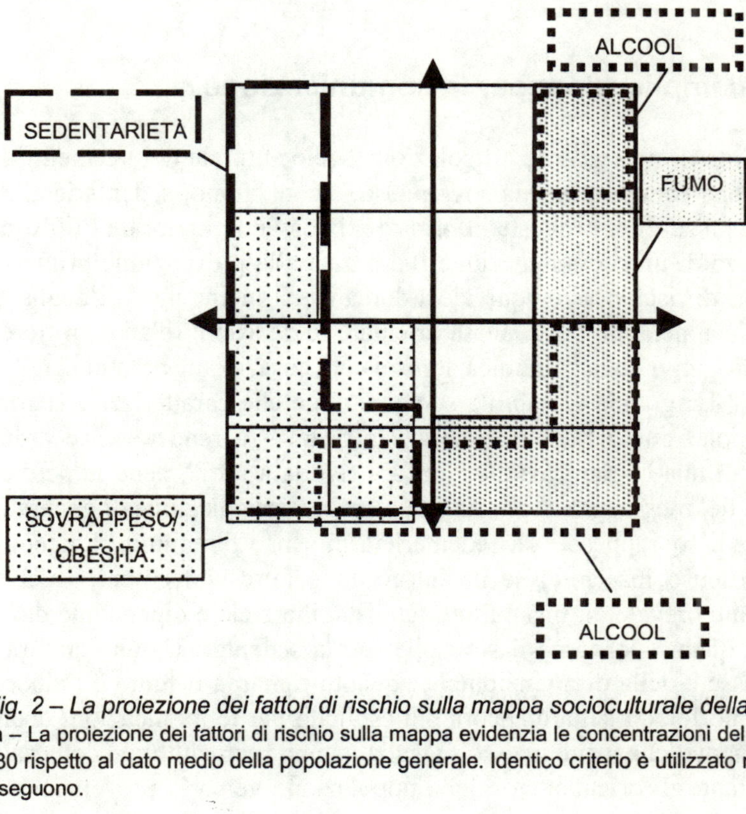

Fig. 2 – La proiezione dei fattori di rischio sulla mappa socioculturale della salute
Nota – La proiezione dei fattori di rischio sulla mappa evidenzia le concentrazioni del fenomeno > 1.30 rispetto al dato medio della popolazione generale. Identico criterio è utilizzato nelle figure che seguono.

L'operazione consente di identificare quelle aree della mappa dove più si concentrano gli individui connotati da uno specifico fattore di rischio e permette di cogliere le relazioni tra la presenza di questi fattori e le altre caratteristiche socioculturali della popolazione. Si può osservare una polarizzazione tra i diversi fattori: solo parzialmente sovrapposti e, in ogni caso, distribuiti non uniformemente sul territorio della mappa. In particolare il fumo e l'alcool si concentrano in aree della mappa – e dunque entro segmenti della popolazione – assai differenti da quelle in cui si concentrano gli altri due fattori (sedentarietà, sovrappeso). Questi ultimi interessano soprattutto segmenti femminili, scarsamente dotati di mezzi economici e culturali, orientati al fatalismo per quanto riguarda la gestione della salute e alla dipendenza dal medico di base per quanto concerne la gestione dei problemi di salute. Viceversa, i rischi fumo e alcool riguardano soprattutto la popolazione maschile: in particolare quella caratterizzata da un approccio alla salute di tipo acritico e deproblematizzante (l'area della *disattenzione*), ma anche segmenti più attenti alla salute e interessati a sviluppare progetti per il miglioramento del proprio benessere.

4. Quali implicazioni per la comunicazione?

A fronte di un'evidente articolazione socioculturale dei segmenti della popolazione caratterizzati da sovrappeso, alcool, fumo, sedentarietà, resta da chiedersi se e come queste informazioni possano migliorare l'efficacia e l'efficienza di una comunicazione finalizzata alla prevenzione primaria di tali fattori di rischio. Ciò equivale a domandarsi in che modo l'analisi psico-sociale appena proposta possa orientare le decisioni relative ai tre classici interrogativi della comunicazione: a chi? cosa? come comunicare?

A chi? La grande variabilità socioculturale che caratterizza i segmenti della popolazione a rischio sembra vanificare – o rendere assai ardua – l'ipotesi di una comunicazione "unica e rivolta a tutti", pena la perdita di efficacia del messaggio. Accanto ad una prima articolazione di genere (che polarizza il sovrappeso e la sedentarietà in senso femminile, l'alcool e il fumo in senso maschile) se ne intravedono altre concernenti le culture della salute prevalenti: una cultura fatalista, inerziale e dipendente dal medico per quanto concerne il sovrappeso e la sedentarietà; una cultura del disinteresse e della disattenzione per quanto riguarda il fumo e l'alcool. Il quadro può forse risultare ancora più esplicito per le implicazioni decisionali e pragmatiche insite in esso se, sulla mappa socioculturale della salute, si proiettano gli orientamenti della popolazione verso la prevenzione primaria (cfr. fig. 3). Ciò che ne deriva è una sorta di paradosso per la comunicazione: chi è più esposto ai fattori di rischio è meno interessato alla prevenzione primaria, e viceversa. Più in particolare, i segmenti interessati da sovrappeso e sedentarietà sembrano orientati ad attivarsi solo in presenza di un problema di salute già sperimentato (prevenzione secondaria), i segmenti caratterizzati da fumo e alcool non paiono mostrare attitudini di alcun tipo alla presa in carico del problema.

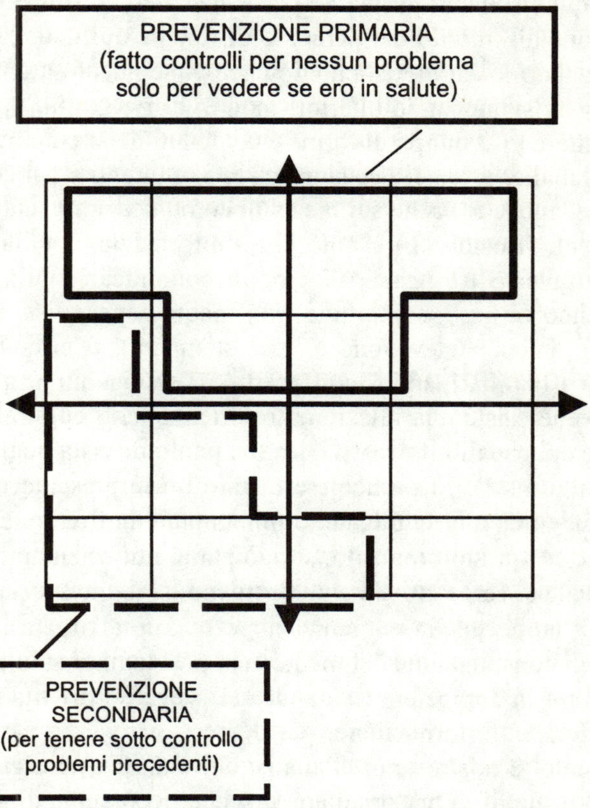

Fig. 3 – Fattori di rischio e propensione alla prevenzione: proiezione sulla mappa socioculturale della salute

Comunicazione a chi? A chi ne ha meno bisogno ma è più propenso al messaggio, oppure a chi è più esposto al rischio ma appare meno sensibile alla comunicazione? La scelta non è di poco conto, ma, appunto, di una scelta si tratta: immaginare una comunicazione uguale e comune per tutti "i contesti d'ascolto" risulta un'ipotesi poco percorribile.

Che cosa? Quanto detto a proposito del "chi?" introduce e facilita la configurazione del problema "che cosa comunicare?". A fronte di segmenti così eterogenei negli orientamenti culturali generali e sulla salute, risulta intuitivo ipotizzare sviluppi di messaggi altrettanto differenziati: nel lessico anzitutto, ma anche nelle priorità da assegnare alla comunicazione (informare? modificare rappresentazioni/ atteggiamenti/ credenze? trasmettere modelli di comportamento e sviluppare competenze?) e nelle forme del messaggio (quale stile comunicativo per quale segmento?).

Il problema qui è soltanto posto. Né potrebbe essere altrimenti; anche se una sua soluzione all'interno del percorso di ricerca qui delineato è possi bile, sia analizzando le caratteristiche tipiche del segmento a cui si decide di comunicare, sia sviluppando ulteriori moduli di ricerca *ad hoc* sul segmento per orientare lo sviluppo di forme e contenuti della comunicazione.

Come? Dall'analisi/presa di decisione circa i segmenti a cui comunicare derivano, infine, anche le scelte sui mezzi di comunicazione. Da alcune recenti ricerche (cfr. Bosio s.d.) è noto che l'informazione sulla salute, in Italia, passa attraverso tre principali circuiti comunicazionali: il circuito "esperto" (medico di base, soprattutto, poi medico specialista e farmacista); il circuito "laico" (televisione e carta stampata); il circuito "prossimale-informale" (familiari, amici, conoscenti). L'analisi qui proposta, inoltre, ci informa che esiste una relazione tra orientamenti culturali sulla salute e fruizione dei canali informativi, sia dal punto di vista qualitativo, sia quantitativo (cfr. fig. 4). In particolare quanto più è presente un orientamento progettuale verso la salute, tanto più ampia è la fruizione dei mezzi di informazione. A questo proposito, si può parlare di orientamento multimediale, nel quale si cerca attivamente di trovare sinergie tra ricerca di informazione nell'ambito della comunicazione sociale allargata (TV, stampa) e sviluppo di consultazione del medico sui problemi di salute. Viceversa, dove minore è la competenza sulla salute prevale l'orientamento a ridurre l'esposizione all'informazione.

Con riferimento al nostro tema, l'analisi dei mezzi offre alcune indicazioni di rilievo utilizzabili per orientare le scelte. Si osservano, da un lato, alcune relazioni elettive tra fruizione dei canali informativi e tipologia di fattori di rischio. Al di là della diffusione abbastanza ubiquitaria del mezzo televisivo e della carta stampata, si può notare come l'orientamento al medico di base sia presente nell'area dove più si concentrano i fattori di rischio "sovrappeso" e "sedentarietà". Per contro i fattori "fumo" e "alcool" risultano prevalentemente associati con il circuito informativo costituito dagli amici e dalla famiglia. Da un altro lato, si può osservare come le aree dove è più forte il bisogno di comunicazione – ovvero le aree di massima concentrazione dei fattori di rischio – siano anche quelle dove minore è l'esposizione ai mezzi. Ciò ripropone il paradosso già prima osservato: le persone che più si gioverebbero di informazioni sulla salute sono anche quelle che con maggiore difficoltà possono essere raggiunte attraverso la comunicazione sociale allargata.

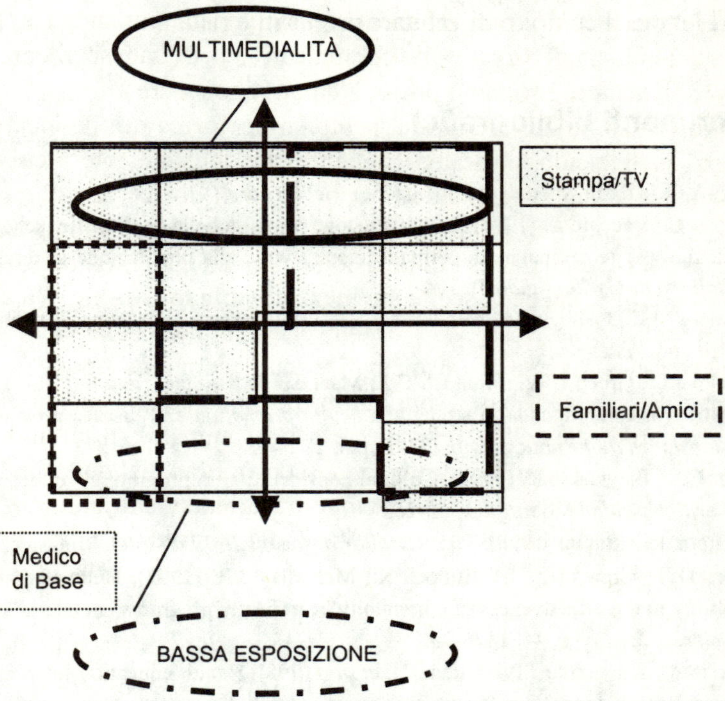

Fig. 4 – I mezzi di informazione sulla salute: proiezione sulla mappa socioculturale della salute

"Chi?", "che cosa?", "come?" si configurano, in definitiva, come interrogativi risolubili solo se interconnessi fra loro e ancorati alle scelte circa lo specifico interlocutore della comunicazione.

5. Conclusioni

Sottolineare la rilevanza di un intervento di comunicazione a favore della prevenzione primaria dei fattori di rischio, mostrare la debolezza di una comunicazione preventiva basata sul semplice e indifferenziato trasferimento di informazione medica alla popolazione, sviluppare una efficace ed efficiente comunicazione a partire da una approfondita comprensione socioculturale dei segmenti a cui comunicare: questo è il perimetro entro cui si situa l'esercizio qui proposto.

Connettere obiettivi di prevenzione primaria e programmi di comunicazione attraverso le domande e i progetti di salute dei cittadini: questo lo spazio possibile qui configurato per la PS.

Al lettore il compito di valutare propositi e risultati.

Riferimenti bibliografici

Bosio A.C. (s.d., in corso di pubblicazione), *Health care*.

Bosio A.C., Vecchio L. (1999), La prevenzione primaria delle cardiopatie ischemiche: indicazioni per le campagne di comunicazione rivolte alla popolazione generale, *Giornale Italiano di Cardiologia*, 29: 104-109.

Goldberg M.E., Fishbein M., Middlestadt S.E. (1997), *Social marketing*, London, Lawrence Erlbaum Ass.

Johnson J.L., Green L.W., Frankish C.J., MacLean D.R., Stachenko S. (1996), A dissemination research agenda to strengthen *health promotion* and disease prevention, *Canadian Journal of Public Health*; 87 (Suppl. 2): 5-10.

Keller C.S., Stevens K.R. (1997), Cultural consideration in promoting wellness, *Journal of Cardiovascular Nursing*; 11: 15-25.

Ministero della Sanità (1998), *Piano Sanitario Nazionale 1998-2000,* Min-San., Roma.

Sellers D.E., Crawford S.L., Bullock K., McKinlay J.B. (1997), Understanding the variability in the effectiveness of community heart health programs: a meta-analysis, *Social Science, Medicine*, 44: 1325-39.

Steckler A., Allegrante J.P., Altman D. *et al.* (1995), Health education intervention strategies: Recommendations for future research, *Health Education Quarterly*, 22: 307-28.

Wallack L. (1989), *Mass communication and health promotion: A critical perspective*, in Rice R.E., Atkin C.E. (eds.), *Public communication campaign,* Sage Publications, Newbury Park (Usa).

Weinreich N.K. (1999), *Hands on social marketing*, Sage, London.

3. Stili di vita e abitudini alimentari in adolescenti: linee di una ricerca-intervento*

di Saulo Sirigatti e Cristina Stefanile**

1. Introduzione

I problemi dell'alimentazione costituiscono un aspetto di particolare rilievo del disagio giovanile. Anche da una preliminare e sommaria consultazione della letteratura pertinente, si hanno conferme che si tratti di una manifestazione piuttosto frequente e a diffusione crescente tra preadolescenti, adolescenti e giovani.

Varie sono le ipotesi avanzate per spiegare tale recente tendenza. Tra queste, appare particolarmente condivisa l'ipotesi di adeguamento a modelli culturali, che prospettano ideali di bellezza improntati a standard irrealistici di magrezza. Tuttavia, l'aumento della letteratura scientifica sull'argomento indica tanto un incremento nell'interesse della ricerca a tale tema, quanto l'intensità del dibattito al riguardo. Una preliminare ricerca bibliografica sull'argomento ha registrato, a partire dal 1990, oltre 1800 lavori su *eating disorders*, circa 400 su *eating disorders and adolescents* e alcune decine di lavori concernenti *eating disorders and prevention*, *eating disorders and prevention and adolescents*, *eating patterns and adolescents*, *eating attitudes and adolescents.*

Pur rinviando l'analisi sistematica della letteratura alla rassegna curata da Lombardo, Caiani e Vannucci riportata nel capitolo seguente del presente volume (pp. 238 e sgg.), fin da ora è possibile indicare alcune aree di indagine significative per la presente ricerca. Sotto il profilo epidemiologico, viene spesso riscontrato che problemi dell'alimentazione sono più diffusi soprattutto tra adolescenti (ma si hanno indicazioni di un abbassamento della fascia d'età potenzialmente a rischio), appaiono parti-

* Articolo apparso su *Psicologia della Salute,* n. 2/2000.
** Dipartimento di Psicologia, Università di Firenze.

colarmente vulnerabili le femmine (ma è in aumento il numero dei maschi); sono presenti in soggetti residenti in città e in aree extraurbane; le manifestazioni possono essere diverse.

I fattori che, sotto il profilo psicologico e sociale, vengono con una certa frequenza ritenuti implicati nella genesi dei disturbi riguardano bassa autostima, perfezionismo, depressione, impulsività, alexitimia, incerta identità di genere, distorta immagine corporea, immaturità affettiva, carenza di rapporti sociali rilevanti, difficoltà nelle relazioni interpersonali, dipendenza acritica dai messaggi dei media. Si può notare che tale complesso di fattori appare, nell'insieme, non particolarmente coerente, a meno che non sia possibile precisare meglio costellazioni più circoscritte in relazione a problemi dell'alimentazione meglio definiti.

2. Obiettivi della ricerca-intervento

La ricerca-intervento, di cui vengono presentati alcuni sviluppi, è stata condotta dalla Sezione di Psicologia della Salute del Dipartimento di Psicologia dell'Università di Firenze, in collaborazione con la Regione Toscana, il gruppo regionale di lavoro "Giovani e alimentazioneE e alcune Asl della Toscana. L'indagine ha mirato a:

- descrivere atteggiamenti e comportamenti connessi all'alimentazione in adolescenti di quattro provincie toscane, anche in relazione a condizioni socio-economiche e socio-ambientali;
- rilevare possibili connessioni tra caretteristiche psicologiche, di ordine affettivo e cognitivo, e atteggiamenti e comportamenti collegati a problemi dell'alimentazione;
- identificare possibili relazioni delle fonti di socializzazione, interpersonale e mediatica, con atteggiamenti e comportamenti connessi a problemi dell'alimentazione;
- progettare, in collaborazione con le varie istituzioni educative ed eventuali esperti nella comunicazione mass-mediale, un intervento educativo-informativo diretto a promuovere e consolidare atteggiamenti e comportamenti positivi nei confronti di una corretta alimentazione;
- verificare l'efficacia dell'intervento educativo-informativo progettato, secondo una procedura quasi-sperimentale.

3. Aree di indagine

Per raggiungere gli obiettivi indicati hanno formato oggetto della ricerca-intervento le seguenti aree di indagine:

- caratteristiche socioanagrafiche individuali e familiari;
- tradizioni e abitudini alimentari personali e familiari;
- stili di vita, con particolare riferimento allo svolgimento di attività motorie e sportive, all'utilizzazione del tempo libero, al consumo di sigarette e bevande alcoliche;
- caratteristiche psicoaffettive e cognitive in ipotesi legate a disordini alimentari quali insoddisfazione per il proprio corpo, impulsività, paura della maturità, insicurezza, perfezionismo, ascetismo;
- caratteristiche relazionali quali sfiducia negli altri, senso di alienazione, mancanza di socievolezza, carenza nelle abilità sociali interpersonali;
- atteggiamenti che maggiormente sembrano legati all'acquisizione e al mantenimento di stili di vita salutogeni, quali la consapevolezza del rischio, la convinzione della propria vulnerabilità, la percezione di modelli e di norme sociali, la fiducia nelle prassi preventive proposte, la valutazione dei possibili fattori ambientali di facilitazione o di ostacolo;
- fonti, modalità, media, messaggi che contribuiscono, nel bene e nel male, alla socializzazione culturale del giovane e dell'adolescente, specialmente ai fini dell'acquisizione e del mantenimento di stili di vita salutogeni.

4. Fasi della ricerca e piano dei contributi presentati

La ricerca-intervento, nel suo complesso, si è articolata in quattro fasi:

- progettazione e verifica di fattibilità;
- impostazione e svolgimento della fase descrittivo-diagnostica;
- individuazione dei mezzi e dei canali di informazione;
- programmazione e verifica dell'efficacia di un intervento educativo-informativo.

I contributi che seguono riguardano la fase 2, la cui impostazione e realizzazione si è ispirata ad un modello descrittivo-diagnostico con integrazione di dati qualitativi e quantitativi. Vengono, quindi, presentati i metodi e le tecniche impiegati per la realizzazione di tale fase e alcuni dei relativi risultati ottenuti:

- Aspetti psico-sociali e impulso alla magrezza in adolescenti di sesso femminile, a cura di Sirigatti, Caiani e Vannucci;
- Stili di vita e comportamenti alimentari: tempo libero, alcool, tabacco, a cura di Meringolo, Giannetti e Malvagia.

Nella sezione "Strumenti"[1] è, inoltre, presentato il contributo:

- L'analisi di contenuto computer-assistita: un'applicazione del QSR NUD-IST, a cura di Massai, Del Puglia e Poggiolini.

Disgiunti dalla ricerca specifica, ma collegati al tema considerato, altri due contributi vengono inclusi nella sezione "Esperienze"[2]:

- Oltre il cibo, un progetto per la prevenzione primaria e secondaria dei disturbi del comportamento alimentare: storia e prospettive future, a cura di Gonnelli e Marselli;
- Il club delle "gambe grosse", a cura di Gori-Savellini, Graziani e Tanzella.

5. Metodologia

Campione. Hanno partecipato volontariamente alla ricerca 672 adolescenti, di cui 119 maschi e 196 femmine di età compresa fra i 13 e i 16 anni e 173 maschi e 184 femmine di età compresa fra i 16 e i 19 anni. La distribuzione del campione secondo la provincia (capoluogo o altre città) è la seguente: Arezzo (21%), Firenze (36%), Pisa (24%), Prato (19%). Per quanto riguarda il luogo di nascita, il 38% dei partecipanti proviene dalla provincia di Firenze, il 18% dalla provincia di Pisa, il 17% dalla provincia di Arezzo, il 14% dalla provincia di Prato, mentre percentuali minori indicano provenienze diverse.

Del campione totale, il 96% dei maschi al di sotto dei 16 anni (114 su 119) e il 99% delle femmine dello stesso gruppo (194 su 196), l'84% dei maschi oltre i 16 anni (146 su 173) e l'89% delle femmine dello stesso gruppo (164 su 184), dichiara di frequentare attualmente la scuola. Per quanto concerne il tipo di scuola, il 22% frequenta l'Istituto Tecnico Commerciale, il 14% il Liceo Scientifico, il 13% il Liceo Classico, la stessa percentuale l'Istituto Professionale Commerciale e il 12% l'Istituto Professionale Industriale. Tutti coloro che non frequentano (54 soggetti), sono impegnati in un corso di formazione e recupero. Alcuni, tuttavia, dichiarano di essere, anche, occupati in attività lavorativa stabile (17%) o saltuaria (4%), di essere in cerca di prima occupazione (13%) o di essere disoccupati (22%).

Strumenti. La rilevazione dei dati è stata effettuata mediante la som-

[1] Vedi la sezione "Srumenti" in *Psicologia della Salute* n. 2/2000.
[2] Vedi la sezione "Esperienze" in *Psicologia della Salute* n. 2/2000.

ministrazione di un questionario appositamente predisposto e la conduzione di colloqui tematici e *focus group*. Dati preliminari hanno permesso la formulazione della versione definitiva del questionario, che ha previsto l'impiego di domande sia aperte sia chiuse, nonché l'utilizzazione di disegni per facilitare la comprensione dei contenuti. La maggior parte degli item è stata formulata appositamente per la presente ricerca, mentre alcuni item si sono ispirati ai seguenti strumenti:

- Questionario di Toro, Salamero e Martinez (1994), che mira a saggiare l'influenza dei mass-media sulla percezione corporea;
- Eating Disorder Inventory-2 (EDI-2) di Garner (1983), adattato alla lingua e alla cultura italiana, che tende alla valutazione di comportamenti e atteggiamenti comuni ad anoressia e bulimia.
- New Body Image Assessment Scale predisposto da Thompson e Gray (Thompson, 1995), da cui sono stati estrapolati due set di nove raffigurazioni del corpo, o silhouette, differenziati per sesso, che vanno dall'emaciato all'obeso. Nel primo set occorre scegliere la figura che indica la attuale condizione, mentre nel secondo set la figura che indica la condizione desiderata.

Il questionario ha saggiato le seguenti aree:

- caratteristiche socioanagrafiche individuali e familiari;
- altezza, peso;
- immagine e rapporto con il proprio corpo (preoccupazione per il proprio peso, peso dichiarato come effettivo, peso ideale);
- stili di vita (fumo, alcool, attività fisiche e sportive, attività nel tempo libero);
- abitudini alimentari personali e familiari (relativamente agli alimenti assunti durante i pasti principali e gli spuntini; utilizzazione di integratori alimentari; regimi alimentari particolari; cambiamento di abitudini alimentari negli ultimi sei mesi);
- cibi e bevande preferiti;
- cibi e bevande ritenuti salutari o dannosi;
- fonti e modalità di influenzamento familiari e sociali;
- comportamenti alimentari associati a particolari stati d'animo;
- emozioni associate a diversi momenti legati all'alimentazione (prima, durante e dopo il pasto);
- atteggiamenti, sentimenti e comportamenti riferiti a se stesso e agli altri;
- atteggiamenti, sentimenti e comportamenti riferiti all'alimentazione;
- immagine di sé attuale, nel passato prossimo e nel futuro.

Dal questionario sono stati intenzionalmente esclusi item che potessero, in qualche modo, richiamare patologie alimentari, come ad esempio le condotte di eliminazione attraverso il ricorso a vomito autoindotto, lassativi e diuretici. Sono stati, invece, inseriti due item relativi all'età di maturazione puberale e alla regolarità delle mestruazioni, in quanto non direttamente legati a significati patologici.

Al fine di integrare e approfondire i dati rilevati mediante il questionario, sono stati condotti, anche, colloqui tematici e *focus group* con adolescenti, giovani e testimoni privilegiati (persone che per professione o interesse sono a stretto contatto con adolescenti, come insegnanti, genitori, operatori sanitari o socioeducativi, pediatri, ecc.).

Procedure per la raccolta dei dati. La raccolta dei dati attraverso il questionario si è articolata nelle seguenti fasi:

- contatti con le scuole attraverso una serie di incontri; il contatto è avvenuto sulla base di accordi preliminari con i Provveditorati agli Studi e le Aziende Sanitarie delle quattro province interessate;
- individuazione delle classi alle quali applicare il questionario e definizione delle date e delle modalità di incontro;
- somministrazione del questionario alle classi prescelte;
- identificazione di gruppi di adolescenti che non frequentavano più la scuola, o per loro scelta lavorativa o per problemi di dispersione scolastica successiva alla scuola dell'obbligo; somministrazione del questionario.

La rilevazione ha avuto inizio a partire dalla fine del mese di febbraio 1998 ed è terminata alla fine del mese di giugno 1998.

Il questionario è stato somministrato in classe, durante le ore di lezione, da ricercatori dell'Università di Firenze (membri dell'équipe di ricerca, collaboratori, borsisti, tirocinanti e laureandi). Sono state fornite istruzioni dettagliate relative alla compilazione del questionario; la rilevazione è avvenuta in forma anonima sotto il controllo costante dei somministratori.

Parallelamente alla somministrazione dei questionari nelle scuole sono stati presi accordi e sono stati svolti i colloqui tematici e i *focus group* con adolescenti e testimoni privilegiati. Tale rilevazione ha portato allo svolgimento di 4 *focus group* e 20 colloqui tematici.

Procedure di analisi dei dati. I dati raccolti con il questionario sono stati elaborati secondo tecniche qualitative e quantitative. Le risposte alle domande aperte sono state sottoposte ad analisi di tipo qualitativo (analisi di contenuto secondo categorie ritenute significative per gli obiettivi della ricerca). Le risposte alle domande chiuse sono, invece, state analizzate con varie tecniche quantitative, di tipo univariato e multivariato.

I dati sono stati analizzati separatamente per i due sessi (maschi e femmine) e per i due livelli di età (fino a 16 anni e oltre 16 anni). Sono stati eseguiti: esame delle frequenze, esame degli andamenti medi; analisi delle correlazioni; analisi fattoriali. Sono stati, inoltre, costruiti indicatori sintetici delle informazioni (ad esempio: Body Mass Index, scale di atteggiamento e di caratteristiche prsicoaffettive, ecc.), in vista della fase di analisi diagnostica.

I dati testuali, provenienti dai colloqui e dai *focus group*, sono stati sottoposti ad analisi qualitative, anche attraverso l'utilizzazione del package NUD-IST. Risultati di tale analisi vengono riferiti nella sezione "Strumenti".

4. Fattori di rischio per lo sviluppo dei disturbi alimentari in adolescenza*

di Caterina Lombardo, Simona Caiani, Manila Vannucci**

1. Introduzione

Lo studio dei disturbi del comportamento alimentare e dei fattori che possono favorirne lo sviluppo si è diffuso pressochè proporzionalmente al diffondersi dell'incidenza e della prevalenza delle due sindromi principali: l'anoressia e la bulimia. I criteri che definiscono le caratteristiche diagnostiche delle due sindromi e i disturbi del comportamento alimentare non altrimenti specificati sono riportati nelle tabelle 1, 2 e 3.

Tab. 1 – Criteri diagnostici per l'anoressia nervosa secondo il DSM IV

A:	Rifiuto di mantenere il peso corporeo uguale o al di sopra del peso minimo normale per età e altezza (oppure un peso pari all'85% di quello normale per età e altezza).
B:	Intensa *paura di diventare grassi* o di aumentare di peso anche in presenza di forte sottopeso.
C:	*Alterazione dell'immagine corporea*, o rifiuto di accettare di essere sottopeso, eccessiva *influenza del peso sui propri livelli di autostima*.
D:	Amenorrea.

Tab. 2 – Criteri diagnostici per la bulimia nervosa secondo il DSM IV

A:	Ricorrenti episodi di abbuffate (cioè ingestione di una quantità di cibo significativamente superiore a quella che la maggior parte delle persone riesce ad ingerire in un arco di tempo breve, accompagnata dalla *sensazione di perdere il controllo*).
B:	Presenza di condotte compensative per evitare l'aumento ponderale (assunzione di lassativi o diuretici, vomito autoindotto, digiuno o esercizio fisico eccessivo).
C:	Abbuffate e condotte compensatorie devono verificarsi almeno due volte a settimana per tre mesi.
D:	*Livelli di autostima dipendenti dalla forma fisica* o dal peso.

* Articolo apparso su *Psicologia della Salute*, n. 3-4/1999.
** Dipartimento di Psicologia, Sezione di Psicologia della Salute, Università degli Studi di Firenze.

Tab. 3 – Criteri diagnostici per i disturbi del comportamento alimentare non altrimenti specificati secondo il DSM IV

Questa categoria include quei disturbi dell'alimentazione che non soddisfano i criteri di nessuna delle classi diagnostiche precedenti. Comprende:	
A:	Per il sesso femminile, le sindromi che soddisfano tutti i criteri per l'anoressia nervosa in presenza di un ciclo mestruale regolare.
B:	Tutti i criteri per l'anoressia nervosa sono soddisfatti ma il peso risulta nella norma.
C:	Sono soddisfatti tutti i criteri per la bulimia nervosa salvo il fatto che la frequenza di episodi di abbuffate e condotte di compensazione è inferiore a 2 episodi a settimana per 3 mesi.
D:	Soggetti di peso normale che si dedicano a condotte compensative inappropriate (per esempio esercizio fisico eccessivamente intenso) dopo aver ingerito piccole quantità di cibo.
E:	Soggetti che ripetutamente masticano e sputano grandi quantità di cibo senza deglutire alcunché.

Secondo i dati riportati dal DSM IV attualmente la prevalenza della bulimia è di circa l'1-3%, mentre quella dell'anoressia è pari allo 0.5-1%. I risultati degli studi epidemiologici (per esempio Halmi, Casper, Eckert, Goldberg e Davis, 1979; Striegel-Moore, 1997), inoltre, indicano che i disturbi del comportamento alimentare si manifestano tipicamente nelle giovani donne; l'età di comparsa presenta una distribuzione bimodale con un picco intorno ai 14 anni ed un secondo picco intorno ai 18/20 anni.

Sebbene questi dati epidemiologici si riferiscano generalmente alla popolazione statunitense, studi condotti su campioni di adolescenti italiani confermano che il fenomeno assume, anche nel nostro paese, entità simile. Santonastaso, Zanetti, Sala, Favaretto, Vidotto, Favaro (1996) hanno analizzato un campione di 359 studentesse (età media 16.1 anni) iscritte presso alcune scuole superiori della città di Padova. La prevalenza dell'anoressia è risultata di 0.0% (nessun caso presenta la sintomatologia completa), la prevalenza della bulimia era dello 0.5%. I disturbi alimentari non altrimenti specificati ammontavano al 3.7% e le sindromi parziali al 7.2%. Rossi, Ballottin, Bonera, Citterio, Martelli, Ricci, Scelsa, Tebaldi, Vercelli, Zambrino e Lanzi (1997) intervistando 904 adolescenti del nord Italia, di età compresa fra 13 e 20 anni, hanno riscontrato il disturbo anoressico, definito in base alla presenza di tutti i criteri diagnostici enunciati dal DSM IV, nello 0.2% dei soggetti studiati; l'1.3% presentava, invece, tre sintomi e il 5.3% ne presentava due. Cotrufo, Barretta, Monteleone e Maj (1998) hanno studiato 919 adolescenti di sesso femminile frequentanti alcune scuole superiori di Napoli e Provincia. Lo 0.2% delle ragazze studiate presentava anoressia nervosa (definita secondo i criteri diagnostici del DSM IV), il 2.3% presentava bulimia nervosa (criteri DSM IV), nello 0.2% era presente il *binge eating disorder* (disturbo da abbuffate compulsive in assenza di condotte di eliminazione), il 3.8% presentava la sindrome parziale, il 10.7% delle ragazze studiate, infine, è stato classificato come caso subclinico. Uno studio italiano di tipo longitudinale condotto da Santonastaso, Friederici e Favaro (1999) ha indicato l'evoluzione temporale delle sindromi parziali. Gli autori rilevano che il 6.3% delle sindromi identificate al momento della prima rilevazione, a distanza di un anno, diventano casi di bulimia nervosa; nel 37.5% dei casi si assiste alla remissione completa dei sintomi mentre la maggior parte dei casi (pari al 56.2%) continua a presentare la sintomatologia propria delle sindromi parziali.

Per spiegare la genesi dei disturbi alimentari il modello etiopatogenetico prevalso negli ultimi anni è un modello multifattoriale e probabilistico, che identifica una serie di condizioni interne ed esterne alla persona, dette *fattori di rischio*, in grado di aumentare la probabilità che si manifesti un disturbo del comportamento alimentare. Il modello, oltre a privilegiare una concezione patogenetica di tipo probabilistico, suggerisce che anche nella popolazione non clinica possano essere individuate le caratteristiche sociali, culturali, personali e gli stili di vita che predispongono o proteggono nei confronti di questo tipo di disturbi.

L'obiettivo di questa rassegna è duplice: da un lato descrivere il ruolo dei principali fattori di rischio identificati dalla letteratura; dall'altro valutare se i risultati degli studi esaminati sono coerenti con un modello di tipo categoriale, che concepisce i disturbi mentali (compresi quelli alimentari) come categorie nosologiche discrete di comportamenti "devianti" o se, invece, sono più congruenti con l'ipotesi, avanzata da alcuni autori (per esempio Lucas, 1981; Ponton, 1996), secondo cui esisterebbe un continuum che va dai comportamenti alimentari "sani" ai "disturbi del comportamento alimentare" passando per una serie di comportamenti che si discostano in vario modo da quelli sani (comportamenti disturbati o disordinati).

2. Fattori di rischio

Lo studio dei fattori eziologici dei disturbi del comportamento alimentare ha visto avvicendarsi una serie di fasi o "epoche storiche" (Lucas, 1981), passando dal riconoscimento dell'anoressia come sindrome clinica, alla ricerca dei nuclei e dei centri cerebrali in cui localizzare la "causa" del disturbo per arrivare fino al riconoscimento della stretta associazione fra disturbo alimentare ed altri disturbi psichiatrici. Nel 1980 è stata introdotta nel DSM-III la distinzione fra anoressia e bulimia nervosa, precedentemente considerate due sottotipi della stessa sindrome clinica. Solo recentemente si è giunti a definire un modello etiopatogenetico di tipo biopsicosociale consensualmente condiviso (per esempio Brookings e Wilson, 1994; Ponton, 1996; Striegel-Moore, 1997) che trae origine dai risultati di studi condotti in popolazioni cliniche e non cliniche adottando disegni di ricerca sia longitudinali che trasversali. I fattori di rischio individuati possono essere classificati come segue:

1. **personali**: *biologici* (fisiologici e genetici, differenze di genere, sviluppo puberale, quantità di grasso corporeo), *psicologici* (distorsione dell'immagine corporea e insoddisfazione per il corpo, impulso verso la magrezza, scarsa autostima e basso concetto di sé, instabilità affettiva, perfezionismo), *comportamentali* (tendenza ad adottare comportamenti alimentari restrittivi, abitudini alimentari disordinate, stili di vita eccessivamente sedentari);
2. **ambientali**: *influenze socioculturali* (status socioeconomico, influenze dei mass media e modelli socialmente condivisi), *influenze relazionali* (famiglia e gruppo dei pari).

2.1. Fattori personali

Biologici

I principali fattori biologici indagati sono le influenze genetiche, l'esistenza di alterazioni funzionali, le differenze di genere, lo sviluppo puberale e la quantità di grasso corporeo.

Studi epidemiologici di tipo familiare mostrano l'esistenza di una **predisposizione genetica** a manifestare i disturbi alimentari. L'incidenza di anoressia o bulimia in figli di genitori con patologie del comportamento alimentare è maggiore (6%) che nei figli di genitori che non presentano questi disturbi (1%) (Gorwood, Bouvard, Mouren-Simeoni, Kipman, 1998). Uno studio condotto su coppie di gemelli (Holland, Sicotte e Treasure, 1998) indica, inoltre, che il 25% delle gemelle monozigoti ed il 5% delle gemelle dizigoti di pazienti anoressiche presentano anoressia nervosa.

A sostegno dell'ipotesi che fra i fattori di rischio per l'anoressia e la bulimia siano riconoscibili **alterazioni biologico-funzionali** possiamo citare i risultati di alcuni studi recenti in cui viene riscontrata o un'anomalia di tipo cerebrale, o un'alterazione funzionale di ghiandole come la tiroide o le gonadi. Per esempio, Gordon, Lask, Bryant-Waugh, Cristie e Timimi (1997) riportano un ridotto flusso ematico cerebrale nell'87% dei pazienti studiati in cui era presente anoressia infantile; Morgan e Lacey (1996) riscontrano un caso di anoressia nervosa dopo interruzione dell'uso di steroidi come trattamento dell'asma; Schmith e O'Donoghue (1992) descrivono 3 casi di anoressia nervosa sviluppatasi dopo l'insorgenza di un disturbo tiroideo. Alcuni autori (cfr. Wolfe, Metziger, Jimerson, 1997) riportano, inoltre, la presenza di alterazione del sistema serotoninergico di regolazione dei segnali di fame-sazietà nei pazienti con disturbi alimentari. Anche i sintomi quali instabilità affettiva, impulsività, ossessività che frequentemente si associano ai disturbi alimentari sono coerenti con l'alterazione del meccanismo serotoninergico di trasmissione neurale. La possibilità di generalizzare questi risultati, tuttavia, è limitata dal fatto che mancano studi longitudinali che permettano di chiarire quale sia il meccanismo potenzialmente causale.

Fra i predittori biologici di rischio, molto studiate, anche con disegni di ricerca di tipo longitudinale, sono le **differenze di genere**. Gli studi epidemiologici indicano che l'incidenza e la prevalenza delle due sindromi cliniche, è inferiore nei maschi rispetto alle femmine. La percentuale dei maschi anoressici sul totale di casi di anoressia nervosa è variamente stimata intorno al 5-10% (per esempio Nielsen, 1990; Lucas, Beard, O'Fallon, Kurkland, 1991). Flament, Ledoux, Jeammet, Choquet, Simon (1995) riportano una prevalenza della bulimia nervosa (1.1%) per le ragazze adolescenti rispetto ai maschi (0.1%) della stessa età. In uno studio longitudinale, Leon, Fulkerson, Perry ed Early-Zald (1995) mostrano come nel corso di 3 anni di osservazione, nel gruppo delle ragazze adolescenti studiate la presenza di sintomi come la perdita di peso, il vomito autoindotto, le abbuffate e le restrizioni alimentari sia significativamente maggiore che nel gruppo di coetanei maschi. Non si riscontrano differenze fra i due gruppi solo se si considera la misura psicometrica dell'impulso alla magrezza valutata nel primo anno di rilevazione. La prevalenza di disturbi alimentari in gruppi maschili "particolari" è maggiore che nella popolazione generale. Per esempio McNulty (1997b) studiando un gruppo di marines americani maschi riporta, per questi soggetti, una prevalenza dell'anoressia pari al 2.5% e della bulimia pari al 6.8%. I disturbi alimentari non altrimenti specificati presentavano una prevalenza del 40.8%.

Nonostante la minore incidenza e prevalenza dei disturbi alimentari nei maschi, la percentuale di maschi "a rischio" risulta molto elevata. Felker e Stivers (1994), per esempio, riportano una percentuale pari al 22.8% del campione di soggetti studiati suggerendo che, probabilmente il passaggio dal rischio al disturbo alimentare venga modulato da fattori psicosociali come, ad esempio, la maggiore incidenza di depressione e autocolpevolizzazione fra le femmine rispetto ai maschi. L'ideale di bellezza, inoltre, risulta essere molto più presente nelle donne rispetto agli uomini.

A spiegare le differenze nel decorso (dalla manifestazione del rischio alla manifestazione del disturbo alimentare) fra maschi e femmine possono anche contribuire altri fattori biologici come il diverso **sviluppo puberale** e la diversa **distribuzione del grasso corporeo** tra maschi e femmine adolescenti e l'interazione fra questi fattori e quelli sociali. Nel corso dell'adolescenza, infatti, si assiste soprattutto nelle femmine a massicci aumenti della quantità di grasso corporeo e a modifiche della distribuzione del tessuto adiposo nei vari distretti corporei (Young, Sipin e Roe, 1968). Questi cambiamenti possono portare molte adolescenti a sviluppare un'eccessiva preoccupazione ed insoddisfazione per la propria immagine corporea, che vedono allontanarsi dall'ideale di immagine e bellezza proposto dai mass media e condiviso dal gruppo dei pari (per esempio Striegel-Moore Silberstein e Rodin, 1986; Turner, Hamilton, Jacobs, Angood, Dwyer, 1997). I cambiamenti corporei possono, inoltre, spingerle a intraprendere regimi dietetici caratterizzati da forte restrizione alimentare (il termine viene usato per indicare l'adozione di diete e regimi alimentari ipocalorici o di abitudini alimentari volte a favorire la riduzione del peso corporeo, ritenuto in eccesso o inaccettabile), con conseguenti carenze di elementi nutrizionali essenziali alla crescita e allo sviluppo.

Le ragazze adolescenti in cui si presenta la fase puberale più precocemente, e in cui si determina un precoce aumento di peso, presentano una più alta insoddisfazione per il proprio corpo (Cauffman e Steinberg, 1996) e una maggiore frequenza nelle restrizioni alimentari rispetto ai loro coetanei maschi (per esempio Fox, Page, Armstrong, Kirby, 1994; Gralen, Levin, Smolak e Murnen, 1990).

Ricerche trasversali e longitudinali indicano, inoltre, che lo sviluppo puberale precoce oltre ad abbinarsi ad una maggiore insoddisfazione per il proprio corpo (indipendentemente da quale sia la massa corporea reale), si associa, anche, ad una maggiore frequenza di sintomi depressivi anche gravi e a una maggiore incidenza di disturbi alimentari cronici o di comportamenti alimentari disturbati (per esempio Graber, Brooks-Gunn, Paikoff, Warren, 1994; Killen Hayward, Wilson, Taylor, Hammer, Litt, Simmonds, Haydel 1994; Rierdan e Koff, 1997).

È possibile che il repentino aumento di peso (dovuto alla più precoce pubertà) accresca nelle giovani adolescenti le difficoltà ad adattarsi ai cambiamenti fisici; inoltre, nelle ragazze, più che nei coetanei maschi, è possibile che l'enfasi maggiore sulla magrezza dipenda da fattori sociali (adeguamento a modelli condivisi, concetto di sé prevalentemente dominato dall'aspetto fisico ecc.), come suggeriscono anche i risultati di uno studio di Cauffman e Steinberg (1996). Gli autori hanno riscontrato un'interazione fra il livello di maturazione e il coinvolgimento in attività sociali. Eliminando, attraverso un'analisi della regressione gerarchica, l'influenza dell'età e dello stadio di sviluppo puberale (classificando i soggetti in 3 categorie: ragazze senza menarca, con menarca, post menarca), si è reso possibile l'utilizzo del grado di coinvolgimento in attività e in gruppi eterosessuali al fine di predire la presenza di comportamenti alimentari più disturbati nel gruppo di ragazze socialmente più attive rispetto a quelle meno coinvolte in attività sociali. L'effetto delle attività sociali si riscontra nelle ragazze che hanno avuto il menarca (menarca e post menarca) ma non in quelle che non hanno ancora raggiunto lo sviluppo puberale.

Psicologici

Fra le caratteristiche personali che la ricerca empirica ha indicato come correlate allo sviluppo di disturbi alimentari, le principali sono l'insoddisfazione per il proprio corpo, la bassa autostima (in particolare se dipendente dall'immagine corporea), l'instabilità affettiva e il perfezionismo. Apposite scale che misurano le suddette caratteristiche psicologiche sono contenute in questionari specifici come l'EDI-2 di Garner, Olmstead e Polivy (1983), l'EAT (Eating Attitude Test) di Garner, Olmsted, Bohr, Garfinkel (1982), il TFEQ (Three Factors Eating Questionnaire) di Stunkard e Messick (1985). Le caratteristiche metrologiche e l'utilità dei questionari sopra indicati è stata diffusamente documentata e discussa sia per quanto riguarda indagini di screening nella popolazione generale, sia in ambito clinico (per esempio Flament *et al.*, 1995; Lyon, Chatoor, Atkins, Silber, Mosimann, Gray, 1997; Steinhausen, 1997).

Il ruolo dell'**insoddisfazione corporea** come fattore di rischio per la genesi dei disturbi alimentari è stato ampiamente indagato attraverso molteplici strumenti di misura (una revisione critica di tali strumenti esula dagli obiettivi di questa rassegna). I risultati indicano che l'insoddisfazione per il corpo predice significativamente il successivo sviluppo di disturbi alimentari (per esempio Attie, Brooks-Gunn, 1989; Graber *et al.*, 1994; Killen *et al.*, 1994) e si associa a comportamenti alimentari disturbati come, per esempio la tendenza a sottoporsi a ripetute diete dimagranti (per esempio Raich, Rosen, Deus, Perez, Requena, Gross, 1992; Huon, 1994). L'associazione fra distorsione dell'immagine corporea e disturbi alimentari è stata riscontrata anche su popolazioni cliniche (per esempio Fabian, Thompson, 1989; Ricciardelli, Tate, Williams, 1997; Thompson, 1996); molti autori (per esempio Thompson, Heinberg e Clarke, 1996), infatti, indicano che il trattamento del disturbo alimentare debba associarsi al trattamento della distorsione dell'immagine corporea.

L'insoddisfazione per il corpo, inoltre, risulta associata a caratteristiche obiettive come il reale sovrappeso o l'età di sviluppo puberale: si descrivono, cioè, più insoddisfatti del proprio corpo adolescenti in sovrappeso (per esempio Davies, Furnham, 1986; Eisele, Hertsgaard, Light, 1986; Thompson, Coovert, Richards, Johnson, Cattarin, 1995) o adolescenti con un più precoce sviluppo puberale (per esempio Cauffmann e Steinberg, 1996). In uno studio longitudinale su peso corporeo reale, insoddisfazione per il proprio corpo e disordini del comportamento alimentare Heatherton e coll. (Heatherton, Mahamedi, Striepe, Field, Keel, 1997) hanno evidenziato che a 10 anni di distanza dalla prima rilevazione, sebbene nelle donne studiate si riducano i sintomi indicativi di un disordine alimentare, l'insoddisfazione per il proprio corpo e la voglia di dimagrire rimangono costanti, indipendentemente dal peso corporeo reale. Nei maschi, al contrario, si verifica un aumento del peso corporeo ed un aumento della propensione a intraprendere una dieta dimagrante. La difficoltà ad accettare il proprio corpo ed il proprio peso, dunque, non si modifica nemmeno dopo il passaggio dall'adolescenza all'età adulta.

Nonostante l'associazione fra distorsione dell'immagine corporea e comportamenti alimentari disturbati ottenga alto consenso, alcuni autori (per esempio Garner e Garfinkel, 1981; Hsu, 1990; Hsu e Sobkiewicz, 1991) mettono in evidenza che il costrutto di distorsione dell'immagine corporea presenta una definizione concettuale ambigua che si riflette in una molteplicità di definizioni operazionali e quindi di strumenti e tecniche di misura. In particolare sembrerebbe discutibile la concezione unidimensionale del costrutto di immagine corporea distorta (Cash, Brown, 1987; Gleaves, Williamson, Eberenz, Sebastian, Barker, 1995). Garner e Garfinkel (1981) suggeriscono l'esistenza di due tipi di distorsione dell'immagine corporea, una percettiva (relativa alla sovra-stima/sotto-stima delle dimensioni corporee e all'incapacità meramente percettiva di valutare accuratamente le proprie dimensioni corporee) e una affettiva (relativa alle sensazioni, stati d'animo, emozioni, paure evocate dall'immagine del proprio corpo e all'insoddisfazione per il proprio corpo così come viene vissuto, indipendentemente dalle distorsioni percettive). I due tipi di distorsione possono verificarsi indipendentemente l'una dall'altra o agire insieme in modo non necessariamente additivo. I risultati di alcuni studi recenti confermano la natura multidimensionale dell'immagine corporea ed indicano che la dimensione affettiva (per esempio la paura di ingrassare) potrebbe influire su quella percettiva determinandone le distorsioni e la conseguente insoddisfazione (per esempio Gleaves *et al.*, 1995; Williamson, Cubic, Gleaves, 1993). In tal senso si orientano anche i risultati di uno studio correlazionale condotto da Keeton, Cash e Brown (1990) nel quale si riscontrano correlazioni elevate fra distorsione affettiva dell'immagine corporea e difficoltà di adattamento (misurate per esempio tramite l'SCL-90-R) o presenza di sintomatologia bulimica. Al momento, tuttavia, non sono disponibili (almeno a nostra conoscenza) studi che valutino con disegni longitudinali la relazione fra queste due dimensioni e lo sviluppo di disturbi alimentari.

Per quanto riguarda la relazione fra disturbo alimentare e **autostima**, Bruch (1973) suggerisce che l'ipercontrollo del peso corporeo che si riscontra nelle anoressiche sia il risultato di un "*overwhelming sense of ineffectiveness*", cioè di un senso di inefficacia personale e di bassa stima di sé eccessivi e totalmente pervasivi. Questo senso di inefficacia personale si tradurrebbe in uno sforzo estremo di aumentare la propria autostima attraverso il controllo del senso della fame e del peso corporeo.

Tradizionalmente il concetto di autostima viene visto come indicatore di benessere psico-emotivo (Harter, 1988, cit. in Fox *et al.*, 1994; Sonstroem, 1984); le concezioni attuali (per esempio Marsh e Shavelson, 1985) ne prevedono una struttura gerarchica in cui vari aspetti del concetto di sé, relativi per esempio all'aspetto fisico, al successo scolastico, alle competenze sociali, contribuiscono a definire concetti sempre più globali di sé, gerarchicamente sovraordinati. Gli aspetti più specifici sarebbero più direttamente legati ai comportamenti (Fox *et al.*, 1994).

Una bassa autostima potrebbe costituire sia un fattore di vulnerabilità, come indica Button (1990; Button, Sonuga-Barke, Davies, Thompson, 1996), sia un predittore di insuccesso dei trattamenti dei disturbi alimentari come sembrano suggerire Weinreich e collaboratori (Weinreich, Doherty, Harris, 1985) e Fairburn (1988).

Button *et al.* (1996), in uno studio longitudinale evidenziano che la presenza di bassi livelli di autostima a 11-12 anni predice la presenza di alti punteggi (e quindi alta suscettibilità al disturbo alimentare) all'EAT nel periodo di 15-16 anni. Canals, Carbajo, Fernandez, Mart-Henneberg, Domenech (1996) riferiscono che adolescenti sia maschi che femmine classificati "a rischio" (in base al punteggio riportato all'EAT) presentano livelli di autostima relativa alle proprie competenze scolastiche più bassi; le femmine a rischio presentano anche livelli di autostima generale più bassi dei loro coetanei "non a rischio". Fox e coll. (1994) hanno riscontrato che punteggi più bassi di autostima si accompagnano a maggiore restrizione alimentare nelle adolescenti femmine, mentre nei maschi la bassa autostima si associa alla tendenza a mangiare di più in presenza di umore disforico. Autostima e restrizione alimentare, inoltre, interagiscono con lo sviluppo puberale: le adolescenti con sviluppo puberale più precoce, infatti, oltre ad adottare con maggiore frequenza regimi alimentari ipocalorici, presentano anche delle differenze per quanto riguarda il concetto di sé (minore competenza fisico-sportiva, più basso concetto di sé corporeo, maggiore frequenza di sentimenti di inadeguatezza e di inutilità rispetto ai loro coetanei maschi).

Molti studi riportano un'associazione fra **instabilità affettiva** e comportamento alimentare disturbato. Il concetto di instabilità affettiva è stato inteso, in questo ambito, come tendenza a manifestare ansia, depressione, impulsività. Studi condotti su popolazioni cliniche indicano che sono frequenti fra i pazienti con disturbo alimentare, disturbi dell'umore anche gravi (generalmente ansia e depressione) e disturbi di personalità. Come indicano il manuale diagnostico DSM IV e numerose ricerche (per esempio Bollea, 1996; Herzog, Keller, Sacks, Yeh, Lavore, 1992), i sintomi e i disturbi frequentemente associati all'anoressia sono sintomi depressivi (che possono soddisfare i criteri per la diagnosi di depressione maggiore), irritabilità, insonnia, riduzione o perdita dell'interesse sessuale, sintomi e tratti ossessivo-compulsivi, nonché tratti perfezionistici; sono, invece, associati alla bulimia, oltre alla depressione, l'ansia e i disturbi di personalità. Molti studi riportano la presenza di alti livelli di depressione e ansia sia in soggetti con distubi alimentari che in soggetti con sindromi parziali (Dancynger e Garfinkel, 1995; Garfinkel, Lin, Goering *et al.*, 1995; Cotrufo *et al.*, 1998).

Esaminando i risultati di 32 studi condotti per valutare quanto i profili di personalità definiti attraverso l'MMPI differenzino pazienti anoressiche, bulimiche, obese e soggetti normali, Morey e Kurtz (1995) suggeriscono che globalmente la configurazione delle scale cliniche è simile nei tre gruppi di pazienti salvo per la scala di Deviazione Psicopatica nella quale le pazienti bulimiche ottengono punteggi più elevati. Questa configurazione potrebbe indicare la maggiore difficoltà nel controllo degli impulsi da parte di questo gruppo di pazienti, il cui funzionamento globale, quindi, risulterebbe maggiormente alterato rispetto agli altri due gruppi di patologie. A sostegno di questa ipotesi depongono anche i risultati degli studi che hanno utilizzato il Revised Symptom Checklist-90 (SCL-90) che indicano un'elevata presenza di sintomatologia psicopatologica nelle bulimiche con elevati punteggi nelle scale di Depressione, Ansia e Ossessione-Compulsione (Morey e Kurtz, 1995).

Non è ancora chiaro, tuttavia, se elevati livelli di depressione o ansia costituiscano un fattore di rischio per l'insorgenza dei disturbi alimentari o siano piuttosto secondari ai disturbi stessi (Altshuler e Weiner, 1985; Leung e Steiger, 1991), anche perché gli studi longitudinali e quelli condotti su popolazioni non cliniche sono poco numerosi. Leon *et al.* (1995) in uno studio longitudinale della durata di 3 anni sui fattori di vulnerabilità in grado di predire disordini alimentari in adolescenti hanno trovato che la depressione non è predittiva dello status di rischio; al contrario lo sono altre caratteristiche personali come la consapevolezza enterocettiva. Altri autori (per esempio Canals *et al.*, 1996), invece, riferiscono che ansia, depressione, impulsività si associano a un aumento dei comportamenti a rischio. Il ruolo di questi fattori, dunque, rimane ancora controverso.

Un'altra caratteristica personale ritenuta associata ai disturbi alimentari è il **perfezionismo**. Inizialmente ritenuto tratto di personalità unitario (per esempio Bruch, 1973), solo recentemente è stato considerato come un costrutto multidimensionale, composto da componenti personali e interpersonali. Hewitt, Flett e Ediger (1995) riferiscono che, mentre le componenti interpersonali (intese come perfezionismo socialmente prescritto e autopresentazione perfezionistica) sarebbero legate ad entrambe le sindromi alimentari, la componente personale (intesa come perfezionismo autoorientato) sarebbe relata esclusivamente al quadro clinico anoressico. Tuttavia non è ancora chiaro se il perfezionismo possa essere considerato un fattore di rischio o piuttosto un fattore di mantenimento del disturbo come suggerito da Santonastaso *et al.* (1999) sulla base dei risultati di uno studio condotto su un campione di 394 femmine adolescenti, con follow-up a distanza di 1 anno.

Comportamentali

Fra le abitudini e gli stili di vita che possono favorire lo sviluppo di disturbi alimentari risultano particolarmente studiati: a) l'adozione di regimi alimentari che non comprendono un'adeguata proporzione (sia in eccesso che in difetto) dei nutrienti essenziali alla crescita o al buon funzionamento dell'organismo; b) l'adozione di regimi alimentari ipocalorici (dieting) frequenti o di frequenti comportamenti finalizzati a compensare eccessi alimentari (per esempio digiuno, uso di lassativi, vomito, esercizio fisico strenuo, ecc.); c) l'adozione di abitudini alimentari particolarmente disordinate (mangiare a orari irregolari, saltare i pasti, ecc.); d) l'adozione di uno stile di vita sedentario.

Pediatri e nutrizionisti raccomandano di fornire un **adeguato apporto nutrizionale** che possa sostenere lo sviluppo che si verifica nell'organismo durante il periodo dell'adolescenza (per esempio Fisher, Golden, Katzman,

Kreipe, Rees, Schebendach, Sigman, Ammerman, Hoberman, 1995). Studi condotti per valutare quanto le abitudini alimentari degli adolescenti garantiscano un adeguato apporto nutrizionale mettono in evidenza risultati sconfortanti. Cardamone Cusatis e Shannon (1996), esaminando le abitudini alimentari di 242 studenti (135 F e 107 M, età media 16.7±1.1) di una cittadina dello stato di Pennsylvania, hanno evidenziato che gli adolescenti del campione esaminato, sia maschi che femmine, presentano un'alimentazione inadeguata: i maschi assumono più cibi grassi, più zuccheri e in generale consumano più cibo, rispetto alle linee guida proposte dalla Food Guide Pyramid (le linee guida per una corretta alimentazione elaborate dalla USDA), di quanto facciano le femmine. Nei maschi, inoltre, in misura più alta rispetto alle femmine, questo scostamento dalle linee guida è spiegato in modo significativo dalla quantità di pasti consumati (ovvero dal numero di pasti "saltati" in una giornata), dalla frequenza degli spuntini, e dal fatto di consumare molti pasti fuori casa (per esempio al bar). Nelle femmine, invece, l'adozione di comportamenti alimentari non "sani" non può essere spiegata da ragioni pratiche (come ad esempio i pasti fuori casa) ma da altre caratteristiche come l'autostima o la preoccupazione di ingrassare.

La tendenza ad intraprendere frequentemente una dieta ipocalorica per perdere peso/diventare più magri (**restrizione alimentare**), è uno dei fattori che la maggior parte dei ricercatori identifica come forte predittore di rischio. Intraprendere una dieta ipocalorica non costituisce, in sé, un fattore di rischio. Al contrario, l'associazione fra "dieta cronica" ed "eccessiva preoccupazione per il proprio peso" risulta essere un buon predittore di rischio. Fra coloro che adottano un comportamento alimentare cronicamente restrittivo e sono eccessivamente preoccupati per il loro peso, infatti, aumenta la probabilità di adottare condotte dannose ed estreme come le abbuffate e le eliminazione ripetute, l'assunzione di diuretici o lassativi, il digiuno, ecc. (per esempio Stunkard e Wadden, 1990; Polivy e Herman, 1985). Raich *et al.* (1992) indicano che la percentuale di soggetti che intraprendono una dieta ipocalorica è compresa fra il 25% e il 50%. In uno studio condotto da Ponton, Gruber, Di Clemente (1994 cit. in Ponton, 1996) su oltre 6.000 adolescenti, si rileva che il 33% ha riferito di "abbuffarsi" almeno due volte alla settimana, oltre il 30% di "saltare frequentemente i pasti", il 5% di avere fatto uso di pillole dietetiche e il 4% di aver fatto ricorso al vomito autoindotto per controllare il peso corporeo. Risultati simili sono stati riscontrati in un campione di studentesse italiane di scuola media superiore (Vetrone e Cuzzolaro, 1996): il 35.25% delle ragazze che hanno partecipato allo studio riferisce di intraprendere frequentemente una dieta dimagrante, mentre il vomito auto-indotto come strategia per compensare un pasto "eccessivo" è presente nell'8.6%.

Nichter, Ritenbaugh, Nichter, Vuckovic, Aickin (1995) riportano che il 43.6% degli adolescenti intervistati con strumenti di tipo epidemiologico (per esempio interviste telefoniche, questionari autoredatti) sta cercando di perdere peso; le strategie adottate riguardano i farmaci (7.6%), il vomito (9%), l'esercizio fisico strenuo (54%). Nello stesso studio è stato richiesto a un gruppo indipendente di adolescenti di registrare su diari alimentari i cibi assunti; gli elementi emersi indicano che fra le ragazze che si propongono di adottare una qualche strategia per dimagrire, il 33% riporta effettivamente almeno un giorno di "dieta". Tale percentuale indica che l'adozione di una dieta dimagrante è certamente un comportamento ampiamente praticato. Il gruppo di adolescenti che hanno compilato i diari alimentari, inoltre, è stato suddiviso in 4 sottogruppi: i soggetti *dieters* (cioè i soggetti che riferiscono di essere sempre o quasi sempre a dieta) che corrispondono all'8% del campione; i soggetti *watchers* (cioè coloro che dicono di stare sempre molto attenti a ciò che mangiano anche se non stanno seguendo o non devono seguire una vera e propria dieta) pari al 36% del campione; i soggetti *watcher/dieters* (cioè coloro che dicono di stare attenti sempre o quasi sempre a ciò che mangiano e di dover intraprendere ogni tanto diete dimagranti) che costituiscono il 42% del campione; il gruppo dei soggetti non a dieta e non attenti alla qualità e quantità del cibo, pari al 13% dell'intero campione di soggetti. I confronti fra i gruppi evidenziano che i soggetti dei sottogruppi definiti *dieters* e *watchers/dieters* presentano peso, BMI (cioè il rapporto fra il peso e l'altezza elevata al quadrato) e quantità di esercizio fisico (numero di volte che nel corso della settimana precedente hanno svolto esercizio fisico per almeno 30') significativamente superiore rispetto ai soggetti delle altre categorie. Soltanto il sottogruppo di adolescenti non a dieta (ovvero non più del 13% del campione) riferisce di mangiare una quantità e una proporzione di cibi adeguata a garantire un corretto apporto nutrizionale. I rimanenti gruppi possono, invece, venire classificati (sulla base di quanto riportato sui diari alimentari) come "a rischio nutrizionale".

Oltre ad essere così diffusa, l'eccessiva preoccupazione per il corpo e per il peso e la tendenza a intraprendere diete e regimi alimentari ipocalorici si manifesta in soggetti di età sempre più giovane, come indicano anche studi condotti in Italia. Vetrone e Cuzzolaro (1996), ad esempio, esaminando un gruppo di 501 alunni di scuola elementare (ultimi due anni) e media inferiore, hanno rilevato che il 44% del campione "desidera dimagrire", il 24% "teme di essere grasso", il 6% presenta un'elevata insoddisfazione corporea, il 3% riferisce di abbuffarsi, il 3% indica di adottare il vomito come strategia per non aumentare di peso.

Accanto al generale desiderio di essere magri e alla diffusa tendenza a intraprendere diete dimagranti, è altrettanto diffusa la tendenza ad adottare **stili di vita sedentari** e ad aumentare il consumo di zuccheri e grassi, tutte abitudini che hanno come conseguenza l'aumento del BMI e della quantità di grasso corporeo (D'amicis, Martino, Turrini, 1997). Anche fra gli adolescenti queste abitudini sembrano diffusamente consolidate. Caldarone, Spada, Giampietro, Lista, Callari, Berlutti (1994) riportano un indice di massa corporea (BMI) significativamente superiore a quello della popolazione di riferimento in un campione di adolescenti di età compresa fra gli 8 e i 14 anni. I soggetti studiati, inoltre, presentano abitudini alimentari inadeguate e tendono a mostrare una scarsa attitudine a svolgere esercizio fisico; preferiscono adottare uno stile di vita sedentario o ipocinetico, con effetti negativi sulla condizione di benessere. Dal momento che il sovrappeso è fortemente correlato con la tendenza ad intraprendere diete ipocaloriche e ad adottare comportamenti alimentari disturbati, il rischio per lo sviluppo di disturbi alimentari è molto forte.

2.2. *Fattori ambientali*

Influenze socioculturali

L'influenza di **fattori socioculturali** come lo status socioeconomico o il gruppo etnico di origine, è stata fra le prime ad essere indagata. In particolare l'anoressia sembrava manifestarsi principalmente in ragazze provenienti da un ambiente socioeconomico medio-alto di origine europea, mentre non sembrava affliggere sensibilmente le giovani donne di bassa estrazione sociale o le minoranze razziali (Kendell, Hall, Hayley, Babigian, 1973). Negli anni recenti il disturbo si è diffuso a tutti i livelli socioeconomici tanto che questa variabile continua ad essere studiata come caratteristica descrittiva del campione su cui vengono condotti gli studi ma non viene considerata più un fattore di rischio-protezione (per esempio Nagel e Jones, 1992; Wichstrøm, Skogen, 1994). L'attenzione si è rivolta, successivamente, a studiare il ruolo di altri fattori socioculturali come i valori dominanti o gli standard di bellezza condivisi da una determinata società, anche sulla base delle differenze di incidenza e di prevalenza riportate negli studi epidemiologici. La presenza dell'anoressia e della bulimia è più elevata, infatti, in quei paesi che condividono una cultura di tipo occidentale: è più alta negli USA rispetto alla Spagna (Raich *et al.*, 1992) o alla

Svizzera (Steinhausen, Winkler, Meier, 1997) e in specifiche "popolazioni" (per esempio nelle ginnaste, come riferisce Petrie, 1993 o in un gruppo di infermiere della marina americana, come riferisce McNulty Fisher, 1997a). L'aumento dell'incidenza di anoressia o bulimia, inoltre, è maggiore nelle culture occidentali rispetto a quelle orientali (Buhrich, 1981; Lee, 1993).

Steinhausen, Boyadjieva, Neumaerker (1995) hanno valutato l'influenza dei fattori socioculturali confrontando le caratteristiche di pazienti anoressiche o bulimiche appartenenti a 4 diversi contesti culturali: Berlino Est e Berlino Ovest prima della caduta del muro, Zurigo e Sofia. I risultati indicano che la differenza culturale principale riguarda il riconoscimento e il trattamento delle sindromi. Va considerato, inoltre, che fra gli eventi scatenanti, i problemi familiari e le crisi evolutive sono più frequentemente riportati dai pazienti di Zurigo.

Striegel-Moore *et al.* (1986), in una rassegna della letteratura sui fattori di rischio per la bulimia nervosa individuano quattro principali fattori culturali: gli standard di bellezza femminile, la diffusione e la pubblicizzazione delle pratiche alimentari di controllo restrittivo del peso, il culto della fitness e i cambiamenti nei ruoli sessuali. Anche se dopo 10 anni dalla sua pubblicazione, tale lavoro rimane ancora attuale rispetto al tema dei fattori di rischio attinenti alla sfera socioculturale, negli ultimi anni si è assistito ad uno studio più approfondito del **ruolo dei mass-media**. I modelli proposti da televisione, cinema, giornali veicolano il messaggio che la magrezza per la donna è sinonimo di bellezza, forza, successo soprattutto professionale. Questo messaggio può determinare un aumento dell'insoddisfazione corporea e della preoccupazione per il proprio peso e in tal senso costituire un fattore di rischio per lo sviluppo dei disturbi alimentari (per esempio Polivy e Herman, 1985; Striegel-Moore *et al.*, 1986).

Recenti evidenze sperimentali hanno mostrato che la relazione fra messaggio veicolato dai mass media e rischio di sviluppo dei disturbi alimentari è alquanto complessa. Posavac, Posavac e Posavac (1998) in uno studio condotto su giovani donne di età compresa fra i 18 ed i 25 anni, hanno dimostrato che l'aumento del livello di preoccupazione per il proprio peso a seguito dell'esposizione a modelli femminili particolarmente attraenti è mediato dal preesistente livello di insoddisfazione corporea. Le donne con basso livello di insoddisfazione corporea sono risultate, infatti, meno vulnerabili all'influenza di tali modelli. Altri autori riportano risultati paragonabili (per esempio Henderson-King e Henderson-King, 1997).

Anche le differenze di genere sembrano mediare in modo diverso le influenze dei modelli ideali proposti dai mezzi di comunicazione. Kalodner

(1997) ha indagato l'impatto che una breve esposizione ad immagini di donne magre ed attraenti, veicolate dai mezzi di comunicazione di massa, può esercitare sull'autoconsapevolezza e sul livello di ansia di 43 maschi e 60 femmine dai 17 ai 40 anni; i dati indicano che tale esposizione determina un aumento del livello di ansia soltanto sulle donne ma non sugli uomini.

Altre ricerche si sono focalizzate sullo studio delle influenze mediatiche in popolazioni cliniche. Murray, Touyz e Beumont (1996) prendendo in esame 50 anoressiche (età media 19.9 anni), 30 bulimiche (età media 23.6 anni) e 151 soggetti di controllo, hanno rilevato che i soggetti con disturbi alimentari riferiscono in misura significativamente maggiore, rispetto al gruppo di controllo, di essere influenzati da ideali di bellezza veicolati dai mass-media. Queste influenze si rifletterebbero sull'ideale del corpo, sulla preoccupazione per il peso e sui relativi atteggiamenti e comportamenti. Harrison (1997) ha studiato il legame tra l'attrazione diretta verso modelli femminili che esaltano l'ideale di magrezza ed alcuni indici della sintomatologia propria dei disturbi alimentari in un gruppo di 232 studentesse di college; l'autrice ha evidenziato che l'attrazione verso personaggi magri presentati dai mass-media, predice 6 dei 7 sintomi considerati. L'autrice conclude sostenendo che è l'attrazione, in qualità di variabile mediatrice, che svolge un ruolo fondante nel processo di influenzamento mediatico, piuttosto che la pura e semplice esposizione ai mezzi di comunicazione.

Ambiente familiare e gruppo dei pari

La maggior parte delle ricerche relative all'influenza delle **relazioni familiari** sono state condotte su campioni di popolazione clinica. Sono state, ad esempio, studiate le caratteristiche psicologiche dei familiari di pazienti con disturbi del comportamento alimentare evidenziando che sono molto frequenti in questi nuclei familiari e soprattutto nelle madri tratti psicopatologici di vario genere e gravità (per esempio Favaro e Santonastaso, 1995). Gli studi che hanno utilizzato misure standardizzate come la Family Environment Scale di Moos e Moos (1986, cit. in Brookings e Wilson, 1994) per valutare l'influenza del clima familiare sullo sviluppo di disturbi dell'alimentazione mettono in evidenza che le famiglie di pazienti bulimiche o anoressiche sono caratterizzate da rapporti rigidi, conflittuali, scarsa coesione, ipercontrollo, scarsa espressione delle emozioni, ambizione (per esempio Calam, Waller, Slade e Newton, 1989; Dolan, Lieberman, Evans, Lacey, 1990; Head e Williamson, 1990). Le ricerche condotte sulla percezione che gli adolescenti hanno della qualità del proprio funzionamento familiare hanno evidenziato risultati confrontabili (per esempio Felker e Stivers, 1994; Leon, Fulkerson, Perry, Dube, 1994). Brookings e Wilson (1994) hanno utilizzato contemporaneamente misure standardizzate di valutazione della personalità (il Neo-PI di Costa e McCrae, 1985, cit. in Brookings e Wilson, 1994) e del clima familiare (la Family Environment Scale) per valutare su un gruppo di adolescenti femmine, appartenenti ad una popolazione senza particolari disturbi di tipo clinico, il ruolo relativo di queste due classi di fattori. Gli autori hanno riscontrato che relazioni parentali disadattive sono correlate a bassi punteggi di autoefficacia, alti punteggi di perfezionismo, bassa capacità interocettiva. Gli autori concludono che caratteristiche connesse con il profilo psicopatologico identificabile come nevroticismo, sembrano predire comportamenti e atteggiamenti tipici del disturbo alimentare; caratteristiche identificabili con l'estroversione sembrano mediare l'influenza dei modelli sociali condivisi; le relazioni parentali, infine, sembrano predisporre per lo sviluppo di tratti psicopatologici pù generali, non specifici del disturbo alimentare, ma che tipicamente lo accompagnano. Alle stesse conclusioni giungono Head e Williamson (1990), i quali contestano l'ipotesi che il "mal" funzionamento familiare costituisca una "causa" dei disturbi alimentari, suggerendo, invece, che esso predisponga a una generale vulnerabilità psicopatologica.

Striegel-Moore *et al.* (1986) ipotizzano che l'influenza familiare sul comportamento alimentare disturbato sia più diretta e passi non tanto attraverso la mediazione del clima familiare o delle psicopatologie eventualmente presenti, ma attraverso atteggiamenti e comportamenti alimentari disfunzionali condivisi dal nucleo familiare. Gli autori suggeriscono che il rischio per lo sviluppo di bulimia è maggiore: a) nelle famiglie in cui esiste una forte enfasi sull'apparenza e sulla magrezza; b) in quelle famiglie in cui sussistono credenze riguardo al mito che il peso è dipendente dal controllo volontario dei soggetti e che i figli sono quindi responsabili di tale regolazione ponderale; c) se i membri della famiglia, particolarmente i soggetti di sesso femminile (madri, sorelle, zie), mostrano preoccupazione per il peso e tendenza alla restrizione calorica (dieta); d) se la figlia è valutata criticamente dai componenti della famiglia, per quanto riguarda il suo peso corporeo; e) se la famiglia fornisce continuo rinforzo alla ragazza su tutti quei comportamenti finalizzati a perdere peso; f) se i membri della famiglia sono in continua competizione per il raggiungimento dell'ideale di magrezza.

Alcuni studi hanno confermato l'esistenza delle relazioni ipotizzate da Striegel-Moore *et al.* (1986). Cardamone-Cusatis e Shannon (1996), ad esempio, riportano un'associazione molto stretta fra varietà dei cibi assunti e adesione alle abitudini alimentari familiari. Woodward, Boon, Cumming,

Ball, Williams, Hornsby (1996) hanno studiato quali variabili predicono il consumo di 22 cibi compresi in un *food frequency questionnaire*. I predittori erano le risposte alle seguenti domande: 1) "quanto ti piace" il cibo della lista, 2) "quanto viene consumato dai tuoi genitori", 3) "quanto viene consumato dai tuoi amici", 4) "quanto ritieni che quel cibo faccia bene alla salute". I risultati indicano che i predittori più forti del consumo della maggior parte dei cibi della lista sono l'autovalutazione di preferenza dello specifico cibo e la frequenza con cui i genitori consumano quel cibo. Quanto i cibi siano ritenuti "salutari" o la frequenza con cui gli amici consumano i cibi della lista, invece, non costituiscono predittori significativi di consumo.

Anche l'esistenza di una relazione diretta fra la preoccupazione della famiglia per il peso, per l'apparenza fisica e l'insoddisfazione corporea, e lo sviluppo di comportamenti sintomatici di patologie alimentari negli adolscenti è stata riscontrata da diversi autori. Leon *et al.* (1994), ad esempio, riferiscono che le madri di ragazze con moderato o alto rischio di sviluppare patologie alimentari ritengono che le loro figlie siano in sovrappeso in misura maggiore rispetto al gruppo di controllo (madri di ragazze ritenute normopeso). Dixon *et al.* (1996), inoltre, riportano una relazione significativa fra le credenze genitoriali (in particolare materne) sulla dieta e la tendenza a incoraggiare i figli a intraprendere regimi alimentari ipocalorici.

Relativamente all'influenza del **gruppo dei pari** le modalità ipotizzate sono sia di tipo diretto (per esempio i consigli e i suggerimenti riguardo cosa mangiare o come comportarsi dopo aver mangiato troppo) o indiretto (l'esempio comportamentale e il sostegno implicito dato ad alcuni comportamenti). I risultati dello studio di Woodward *et al.* (1996) precedentemente citato, indicano che il consumo di determinati cibi da parte degli amici non costituisce un buon predittore del comportamento di consumo di quei cibi da parte degli adolescenti intervistati. Mukai (1996), studiando un gruppo di studentesse giapponesi ha confrontato l'influenza dei pari con quella della famiglia, evidenziando che all'aumentare dell'età si determina una maggiore incidenza della relazione con i pari sulle abitudini alimentari rispetto all'influenza della relazione materna, che viceversa prevale nei soggetti più piccoli.

Alcune evidenze empiriche suggeriscono che già nei primi anni della scuola elementare l'elevata pressione dei pari sull'idea di magrezza si correli con più alto rischio di problemi alimentari. Maloney *et al.* (1989) riferiscono che il 16% delle femmine di età compresa fra 7 e 12 anni e il 15% dei maschi pensano che piacerebbero di più ai compagni se fossero più magri e tale valutazione correla con un più alto livello di problematiche alimentari. In uno studio cross-culturale, condotto da Mukai e McCloskey (1996) su bambini e preadolescenti americani e giapponesi è stato evidenziato che, sebbene le femmine di entrambi i paesi mostrino una correlazione elevata fra atteggiamenti nei confronti del cibo e avere amici in regime di dieta alimentare, nel caso dei giapponesi l'influenza materna prevale su quella dei pari. Il ruolo della relazione fra pari, quindi, più che agire in modo diretto sembrerebbe influire indirettamente, rinforzando atteggiamenti e comportamenti che, in età precoce, si sviluppano all'interno del nucleo familiare. Risulta utile, tuttavia, approfondire l'argomento attraverso studi cross-culturali che possano confermare o smentire l'esistenza delle differenze culturali riportate da Mukai e McCloskey (1996).

3. Conclusioni

In questa rassegna sono stati presi in esame gli studi condotti su differenti popolazioni di soggetti (in ambito clinico e non clinico) riguardo il ruolo di alcune variabili che si ipotizza possano predire o favorire l'insorgenza di disturbi del comportamento alimentare, disturbi che le ricerche epidemiologiche indicano in aumento e che possono portare alla morte in una percentuale elevata di casi. Ratnasuriya, Eisler, Szmukler, Russel (1991), per esempio, indicano un tasso di mortalità per l'anoressia nervosa vicino al 15%; Steihausen *et al.* (1991), riferiscono percentuali che variano dal 4.4 al 10%.

I fattori di rischio identificati dal modello etiopatogenetico oggi più accreditato sono stati classificati in due grandi categorie; i fattori personali e quelli ambientali. La prima classe include i fattori biologici, psicologici e comportamentali; la seconda include le influenze socioculturali e relazionali. Gli studi esaminati circa il ruolo di ciascun fattore di rischio sono stati condotti sia su popolazioni con disturbi clinici sia su gruppi di adolescenti senza disturbi evidenti. I risultati possono essere schematicamente riassunti come segue:

1) per quanto concerne i fattori biologici, le differenze di genere, lo sviluppo puberale e la quantità di grasso corporeo risultano fortemente correlati sia con il rischio di manifestare disturbi alimentari sia con la presenza dei disturbi stessi; l'influenza dei fattori biologici interagisce con l'influenza relativa ai fattori sociali (le relazioni con il gruppo dei pari, il coinvolgimento in attività e in gruppi eterosessuali, la formazione, eventualmente, di legami di coppia) e personali (instabilità affettiva

e insoddisfazione corporea), che risultano tanto più rilevanti quanto più precoce è la maturazione fisica;

2) fra i fattori psicologici, la bassa autostima, lo scarso senso di autoefficacia e l'insoddisfazione corporea risultano i fattori di rischio più predittivi e le caratteristiche più alterate nelle pazienti con disturbi alimentari. Un quadro di personalità nevrotica (perfezionista, ossessiva, tendente alla depressione o all'instabilità affettiva, ecc.) potrebbe essere correlato allo sviluppo di disturbi dell'alimentazione; non è tutt'ora chiaro, tuttavia, se queste caratteristiche siano antecedenti o conseguenti al manifestarsi dell'anoressia o della bulimia;
3) fra i fattori comportamentali, la tendenza a intraprendere frequentemente regimi alimentari ipocalorici (restrizione alimentare), quasi sempre associata all'insoddisfazione corporea (impulso verso la magrezza) e la tendenza ad adottare stili di vita sedentari risultano i predittori più rilevanti;
4) fra i fattori socio-relazionali risultano incidere in modo rilevante l'influenza degli standard di bellezza e dei modelli proposti dai mass media e condivisi dalla famiglia e dal gruppo dei pari. Le ricerche concordano circa la necessità di tener conto delle possibili differenze evolutive ed etniche che possano mediare l'influenza di questi fattori; gli studi esaminati, comunque, sono molto recenti e non molto numerosi e necessitano di ulteriori approfondimenti e repliche;
5) rispetto al ruolo dell'ambiente familiare, l'influenza inizialmente ipotizzata fra comportamento materno, clima familiare, psicopatologie familiari e tendenza a sviluppare disturbi del comportamento alimentare risulta attualmente dibattuta e controversa. Sembra, infatti, più probabile che queste variabili influiscano indirettamente e costituiscano, quindi, dei fattori di vulnerabilità generici verso lo sviluppo di psicopatologie (non necessariamente di tipo alimentare). Più unanimemente, sembra, invece, essere riconosciuto il ruolo dell'ambiente familiare nello sviluppo di atteggiamenti e abitudini disfunzionali nei confronti del cibo, della dieta e della magrezza. L'associazione molto stretta fra varietà dei cibi assunti e adesione alle abitudini alimentari familiari, indica come anche a livello di abitudini e preferenze alimentari, più che a livello di fattori di rischio, l'ambiente familiare costituisca una fonte di influenzamento tanto più rilevante quanto più si combina con atteggiamenti familiari disfunzionali nei confronti dell'immagine corporea, della magrezza e degli ideali di bellezza proposti dai mass media.

Nel loro insieme, i risultati della letteratura esaminati sembrano indicare che il modello categoriale classicamente adottato in psicopatologia e orientato a identificare soltanto categorie discrete di disturbi, mal si adatti a spiegare le complesse e sfaccettate "sindromi" che si riscontrano quando si studia il comportamento alimentare. Risulta, invece, più adeguato un modello come quello suggerito da Lucas (1981) o da Ponton (1996), che prevede l'esistenza di un continuum che va dal comportamento alimentare sano fino ai disturbi del comportamento alimentare. Il continuum comprende, al suo interno, tutta una vasta gamma di "comportamenti alimentari disturbati", che comportano l'adozione di abitudini e stili di vita variamente disfunzionali, che possono evolvere in veri e propri disturbi dell'alimentazione ma che non sono tali in quanto non soddisfano tutti i criteri diagnostici previsti dalle classificazioni internazionali.

La necessità di ipotizzare tale continuum si basa da un lato sui risultati degli studi epidemiologici e dall'altro sui risultati degli studi circa l'influenza di fattori come l'impulso alla magrezza (ovvero la combinazione di fattori psicologici come l'insoddisfazione per il corpo e comportamentali come la tendenza a sottoporsi frequentemente a regimi alimentari restrittivi) o le abitudini e gli stili di vita. Gli studi epidemiologici indicano che le sindromi parziali o subcliniche sono molto diffuse (riguardano circa il 50% della popolazione di adolescenti); in massima parte rimangono tali anche a distanza di anni. In un'elevata percentuale di casi le sindromi parziali evolvono verso sindromi cliniche, solo in minima parte ritornano ad essere classificabili come "comportamenti alimentari normali". Un comportamento alimentare disturbato molto diffuso ma che non necessariamente si accompagna a tutti i sintomi che permettono di fare una diagnosi di disturbo del comportamento alimentare è la tendenza ad intraprendere frequentemente diete ipocaloriche per perdere peso/diventare più magri. Questa tendenza è legata al peso effettivo (è maggiore, cioè, quanto maggiore è la massa corporea) e si registra non solo in adolescenti e giovani adulti ma anche in bambini molto piccoli (già ad 8 anni, infatti, si preferisce giocare con le bambole magre, ci si sente in sovrappeso, si vorrebbe dimagrire, si adottano, talvolta, comportamenti di compensazione come il vomito quando si ritiene di aver mangiato troppo). Per queste ragioni Polivy ed Herman (1987) scrivevano: "L'attuale preferenza sociale per un fisico magro ha prodotto una corrispondente preoccupazione sociale riguardo la dieta e la perdita di peso. Al giorno d'oggi è 'normale' che una persona si preoccupi per il proprio peso e faccia tutto ciò che serve per modificarlo. Un 'normale' stile di vita richiede esercizio periodico; un 'normale' stile alimentare richiede una dieta periodica".

Per concludere, infine, ci sembra utile fare qualche commento relativo alle implicazioni dei risultati fin qui riportati sulla prevenzione dei disturbi alimentari. Se da un lato ci si trova di fronte ad una vasta letteratura che ci fornisce un'approfondita descrizione dei dati epidemiologici e dei fattori di rischio, dall'altro emerge una notevole carenza di studi metodologicamente accurati che descrivano interventi di prevenzione e ne documentino l'efficacia. Le possibili sedi in cui effettuare specifici interventi di prevenzione per poterne valutare l'efficacia con disegni longitudinali sono la scuola e l'università (per esempio i centri di consulenza che si stanno diffondendo nelle principali sedi universitarie potrebbero costituire i luoghi ideali). Data l'influenza esercitata dai mass media, anche interventi di tipo sociale e persuasivo potrebbero risultare utili nel modificare gli standard e gli ideali di bellezza condivisi. Tale utilità, tuttavia, andrebbe verificata empiricamente.

Riferimenti bibliografici

Altshuler K.Z., e Weiner M.F. (1985), Anorexia nervosa and depression: A dissenting view, *American Journal of Psychiatry*, 142; 328-332.

Attie I., Brooks-Gunn J. (1989), Development of eating problems in adolescent girls: A longitudinal study, *Developmental Psychology*, 25; 70-79.

Bollea L. (1996): Comorbidità dei disturbi dell'alimentazione nell'adolescenza, *Psichiatria dell'Infanzia e dell'Adolescenza,* 63; 689-694.

Brookings J.B., Wilson (1994), Personality and family-environment predictors of self-reported eating attitudes and behaviors, *Journal of Personality Assessment*, 63; 313-326.

Bruch H. (1973), *Eating Disorders: Obesity, anorexia nervosa and the person within*, Basic Books, New York.

Buhrich N. (1981), Frequency of presentation of anorexia nervosa in Malaysia, *New Zeland Journal of Psychiatry*, 15; 153-155.

Button E.J. (1990), Self-esteem in girls aged 11-12: baseline findings from a planned prospective study of vulnerability to eating disorders, *Journal of adolescence*, 13; 407-413.

Button E.J., Sonuga-Barke E.J.S., Davies J., Thompson M. (1996), A prospective study of self-esteem in the prediction of eating problems in adolescent schoolgirls: Questionnaire findings, *British Journal of Clinical Psychology*, 35; 193-203.

Calam R., Waller G., Slade P., Newton T. (1989), Eating disorders and perceived relationship with parents, *International Journal of Eating Disorders*, 9; 479-485.

Caldarone G., Spada R., Giampietro M., Lista R., Callari L., Berlutti G. (1994), Caratteristiche medico-biologiche e motorie della popolazione giovanile italiana oggi. Stili di vita: la sedentarietà, *Atti della Conferenza Nazionale CONI su "La pratica Sportiva Giovanile"*, Roma, 126-135.

Calodner C.R. (1997), Media influences on male and female non-eating-disordered college students: A significant issue, *Eating Disorders: The Journal of Treatment and Prevention*, 5; 47-57.

Canals J., Carbajo G., Fernández J., Martì-Henneberg C., Domènech E. (1996), Biopsychopatologic risk profile of adolescents with eating disorder symptoms, *Adolescence*, 31; 443-450.

Cardamone Cusatis D., Shannon B. (1996), Influences on adolescent eating behavior, *Journal of Adolescent Health*, 18; 27-34.

Cash T.F., Brown T.A. (1987), Body image in anorexia and bulimia nervosa: A review of the literature, *Behavior Modification*, 11; 487-521.

Cauffman E., Steinberg L. (1996), Interactive effects of menarcheal status and dating on dieting and disordered eating among adolescent girls, *Developmental Psychology*, 32; 631-635.

Cotrufo P., Barretta V., Monteleone P., e Maj M. (1998), Full-syndrome, partial-syndrome and subclinical eating disorders: an epidemiological study of female students in Southern Italy, *Acta Psychiatrica Scandinavica*, 98; 112-115.

D'amicis A., Martino L., Turrini A. (1997), *Food consumption and obesity in Italy: Recent trends*, in Fabiani M., Saponara M., *Atti del convegno "Ist Roma OSAS: Advances in Snoring and Obstructive Sleep Apnea Syndrome"*, Roma, 23-27 Settembre, 38-39.

Dancynger I.F., Garfinkel P.E. (1995), The relationship of partial syndrome eating disorders to anorexia nervosa and bulimia nervosa, *Psychological Medicine*, 25; 1019-1025.

Davies E., Furnham A. (1986), The dieting and body shape concerns of adolescent females, *Journal of Child Psychology and Psychiatry*, 27; 417-428.

Dixon R., Adair V., O'Connor S. (1996), Parental influences on the dieting beliefs and behaviors of adolescent females in New Zealand, *Journal of Adolescent Health*, 19, 303-307.

Dolan B.M., Lieberman S., Evans C., Lacey J.H. (1990), Family features associated with normal body weight bulimia, *International Journal of Eating Disorders*, 9, 639-647.

Eisele J., Hertsgaard D., Light H.K. (1986), Factors related eating disorders in young adolescent girls, *Adolescence*, 21; 283-290.

Fabian L.J., Thompson J.K. (1989), Body Image and eating disturbance in young females, *International Journal of Eating Disorders*, 8; 63-74.

Fairburn C.G. (1988), *The uncertain status of the cognitive approach to bulimia nervosa*, in Pirke K.M., Vandereycken W., Ploog D. (eds.), *The psychobiology of bulimia nervosa*, Springer Verlag, Berlin.

Favaro A., Santonastaso P. (1995), Effects of parents' psychological characteristics and eating behavior on childhood obesity and dietary compliance, *Journal of Psychosomatic Research*, 26; 145-151.

Felker K.R., Stivers C. (1994), The relationship of gender and family environment to eating disorder risk in adolescents, *Adolescence*, 29; 821-834.

Fisher M., Golden N.H., Katzman D.K., Kreipe R.E., Rees J., Schebendach J., Sigman G., Ammerman S., Hoberman H.M. (1995), Eating disorders in adolescence: A background paper, *Journal of Adolescent Health*, 16; 420-437.

Flament M.F., Ledoux S., Jeammet P., Choquet M., Simon Y. (1995), *A population study of bulimia nervosa and subclinical eating disorders in adolescence*, in Steinhausen H.C. (ed.), *Eating disorders in adolescence: Anorexia and bulimia nervosa*, Walter de Gruyter, Berlin/NY.

Fox K., Page A., Armstrong N., Kirby B. (1994), Dietary restraint and self-perceptions in early adolescence, *Personality and Individual Differences*, 17; 87-96.

Garfinkel P.E., Lin B., Goering P., *et al.* (1995), Bulimia nervosa in a canadian community sample: prevalence, comorbidity, early experiences and psychosocial function, *Ameri-*

can Journal of Psychiatry, 152; 1052-1058.
Garner D.M., Garfinkel P. (1981), Body image in anorexia nervosa: measurement, theory, and clinical implications, *International Journal of Psychiatry in Medicine*, 11; 263-284.
Garner D.M., Olmstead M.P., Polivy J. (1983), Development and validation of a multidimensional eating disorder investigation for anorexia nervosa and bulimia, *International Journal of Eating Disorders*, 2; 15-34.
Garner D.M., Olmsted M.P., Bohr Y., Garfinkel P.E. (1982), The Eating Attitude Test: Psychometric features and correlates, *Psychological Medicine*, 12; 871-878.
Gleaves D.H., Williamson D.A., Eberenz K.P., Sebastian S.B., Barker S.E. (1995), Clarifying body-image disturbance: Analysis of multidimensional model using structural modeling, *Journal of Personality Assessment*, 64; 478-493.
Gordon I., Lask B., Bryant-Waugh R., Christie D., Timimi S. (1997), Childhood-Onset Anorexia nervosa: Towards Identifying a Biological Substrate, *International Journal of Eating Disorders*, 22; 159-165.
Gormally J., Black S., Daston S. e Rardin D. (1982), The assessment of binge eating severity among obese persons, *Addictive Behavior*, 7: 47-55.
Gorwood P., Bouvard M., Mouren-Simeoni M.C., Kipman A., Ades J. (1998), Genetics and anorexia nervosa: a review of candidate genes, *Psychiatric Genetics*, 8; 1-12.
Graber J., Brooks-Gunn J., Paikoff R., Warren M. (1994), Prediction of eating problems: An 8-year study of adolescent girls, *Developmental Psychology*, 30; 823-834.
Gralen S.J., Levin M.P., Smolak L., Murnen S.K. (1990), Dieting and disordered eating during early and middle adolescence: Do the influences remain the same?, *International Journal of Eating Disorders*. 9; 501-512.
Halmi K.A., Casper R.C., Eckert E.D., Goldberg S.C., Davis J.M. (1979), Unique feature associatiated with age on onset of anorexia nervosa, *Psychiatric Research*, 1; 209-215.
Harrison K. (1997), Does interpersonal attraction to thin media personalities promote eating disorders?, *Journal of Broadcasting and Electronic media*, 41; 478-500.
Head S.B., Williamson D.A. (1990), Association of family environment and personality disturbances in bulimia nervosa, *International Journal of Eating Disorders*, 9; 667-674.
Heatherton T.F., Mahamedi F., Striepe M., Field A.E., Keel P. (1997), A 10-year longitudinal study of body weight, dieting, and eating disorder symptoms, *Journal of Abnormal Psychology*, 106; 117-125.
Henderson-King E., Henderson-King D. (1997), Media effect on women's body esteem: Social and individual difference factors, *Journal of Applied Social Psychology*, 27; 399-417.
Herzog D.B., Keller M.B., Sacks M.R., Yeh C.J., Lavore P.W. (1992), Psychiatric comorbidity in treatment-seeking anorexics and bulimics, *Journal of the American Academy of Child and Adolescent Psychiatr.*, 31; 810-818.
Hewitt P.L., Flett G.L., Ediger E. (1995), Perfectionism trait and perfectionistic self-presentation in eating disorder attitudes, characteristics and symptoms, *International Journal of Eating Disorders*, 18; 317-326.
Holland AJ, Sicotte N, Treasure J. (1998), Anorexia nervosa: evidence for a genetic basis, *Journal of Psychosomatic Research*, 32; 561-571.
Hsu L.K.G. (1990), *Eating disorders*, Guilford Press, NY.
Hsu L.K.G. (1996): Epidemiology of the eating disorders, *The Psychiatric Clinic of North America*, 19; 681-700.
Hsu L.K.G., Sobkiewicz T.A. (1996): Body image disturbance: Time to abandon the concept

for eating disorders, *International Journal of Eating Disorders*, 10; 15-39.

Keeton W.P., Cash T.F., Brown L.B. (1990): Body Image or body images? Comparative, multidimensional assessment among college students, *Joural of Personality Assessment*, 54; 213-230.

Kendell R.E., Hall D.J., Hayley A., Babigian H.M. (1973): The epidemiology of anorexia nervosa, *Psychological Medicine*, 3; 200-203.

Killen J.D., Hayward C., Wilson D.M., Taylor C.B., Hammer L.D., Litt I., Simmonds B., Haydel F. (1994): Factors associated with eating disorder symptoms in a community sample of 6th and 7th grade girls, *International Journal of Eating Disorders*, 15; 357-367.

Lee S. (1993): How abnormal is the desire for slimness? A survey of eating attitudes and behavior among Chinese undergraduates in Hong Kong, *Psychological Medicine*, 23; 437-451.

Leon G.R., Fulkerson J.A., Perry C.L., Dube A. (1994): Family influences, school behaviors and risk for the later development of an eating disorder, *Journal of Youth and Adolescence*, 23; 499-515.

Leon G.R., Fulkerson J.A., Perry C.L., Early-Zald M.B. (1995): Prospective analysis of personality and behavioral vulnerabilities and gender influences in the later development of disordered eating, *Journal of Abnormal Psychology*, 104; 140-149.

Leung, F., Steiger, H. (1991), Lack of causal relationship between depressive symptoms and eating abnormalities in a nonclinical population: findings from a six-month follow-up study, *International Journal of Eating Disorders*, 10; 513-519.

Lucas A.R. (1981), Toward the understanding of anorexia nervosaas a disease entity, *Mayo Clinic Proceedings*, 56; 254-264.

Lucas A.R., Beard C.M., O'Fallon W.M., Kurland L.T. (1991), 50-year trends in the incidence of anorexia nervosa in Rochester Minn: A population-based study, *American Journal of Psychiatry*, 148; 917-922.

Lyon M., Chatoor I., Atkins D., Silber T., Mosimann J., Gray J. (1997), Testing the hypothesis of the multidimensional model for anorexia nervosa in adolescents, *Adolescence*, 32; 101-111.

Marsh H.W., Shavelson R. (1985), Self-concept: Its multifaced hirarchical structure, *Educational Psychologist*, 20; 107-123.

McNulty P.A. Fisher (1997a), Prevalence and contributing factors of eating disorder behaviors in a population of Navy nurses, *Military Medicine*, 162; 703-706.

McNulty P.A. Fisher (1997b), Prevalence and contributing factors of eating disorder behaviors in active duty men, *Military Medicine*, 162; 753-758.

Morey L.C., Kurtz J.E. (1995), *Assessment of general personality and psychopathology among persons with eating and weight related concerns*, in D.B. Allison (ed.), *Handbook of assessment methods for eating behaviors and weight-related problems. Measures, theory, and research*, Sage Publications, Thousand Oaks, California.

Morgan J., Lacey J.H. (1996), Anorexia Nervosa and Steroid Withdrawal, *International Journal of Eating Disorders*, 19; 213-215.

Mukai T., McCloskey L.A. (1996), Eating attitudes among Japanese and American elementary school girls, *Journal of Cross Cultural Psychology*, 27; 424-435.

Mukai T. (1996), Mothers, peers and perceived pressure to diet among Japanese adolescent girls, *Journal of Reserach on Adolescence*, 6; 309-324.

Murray S.H., Touyz S.W., Beaumont P.J.V. (1996): Awareness and perceived influence of

body ideals in the media: A comparison of eating disorder patients and the general community, *Eating Disorders: The Journal of Treatment and Prevention*, 4; 33-46.
Nagel K.L., Jones K.H. (1992), Sociological factors in the development of eating disorders, *Adolescence*. 27; 107-113.
Nichter M., Ritenbaugh C., Nichter M., Vuckovic N., Aickin M. (1995), Dieting and "watching" behaviors among adolescent females: Report of multimethod study, *Journal of Adolescent Health*, 17; 153-162.
Nielsen S. (1990), The epidemiology of anorexia nervosa in Denmark from 1973 to 1987: a nationwide register study of psychiatric admission, *Acta Psychologica Scandinavica*, 81; 507-514.
Petrie T.A. (1993), Disordered eating in female collegiate gymnasts: prevalence and personality/attitudinal correlates, *Journal of Sport and Exercise Psychology*, 15; 424-436.
Polivy J., Herman C.P. (1985), Dieting and Binging: Acausal analysis, *American Psychologist*, 40; 193-201.
Polivy J., Herman C.P. (1987), Diagnosis and treatment of normal eating, *Journal of Consulting and Clinical Psychology*, 55; 635-644.
Ponton L.E. (1996), *Disordered Eating*, in Di Clemente R.J., Hansen W.B., Ponton L.E. (eds.), *Handbook of Adolescent Health Risk Behavior*, NY: Plenum Press.
Posavac H.D., Posavac S.S., Posavac E.J. (1998), Exposure to media images of female attractiveness and concern with body weight among young women, *Sex Roles*., 38; 187-201.
Raich R.M., Rosen J.C., Deus J., Perez O., Requena A., Gross J. (1992), *Eating disorders symptoms among adolescents in the United States and Spain: A comparative study*, 11; 63-72.
Ratnasuriya R.H., Eisler I., Szmukler G.I., Russel G.F.M. (1991): Outcome and prognostic factors after 20 years, *British Journal of Psychiatry*, 158; 495-502.
Ricciardelli L.A., Tate D., Williams R.J. (1997), Body dissatisfaction as a mediator of the relationship between dietary restrain and bulimic eating patterns, *Appetite*, 29; 43-54.
Rierdan J., Koff E. (1997), Weight, weight-related aspects of body image, and depression in early adolescent girls, *Adolescence*, 32; 615-624.
Rossi G., Ballottin U., Bonera S., Citterio A., Martelli T., Ricci M., Scelsa B., Tebaldi C., Vercelli P., Zambrino C.A., Lanzi G. (1997), Aspetti epidemiologici dei disturbi dell'alimentazione: studio su una coorte di 904 adolescenti, *Minerva Psichiatrica*, 38; 67-78.
Santonastaso P., Zanetti T., Sala A., Favaretto G., Vidotto G., Favaro A. (1996), Prevalence of eating disorders in Italy: A survey on a sample of 16-year-old female students, *Psychoterapy and Psychosomatics*, 65; 158-162.
Santonastaso P., Friederici S., Favaro A. (1999), Full and partial syndromes in eating disorders: a 1-year prospective study of risk factors among female students, *Psychopathology*, 32; 50-56.
Schmidt U., O'Donoghue G. (1992) Bulimia nervosa in thyroid disorder, *International Journal of Eating Disorders*, 12; 93-96.
Sonstroem R.J. (1984), Exercise and Self-esteem, *Exercise and Sport Science Reviews*, 12; 135-155.
Steinhausen H., Boyadjieva S., Neumaerker K. (1995), *Transcultural comparisons of adolescent eating disorders*, in Steinhausen H. (ed.), *Eating Disorders in adolescence. Anorexia and bulimia nervosa*, Berlin, Walter de Gruiter.

Steinhausen H., Winkler C., Meier M. (1997), Eating Disorders in adolescence in a swiss epidemiological study, *International Journal of Eating Disorders*, 22; 147-151.

Steinhausen H.C. (1997), Clinical guidelines for anorexia nervosa and bulimia nervosa, *European Child and Adolescent Psychiatry*, 6; 121-128.

Striegel-Moore R.H. (1997), *Risk factors for eating disorders*, in Jacobson M.S., Rees J.M., Golden N.H., Irwin C.E. (eds.), *Adolescent nutritional disorders: Prevention and treatment*, Annals of the New York Academy of Science, NY.

Striegel-Moore R.H., Silberstein L.R., Rodin J. (1986), Toward an understanding of risk factors for bulimia, *American Psychologist*, 41; 246-263.

Stunkard A.J., Messick S. (1985), The Three-Factor Eating Questionnaire to measure dietary restrain, dishinibition and hunger, *Journal of Psychosomatic Research*, 29; 71-83.

Thompson J.K. (ed.) (1996), *Body image, Eating Disorders, and obesity. An integrative guide for assessment and treatment,* American Psychological Association, Washington.

Thompson J.K. Heinberg L.J., Clarke A.J. (1996), in Thompson J.K. (ed.), *Body image, Eating Disorders, and obesity. An integrative guide for assessment and treatment,* American Psychological Association, Washington.

Thompson J.K., Coovert M.D., Richards K.J., Johnson S., Cattarin J.·(1995), Development of body image, eating disturbance, and general psychological functioning in female adolescents: Covariance structural modeling and longitudinal investigation, *International Journal of Eating Disorders*, 18; 221-236.

Turner S.L., Hamilton H., Jacobs M., Angood L.M., Dwyer D.H. (1997), The influence of fashion magazines on the body image satisfaction of college women: An exploratory analysis, *Adolescence*, 32; 603-614.

Vetrone G., Cuzzolaro M. (1996), La spinta a dimagrire in un gruppo di studentesse provenienti da famiglie di classi sociali medio-basse, *Psichiatria dell'infanzia e dell'adolescenza*, 63; 665-676.

Weinreich P., Doherty J., Harris P. (1985), Empirical assessment of identity in anorexia nervosa and bulimia nervosa, *Journal of Psychiatric Research*, 19; 297-302.

Wichstrøm L., Skogen K., Øia T. (1994), Social and cultural factors related to eating problems among adolescent in Norway, *Journal of Adolescence*, 17; 471-482.

Williamson D.A., Cubic B.A., Gleaves D.H. (1993), Equivalence of body image disturbance in anorexia and bulimia nervosa, *Journal of Abnormal Psychology*, 102; 177-180.

Wolfe B.E., Metzger E., Jimerson D.C. (1997), Research update on serotonin function in bulimia nervosa and anorexia nervosa, *Psychopharmacological Bulletin*, 33; 345-354.

Woodward D.R., Boon J.A., Cumming F.J., Ball P.J., Williams H.M., Hornsby H. (1996), Adolescents' reported usage of selected foods in relation to their perception of social norms for those foods, *Appetite*, 27: 109-117.

Young C., Sipin S., Roe D. (1968), Density and skinfold measurements: Body composition of pre-adolescent girls, *Journal of the American Dietetic Association*, 53; 25-31.

5. Aspetti psico-sociali e impulso alla magrezza con particolare riferimento ad adolescenti di sesso femminile*

di Saulo Sirigatti**, Simona Caiani*** e Manila Vannucci***

1. Introduzione

Questo contributo costituisce un'anticipazione dei risultati di una ricerca che stiamo tuttora conducendo e riguarda, appunto, abitudini alimentari e stili di vita in adolescenti. In questa sede si intende porre l'accento sull'azione preventiva, anziché sugli interventi che tendono a rimediare situazioni patologiche conclamate.

Sotto il profilo dell'impostazione generale, viene fatto riferimento all'analisi delle letteratura pertinente presentata da Lombardo, Caiani e Vannucci (1999). Si può sottolineare che ricerche sulla genesi dei problemi e dei disturbi alimentari hanno identificato la tarda infanzia e la prima adolescenza come l'età cruciale per cogliere atteggiamenti e comportamenti che possono costituire i primi quadri subclinici di successive gravi difficoltà: diete severe, abbuffate e vomito, esercizio fisico eccessivo, percezione del proprio corpo negativa o distorta (Graber, Bastioni Archibald e Brooks-Gunn, 1999). Serie complicazioni sotto il profilo medico, psicologico e sociale sono state documentate sia in persone che soddisfano i criteri clinici, sia in individui che presentano sindromi parziali o subcliniche (Jacobson, 1997).

Questi segni, più frequenti tra il genere femminile, non preludono necessariamente allo sviluppo di disturbi alimentari conclamati, tuttavia ne costituiscono un importante segnale d'allarme. Fattori contestuali, quali *status* socioeconomico, ambiente culturale e sociale, forniscono norme, modelli, sollecitazioni nonché rinforzi ad attuare comportamenti a rischio (Bronfenbrenner, 1979). Occorre, pertanto, conoscere le abitudini, le situa-

* Articolo apparso su *Psicologia della Salute*, n. 2/2000.
** Dipartimento di Psicologia, Università di Firenze.
*** Sezione di Psicologia della Salute, Dipartimento di Psicologia, Università di Firenze.

zioni, le condizioni di alimentazione per prevenire manifestazioni che, successivamente, possono condurre a veri e propri disturbi alimentari, in modo che da una tempestiva identificazione del problema possa derivare un'appropriata azione preventiva.

Secondo l'approccio metodologico indicato nell'introduzione generale, i dati raccolti sono stati elaborati in modo da cogliere il tipo di relazioni psicologiche e sociali che appaiono contraddistinguere gruppi di ragazzi definiti sulla base sia dell'indice di massa corporea (calcolato su dati dichiarati) sia dei punteggi riportati ad una scala tendente a valutare la spinta alla magrezza, la preoccupazione per il proprio peso, nonché il grado di accettazione del proprio corpo. I quattro sottogruppi – identificati mediante tecniche di cluster analysis sia nei maschi sia nelle femmine – hanno mostrato di distinguersi sulla base di caratteristiche di personalità spesso indicate dalla letteratura pertinente, quali correlati di forme subcliniche o indicatori di rischio attinenti a disturbi dell'alimentazione.

2. Qualche risultato

Possiamo iniziare con i dati riferiti alla percezione del proprio corpo, con particolare riferimento al peso e all'altezza dichiarati, all'oscillazione del proprio peso, e alla percezione della propria silhouette. L'altezza e il peso medi dichiarati dai maschi inferiori ai 16 anni è pari a 174 cm (64 kg), quella dei maschi sopra i 16 anni è 178 cm (68 kg); le femmine sia sotto sia sopra i 16 anni dichiarano 165 cm, ma rispettivamente 54 e 58 kg.

È stato chiesto ai partecipanti di indicare come vedono il proprio corpo e come vorrebbero che fosse, utilizzando due serie di nove figure (silhouette), diverse per maschi e per femmine, che gradualmente passano da una figura magra a una grassa. Relativamente alla silhouette dichiarata come reale, le figure scelte con maggiore frequenza sono le centrali (cfr. tab. 1). Tuttavia, quando si tratta di indicare la silhouette ideale, si riscontrano risultati maggiormente eterogenei tra maschi e femmine (cfr. tab. 2). Se per i primi possiamo individuare una tendenza centrale nella categoria centrale, nelle femmine questa tendenza si riferisce maggiormente alle figure marcatamente più magre.

Per la ricerca di eventuali collegamenti tra caratteristiche psico-sociali e stili alimentari, sono stati costituiti quattro gruppi sia per i ragazzi che per le ragazze, mediante la procedura della cluster analysis, sulla base dell'indice di massa corporea (BMI) e di una scala relativa a caratteristiche psicologiche, cioè spinta alla magrezza, preoccupazione per il proprio peso, grado di accettazione del proprio corpo (cfr. tab. 3).

Per quanto riguarda le ragazze, vi è un gruppo (il n. 2) con un BMI pari a 18, un po' basso quindi; ne abbiamo altri due (il n. 1 e il n. 3), che possiamo considerare nella norma, perché il relativo BMI è intorno a 21; infine c'è un quarto gruppo che forse tende alla grassezza. Per i ragazzi notiamo un andamento simile; forse spicca il gruppo 2 con un BMI medio di

Tab. 1 – Silhouette dichiarata reale (valori %)

	Categorie									
	magra								**grassa**	
sesso ed età	**1**	**2**	**3**	**4**	**5**	**6**	**7**	**8**	**9**	N
Maschi – 16 anni	0	2	6	31	28	23	9	1	0	119
Maschi + 16 anni	1	3	12	25	29	18	9	2	1	173
Femmine – 16 anni	0	5	19	33	21	14	5	1	2	196
Femmine + 16 anni	1	2	18	22	23	18	10	5	1	184

Tab. 2 – Silhouette dichiarata ideale (valori %)

	Categorie									
	magra								**grassa**	
sesso ed età	**1**	**2**	**3**	**4**	**5**	**6**	**7**	**8**	**9**	**N**
Maschi – 16 anni	0	0	3	13	66	16	0	0	2	119
Maschi + 16 anni	1	0	5	10	66	16	2	0	0	173
Femmine – 16 anni	0	10	39	43	6	2	0	0	0	195
Femmine + 16 anni	0	10	40	36	12	2	0	0	0	184

Tab. 3 – Caratteristiche dei gruppi costituite con l'analisi dei cluster

Gruppi maschi	*Impulso alla magrezza*	*BMI*	*N° casi validi*
1	0.01	23.53	67
2	0.25	28.82	17
3	-0.50	20.75	132
4	-0.38	18.17	67
TOT	-0.30	21.28	283
Gruppi femmine			
1	-0.03	21.67	101
2	-0.30	18.38	173
3	1.87	21.12	54
4	1.02	26.65	34
TOT	0.22	20.48	362

28, mentre i raggruppamenti rimanenti risultano composti da magri e da ragazzi con peso nella norma.

Degni di particolare attenzione sembrano i gruppi femminili n. 1 e n. 3: ambedue hanno un BMI medio pari a ventuno. Si nota, tuttavia, una differenza: mentre il gruppo n. 1 sembra abbastanza soddisfatto delle proporzioni del proprio corpo (l'impulso alla magrezza cade nella media), il gruppo n. 3, pur con un BMI sostanzialmente nella norma, insiste nel volere dimagrire, manifesta preoccupazione per il proprio peso, considera maggiormente critica la sua situazione corporea.

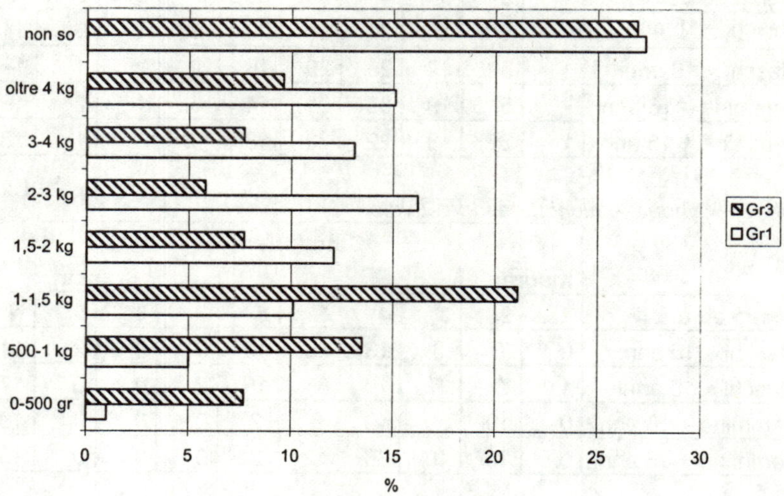

Fig. 1 - Quanto devi ingrassare per decidere di dimagrire?

Può rivelarsi di un certo interesse esaminare se a questo diverso modo di percepire il proprio corpo possano associarsi particolari caratteristiche psicosociali, che in qualche modo facciano pensare a una tendenza verso una magrezza eccessiva, tale da delineare un gruppo di interesse clinico. Non si osservano differenze circa l'inizio e la regolarità delle mestruazioni, mentre assai diversa è la tolleranza nel gruppo n. 3 a un aumento di peso (cfr. fig. 1): già mezzo chilo suscita allarme e spinge a dimagrire e quando l'incremento ponderale dovesse giungere a 1,5 kg oltre il 40% (nel totale) avrebbe preso o starebbe per prendere contromisure (contro meno del 20% delle ragazze del gruppo n. 1). D'altra parte, occorre diminuire almeno di 4 kg perché un po' più del 20% pensi a ingrassare (contro circa 40% del gruppo n. 1).

Il confronto tra silhouette percepita come reale e quella desiderata sembra porre in evidenza una considerazione emersa altre volte: probabilmente uno dei problemi che la persona – di peso normale, ma spinta a dimagrire – presenta è costituto da una percezione non adeguata della propria figura. Se si osservano le figg. 2 e 3, si rileva che le ragazze del gruppo n. 3, pur avendo la stessa massa corporea del gruppo n. 1, si percepiscono assai più paffute. Inoltre, in certi casi le conseguenze dell'errata percezione del proprio corpo vengono aggravate in quanto ci si prefigge il raggiungimento di una silhouette piuttosto evanescente.

Si può aggiungere che tra i due gruppi si rilevano alcune differenze negli stili di vita e dell'alimentazione. Più spesso il gruppo n. 3 ha cambiato il regime alimentare per seguirne uno particolare, meno frequentemente va a ballare con amici, può passare molte ore alla televisione, praticare attività ginniche in casa per dimagrire o mantenersi in forma.

Infine, alcuni cenni sulle caratteristiche psicologiche che sembrano differenziare i due gruppi. Occorre considerare tali differenze con una certa prudenza e raccogliere ulteriori elementi per approfondirne il significato. Nel confronto, le ragazze del gruppo n. 3 manifestano una percezione del proprio corpo più negativa, emerge qualche spunto di scoraggiamento, di avvilimento e di confusione, l'autostima è inferiore in misura assai sensibile.

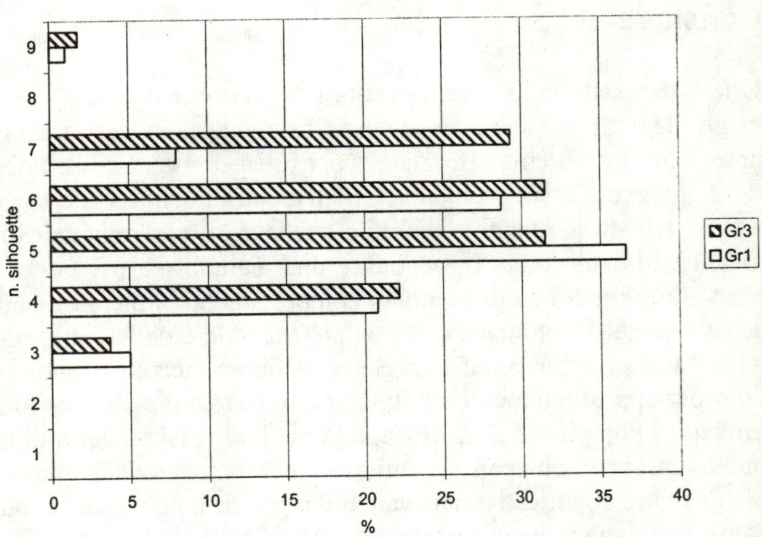

Fig. 2 - Silhouette dichiarata reale

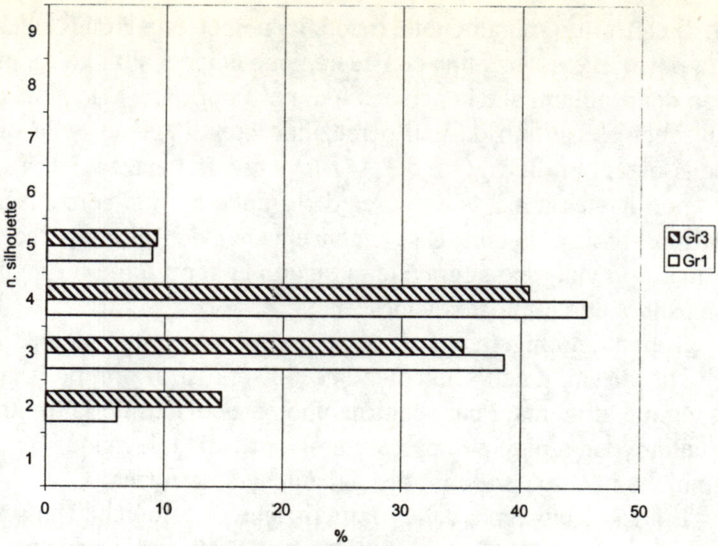

Fig. 3 - Silhouette dichiarata ideale

Le emozioni, che si associano con i vari atti o momenti dell'alimentazione (quando si ha fame, si mangia e dopo mangiato), sono nettamente più negative nel gruppo n. 3, tanto da far pensare a una possibile linea di approccio per attuare interventi di prevenzione e di trattamento.

3. Conclusioni

Questi dati settoriali saranno integrati da una serie di colloqui con testimoni privilegiati, persone cioè con esperienze, idee, suggerimenti utili per comprendere il problema affrontato e per prospettare possibili linee di intervento, particolari, sul problema. Gli elementi di conoscenza raccolti dovranno essere ulteriormente elaborati assieme al gruppo regionale di lavoro "Giovani e alimentazione" e costituire una piattaforma per un intervento integrato di prevenzione di eventuali comportamenti alimentari inadeguati. In occasione della Settimana della Salute Mentale e della manifestazione-mostra "I Colori della salute", gli elementi finora raccolti hanno costituito stimolo per approfondimenti e riflessioni, in stretto rapporto con adulti di riferimento e con gli stessi adolescenti. Vi è, inoltre, il progetto di utilizzare queste informazioni con sistemi interattivi, interessando una rete più ampia di figure significative che vanno dai genitori, all'Associazione Consumatori, dai servizi di educazione alla salute delle ASL ai punti di aggregazione giovanile e agli organismi sportivi.

6. Stili di vita e comportamenti alimentari: tempo libero, alcool, tabacco*

di Patrizia Meringolo**, Enrichetta Giannetti**
e Stefano Malvagia**

1. Introduzione

All'interno della ricerca sugli stili di vita e i comportamenti alimentari dei ragazzi toscani, si è ritenuto interessante analizzare i dati che si riferiscono ad alcuni aspetti della vita quotidiana dei soggetti intervistati, per conoscere meglio le loro abitudini, sia quelle legate al loro modo di passare il tempo libero sia quegli aspetti di comportamento che possono essere messi in relazione con abitudini di promozione o meno della salute, quali l'uso di alcolici e di tabacco, cercando di mettere in relazione queste linee di tendenza con i comportamenti alimentari attuati dai ragazzi.

La nostra intenzione, tuttavia, non è rivolta a elementi di tipo patologico, quanto al rintracciare – in soggetti *nella norma* – quelle caratteristiche che potrebbero risultare utili per interventi di prevenzione precoce. Abbiamo ritenuto utile presentare in maniera più ampia questo tipo di dati per due ordini di motivi.

Il primo, relativo particolarmente all'uso del tempo libero, riguarda gli scenari di vita quotidiana dei ragazzi, che concretizzano i loro stili di vita in una serie di comportamenti più o meno frequenti. Sarebbe sicuramente improprio tradurre tutto ciò in legami di tipo causale sugli stili di vita o gli ambienti più o meno favorevoli alla promozione della salute, tuttavia diventa importante la considerazione inversa, e le abitudini più frequentemente associate a elementi di rischio possono diventare utili indicazioni non solo per verificare le fonti di influenzamento relazionale e ambientale dei ragazzi, ma anche i luoghi e le situazioni in cui fare azioni di informazione e prevenzione per promuovere abitudini più "salutogene". Numerose

* Articolo apparso su *Psicologia della Salute*, n. 2/2000.
** Dipartimento di Psicologia, Università di Firenze.

ricerche, svolte in diversi paesi, mettono in luce l'importanza di conoscere contesti e microcontesti di vita per mettere a punto migliori criteri di analisi della salute degli adolescenti (Frank, 1997) e per intraprendere azioni mirate che coinvolgano l'intera comunità territoriale (Vaandrager, Koelen, 1997).

Il secondo motivo è legato maggiormente all'uso di alcool e di tabacco, e sappiamo dalla letteratura internazionale sull'argomento (Jessor e Jessor, 1977; Donovan, Jessor e Costa, 1991; French, Story, Downes, Resnick e Blum, 1995; French, Henrikus e Jeffery, 1996) che tali comportamenti, sia per i giovani sia per gli adulti, sono spesso visti come correlati tra loro, legati ad abitudini nocive dal punto di vista alimentare e a scarsa attività fisica. Ugualmente l'abitudine ad intraprendere diete senza motivazioni legate alla salute e supporti di esperti viene spesso collegata e correlata ad altre abitudini dannose, tra le quali compaiono molto frequentemente sia l'abitudine al fumo sia il precoce inizio di essa, oltre a livelli di consumo di alcolici decisamente a rischio. Anche per quanto riguarda la possibilità di controllare efficacemente il proprio comportamento, ci sono ricerche che comparano i tre aspetti del bere alcolici, fumare tabacco e alimentarsi in maniera non adeguata, sia per eccesso sia per difetto (Ludtke e Schneider, 1996).

I trend di comportamento dei ragazzi italiani sono uno degli oggetti di ricerca della più recente indagine IARD (Buzzi, Cavalli e de Lillo, 1997) che offre alcune indicazioni di tipo sociologico utili per inquadrare nelle linee di tendenza di carattere nazionale il campione con il quale abbiamo lavorato. Nell'uso del tempo libero pare che il consumo televisivo si imponga nella vita quotidiana dei ragazzi e delle ragazze, con livelli minimi di un'ora al giorno e con poche oscillazioni tra quelli di 15-17 anni e le età superiori. Si parla infatti del 97% degli intervistati. Cresce, tuttavia, rispetto alle indagini condotte dagli stessi autori in anni precedenti, la percentuale di coloro che rivolgono la loro attenzione ai "messaggi di massa" non solo mediati dallo schermo televisivo, ma anche "dal vivo", come i concerti e le manifestazioni sportive (Morcellini, 1988).

Lo sport si conferma rispetto agli anni passati come una delle attività privilegiate del tempo libero. Il 36% degli intervistati fa sport almeno una volta la settimana, e tra le attività praticate sono prevalenti quelle più legate alla cura del corpo in senso estetico, come il footing, il body building o la palestra, o comunque quelle più legate ad una attività individuale che di gruppo o di squadra (Parlebas, 1986). Sarebbe invece lievemente aumentata nei confronti degli anni passati la partecipazione dei giovani ad eventi sportivi come spettatori, con forti differenze di genere, che vedono i ragazzi prevalenti sulle ragazze, e di età, con un andamento decrescente man mano che si innalza la fascia di età.

Le uscite serali, sia pure differenziate per sesso, per età, per contesto territoriale di appartenenza, sembrano costituire una costante del comportamento giovanile, soprattutto nelle fasce più basse degli intervistati, sotto ai 20 anni, e i dati indicano che la maggioranza esce almeno una sera la settimana, i due terzi più di una sera e circa un quinto tutte le sere (Buzzi, Cavalli, de Lillo, 1997, 334 e sgg.).

Il consumo di alcool e tabacco è esaminato nella indagine IARD all'interno del tema relativo alla percezione delle norme sociali e delle possibili e ammissibili trasgressioni. Non ci sono quindi dati autoriferiti da confrontare con quelli della nostra indagine quanto piuttosto opinioni dichiarate dai ragazzi.

Per quanto riguarda il fumo (i dati sono riferiti ad un'unica e molto ampia fascia di età, 14-24 anni) l'86% considera ammissibile tale comportamento, e il 61% ammette la possibilità di farlo.

Per quanto riguarda l'alcool la domanda non ne riguardava l'uso ma l'abuso, l'*ubriacarsi*; il 56% lo considera ammissibile, con una tendenza all'aumento rispetto ai dati raccolti negli anni precedenti e il 60% non esclude di farlo, con lo stesso tipo di incremento: c'è una leggera discrepanza, quindi, tra quello che è considerato giusto e le misure, più permissive, che si applicano all'eventualità di tale comportamento.

Il rapporto IARD non affronta il tema dei consumi alimentari. Si possono invece inferire le fonti di influenzamento, anche su questo terreno, da altri indici considerati. Sembrerebbe esistere una fonte principale, costituita dal messaggio mediatico, e una fonte di rinforzo che, almeno per questo campione, comprensivo di età anche più alte rispetto ai nostri intervistati toscani, sembra essere riferita al gruppo dei pari, con i quali si passa almeno una sera la settimana.

I nostri dati si accordano con le linee di tendenza rintracciabili dagli elementi delle indagini nazionali, confermano le correlazioni esistenti nelle ricerche esaminate svolte in altri paesi abbastanza vicini a noi per tipo di cultura e di legislazione sulle sostanze nocive; riteniamo possano offrire utili elementi legati ai contesti territoriali di appartenenza dei soggetti per ipotizzare successive ricerche intervento finalizzate alla promozione della salute, con notazioni anche sulle modalità e i soggetti da coinvolgere per incrementare la possibile efficacia. Si cercherà quindi, in questa sede, di delineare un quadro in cui tali aspetti siano esaminati nelle loro caratteristiche principali, mostrandone le correlazioni e integrando il materiale quantitativo con alcuni dei primi elementi emergenti dalle analisi di tipo qualitativo.

2. Tempo libero

I dati raccolti si riferiscono alla frequenza di svolgimento di attività praticate da ragazzi e ragazze di età compresa tra i quattordici e i diciotto anni durante il loro tempo libero. La domanda posta ai ragazzi era la seguente: "Quanto frequentemente ti capita di svolgere le seguenti attività?" le risposte venivano date in una scala di cinque punti (1 = mai; 5 = quasi ogni giorno). I risultati sono stati suddivisi tenendo presenti le attività più o meno praticate, le attività più o meno sedentarie, le differenze legate al sesso e le differenze legate all'età.

1. Attività svolte con maggiore o minore frequenza. Si può osservare che l'attività più diffusa è seguire programmi TV (il 90% e l'89% rispettivamente dei maschi e delle femmine del gruppo al di sotto dei 16 anni, l'88% sia dei maschi sia delle femmine del gruppo al di sopra dei 16 anni, dichiarano di guardare la TV ogni giorno o quasi). Dal questionario è emerso che il numero medio di ore trascorse di fronte alla televisione durante la giornata è circa tre e tale valore esprime una tendenza indipendente dall'età e dal sesso.

Ampiamente diffuso è anche l'ascolto della musica, sia da soli (tutti i giorni o quasi: 67% dei maschi e 88% delle femmine di età inferiore ai 16 anni; 79% dei maschi e 85% delle femmine di oltre 16 anni) sia con amici (tutti i giorni o quasi: 42% e 49% rispettivamente dei maschi e delle femmine del gruppo al di sotto dei 16 anni; 40% e 46% rispettivamente dei maschi e delle femmine più grandi). Per contro, le attività che raccolgono minore interesse concernono l'andare a concerti di musica classica (mai: 86% dei maschi e l'82% delle femmine al di sotto dei 16 anni; 81% e 87% rispettivamente dei maschi e delle femmine al di sopra dei 16 anni), andare a teatro (mai: 71% dei maschi e 44% delle femmine al di sotto dei 16 anni; 60% dei maschi e 55% delle femmine al di sopra dei 16 anni), fare attività di volontariato (mai: 76% dei maschi e 74% delle femmine al di sotto dei 16 anni; 84% e 73% rispettivamente dei maschi e delle femmine al di sopra dei 16 anni), partecipare a conferenze e dibattiti (mai 69% dei maschi e 66% delle femmine al di sotto dei 16 anni; 59% dei maschi e 63% delle femmine dell'altro gruppo) e visitare musei o pinacoteche (raramente: 47% dei maschi e 52% delle femmine di età inferiore ai 16 anni; 51% dei maschi e 52% delle femmine del gruppo di età superiore ai 16 anni).

2. Attività più o meno sedentarie. Tra le azioni considerate nel questionario, sono state considerate sedentarie quelle che prevedono poco dispendio di energia fisica, mentre possono essere definite non sedentarie altre, che implicano un certo impegno fisico. Le attività sedentarie sono: leggere fumetti; guardare la televisione; leggere riviste; utilizzare il computer; leggere libri non di studio; ascoltare musica da solo; leggere quotidiani; ascoltare la radio. Le attività non sedentarie sono: visitare mostre ed esposizioni; andare in discoteca; visitare musei; fare attività di volontariato; andare in palestra; frequentare associazioni e gruppi organizzati; ballare in casa propria o di amici. Confrontando tra loro i punteggi medi assegnati ai due gruppi di azioni si può osservare che le otto attività del primo gruppo (sedentarie) sono di gran lunga più praticate ottenendo tutte, nella scala da 1 a 5, punteggi superiori al 2,5. Al contrario le attività non sedentarie si posizionano tutte al di sotto di tale valore critico risultando così scarsamente praticate. Dunque le attività preferite dai ragazzi si riferiscono al guardare, leggere ed ascoltare.

3. Differenze legate al sesso. Vi sono delle attività che mostrano andamenti diversi in relazione ai due sessi; le azioni preferite dai ragazzi sono: frequentare bar o sale giochi, utilizzare il computer e navigare in rete, assistere a manifestazioni sportive, leggere fumetti. Le ragazze preferiscono: frequentare librerie e biblioteche, leggere riviste e libri non scolastici, ballare, cucinare, coltivare fiori, disegnare, ascoltare musica e programmi radiofonici.

4. Differenze legate all'età. Se si leggono infine i dati considerando l'età di 16 anni come punto discriminante possiamo notare che ragazzi e ragazze più grandi di tale età tendono a compiere più frequentemente le seguenti azioni: spostarsi usando il treno, cucinare, andare in discoteca, andare in biblioteca. I ragazzi e le ragazze al di sotto di 16 anni compiono con più frequenza le seguenti attività: leggono fumetti, si spostano usando l'autobus, ballano con amici e frequentano associazioni e gruppi organizzati, disegnano e dipingono, vanno al cinema, usano il computer e navigano in rete. Commentando questi dati si può dire che mentre alcune attività sono intuitivamente legate ad una maggiore emancipazione dei ragazzi più grandi (ad es. usare il treno, cucinare, ecc.), i ragazzi al di sotto dei 16 anni sono ancora legati ad attività di gruppo che implicano minore individualità ed un più forte bisogno di coesione, facendo spesso riferimento nel loro tempo libero al gruppo dei pari (per esempio frequentare associazioni o ballare in casa di amici). Un dato curioso può essere la tendenza dei più piccoli ad utilizzare maggiormente il computer e a navigare in Internet: questo può indicare una sempre più forte apertura delle generazioni più giovani all'uso del computer e alla padronanza delle risorse ad esso collegate.

3. Attività praticate e abitudini verso la promozione della salute

Scegliendo alcune attività che potrebbero essere correlate ad abitudini nocive per la salute, possiamo notare che il guardare a lungo la televisione non appare associato con una abitudine maggiore al fumo e solo in misura minima ad un consumo maggiore di alcool, e considerazioni analoghe si possono fare per l'assistere a manifestazioni sportive o per l'ascolto della radio. Chi frequenta la palestra fuma meno di chi non la frequenta, soprattutto se la frequenza è giornaliera, e tende a bere meno alcolici, anche se non in misura così rilevante come avremmo potuto aspettarci, e questo potrebbe anche indicare che la palestra non è immediatamente associata ad una maggiore consapevolezza della cura della propria salute, ma probabilmente ad attività finalizzate all'estetica o anche all'aggregazione tra pari. La frequenza delle uscite in discoteca, invece, mostra differenze rilevanti in entrambi i casi, e non solo nelle abitudini estreme (mai e tutti i giorni), ma anche in quelle medie (da 1 a 3 volte al mese). L'andare al ristorante o in pizzeria con amici si correla, ma in misura non rilevante, ad abitudini più diffuse di uso di alcool e di tabacco; considerazioni simili si possono fare per la partecipazione a concerti rock. Le differenze si fanno invece rilevanti, dai dati in nostro possesso, per quanto riguarda l'abitudine a passare del tempo nei bar e nelle sale giochi. Sia per quanto riguarda il fumo che il consumo di alcolici, si nota un incremento in coloro che ci vanno tutti i giorni e un decremento in chi non ci va mai, mentre per gli indici medi di frequenza di tali attività, è l'abitudine all'alcool che si dimostra prevalente, seppur non in maniera rilevante.

Tali osservazioni sono confermate anche dall'analisi delle misure medie di attività praticate da "bevitori" e "fumatori". Se passiamo dalle attività di tempo libero alle attività più specificatamente sportive, si fa sentire l'incidenza dei non fumatori, probabilmente perché in questo campo i danni prodotti dal fumo sono rilevabili direttamente dai ragazzi – l'avere *poco fiato* – mentre non si trovano dati analoghi per l'uso di alcool.

Si è quindi ritenuto utile confrontare le abitudini legate al tempo libero con la maggiore o minore soddisfazione per il proprio aspetto e l'eventuale desiderio di avere un corpo più snello. L'analisi dei dati della ricerca ha infatti fatto emergere delle tipologie in ordine all'impulso alla magrezza, ricavate dai dati relativi all'indice di massa corporea (sulla base delle loro dichiarazioni) correlati con le scale di spinta alla magrezza o alla preoccupazione per il proprio peso e per il proprio corpo. Notiamo quindi dal confronto con esse che per i maschi le attività sportive hanno una incidenza marginale rispetto alla tipologia nella quale si collocano. Diversa è invece la situazione delle femmine, in cui la tipologia che presenta un maggiore impulso alla magrezza comprende il gruppo che pratica maggiormente attività sportive.

Pur non volendo, come dicevamo in premessa, fare una distinzione tra attività sicuramente sane e attività a rischio, e di conseguenza associare in maniera deterministica la discoteca, il bar e la sala giochi a comportamenti dannosi, si tratta tuttavia di considerare che sono ambiti a cui porre attenzione, e sicuramente sui quali intervenire in maniera preventiva. Parrebbe altrettanto importante l'utilizzo dell'influenza mediatica nella diffusione di comportamenti di prevenzione della salute, vista la rilevante abitudine dei ragazzi di guardare la televisione e di ascoltare la radio. Un ulteriore e significativo contributo può essere dato da un intervento basato sul gruppo dei pari, in linea con l'uso della *peer education* che si sta facendo, in Italia e all'estero, per la promozione di comportamenti di incremento del benessere.

3.1. Alcool

Il consumo di bevande alcoliche riguarda circa il 70% dei soggetti intervistati, in misura maggiore gli ultrasedicenni rispetto ai più piccoli; è più diffuso tra i maschi, fino ad arrivare a più del 90% nei maschi più grandi. Nel questionario si chiedeva di quantificare in unità di alcool bevute nell'ultima settimana il loro consumo, chiarendo che con unità si intendeva una misurazione tipo di vino, birra o superalcolici, in cui il riferimento era alla quantità di alcool contenuta nella unità e non alla capacità. In questo caso il consumo si differenzia secondo il genere: per i maschi, soprattutto se maggiori di 16 anni, una unità al giorno è la media, con una grossa deviazione standard, mentre per le femmine risulterebbe decisamente inferiore, con una deviazione più accentuata solo per le più grandi.

Riguardo alla tipologia degli alcolici bevuti, la birra gode di un favore quasi unanime e molto omogeneo tra le età e i sessi (tra l'80 e l'85%); il vino invece gode di simpatie un po' inferiori, che sono inferiori nel gruppo dei più grandi e sono più presenti tra i maschi. Altri tipi di liquori sono legati alla cultura familiare, come il vin santo, che nelle scelte segue lo stesso andamento del vino, pur con percentuali inferiori, oppure si tratta di alcolici bevuti durante il tempo libero, come gli aperitivi, consumati da più di un quarto del campione, con una tendenza abbastanza omogenea nelle femmine e in crescita nei maschi più grandi. Vengono indicati anche amari e liquori secchi, in misura più elevata per i ragazzi più grandi e che, nel caso dei liquori secchi, arrivano ad essere consumati da più del 40% dei maschi con più di 16 anni. Piccole percentuali, che fanno comunque tendenza, gradiscono infine bevande come il limoncello (fino al 12% delle femmine più grandi).

I dati sul momento della giornata in cui si consumano alcolici sembrano riconfermare questo andamento: il vino, infatti, compare nella quasi totalità dei casi associato al momento del pasto, mentre la birra è una bevanda diffusamente consumata in tutti i momenti della giornata, con una prevalenza del dopo cena, soprattutto per i più grandi, che lo dichiarano in più del 60% dei casi, in entrambi i sessi. Tale dato farebbe pensare, quindi, alla bevanda associata al tempo libero. Il consumo di aperitivi si concentra nel momento "congruo" prima dei pasti, ma si trova anche, con una media totale del 25%, in momenti che sembrerebbero meno "adatti", come il dopo cena. Incongruità simili si ritrovano per gli amari, che pur trovando la loro collocazione "naturale" dopo i pasti, da alcuni dei maschi più grandi sono comunque indicati anche come bevanda del mattino, oppure, dalle femmine della stessa età, come bevanda del pomeriggio. Questo fa pensare ad alcuni comportamenti che si ritrovano talvolta in chi abusa di alcool, che talvolta sceglie l'aperitivo o l'amaro come bevande che, pur contenendo la stessa gradazione alcolica di altre, sembrano avere un minor stigma sociale. Il consumo di liquori secchi è concentrato nel dopocena; si rilevano basse percentuali subito dopo i pasti e sporadicamente nel pomeriggio.

Le risposte relative al luogo in cui si consumano gli alcolici precisano ulteriormente il quadro delineato dalle associazioni tra contesti ambientali e relazionali e tipi di alcolici preferiti. Il vino viene bevuto a casa propria, così come il vin santo, mentre la birra, pur presentando anche notevoli consumi di tipo familiare, è la bevanda del bar e della discoteca, e, in misura minore, della pizzeria o del ristorante. Aperitivi e amari vengono indicati come liquori che si bevono (e si offrono) in casa d'altri, oltre che a casa propria, e in misura considerevole anche al bar, e questo rimanda alla sensazione (a cui si è già accennato) che possa trattarsi del tentativo di assumere un'alta gradazione alcolica con bassa disapprovazione sociale. Il superalcolico "secco" è invece la bevanda che appare tipicamente associata alla discoteca, specie dai grandi, sia maschi sia femmine (più del 70%), che comunque indicano anche il bar, la propria casa e quella di altri.

Possiamo dunque ipotizzare un quadro in cui esiste una cultura familiare, in cui probabilmente è significativa l'influenza degli adulti, che vede l'alcool come un componente importante associato sia al pasto familiare, sia a situazioni sociali più o meno ritualizzate, come il bicchierino offerto o bevuto a casa propria, il liquore "di famiglia"– in alcuni casi anche fatto in casa – come il vin santo o il limoncello. Accanto a queste abitudini ci sono poi le situazioni legate al tempo libero, alla vita con il gruppo di amici, al bar e alla discoteca, che riguardano il consumo prevalente di birra e di liquori secchi.

Le informazioni circa l'uso di alcolici raccolte attraverso le discussioni di gruppo e le interviste hanno confermato le risposte fornite al questionario, ed hanno inoltre offerto ulteriori spunti di riflessione e coloriture sulle preferenze e le abitudini dei giovani a proposito di alcool. "*A me piace il vino, la birra, a me piace il vino, il limoncello, la birra, una cosa alcolica che mi piace è lo spumante dolce*", e poi: "*mi è capitato di esagerare con il vino*" oppure "*...e poi la sera si usciva, si stava un po' ad un pub...fino a tardi parecchio...al di là della birra si prendeva anche qualcosa di più strano, di più particolare, come le 'grappettine' le chiamavano, quelle leggere, però...Con gli amici ci si trova al circolo, ci si fa qualche birrino, si parla, a volte ci si annoia...Quando c'è una festa, come il Natale, a casa, o un compleanno, a casa mia o dai parenti, si beve sempre lo spumante...Quando andiamo in discoteca, il sabato, io bevo, sì, ma qualcuno tra i miei amici esagera, esagera sempre, sembra che se non si ubriaca non si diverta, esce apposta per questo...*".

Da più fonti è emersa la marcata tendenza al consumo di cocktail: tra i ragazzi più grandi le femmine sembrano preferire quelli meno alcolici, a base di frutta, i maschi quelli più alcolici, diversi a seconda della moda del momento, e riconfermando le stereotipie sociali sul gusto. Alcuni degli intervistati hanno inoltre osservato che, a seconda della organizzazione della serata, le *bevute* possono notevolmente variare: si va al pub, si sta con gli amici, si parla e si beve; ma ci possono anche essere occasioni in cui ci si incontra con gli amici al bar, per un aperitivo, poi si va in pizzeria o al ristorante, e si beve di nuovo, quindi in discoteca, dove si aggiungono superalcolici e cocktail.

L'alcool quindi può far parte delle abitudini di vita in famiglia, può rappresentare un consumo condiviso con gli amici durante il tempo libero, e può anche caratterizzare momenti trasgressivi, una certa festa o una serata diversa, o momenti non routinari come le occasioni che si presentano in vacanza.

Se volessimo ipotizzare situazioni in cui promuovere l'educazione ad un consumo alimentare corretto e la prevenzione rispetto a possibili abusi di alcool avremmo quindi due situazioni diverse nelle quali intervenire: da un lato la cultura familiare e l'alcool "domestico", che non sembra comunque essere di quantità trascurabile e sotto la probabile influenza delle abitudini degli adulti, in primo luogo dei genitori, e dall'altro la cultura del gruppo dei pari, che può utilizzare anche l'uso di alcool come marcatura del passaggio all'età adulta, sia nelle consumazioni al bar con i "birrini" del tempo libero, sia, e in modo ancora più tipizzato, nelle consumazioni in discoteca. Questo ribadisce l'importanza della educazione alla salute tra pari, della quale abbiamo già parlato a proposito degli stili di vita nel tempo libero.

Analogamente a quanto verificheremo per l'abitudine al fumo, chi fa maggiormente uso di alcool attua anche comportamenti alimentari più scorretti, come il non fare colazione, anche se non si tratta di una tendenza rilevante. Una correlazione maggiore (maggiore anche rispetto al fumo) la si trova invece con il fare spuntini fuori pasto, il che può far pensare a "merende" associate all'uso di bevande alcoliche.

Chi fa uso di integratori sembra consumare meno alcool, e ugualmente chi ha intrapreso regimi alimentari. Non si tratta tuttavia di tendenze molto nette.

Un dato territoriale, relativo alle province in cui si è svolta l'indagine, indica in Arezzo il luogo in cui più decisamente prevalgono i non bevitori di alcool rispetto ai bevitori. Senza voler forzare interpretazioni su questo, può comunque essere un dato interessante, nel caso di eventuali campagne da promuovere, per stabilire ordini di priorità a partire invece dalle province che sembrano essere maggiormente interessate al problema, come Pisa o, in misura ancora più rilevante, Prato.

Analizzando le tipologie dei soggetti sulla base di ciò che abbiamo definito impulso alla magrezza non si notano tendenze indicanti un incidenza dell'uso di alcool. Analizzando le differenze sulla percezione del loro corpo reale e sul desiderio di un corpo ideale, che nel nostro questionario era raffigurata dalle silhouette sulle quali operare una scelta, si può notare un incremento lieve da parte delle femmine che non usano alcool nel desiderare un aspetto più magro, e un incremento apparentemente più deciso per i maschi che, ugualmente, non usano alcool. Quest'ultimo dato è tuttavia in contraddizione con la prevalenza, tra i maschi che bevono alcolici, di coloro che sembrano accettare maggiormente il loro corpo, prevalenza che tuttavia si inserisce nelle osservazioni a proposito dell'intero gruppo dei maschi, che percepisce in maniera più positiva delle femmine il proprio aspetto fisico, e soprattutto si preoccupa decisamente meno – anche troppo – di un eventuale eccesso di peso.

3.2. Fumo

Circa il 30% dei soggetti intervistati fuma. Si tratta di un comportamento diffuso in misura leggermente maggiore tra i maschi che tra le femmine. I primi inoltre presentano un incremento maggiore nell'abitudine al fumo nel gruppo di coloro che hanno più di 16 anni. Il numero di sigarette che dichiarano di fumare ogni giorno, che per le femmine è di 7 in media per le più piccole e di 9 per le più grandi, per i maschi sembra invece passare da 13 prima dei 16 anni a 9 dopo tale età. L'inizio dell'abitudine al tabacco viene collocato dai più giovani a 13 anni, dai più grandi a 14, senza grosse differenze tra i sessi, facendo quasi ipotizzare una tendenza dell'abitudine al fumo a spostarsi in età più precoce con il passare degli anni.

L'impressione che si ricava dai dati in nostro possesso è che la sigaretta funzioni ancora come rituale di iniziazione all'età adulta, probabilmente di più per le femmine che per i maschi. L'uso di tabacco non sembra inoltre associato ad una percezione di nocività per la salute, che invece probabilmente arriva solo più tardi, e solo per alcuni, non sappiamo se per una reale maggiore cura di sé o se per il superamento della necessità di connotare con il gesto del fumare l'acquisizione di uno *status* di adulto.

Nelle discussioni di gruppo il fumo compare associato ad emozioni di tipo negativo: "*cioè, se uno è arrabbiato, stanco...ci sono alcune persone che quando sono nervose fumano...*". L'abitudine al fumo si correla con abitudini alimentari considerate poco salutari: chi fuma tende a fare colazione raramente, o a non farla mai, mentre tra chi non fuma troviamo un maggior numero di soggetti che regolarmente inizia la giornata con la colazione.

Gli spuntini fatti fuori pasto non sembrano correlarsi con l'uso di tabacco, mentre, invece, l'aver fatto esperienza di regimi alimentari e di uso di integratori presenta un trend inverso alle sigarette, e in misura maggiore di quanto si sia osservato per l'alcool, quasi si inserisse in una maggiore attenzione alla propria salute, di cui fa parte anche la limitazione della nicotina. I dati territoriali indicano Arezzo come il luogo in cui prevalgono i non fumatori rispetto ai fumatori. Si riconferma quanto detto a proposito dell'alcool, e sia pure in misura meno netta, rimangono più toccate dal problema Pisa e Prato.

Analizzando le tipologie dei soggetti sul rapporto tra massa corporea e impulso alla magrezza, si possono fare le stesse considerazioni fatte per l'alcool, e neanche nel caso del fumo si riscontrano trend che abbiano una reale incidenza. Sia per i maschi che per le femmine non sembrano esserci correlazioni di rilievo tra l'essere o meno fumatori e il percepire differenze tra il proprio aspetto reale e il proprio aspetto ideale.

4. Conclusioni

Riteniamo che le nostre osservazioni, pur non avendo la pretesa di definire l'universo giovanile toscano nei suoi aspetti di corretta alimentazione, di promozione della salute e tendenze di rischio, riescano tuttavia a raffigurare immagini della vita dei ragazzi, dei loro contesti e microcontesti di appartenenza, delle figure e dei messaggi che influiscono sulle loro credenze e sulle loro norme di comportamento. Da questo si possono ipotizzare successive ricerche-intervento che tengano conto degli stimoli ai quali essi appaiono essere più sensibili: da un punto di vista dell'informazione sicuramente il messaggio mediatico, che pervade le loro vite in maniera perfino preoccupante, e dal punto di vista delle relazioni significative il peso non indifferente della cultura familiare, soprattutto per i più piccoli, e l'influenza decisiva e da valorizzare dei gruppi di pari. Per tali gruppi può essere un compito della prevenzione la ridefinizione da momento di debolezza, per il loro veicolare norme di rischio, a momento di forza, per la possibilità che invece hanno di incrementare comportamenti di promozione del benessere.

Riferimenti bibliografici

Bronfenbrenner M. (1979), *The ecology of human development: experiments by nature and design*, Harvard University Press, Cambridge, Mass.

Buzzi C., Cavalli A., de Lillo A. (1997), *Giovani verso il duemila*, Il Mulino, Bologna.

Donovan J.E., Jessor R., Costa F.M. (1991), Adolescent health behavior and conventionality-unconventionality: an extension of problem behavior theory, *Health Psychology*, 10: 52-61.

Frank G.C. (1997), Methodological issues regarding eating behavior of high-risk adolescents, *Ann. N.Y. Academic Sciences*, 817: 66-82.

French S.A., Henrikus D.J., Jeffery R.W. (1996), Smoking *status*, dietary intake, and physical activity in a sample of working adults, *Health Psychology*, 15(6): 448-454.

French S.A., Story M., Downes B., Resnick M.D., Blum R.W. (1995), Frequent dieting among adolescents: psychosocial and health behavior correlates, *American Journal of Public Health*, 85(5): 695-701.

Garner D.M., Olmstead M.P., Polivy J. (1983), Development and validation of a multidimensional eating disorder investigation for anorexia nervosa and bulimia, *International Journal of Eating Disorders*, 2: 15-34.

Graber J.A., Bastioni A., Brooks-Gunn J. (1999), *The role of parents in the emergence, maintenance, and prevention of eating problems and disorders*, in Piran N., Levine M.P., Steiner-Adair C. (Eds.), *Preventing eating disorders*, Brunner/Mazel, Philadelphia.

Jacobson M.S. (1997), *Preface: the rationale for this conference*, in Jacobson M.S., Rees

J.M., Golden N.H., Irwin C.E. (Eds.), *Adolescent nutritional*, The New York Academy of Sciences, New York.

Jessor R., Jessor S.L. (1977), *Problem behavior and psychosocial development: a longitudinal study of youth*, N.Y. Academic Press, New York.

Lombardo C., Caiani S., Vannucci M. (1999), Fattori di rischio per lo sviluppo dei disturbi alimentari in adolescenza, *Psicologia della Salute*, 3-4: 81-111.

Ludtke H.A., Schneider G. (1996), Habit-specific Locus of Control scales for drinking, smoking, and eating, *Psychological Reports*, 78: 363-369.

Morcellini M. (1988), *Spettacolo e consumi culturali*, in Sgritta G.B. (a cura di), *Immagini della società italiana*, ISTAT-AIS, Roma.

Parlebas P. (1986), *Eléments de sociologie du sport*, PUF, Paris.

Thompson K.J. (1995), *Assessment of body image*, in Allison D.B. (Eds.), *Handbook of assessment methods for eating behaviors and weight-related problems*, Sage Publication, London.

Toro J., Salamero M., Martinez E. (1994), Assessment of sociocultural influences on the aestetic body shape model in anorexia nervosa, *Acta Psichiatrica Scandinavica*, 89: 147-151.

Vaandrager H.W., Koelen M.A. (1997), Consumer involvement in nutritional issues: the role of information, *American Journal of Clinical Nutritional*, 65(6) Suppl.: 1980S-1984S.

7. Un piano regolatore per il benessere

di Mario Bertini*

Nel settembre 2000, organizzato dalla Società Italiana di Psicologia della Salute, si è tenuto a Orvieto il **IV Congresso Italiano di Psicologia della Salute.**

Come si può evincere dal tema centrale: "Dalla lotta alla malattia alla costruzione della salute" il congresso si è proposto l'obiettivo culturalmente ambizioso di segnalare il delinearsi di un cambiamento di paradigma nel panorama della salute umana.

"*Oltre che sul 'malessere'* – si legge nelle note del dépliant di presentazione – *il fuoco dell'attenzione si sposta sulle dinamiche del 'benessere', inteso nel senso più profondo di armonia delle relazioni intra e interorganismiche. Dai livelli più basilari della comunicazione fra cellule, a quelli più complessi delle relazioni sociali e socio-ecologiche, la 'speranza' di una convivenza sana, passa attraverso il rispetto delle risorse positive nello sviluppo sistemico dell'insieme*".

La sollecitazione di questa tematica sembra aver ricevuto consenso, a giudicare dal numero e soprattutto dal livello dei partecipanti. Ne sono testimonianza, fra l'altro, la presenza delle due maggiori associazioni internazionali di Psicologia della Salute: quella americana, rappresentata al massimo livello dal presidente Timothy Smith, – che ha anche tenuto una lezione magistrale – e quella europea, rappresentata da Karl Wrzesnieski, membro del direttivo. Nella linea di apertura interdisciplinare, da sottolineare inoltre la presenza di Franz Halberg, scienziato al cui nome è legata la nascita e lo sviluppo della moderna cronobiologia. Oltre alla lezione magistrale, centrata sulla collaborazione fra medici e psicologi nella prevenzione di patologie gravi come l'ictus e l'infarto, Franz Halberg ha partecipato ad un simposio ed ha seguito attivamente le varie sessioni dei tre

* Articolo apparso su *Psicologia della Salute,* n. 3/2000.

giorni congressuali. (Con il suo attento richiamo alla dimensione temporale nella valutazione delle funzioni dell'organismo umano, Halberg ci ha fatto intravedere lo sviluppo di un fertile terreno d'incontro tra psicologia e biologia).

Nel congresso si sono succeduti simposi, sessioni tematiche, presentazioni di poster, che hanno affrontato argomenti di ampio interesse.

Riservando l'intera sezione tematica di questo numero ad uno dei simposi – centrato sul tema emozione e salute –, abbiamo inteso lasciare una traccia incisiva di questo Congresso nella nostra Rivista.

Con questo editoriale, voglio richiamare l'attenzione su un altro momento significativo del congresso, dove il senso dell'operazione di "costruzione della salute" è stato declinato a livello della "convivenza nella città".

L'intera terza giornata del congresso è stata, infatti, dedicata all'approfondimento di questo tema: **L'integrazione delle scienze umane e tecnico-urbanistiche per un miglioramento della qualità globale della convivenza cittadina.**

Lo slogan volutamente appariscente con cui è stata presentata la giornata: **"Verso un piano regolatore per il benessere"**, deriva dalla presa di coscienza di un dato singolare e dissonante, rispetto all'attuale sensibilità culturale. Si può notare infatti come, nelle decisioni che orientano la programmazione e riprogrammazione dei contesti urbani, sia ancora visibilmente assente la collaborazione tecnica, diretta, delle scienze umane. Senza ovviamente minimizzare l'importanza di alcune esperienze, l'impatto delle nostre discipline risulta a tutt'oggi di scarsa efficacia: di fatto, le linee che determinano la "vivibilità" della città, sono essenzialmente tracciate da operatori delle scienze cui viene prevalentemente affidata la cura dell'assetto "fisico".

A partire da questa constatazione, la Società Italiana di Psicologia della Salute ha preso l'iniziativa di porre al centro del dibattito questo interrogativo: "È sufficiente oggi, agli albori degli anni 2000, l'attuale impostazione tecnico-urbanistica per garantire la salute di una città, intendendo per salute la qualità globale della convivenza cittadina?". Per la convinta adesione della Società Italiana di Antropologia Medica e dell'Associazione Italiana di Sociologia, e grazie alla partecipazione attiva dell'amministrazione comunale della città di Orvieto, è stato possibile organizzare insieme una giornata congressuale ricca di significato interdisciplinare ottenendo anche il significativo patrocinio dell'Anci, vale a dire dell'Associazione Nazionale dei Comuni Italiani.

Due appaiono gli obiettivi specifici di questa giornata: il primo di natura culturale e il secondo di carattere politico concreto:

- prospettare e illustrare in modo articolato l'utilità dei contributi delle scienze umane al fine di elevare la qualità della vita nella città;
- avviare un confronto con le componenti tecniche e politico-amministrative, al fine di individuare le linee più proficue di una consultazione ai vari livelli del processo decisionale.

I lavori del mattino si sono aperti con una relazione introduttiva sul tema: "Nuovi scenari di salute e qualità della vita nella città", tenuta dal sottoscritto, in qualità di presidente della società italiana di Psicologia della Salute.

È seguita una tavola rotonda, nella quale si sono confrontate le varie componenti – psicologica, sociologica, antropologica e tecnico-urbanistica – chiamate a far parte integrante di un nuovo sistema di consulenza. Coordinata da Pio Ricci Bitti, vice presidente della società italiana di Psicologia della Salute, hanno partecipato a questa tavola rotonda: Laura Balbo, presidente dell'associazione italiana di sociologia (ex ministro delle pari opportunità); Tullio Seppilli, presidente della società italiana di antropologia medica; Renzo Carli, ordinario di psicologia clinica nell'Università di Roma La Sapienza; Luca Zevi, architetto, coordinatore della rivista "L'Architettura".

La presentazione di una bozza di *Manifesto*, che riporto per esteso in calce a questo editoriale, ha costituito il punto di riferimento centrale della seconda parte della giornata. Sul senso di questo documento, che mira a spostare l'accento del piano regolatore tradizionale, verso un "piano regolatore per il ben-essere", si sono interrogati i partecipanti di una tavola rotonda coordinata da Piero Amerio, nella sua qualità di presidente della società italiana di psicologia di comunità. Oltre a Mirilia Bonnes, ordinario di psicologia ambientale nell'università di Roma La Sapienza, hanno partecipato – per la componente amministrativa – Stefano Cimicchi, sindaco di Orvieto, Enrico Petrangeli, assessore alla Cultura del Comune di Orvieto e Loredana Mezzabotta, presidente della V Circoscrizione di Roma. Per la componente tecnico-urbanistica: Francesco Filippi dell'Università di Roma La Sapienza e Gianluigi Nigro dell'Università di Roma "La Sapienza", Past-President dell'Istituto Nazionale di Urbanistica. Una lettera di forte adesione all'iniziativa è stata inviata dal Sindaco di Torino, Valentino Castellani.

Dopo ampia discussione allargata a tutti i presenti, si è registrato un consenso unanime sull'opportunità di procedere alla pubblicazione degli atti della giornata e all'organizzazione di una seconda iniziativa congressuale in occasione della diffusione del volume relativo. Da parte del sindaco di Orvieto si è registrata una dichiarazione d'impegno a costituire da subito, nella città di Orvieto, una sorta di laboratorio sperimentale lungo le linee indicate dal Manifesto stesso.

Nel chiudere questo editoriale invito i lettori della rivista a leggere con attenzione la proposta di manifesto – che è stata approvato dall'assemblea dei partecipanti – e di costituirsi parte attiva di un processo che dovrebbe portare alla stesura e alla promulgazione definitiva del medesimo.

Si tratta di avviare una serie d'iniziative, nelle quali, oltre le associazioni che hanno organizzato o aderito alla giornata orvietana, anche altre associazioni o singoli soggetti possono dare un contributo significativo. L'obiettivo è quello di trovare il massimo consenso, e di lavorare insieme al miglioramento della qualità della vita cittadina lungo le linee tracciate dal manifesto. Nel cogliere l'opportunità di rispondere in modo tecnicamente qualificato a una domanda visibilmente presente nel sociale, per gli psicologi italiani si possono aprire spazi significativi di un nuovo investimento professionale.

VERSO UN PIANO REGOLATORE PER IL BEN-ESSERE

- Gli strumenti della programmazione territoriale (piano regolatore generale, piano dei trasporti, piano commerciale, piano dei servizi, e così via) costituiscono una dimensione operativa e istituzionale che ha grande influenza nella regolazione della vita quotidiana dei cittadini, delle relazioni interpersonali e sociali, sul piano economico e sul piano del benessere individuale.
- Nella loro fisionomia tradizionale questi strumenti hanno come destinazione principale la classificazione e la sistemazione dei contenitori urbanistici e dei servizi. Essi non di meno costituiscono e, in certo senso, "istituiscono" una "rappresentazione" della città e del territorio destinata a interagire in modo complesso con le diverse culture e con i comportamenti dei cittadini e dei gruppi sociali.
- Nella maggioranza dei casi gli strumenti di programmazione esercitano implicitamente la loro influenza; solo raramente essi sviluppano modelli integrati d'intervento che tengano esplicitamente conto dei cambiamenti che inducono nella sfera dei comportamenti e delle relazioni interpersonali e sociali.
- Salute, benessere e sicurezza sono solo alcuni dei termini con i quali negli ultimi tempi viene espresso e canalizzato un senso diffuso di disorientamento tra i cittadini; in essi si può leggere un bisogno di trasformazione sostanziale della relazione tra programmazione territoriale e nuove configurazioni delle fenomenologie sociali.
- In definitiva gli strumenti della programmazione territoriale possono costituirsi come potenziali occasioni di un rapporto d'esplorazione ed

interlocuzione con le culture locali, di promozione della domanda sociale. D'altra parte, quest'ultima tende a costituirsi non solo in rapporto al versante dei bisogni, ma anche alla fisionomia e alla rappresentazione sociale dell'offerta: non è quindi indipendente dal processo di formazione delle decisioni.

A partire da queste premesse, il contributo delle scienze umane nella programmazione territoriale può muoversi lungo le seguenti linee.

1. *Contribuire a condurre una corretta analisi della domanda, in grado di rilevare il panorama delle risorse, delle aspettative, delle "Culture Locali*". Un primo realistico dispositivo in questa direzione va senza dubbio assegnato a processi di "customer satisfaction", che non si limitino alla semplice registrazione del grado di soddisfazione-insoddisfazione, ma che facciano emergere una rappresentazione più complessa delle aspettative e, soprattutto favoriscano la capacità d'esercizio dei diritti del cittadino in quanto "utente" e "cliente".

2. *Elaborare strumenti di sollecitazione e di maturazione dei processi partecipativi, in modo da rendere il cittadino co-protagonista (co-intelligente) di un itinerario in cui gli obiettivi sono comuni e condivisi, anche se i ruoli e le responsabilità, assunte nel processo stesso, sono mantenute rigorosamente distinte*. Se si vuole che il momento dell'acquisizione di conoscenza dei bisogni, si congiunga a quello della "promozione sociale" della domanda, allora anche lo scenario tecnico deve essere in grado di mettere in risalto dimensioni importanti del convivere sociale (quali il senso di comunità, l'empowerment, la rete comunicativa, il supporto sociale).

Seguendo questa strategia che mira insieme alla valutazione e alla valorizzazione delle risorse della comunità, si può favorire la maturazione di una "comunità competente", in grado cioè di promuovere una migliore qualità della vita.

3. *Valutare – sul piano psicologico, sociale e culturale – l'impatto positivo o negativo degli interventi relativi al piano regolatore.*_Proprio come ogni rilevante intervento urbanistico ed economico necessita di un'opportuna Valutazione dell'Impatto Ambientale e paesaggistico, appare importante assegnare altrettanta attenzione alle conseguenze degli interventi urbanistici ed economici sul "landscape" personale, sociale e culturale che caratterizza il territorio.

4. *Valutare e monitorare, a breve e lungo termine, i risultati degli in-*

terventi sul vissuto soggettivo dei cittadini.

5. Infine sembra interessante sottolineare un altro aspetto, delle problematiche di programmazione, nel quale il contributo delle scienze umane potrebbe avere una funzione specifica. *Si tratta dell'integrazione (che appare oggi carente) degli strumenti positivi che, ai diversi livelli del processo decisionale, intervengono nella costruzione del ben-essere e della salute dei cittadini.*

Sembra particolarmente sentita l'esigenza di costituire una rete intenzionale tra i diversi soggetti istituzionali, (universitari) e territoriali che concorrono, nei diversi livelli, alla definizione delle politiche sanitarie e sociali

Lo strumento degli accordi di programma per la promozione del benessere, della salute e della sicurezza dei cittadini, può costituire una via lungo la quale sia possibile esplorare e attivare i processi d'interfaccia tra i diversi dispositivi di carattere amministrativo e progettuale a questo fine predisposti.

In conclusione

In varie parti del mondo si registra un impegno diffuso a costruire indicatori, cosiddetti oggettivi, della vivibilità di una città. Tuttavia si è potuto più volte costatare come questi indicatori – compresi quelli di natura economica – possono essere di valore elevato o in crescita mentre la qualità della vita può rimanere molto bassa, nel vissuto dei cittadini. Persino comunità apparentemente "opulente", si sono rese conto di soffrire per abuso di droghe, degrado ambientale, ritmo frenetico di vita, alienazione, e così via. A partire dagli anni '70 in poi si fa sempre più frequente il ricorso a misure più dirette del vissuto dei cittadini, intesi come "clienti" di cui cogliere le aspettative e attivare le risorse nel processo di realizzazione di obiettivi collettivi.

Per uno scatto più operativo in questa direzione sembra particolarmente efficace la strategia di porre come obiettivo generale del "piano regolatore" il tema della qualità della vita e del benessere.

Il richiamo alla "qualità" è positivamente innovativo, in quanto impone agli organi decisionali di piegarsi alla soggettività attiva dei cittadini e, contemporaneamente, rende evidente la necessità di una diversa relazione integrativa degli esperti fra di loro e con i responsabili degli organismi politico-amministrativi.

Parte quarta

Emozioni e salute

1. Il ruolo dell'espressione delle emozioni nella promozione della salute
Il modello biocomportamentale dell'adattamento*

di Lydia R. Temoshok**

1. Il coping come concetto centrale nella modulazione di salute e malattia

George Engel, proponendo il modello *bio-psico-sociale* come estensione del convenzionale modello biomedico della salute e della malattia, introdusse un paradigma nuovo per la comprensione delle complesse interrelazioni tra fattori genetici, comportamento, personalità, stili di vita, attitudini e le influenze ambientali che contribuiscono allo sviluppo e all'avanzamento della malattia (Engel, 1977). Questo nuovo paradigma ha introdotto un'era di ricerche multidisciplinari che mirano a comprendere le complesse cause delle malattie croniche (particolarmente malattie cardiache e cancro) e i potenziali esiti di queste patologie che, nella seconda metà del ventesimo secolo, si sono sostituite alle malattie infettive come principale causa di morte.

Molti studi nel campo della *psiconeuroimmunologia* (più conosciuta in Europa con il termine *neuroimmunomodulazione*) si sono occupati dell'effetto degli stressor sul funzionamento immunitario dell'animale e dell'uomo e, in maniera minore, sull'inizio e il decorso di una malattia (Ader *et al.*, 1981; 1991). Quale fattore importante, nella ricerca di caratteristiche psicosociali in grado di modulare la relazione stress-malattia, è emerso anche il coping. Nel 1978 venne definito il nuovo campo della *medicina comportamentale*, inteso come integrazione delle scienze comportamentali e biomedi-

* Articolo apparso su *Psicologia della Salute,* n. 3/2000.

** Institute of Human Virology, University of Maryland, Baltimore, Maryland, Usa.

La corrispondenza va indirizzata a: Dr. L.R. Temoshok, Institute of Human Virology, University of Maryland, 725 West Lombard St., Baltimore, MD 21201 Usa.

Email: temoshok@umbi.umd.edu.

che in una prospettiva *biocomportamentale* sintetica di comprensione della salute e della malattia e come applicazione di quanto compreso alla prevenzione, la diagnosi, il trattamento e la riabilitazione (Weiss, 1983). Un numero crescente di studi sull'uomo, nel campo della medicina comportamentale, hanno indicato come un modello causale "semplice" stressor-immunosoppressione o stressor-malattia fosse inadeguato e come la previsione di uno stato di salute sia maggiormente accurato quando vengano presi in considerazione pattern complessi di coping nonché il contesto (es. Herbert e Cohen, 1993; Temoshok, 1993; Balbin *et al.*, 1999).

1.1. Il costrutto delle hardiness

La *hardiness*, un costrutto di coping derivante più dalla prospettiva della Psicologia della Salute che da quella della medicina comportamentale, ha risvegliato grande interesse e promosso molta ricerca negli anni '70 e '80 (Kobasa, 1979a; 1979b). Secondo la teoria una persona *hardy* è coinvolta in relazioni interpersonali e in un lavoro significativi (*commitment*, impegno), vede se stessa come efficace nel modificare situazioni stressanti (*control*, controllo) e interpreta il cambiamento come un'opportunità di crescita piuttosto che come una minaccia (*challenge*, sfida) (Maddi e Kobasa, 1984). Queste tre dimensioni di impegno, controllo e sfida sono state intese come componenti e sottoscale del costrutto e della scala globale di Hardiness. All'espandersi dell'utilizzo della scala di Hardiness nella ricerca sulla salute fisica e mentale, tuttavia, aumentava il numero delle critiche, tra le quali la domanda se le tre sottoscale fossero dimensioni correlate o misure indipendenti, la potenziale confusione con il nevroticismo e l'osservazione di un'evidenza debole dell'ipotizzato effetto di *buffer* della *hardiness* nei confronti dello stress (es. Funk, 1992).

Un'altra considerazione riguardante l'adeguatezza e l'utilizzabilità del costrutto della Hardiness è teorica, nonché empirica: se ci siano i presupposti e una logica scientifica stringente per tale costrutto e le sue tre componenti o dimensioni; se il costrutto sia in grado di spiegare i dati della letteratura e di incorporare e superare le precedenti interpretazioni di tali dati; e se la teoria sottostante sia in grado di spiegare e prevedere i percorsi o meccanismi causali che vengono poi osservati empiricamente. Sebbene la nozione generale di uno stile di coping che promuove la salute sia teoricamente attraente, la letteratura sembra concorde nel giudicare che il costrutto della *hardiness* non ha mantenuto le sue promesse o il suo potenziale dal punto di vista teorico o empirico (es. Hull *et al.*, 1987; Funk, 1992).

1.2. Le dinamiche emozionali come ingrediente critico del coping

La mia critica alla Hardiness come costrutto esplicativo riguarda il fatto che, teoricamente, non prende in considerazione i fenomeni emozionali e, operazionalmente, la scala di *self-report* è in grado di valutare solamente gli aspetti cognitivi e comportamentali del coping. Dalla mia rassegna e analisi della letteratura sulla medicina psicosomatica, la medicina comportamentale e la psiconeuroimmunologia emerge come i fenomeni emozionali giacciano allo snodo concettuale e fisiologico tra mente e corpo (Temoshok, 1983). I tentativi più riusciti di collegare fattori psico-sociali, stress e malattia hanno incorporato ed enfatizzato la regolazione delle emozioni (ad esempio, espressione, repressione, soppressione) tanto dal punto di vista teorico quanto da quello operativo (per una rassegna: Gross, 1989; 1998). Dal momento, quindi, che il costrutto della Hardiness e le sue misure sono fondamentalmente cognitivi ed escludono dinamiche emozionali (come fa d'altronde l'approccio cognitivo e comportamentale di Lazarus e Folkman, es. 1984; 1989), essi riescono con maggiore difficoltà a comprendere i meccanismi responsabili della reciproca influenza tra mente e corpo e sono meno capaci di prevedere l'evolversi di uno stato di salute. Questa critica generale si adatta anche a studi più recenti che hanno utilizzato misure inadeguate di coping nel tentativo di comprendere i meccanismi che collegano fattori psico-sociali agli esiti della malattia (Temoshok, 2000; Dreher, 2000).

In una teoria multidimensionale delle emozioni e dell'adattamento, che ha fondato le basi per le mie successive ricerche sul cancro e l'HIV, i fenomeni emozionali – dalle reazioni di orientamento più istintive o più "iscritte" biologicamente, attraverso la discriminazione tra buono e cattivo, la motivazione, l'esperienza emozionale e l'espressione non-verbale, alla rappresentazione verbale astratta di emozioni cognitive e coscienti – rappresentano un *continuum* di meccanismi sempre più complessi per gestire stressor e informazioni interni ed esterni (Temoshok, 1983). Questa impostazione, coerente con altre teorie e ricerche sulle emozioni (es. Vingerhoets *et al.*, 1997), enfatizza la funzione adattiva dei fenomeni emozionali. Dal punto di vista teorico, disturbi mentali o fisici derivano da sforzi adattivi, eccessivi o falliti, di raggiungere una generale *omeostasi* o un equilibrio dinamico con l'ambiente. Successivamente, la gravità del disturbo diventa una funzione dell'iniziale disequilibrio tra organismo e ambiente, mentre l'espressione del disturbo riflette, mentalmente o fisicamente, il grado di disequilibrio tra, rispettivamente, modalità di adattamento internalizzanti o esternalizzanti (Temoshok, 1983).

Non è sorprendente, dunque, che il predecessore teorico alle mie concettualizzazioni in medicina comportamentale non sia stato tanto il costrutto della Hardiness, quanto il pattern comportamentale del *Tipo A* (Friedman e Rosenman, 1974), il cui contributo allo sviluppo di patologie cardiovascolari è stato dimostrato da molti studi (per una rassegna: Booth-Kewley e Friedman, 1987; Matthews, 1988). Per quanto il concetto di Tipo A si sia evoluto considerevolmente a partire dalla sua prima descrizione in termini di una costellazione di comportamenti e propensioni emozionali, i predittori più significativi dell'incidenza e del decorso di patologie coronariche sono fattori emozionali – rabbia, ostilità e aggressività (es. Dembroski *et al.*, 1983; Matthews, 1988). Il Tipo A si è costituito come àncora teorica e operazionale del polo opposto allo stile di coping da me ipotizzato come Tipo C. La valutazione del Tipo A, originariamente basata esplicitamente sulle reazioni non-verbali ed emozionali a un'intervista provocatoria, ha rappresentato il modello sulla base del quale ho adattato la mia prima valutazione e operazionalizzazione del Tipo C (Temoshok *et al.*, 1985).

2. Il coping di Tipo C

Nei primi anni ottanta i miei colleghi ed io abbiamo descritto il pattern di comportamenti di coping con lo stress di *Tipo C*, caratterizzato, nella sua sostanza, dalla non-espressione delle emozioni, in particolare la rabbia, ma anche dalla tendenza a ignorare le proprie necessità e a concentrarsi, invece, sul compiacimento degli altri (Temoshok e Heller, 1981; Temoshok e Fox, 1984). Il pattern di Tipo C è caratterizzato da una asincronia tra la soppressione psicologica e la non-espressione comportamentale delle emozioni, in concomitanza con una risposta fisiologica non appropriata allo stress. Quando viene messo in atto il pattern di Tipo C, gli stressor psicologici non vengono gestiti opportunamente con mezzi psicologici, ma, viceversa, viene innescata una disfunzionale risposta fisiologica allo stress.

In un programma di ricerca sull'influenza di fattori biopsico-sociali sul melanoma maligno, i miei colleghi ed io abbiamo osservato che il pattern di Tipo C era significativamente associato con tumori primari più spessi e più invasivi (Temoshok *et al.*, 1985); con una maggiore attività autonomica in concomitanza con *self-report* più bassi di disturbo (Kneier e Temoshok, 1984); una risposta linfocitaria più debole al tumore primario e un avanzamento più veloce della malattia, valutata in base a indicatori prognostici conosciuti (Temoshok *et al.*, 1985). Utilizzando il *Vignette Similarity Method* (Temoshok, 2000, in corso di stampa) per valutare il coping di Tipo C, Solano e colleghi (1993, in corso di stampa) hanno osservato che tale stile di coping predice un avanzamento significativamente maggiore dell'HIV a un follow-up a 12 mesi.

2.1. Meccanismi sottostanti la connessione tra pattern di coping ed esiti della malattia

Ci sono due percorsi principali attraverso i quali uno stile di coping può influenzare il corso di una malattia: (1) psico-sociale e comportamentale e (2) psiconeuroimmunologico, sebbene è probabile che questi percorsi interagiscano e si sostengano a vicenda (Temoshok, 1995; 1997). Ad esempio, secondo il primo percorso, uno stile di coping di Tipo C potrebbe essere associato con un avanzamento più rapido del cancro perché l'individuo di Tipo C, negando i propri bisogni e i propri problemi, evitando di "disturbare" i dottori per ricevere i trattamenti necessari e non esprimendo alcuna necessità fisica o psico-sociale, non richiama il sostegno medico o sociale necessario alla guarigione. Per il secondo percorso psiconeuroimmunologico, modulato dalla nostra comprensione dell'importanza del contesto temporale nel determinare l'adattamento, potremmo supporre: (a) che l'attitudine di Tipo C a de-enfatizzare il problema e a mandare avanti la propria vita come se niente fosse successo possa attenuare la risposta fisiologica *acuta* allo stress (in particolare, l'elevazione dei livelli di cortisolo) e i suoi concomitanti effetti negativi sul funzionamento immunitario; ma (b) che il coping di Tipo C possa essere associato a una disfunzione immunitaria che aumenta nel tempo al *cronicizzarsi* della malattia.

Ci sono ormai molti dati in letteratura che indicano come lo stress cronico induca delle alterazioni ormonali e delle modificazioni concomitanti nella concentrazione delle citochine (molecole messaggeri non-anticorpi) associate a una funzione immunitaria depressa (es. Glaser *et al.*, 1999). È stato mostrato come la sostenuta reattività fisiologica in situazioni di stress cronico sia, nel tempo, associata ad alterazioni immunitarie sfavorevoli e a un avanzamento della malattia nell'HIV e in altre condizioni in cui sia implicato il sistema immunitario (Glaser *et al.*, 1999; Solomon *et al.*, 1987, 1991; Temoshok, 1987).

Ipoteticamente, il coping di Tipo C sostiene lo stress cronico perché i suoi tratti caratteristici sono la negazione o il non-riconoscimento di segnali biologici o psicologici indicanti una situazione stressante e la tendenza ad accettare o a "convivere" con i problemi piuttosto che a esprimere i sentimenti e ad agire in modi tali da costituire dei passi nella direzione di mitigare o risolvere una situazione stressante (Temoshok e Dreher, 1992). Mentre, quindi, il coping di Tipo C può avere conseguenze immunologiche adattive all'inizio della malattia (ad esempio, quando il funzionamento immunitario è relativamente integro), tali tendenze di coping diventano progressivamente meno adattive quando l'HIV progredisce, il funzionamento immunitario diventa compromesso e lo stress connesso alla malattia diventa cronico.

Sebbene la ricerca sugli effetti dell'espressione e della non-repressione o soppressione delle emozioni sulla prevenzione della malattia e sulla promozione della salute sia scarsa, la mia esperienza clinica negli ultimi 20 anni suggerisce come trasformare il pattern comportamentale di Tipo C porti benefici alla qualità della vita, nonché alla salute e alla sopravvivenza (Temoshok e Dreher, 1992).

Tale nozione è coerente con i dati riguardanti gli effetti benèfici della psicoterapia di gruppo, di espressione e sostegno, sull'evoluzione del cancro al seno e del melanoma maligno (Spiegel *et al.*, 1989; Fawzy *et al.*, 1993).

3. Il modello biocomportamentale dell'adattamento. L'importanza del contesto

Il mio modello di coping di Tipo C è basato sul riconoscimento del fatto che l'adattamento è un processo dimanico (Temoshok, 1987). Ciò che può essere adattivo in un contesto o in un sistema può non esserlo in un altro. Ad esempio, mentre il pattern del Tipo C di concentrarsi sul compiacimento degli altri e di non esprimere rabbia per presentare una facciata piacevole può contribuire a facilitare i rapporti sociali (e può, quindi, essere considerato socialmente adattivo), tale tipo di coping può avere delle implicazioni negative per quel che riguarda il funzionamento immunitario sul lungo termine (e può, quindi, essere considerato fisiologicamente disadattivo). Un buon esempio di effetti immunologici opposti in funzione del contesto biologico è dato da uno studio sulle strategie di coping e le modificazioni immunitarie seguenti la comunicazione dello stato di sieropositività HIV. Le strategie di disimpegno, compresa la negazione, erano associate con una maggiore compromissione immunitaria in uomini che erano risultati sieropositivi, ma erano associate con modificazioni immunitarie favorevoli in soggetti i cui test erano sieronegativi (Antoni *et al.*, 1995).

Inoltre, ciò che è adattivo in un momento può essere meno adattivo in un altro momento. Ad esempio, mentre una ricerca attiva di informazioni può essere adattiva al momento della diagnosi, una tale tendenza di coping può risultare meno adattiva o addirittura deleteria quando l'intervento chirurgico è stato ormai fatto e la risposta biologicamente più adattiva è quella di riposarsi e recuperare le forze. Il contesto temporale, così come viene applicato alla valutazione dell'adattività di un particolare stile di coping, è particolarmente importante nella comprensione di alcune delle apparenti discrepanze della letteratura psico-sociale in ambito oncologico. Ho tentato di spiegare queste discrepanze della ricerca (durante gli anni ottanta) proponendo un modello dinamico che illustra come un pattern di coping disadattivo, il Tipo C, possa operare lungo la traiettoria dell'eziologia e dell'evoluzione del cancro (Temoshok, 1987).

3.1. Coping e omeostasi

Questo modello è stato elaborato in due iterazioni successive, nelle quali ho enfatizzato come l'obiettivo del coping sia quello di mantenere una omeostasi psicologico-fisiologica (Temoshok, 1990), e che più un processo di coping somiglia a una funzione a U-invertita, caratteristica dell'omeostasi per la maggior parte dei processi biologici, più è probabile che sia adattivo e che sia associato a un esito positivo di salute (Temoshok, 2000). Deviazioni da questo pattern fisiologico normale sono probabilmente disadattive. Se, in risposta a uno stressor, si presenta cronicamente un tale tipo di coping disadattivo, l'effetto cumulativo sarà di disfunzione e malattia. Il modello biocomportamentale dell'adattamento (vedi figura) delinea la funzione adattiva a U-invertita, a confronto con tre ipotetici pattern disadattivi di risposta a uno stimolo.

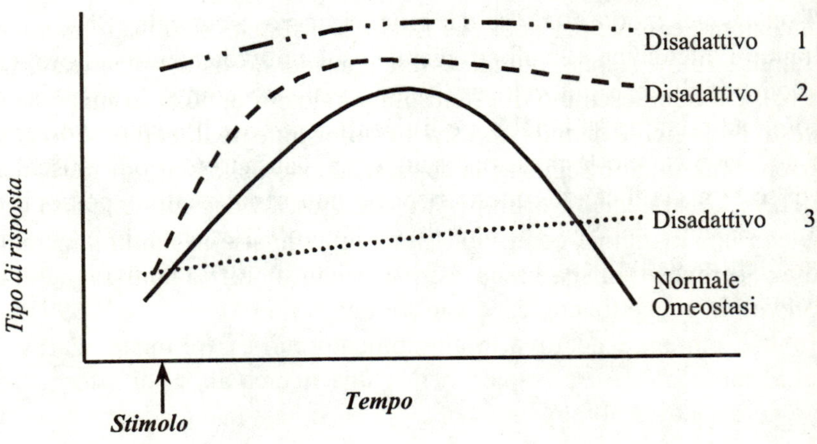

Il Pattern 1 è disadattivo perché l'organismo è già talmente iperattivato che entra in gioco l'effetto soffitto, cosicché lo stimolo evoca una risposta molto debole. Un esempio di questo pattern potrebbe essere dato da un individuo talmente oppresso dalla perdita di una persona amata da essere incapace di rispondere a qualsiasi altra richiesta ambientale, come pagare il mutuo mensile (con conseguenze devastanti se tale pattern è mantenuto nel tempo).

Sebbene la risposta allo stressor sia piuttosto intensa nel Pattern Disadattivo 2, l'attivazione continua a lungo dopo che il Pattern Adattivo è tornato a un livello di riposo o a un livello di attivazione di *baseline*. Tale pattern è tipico di persone con disturbi ossessivo-compulsivi, in cui alcuni pensieri continuano a generare ansia e, a volte, comportamenti compulsivi ripetitivi che sono chiaramente inefficaci a gestire lo stimolo che ha inizialmente innescato l'ansia.

Nel Pattern Disadattivo 3 c'è una risposta minima allo stimolo, probabilmente non sufficiente a gestire uno stimolo che costituisca un problema che necessita di una soluzione o di una risposta. Tale pattern delinea l'immagine immunologica di un individuo con Aids, il cui sistema immunitario impoverito e deteriorato è incapace di dare una risposta efficace contro le infezioni opportunistiche e i patogeni che, in condizioni normali, non causerebbero alcun problema a una persona con un sistema immunitario funzionante.

Elaborando questa ipotesi emerge come la gestione di uno stressor sia particolarmente efficace quando tutti i sistemi operano insieme in modo coordinato e sincrono e quando è il sistema più capace di affrontare e risolvere il problema posto dallo stressor a "prendere il comando", se così si vuol dire. Ad esempio, uno stressor psico-sociale, quale può essere la richiesta del proprio capo di lavorare fino a tardi per completare un progetto, è affrontato nel modo migliore dal sistema nervoso centrale (SNC), concentrando l'attenzione e lo sforzo mentale sul completamento del progetto nel modo migliore e più veloce. Quando vengano coinvolti altri sistemi corporei, ad esempio se la rabbia e il risentimento per il dover lavorare fino a tardi aumentano la pressione sanguigna, causano tensioni muscolari, mal di testa e via dicendo, queste risposte non sono adattive, possono ridurre la capacità del SNC di fare il suo lavoro efficacemente e possono avere effetti negativi permanenti su altri sistemi e organi coinvolti in queste risposte.

3.2. Evidenze a favore del modello

Dati provenienti da uno studio pilota sui fattori psicologici e fisiologici che predicono una sopravvivenza maggiore in uomini con Aids (O'Leary *et al.*, 1989) sostengono la nozione che persone che rispondono agli stressor secondo una funzione più adattiva a U-invertita hanno un'evoluzione migliore del loro stato di salute. Il predittore migliore di una sopravvivenza maggiore nei mesi (in base al numero iniziale di CD4+, o di mesi a partire dalla diagnosi e dalla natura della diagnosi di definizione dell'Aids) consisteva nell'avere una grande differenza tra i picchi della frequenza cardiaca in risposta alle istruzioni sperimentali di "rivivere" cinque eventi emozionalmente stressanti avvenuti durante la settimana precedente, *in concomitanza* con una *baseline* di riposo bassa tra l'una e l'altra evocazione di uno dei cinque espisodi stressanti (Temoshok, 1993). Questa risposta fisiologica segue il Pattern Adattivo della figura, al contrario dei Pattern Disadattivi 1-3, che erano tutti associati con tempi di sopravvivenza significativamente inferiori.

È interessante notare come, quando si riporta la traiettoria dell'evoluzione dell'HIV sull'asse delle X e la reattività immunitaria sull'asse delle Y, una funzione a U (*non* invertita, come nel modello adattivo omeostatico) descrive la risposta immunitaria globale agli stressor, così come è riportato in un gran numero di studi psiconeuroimmunologici sull'HIV (Temoshok, 1993). Tale interpretazione è coerente con la visione dell'HIV come di un potente disregolatore di una normale omeostasi, cosicché, all'inizio della malattia, il sistema immunitario è impropriamente attivato (Ascher e Sheppard, 1988) e non mostra il declino atteso nella risposta linfocitaria proliferativa agli stressor (Ironson *et al.*, 1990), mentre il sistema immunitario relativamente depauperato di persone con l'Aids può essere solamente capace di dare (disadattivamente) una risposta minima di fronte agli stressor o alla sfida presentata da infezioni opportunistiche e altri patogeni.

Riesaminando i dati dei miei primi studi sul Tipo C e il melanoma maligno, il Modello Biocomportamentale dell'Adattamento, che incorpora la funzione curvilineare che descrive le modificazioni nell'associazione tra Tipo C e funzionamento immunitario lungo il corso della malattia, rappresenta una spiegazione coerente e parsimoniosa di tali risultati (es. Fox e Temoshok, 1984; Temoshok, 1985; Temoshok *et al.*, 1985). Tale funzione curvilineare rappresenta anche la spiegazione più efficace dei risultati di uno studio recente che mostra come il coping di Tipo C sia associato con un avanzamento *minore* dell'HIV a un follow-up a 6 mesi, ma predica un avanzamento significativamente maggiore della malattia a un follow-up a 12 mesi (Solano *et al.*, in press).

Uno studio non pubblicato di un caso clinico di un paziente con grave immunodeficienza in assenza di HIV o di qualsiasi altra causa virale suggerisce come lo stile di coping di Tipo C, sviluppatosi in seguito a un grave trauma infantile, vi giocasse un ruolo eziologico. Una psicoterapia, che aiutò la persona a imparare a esprimere le proprie emozioni e necessità, insieme al biofeedback, che la aiutò a imparare a riconoscere gli stimoli stressanti e a gestirli più efficacemente, contribuì a regolare i sistemi emozionale, autonomico e, fino a un certo punto, immunitario, precedentemente sregolati. Le misure di reattività psicofisiologica ottenute in risposta agli stressor prima e dopo interventi di lungo termine mostrano che, nel corso di un anno, le reazioni fisiologiche vanno avvicinandosi sempre più alla funzione a U-invertita che si è ipotizzato rifletta una omeostasi equilibrata. Tali modificazioni si riflettono in miglioramenti osservabili della salute generale e della qualità di vita dei pazienti.

4. Alcuni commenti conclusivi

In questo articolo ho descritto l'evoluzione del Modello Biocomportamentale dell'Adattamento, che ipotizza che quanto più un processo di coping assomiglia a una funzione a U-invertita, tanto più è adattivo e si associa a una positiva evoluzione dello stato di salute. Pattern disadattivi di coping, come il coping di Tipo C, rappresentano una deviazione dall'omeostasi e si possono manifestare in asincronie evidenti tra i vari sistemi, in risposta a stimoli stressanti. È stato ipotizzato che l'HIV produca i suoi danni sregolando il sistema immunitario, così come il sistema nervoso centrale e il funzionamento autonomico, e inducendo risposte disadattive a stimoli stressanti di carattere psicologico o biologico. Tale interpretazione di come uno stile di coping o la risposta a uno stressor, disadattivi, possano influenzare l'evoluzione di uno stato di salute nel cancro e nell'HIV/Aids, e dati preliminari che sostengono queste connessioni, suggeriscono che gli interventi che riportano uno o più sistemi in curve di coping regolate e adattive possono avere effetti benèfici sulla salute.

Riferimenti bibliografici

Ader R., Felten D.L., Cohen N. (eds.) (1981), *Psychoneuroimmunology,* Academic Press, San Diego, CA.

Ader R., Felten D.L., Cohen N. (eds.) (1991), *Psychoneuroimmunology, Second Edition,* Academic Press, San Diego, CA.

Antoni M.H., Goldstein D., Ironson G., La Perrière A., Fletcher M.A., Schneiderman N. (1995), Coping responses to HIV-1 sero*status* notification predict concurrent and prospective immmunologic *status*, *Clinical Psychology and Psychotherapy,* 2: 234-248.

Balbin E.G., Ironson G.H., Solomon G.F. (1999), Stress and coping: The psychoneuroimmunology of HIV/Aids, *Ballière's Clinical Endocrinology and Metabolism,* 13: 615-633.

Engel G.L. (1977), The need for a new medical model: A challenge for biomedicine, *Science*, 196: 129-136.

Funk S.C. (1992), Hardiness: A review of theory and research, *Health Psychology*, 335-345.

Glaser R., Rabin B., Chesney M., Cohen S., Natelson B. (1999), Stress-induced immunomodulation: Implications for infectious diseases?, *Journal of the American Medical Association*, 281: 2268-2270.

Herbert T.B., Cohen S. (1993), Stress and immunity in humans: A meta-analytic review, *Psychosomatic Medicine*, 55: 364-379.

Kobasa S.C. (1979a), Stressful life events, personality, and health: an inquiry into *hardiness*, *Journal of Personality and Social Psychology*, 37: 1-11.

Kobasa S.C. (1979b), Stressful life events, personality, and health: An inquiry into *hardiness*, *Journal of Personality and Social Psychology*, 42: 707-717.

Kobasa S.C., Maddi S.R., Courington S. (1981), Personality and constitution as mediators in the stress-illness relationship, *Journal of Health and Social Behavior*, 22: 368-378.

Kobasa S.C., Maddi S.R., Kahn S. (1982), Hardiness and health: a prospective study, *Journal of Personality and Social Psychology*, 42: 168-177.

Lazarus R.S., Folkman S. (1989), *Manual for daily hassles and uplifts*, Consulting Psychologists Press, Palo Alto, CA.

Lazarus R.S., Folkman S. (1984), *Stress, appraisal, and coping,* Springer, New York.

Maddi S.R., Kobasa S.C. (1984), *The hardy executive: Health under stress,* Dow Jones-Irwin, Homewood, IL.

Solano L., Costa M., Salvati S., Coda R., Aiuti F., Mezzaroma I., Bertini M. (1993), Psychosocial factors and clinical evolution in HIV-infection: a longitudinal study, *Journal of Psychosomatic Research*, 37: 39-51.

Solomon G.F., Kemeny M.E., Temoshok L. (1991), *Psychoneuroimmunologic aspects of human immunodeficiency virus infection*, in Ader R., Felten D.L., Cohen N. (eds.), *Psychoneuroimmunology*, (2nd ed., pp. 1081-1114), Academic Press San Diego, Ca.

Solomon G.F., Temoshok L. (1987), A psychoneuroimmunologic perspective on Aids research: Questions, preliminary findings, and suggestions, *Journal of Applied Social Psychology*, 17: 286-308.

Solomon G.F., Temoshok L., O'Leary A., Zich J. (1987), An intensive psychoimmunologic study of long-surviving persons with Aids, *Annals of the New York Academy of Science*, 496: 647-655.

Temoshok L. (1990), *Applying the biopsychosocial model to research on HIV/Aids*, in Bennett P., Weinman J., Spurgeon P. (eds.), *Current developments in health psychology* (pp. 129-157), Harwood Academic Publishers, Chur, Switzerland.

Temoshok L. (2000), Complex coping patterns and their role in adaptation and neuroimmunomodulation: Theory, methodology, and research, *Annals of the New York Acad-*

emy of Science, 917: 446-455.
Temoshok L. (1983), *Emotion, adaptation, and disease: A multidimensional theory*, in Temoshok L., Van Dyke C., Zegans L.S., *Emotions in health and illness: Theoretical and research foundations* (pp. 207-234), Grune, Stratton, New York.
Temoshok L. (1993), HIV/Aids, psychoneuroimmunology and beyond: a commentary and review, *Advances in Neuroimmunology*, 3: 141-149.
Temoshok L. (1990), *On attempting to articulate the biopsychosocial model: Psychological-psychophysiological homeostasis*, in Friedman H. (ed.), *Personality and disease*, John Wiley and Sons, New York.
Temoshok L. (1987), Personality, coping style, emotion, and cancer: Toward an integrative model, *Cancer Surveys*, 6: 837-857.
Temoshok L. (1997), *The complexity of cause: Linking emotional dynamics to health outcomes*, in Vingerhoets A., van Bussel F., Boelhouwer S.J. (eds.), *The (non)expression of emotions in health and disease* (pp. 15-24), Tilburg University Press, Tilburg, The Netherlands.
Temoshok L. (2000), Psychological response and survival in breast cancer, *Lancet*, 355: 404-405.
Temoshok L., Dreher H. (1992), *The Type C connection: The behavioral links to cancer and your health*, Random House, New York, N.Y.
Temoshok L., Fox B.H. (1984), *Coping styles and other psychosocial factors related to medical status and to prognosis in patients with cutaneous malignant melanoma*, in Fox B.H., Newberry B.H. (eds.), *Impact of psychoendocrine systems in cancer and immunity* (pp. 258-287), Hogrefe, Lewiston, N.Y.
Temoshok L. Heller B.W. (1981), Stress and "Type C" versus epidemiological risk factors in melanoma. *Precedings of the 89th Annual Convention of the American Psychological Association (Los Angeles, August, 1981)*, American Psychological Association, Washington, D.C.
Temoshok L., Heller B.W., Sagebiel R.W., Blois M.S., Sweet D.M., Di Clemente R.J., Gold M.L. (1985), The relationship of psychosocial factors to prognostic indicators in cutaneous malignant melanoma, *Journal of Psychosomatic Research*, 29:139-154.
Weiss S.M. (1983), *Health and illness: The behavioral medicine perspective*, in Temoshok L., Van Dyke C., Zegans L.S. (eds.), *Emotions in health and illness: Theoretical and research foundations* (pp. 7-14), Grune, Stratton, New York.

Traduzione curata dalla dott.ssa Carlotta Scaramuzzi

2. Emozione espressa e salute*

di Luigi Solano**

1. Due modelli a confronto

La ricerca sul rapporto tra emozioni e salute si è mossa più o meno consapevolmente all'interno di due ipotesi che (espresse in forma un po' semplificata) finiscono per apparire opposte:

- le emozioni negative (ansia, depressione) fanno male alla salute;
- l'espressione delle emozioni (comprese quelle negative) fa bene alla salute.

Se è vero a) ci dovremmo aspettare che quanto più *alti* risultino i punteggi indicanti emozioni negative tanto *peggiore* debba essere la situazione di salute (negli studi più recenti, immunitaria); se è vero b) il contrario.

Nella tabella 1 possiamo vedere i risultati di alcuni **studi sulla relazione tra punteggi indicanti emozione negativa e salute**; nella tabella 2 quelli di studi analoghi realizzati su soggetti con infezione da HIV.

L'impressione che si ha è di una grande incostanza di risultati: quella qui presentata non è una rassegna di tutti gli studi esistenti, non è una metaanalisi, ma ugualmente non si ha la sensazione di trovarci su di un terreno molto affidabile. Se poi teniamo conto del fatto che molto spesso i risultati negativi non vengono pubblicati, il quadro appare poco condortante per l'ipotesi a).

Da dove viene allora la sensazione un po' intuitiva che la depressione sia negativa per la salute? Un'ipotesi che viene da formulare scorrendo la letteratura è che possa esservi *confusione tra presenza di evento* luttuoso o

* Articolo apparso su *Psicologia della Salute,* n. 3/2000.

** Dipartimento di Psicologia, Università di Roma "La Sapienza".

Tab. 1 – Emozioni negative espresse e salute

Linn *et al.*, 1984	Punteggi alla Hopkins Symptom Checklist	Minor reattività ai mitogeni nei soggetti più depressi
Irwin *et al.*, 1987	Punteggi alla scala di Hamilton	Minore attività delle cellule NK nei soggetti più depressi
Luborsky *et al.*, 1976	Tono dell'umore	*Nessuna relazione* con recidive di Herpes Orale
Friedman *et al.*, 1977	Tono dell'umore depresso	Correlazione significativa con le recidive di Herpes Orale
Ship *et al.*, 1967	Malessere psicologico	*Nessun effetto* sulla frequenza di recidive di Herpes Orale
Manne e Sandler, 1984	Depressione	Associazione con la frequenza delle recidive di Herpes Genitale
Hoon *et al.*, 1991	Malessere psicologico	*Nessun effetto* sulla frequenza di recidive di Herpes Genitale.

Tab. 2 – Emozioni negative e salute in soggetti con infezione da HIV

Temoshok *et al.*, 1987	Punteggi al Profile of Mood States (ansia, depressione, fatica, ostilità)	Correlazione negativa con numero di cellule T-helper, NK e altre
Kemeney *et al.*, 1991	Depressione del tono dell'umore	Correlazione negativa con il numero di CD4+
Burack *et al.*, 1992	Depressione del tono dell'umore	Correlazione negativa con il numero di CD4+
Rabkin *et al.*, 1991	Depressione del tono dell'umore	*Nessuna correlazione* con indici immunitari
Perry *et al.*, 1992	Depressione del tono dell'umore	*Nessuna correlazione* con indici immunitari
Temoshok *et al.*, 1988	Depressione del tono dell'umore	Correlazione *positiva* con indici di funzionalità

comunque stressante – rispetto alla quale i dati sono ben più robusti – *e emozione* che ne può derivare; dando cioè per scontato che le persone che sperimentano un lutto siano depresse, che quelle in attesa di una diagnosi o di un esame universitario siano ansiose ecc. *e che questo* (non tanto il fatto esterno) *sia nocivo* per la salute.

In realtà è molto probabile che a qualche livello *interno* queste persone sperimentino un qualche sommovimento di fronte ad un evento importante ma questo non significa che se noi andassimo in quel momento a misurare *dall'esterno* l'emozione (con interviste, questionari, test ecc.) questa emergerebbe indistintamente in tutti i soggetti coinvolti nell'evento.

Vale la pensa di ricordare come la possibilità di *esprimere all'esterno* un'emozione implichi in realtà un processo notevolmente complesso, una capacità di:

- vivere l'esperienza emotiva a livello consapevole (non solo fisiologico);
- vivere l'esperienza emotiva nel momento in cui questa si manifesta;
- tollerarne la presenza per un tempo sufficiente a:
- riconoscerla;
- attribuirle una denominazione verbale;
- comunicarla all'esterno;
- con un linguaggio che sia realmente collegato all'emozione e non – come talvolta il pianto – un modo di eliminarla all'esterno.

Appare quindi lecito affermare che *la misura di un'emozione confonde* (in senso statistico) *inevitabilmente la presenza di un'emozione* (o di un suo precursore o componente) *con la capacità della persona di esprimerla* all'esterno. Questo è tanto più vero quando, anziché un campione di popolazione generale, in cui si può ragionevolmente ipotizzare una buona correlazione tra emozione espressa e attivazione emozionale interna, *ci troviamo ad esaminare un campione di soggetti che hanno subìto, o temono di poter subire, un evento più o meno traumatico*: possiamo cioè presumere che le persone in attesa di un intervento chirurgico importante siano per la maggior parte abbastanza tese (a qualche livello, dal fisiologico al consapevole) e che i punteggi di ansia che possiamo misurare siano a questo punto *più una misura della capacità espressiva che della presenza di ansia.* A questo punto non abbiamo alcun motivo di aspettarci una correlazione inversa tra questi punteggi e lo stato di salute (quanto più ansia tanto peggiore la salute) ma, casomai, il contrario.

Questa ipotesi appare confermata da alcuni studi che hanno effettivamente esaminato sia gli effetti sul sistema immunitario di alcuni eventi che l'emozione espressa dai soggetti.

Nel lavoro di Kiecolt-Glaser *et al.* (1987) sulla separazione coniugale si rilevò una ipofunzione immunitaria (su molti parametri) nelle donne separate di recente rispetto alle coniugate. Quando si andarono però a misurare i punteggi di *depressione* nei due gruppi, questi risultarono *non significativamente diversi.* A questo punto o dobbiamo concludere che la separazione non crea disagio alle persone, o che in realtà il disagio si rifletta più nei dati immunitari che nei punteggi al test di depressione, laddove la presenza di disagio si confonde con la capacità di esprimerlo.

In un lavoro di Biondi e Pancheri (1991) si andò ad esaminare la situazione psicologica e immunitaria in donne in attesa di una biopsia che avrebbe confermato o disconfermato un sospetto di carcinoma mammario. La situazione *immunitaria* risultò *migliore* nelle donne con punteggi di ansia *più alti*. Abbiamo qui proprio la situazione ipotizzata all'inizio: in una situazione in cui (ancor più che nella precedente) è difficile non postulare un disagio, l'espressione di un'emozione negativa appare benefica per l'organismo.

Risultati analoghi sono stati ottenuti sul piano non verbale nei bambini in un lavoro di Spangler e Grossman del 1993, che ha utilizzato la *Strange Situation* della Ainsworth: i bambini che apparivano *meno disturbati* dall'assenza della madre (Evitanti) erano quelli che mostravano i *maggiori aumenti di cortisolo* a seguito della procedura.

Shedler *et al.* (1993) esaminarono dei soggetti sia con i *comuni strumenti psicometrici* (Scala di Nevroticismo di Eysenk, Beck Depression Inventory), che possiamo considerare come una autovalutazione consapevole di uno stato di sanità/disagio, che con un'intervista clinica su ricordi d'infanzia, la cui valutazione era basata non sui contenuti, ma sulle modalità del resoconto (coerenza narrativa ecc.). I soggetti vennero distinti in a) autenticamente sani, quando sia i test sia il colloquio clinico davano entrambi un giudizio di sanità; b) palesemente disturbati, quando sia i test che il colloquio clinico evidenziavano un disagio; c) *salute mentale illusoria quando avendo riportato punteggi nella norma ai test venivano invece valutati come disturbati all'esame clinico*. I soggetti definiti con *salute mentale illusoria erano quelli che in condizioni di stress mostravano la maggiore reattività fisiologica*, superiore anche ai soggetti "palesemente disturbati".

Sembra quindi potersi affermare che non è necessario che un disagio divenga cosciente e misurabile per poter avere una influenza negativa sul corpo. Anzi, laddove un disagio è presente, l'espressione all'esterno può risultare benefica.

È necessario quindi addentrarci nell'***ipotesi b),*** laddove *l'espressione emotiva viene considerata utile e salutogenetica.*

L'utilità dell'emozione di angoscia come "segnale" di pericolo venne riconosciuta da Freud fin dal 1925 in *Inibizione, sintomo e angoscia*. Autori successivi (Bibring, 1953; Engel, 1962; Kaufman, 1977) hanno svolto considerazioni simili rispetto alla depressione, vista come un segnale volto alla regolazione dell'autostima, in modo da evitare rischi peggiori. W. Bion (1962a, b) rilevò come le emozioni, lungi dal disturbare il pensiero (come spesso ritenuto nella filosofia occidentale, a cominciare da Platone) siano assolutamente necessarie per riconoscere e valutare i dati dell'esperienza.

L'Infant Research (ad es. Stern, 1985) ha da tempo riconosciuto l'importanza delle emozioni nello strutturare le rappresentazioni interne delle interazioni. Negli studi più recenti (Emde, 1999) le emozioni, specie quelle non momentanee, ma durevoli – interesse, piacere, vengono viste come aventi effetti di integrazione, organizzazione, sostegno allo sviluppo. Anche nell'ambito della ricerca empirica si è da tempo fatto strada un concetto di emozioni come "fonte di informazione sulla propria identità e i propri bisogni personali, e sulle azioni necessarie a soddisfare tali bisogni" (Dafter, 1996).

Uno dei primi ambiti in cui è stato indagato il **rapporto tra espressione emotiva e salute** è stato quello dell'**incidenza dei *tumori,* e della sopravvivenza a questi**[1].

Da almeno 50 anni studi trasversali hanno riscontrato in soggetti affetti da tumore una inibizione nella espressione delle emozioni, in particolare di quelle a contenuto aggressivo (Bacon *et al.*, 1952; Blumberg *et al.*, 1954; Kissen e Eysenk, 1962; Kissen, 1963, 1964; Kissen e Le Shan, 1964), con una prevalenza di meccanismi di difesa nell'area della *negazione* e della *rimozione* (Bahnson e Bahnson, 1965, 1969).

Questi primi rilievi di tipo trasversale furono confermati in una serie di studi *semi-longitudinali*, in cui venne riscontrata una *ridotta capacità di espressione delle emozioni, in particolare a contenuto aggressivo*, in soggetti che all'approfondimento diagnostico risultarono in seguito affetti da tumore (Greer e Morris, 1975; Mastrovito *et al.*, 1979; Pettingale *et al.*, 1985; Rogentine *et al.*, 1989).

Molto noto è il concetto sviluppato da Lydia Temoshok di modalità di coping di *Tipo C* come predisponente allo svilluppo di tumori (Temoshok 1987, Temoshok e Dreher, 1992). Il Tipo C viene definito come una costellazione di atteggiamenti, tra cui spicca anzitutto una scarsa capacità di espressione emotiva, in particolare dell'aggressività, cui si aggiungono (anche con valore esplicativo della scarsa espressività) un disconoscimento dei propri bisogni a favore dei bisogni degli altri, e un sottofondo a malapena percepito di sommessa disperazione. In diversi studi, di tipo anche

[1] Per il lettore interessato un'ottima rassegna sull'argomento è quella di Gross, 1989.

longitudinale, la personalità di Tipo C è risultata effettivamente un antecedente della patologia tumorale, e addirittura, utilizzando una misura quantitativa della dimensione, direttamente correlata con la gravità di un particolare tipo di tumore (Temoshok *et al.*, 1985).

Biondi *et al.* (1981) riscontrarono, in uno studio semilongitudinale, che le persone in seguito risultate affette da tumore presentavano profili MMPI *maggiormente nella norma* e *punteggi di ansia più bassi* delle persone risultate in seguito affette da patologia benigna.

Possiamo quindi concludere, da questi dati così costanti, che più emozione si esprime meno probabilità si hanno di ammalarsi di tumore? Direi di no, perché finora sappiamo solo che un fattore di rischio è costituito da un'*espressione emotiva molto ridotta*.

2. Dall'espressione emotiva "scarsa" all'espressione "inadeguata"

Un possibile chiarimento ci proviene da quegli studi che anziché seguire l'idea che solo una *scarsa* espressione emotiva sia associata ad un peggiore stato di salute, sono partiti dall'ipotesi più articolata di una espressione emotiva *inadeguata* (quindi anche eccessiva).

Greer e Morris (1975) esaminarono 160 donne, in attesa di conoscere l'esito di una biopsia mammaria per sospetto carcinoma, mediante un'intervista che mirava a valutare la modalità di espressione delle emozioni, in particolare dell'aggressività. Dopo l'intervista 69 donne risultarono affette da carcinoma, 91 da patologia benigna. Tra le donne risultate successivamente affette da carcinoma venne riscontrata una percentuale significativamente maggiore di soggetti con tendenza a *reprimere le proprie emozioni* (tab. 3), ma anche di soggetti con una *espressione emotiva estrema* (potremmo dire "incontrollata"). Se consideriamo nell'insieme i soggetti che mostrano un'espressione "normale" delle emozioni questi sono presenti in percentuale più che doppia nel gruppo patologia benigna. Gli autori concludono sostenendo che più che parlare di "repressione delle emozioni" come situazione predisponente allo sviluppo di un tumore, sembri più corretto parlare di "*espressione abnorme*" di queste.

Il lavoro merita altresì essere attentamente considerato come esempio di importanza della metodologia adottata: se, anziché dividere ciascuno dei campioni in 3 sottogruppi, la divisione fosse stata effettuata semplicemente in 2, alta e bassa espressione emotiva, non solo sarebbe sfuggito un fenomeno importante, ma è possibile che non si sarebbe trovata alcuna differenza significativa, distribuendosi i casi di carcinoma quasi equamente tra il gruppo con alta e bassa espressione emotiva.

Tab. 3 – Modalità di espressione delle emozioni e incidenza di neoplasia nel lavoro di Greer e Morris, 1975

	Pazienti affette da neoplasia	*Pazienti affette da patologia benigna*	*Significatività della differenza*
Espressione dell'aggressività			
Estrema repressione	33 (47,8%)	14 (15,4%)	p <.0001
Apparentemente normale	20 (29%)	66 (72,5%)	p <.0001
Estrema espressione	14 (20,3%)	9 (9,9%)	p <.02
Espressione di altri sentimenti			
Estrema repressione	36 (52,2%)	27 (29,7%)	p <.0002
Apparentemente normale	20 (29%)	54 (59,3%)	p<.0001
Estrema espressione	12 (17,4%)	10 (11%)	n.s.

Gli autori di questo lavoro erano evidentemente portatori di una teoria più sofisticata rispetto a considerare la mente come un serbatoio che si deve scaricare, o una pentola a pressione che deve sfiatare, e sono giunti più o meno consapevolmente a ipotizzare concetti come espressione emotiva *adeguata* o *adeguatamente regolata*.

Nel tempo sono comparsi sempre più numerosi risultati compatibili con questa ipotesi. Sempre nell'ambito dei tumori, Wirsching *et al.* (1982) hanno riscontrato, in pazienti poi risultati affetti da tumore (modello semilongitudinale), una espressione emotiva che, mentre all'inizio dell'intervista di valutazione appariva *molto ridotta*, nel 60% dei casi *cedeva il posto a scoppi di emotività incontrollata*. Come dire che in questo studio troviamo addirittura una *scarsa ed una eccessiva espressione emotiva negli stessi soggetti, in momenti diversi*.

Merita di essere ricordato anche un vecchio studio trasversale (Stavraky *et al.*, 1968) in cui i pazienti affetti da tumore mostravano, a un test proiettivo, una *perdita di controllo emotivo 4 volte più frequente rispetto a soggetti sani*; inoltre, dato ancora più attendibile perché a questo punto longitudinale, tra i soggetti con tumore *quelli con decorso più favorevole non mostrarono questa caratteristica*: il loro controllo emotivo era sovrapponibile a quello della popolazione sana.

Anche nell'ambito degli studi ***sul sistema immunitario*** troviamo effetti negativi di una espressione emotiva inadeguata o, se si preferisce, di un difetto di regolazione emotiva. Workman e La Via (1987), esaminando un gruppo di soggetti in attesa degli esami di abilitazione, riscontrarono una *diminuita risposta ai mitogeni* nei soggetti con atteggiamento sia "evitante" che "intrusivo"[2]. Lo stesso risultato è stato documentato (Lutgendorf *et al.*, 1997) in un campione di soggetti in attesa del risultato del test di sieropositività HIV. Shea *et al.*, (1993) riscontrarono una *peggiore situazione immunitaria* sia in soggetti definiti attraverso diversi test come caratterizzati da "*repressione* delle emozioni negative" sia in soggetti definiti come caratterizzati da "*estrema espressione* delle emozioni negative".

A conferma proprio del concetto di adeguatezza dell'espressione emotiva, Solomon *et al.* (1997) riscontrarono che la situazione immunitaria 4 mesi dopo un terremoto nella propria zona di residenza era correlata con *l'adeguatezza della reazione emotiva* allo sconvolgimento effettivo subìto dalla propria vita privata e lavorativa a seguito dell'evento (compresi ovviamente danni materiali): i soggetti cioè che mostravano *un numero più ridotto di linfociti* erano quelli che avevano espresso, e/o tuttora esprimevano, *un forte disagio a fronte di danni lievi, o un disagio scarso a fronte di danni gravi.*

Il nostro gruppo (Solano *et al.*, 1996, 2001), in un lavoro su soggetti sieropositivi, quindi in una situazione di presumibile disagio, ha misurato l'espressione di affettività depressiva mediante la Scala di Gottschalk-Gleser (1969) applicata a delle brevi interviste (v. fig. 1). Come ipotizzato sulla base di un concetto di adeguatezza dell'espressione emotiva, i soggetti con la migliore situazione immunitaria risultarono quelli che mostravano punteggi di affettività depressiva *intermedi*: osservando la curva (fig. 1) si vede come la situazione immunitaria migliori con l'aumento del numero di espressioni depressive nelle interviste, fino ad un punto in cui il fenomeno si inverte bruscamente, ed ulteriori aumenti comportano un peggioramento della situazione immunitaria. L'insieme del fenomeno viene descritto da una *curva* che corrisponde ad una equazione di tipo *cubico*.

James Pennebaker (1999) ha utilizzato un programma specifico (Linguistic Inquiry and Word Count) per effettuare un conteggio delle parole esprimenti emozioni negative su testi (in genere resoconti di eventi trau-

[2] Il costrutto di riferimento è quello di Horowitz *et al.*, 1979.

matici). Anche in questo caso i soggetti che in seguito mostravano una salute migliore, espressa come minor numero di visite mediche, erano quelli con *numero di parole emotive intermedio*, mentre i soggetti con numero scarso o elevato mostravano una salute peggiore (fig. 2).

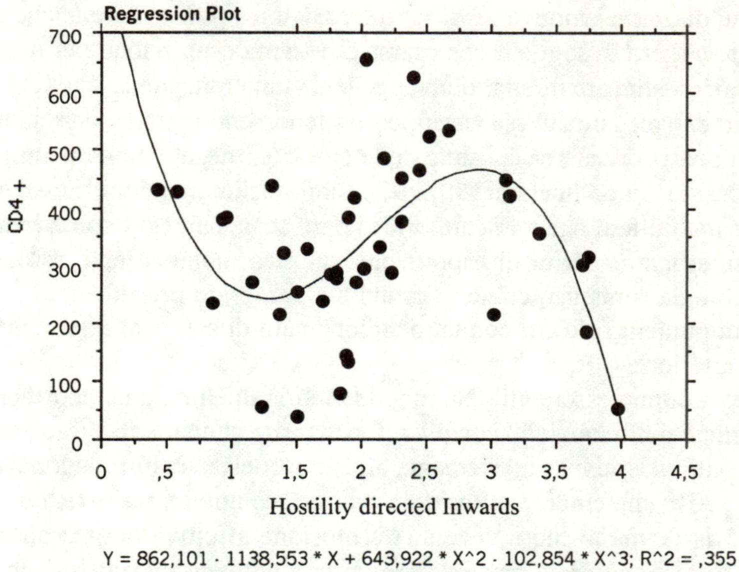

Fig. 1 – Relazione tra l'intensità di espressione di Ostilità verso l'Interno e livelli di linfociti CD4+ in un campione di 42 soggetti HIV positivi

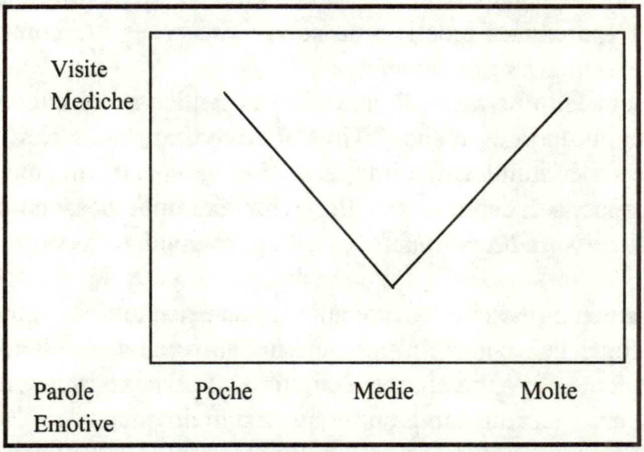

Fig. 2 – Rapporto tra numero di Visite Mediche e numero di parole indicanti emozioni negative nei lavori di Pennebaker e collaboratori

Sembra delinearsi quindi in questi studi più recenti un rapporto *curvilineo piuttosto che lineare* tra misure indicanti l'espressione di emozioni negative e salute. Questo riscontro può contribuire a spiegare l'incostanza dei risultati, riportati nei paragrafi precedenti, ottenuti nella ricerca di un rapporto *lineare* tra punteggi indicanti emozioni negative e salute. All'interno di una relazione che di fatto è curvilinea può bastare anche una piccola prevalenza di soggetti con scarsa o estrema espressione per ottenere una relazione lineare diretta, o inversa, o nessuna relazione.

Rimane da spiegare sul piano teorico un fenomeno che non corrisponde all'idea di una nocività per la salute delle emozioni negative, ma nemmeno all'idea che sia utile "liberarsi" il più possibile delle emozioni. Se da una parte possiamo infatti agevolmente considerare bassi punteggi come indicativi di una scarsa capacità di espressione emotiva, notoriamente associata con la patologia somatica, come riportato nel paragrafo precedente, l'associazione di punteggi elevati con un peggiore stato di salute necessita un riflessione ulteriore.

In questo ci può essere utile di nuovo la teoria di Bion, quando descrive la costruzione dell'emozione come trasformazione di elementi grezzi, beta, originati dall'esperienza, in elementi alfa. Se questa trasformazione non avviene, quello che emerge all'esterno può essere una scarsa affettività (= punteggi bassi), ma anche invece una esplosione affettiva dovuta all'*evacuazione* di elementi beta non trasformati (= punteggi alti). Il linguaggio (come può accadere per il pianto) diviene una forma di *azione*, più che di comunicazione.

All'interno dell'Infant Research, il concetto di *regolazione affettiva* nel rapporto con l'accudente (v. ad es. Stern, 1985; Emde, 1988) può aiutarci a considerare espressioni emotive sia scarse che eccessive come entrambe espressione di una *disregolazione*.

Questo concetto permette di accostare costellazioni di atteggiamenti in genere ritenute opposte, come il Tipo A, riscontrato nelle cardiopatie, caratterizzato da continua irritabilità, e il Tipo C, specificamente caratterizzato da incapacità di esprimere aggressività: entrambe possono essere viste come un *disturbo della regolazione* dell'aggressività (o avversività che dir si voglia).

Analogamente possono trovare spiegazione risultati che appaiono contraddittori, come il riscontro in una determinata situazione clinica di atteggiamenti psicologici apparentemente opposti. Possiamo prendere ad esempio la presenza in alcuni campioni di ipertesi di un quadro *anger-in*, in altri di un quadro *anger-out* (v. ad es. Lombardo *et al.*, 2000): entrambe le situazioni possono essere ricondotte al comune denominatore della disregolazione affettiva.

Appare quindi sempre più opportuno utilizzare, in sostituzione o accanto a misure di emozione espressa, indicatori in grado di dar conto della capacità del soggetto di elaborare, costruire, regolare l'emozione. Una trattazione in proposito esula dai limiti di questo lavoro[3]; mi limiterò ad accennare all'alessitimia (Taylor *et al.*, 1997) e a diverse misure applicate al linguaggio: l'impiego di parole cognitive (Pennebaker, 1999); l'Attività Referenziale (Bucci, 1997; Bucci *et al.*, 2001); la funzione riflessiva (Fonagy e Target, 1997).

Riferimenti bibliografici

Bacon C.L., Renneker R., Cutler M. (1952), A psychosomatic survey of cancer of the breast, *Psychosomatic Medicine*, 14 (6): 453.

Bahnson C.B., Bahnson M.B. (1965), Role of Ego defenses: denial and repression in the etiology of malignant neoplasm, *Annals of the New York Academy of Sciences*, 125: 827.

Bahnson C.B., Bahnson M.B. (1969), Ego defenses in cancer patients, *Annals of the New York Academy of Sciences*, 164: 546.

Bibring E. (1953), *The mechanism of depression*, in Greenacre P. (ed.), *Affective disorders*, International University Press, New York, pp. 13-48.

Bion W.R. (1962a), A theory of thinking, *International Journal of Psychoanalysis*, 43, parts 4-5. Reprinted in Second Thoughts. London: Heinemann, 1967, 110-119. tr. it. *Analisi degli schizofrenici e metodo psicoanalitico*, Armando, Roma, 1970.

Bion, W.R. (1962b), *Learning from experience*, Heinemann, London. tr. it. *Apprendere dall'esperienza*, Armando, Roma, 1972.

Biondi M., Conti C., Pancheri P., Sega F.M., Sega E. (1981), Caratteristiche di personalità, meccanismi di difesa, ed eventi esistenziali stressanti: confronto tra pazienti con carcinoma mammario e mastopatia fibrocistica, *Rivista di Psichiatria*, 16: 271.

Biondi M., Pancheri P. (1991), *Depression and coping style as modulators of the immune response under stress*, in Plotnikoff N., Murgo A., Faith R., Wybran J. (eds.), *Stress and immunity*, CRC Press, Boc Raton, Ann Arbor, London, pp. 189-198.

Blumberg E.M., Nest P.M., Ellis F.N. (1954), A possible relationship between psychological factors and human cancer, *Psychosomatic Medicine*, 16: 276.

Bucci W. (1997), *Psychoanalysis and Cognitive Science. A Multiple Code Theory*, New York, Guilford Press. tr. it. *Psicoanalisi e scienza cognitiva*, Fioriti, Roma, 2000.

Bucci W., Zoppi L., Solano L. (2001), *Teoria del Codice Multiplo e Attività Referenziale: significato e impieghi nella ricerca sulla salute*, in Solano L., *Tra Mente e Corpo: come si costruisce la salute*, Cortina, Milano, pp. 231-255.

Burack J.H., Stall R.D., Barrett D.C., Coates T.J. (1992), "Depression predicts accelerated CD4 decline among gay men in San Francisco", VIII International conference on Aids,

[3] Ho dedicato ampio spazio a questa tematica in un volume di recente pubblicazione (Solano, 2001).

Amsterdam.
Dafter, R.E. (1996), Why "negative" emotions can sometimes be positive: the spectrum model of emotions and their role in mind-body healing, *Advances*, 12, 2: 6-19.
Emde R.N. (1988), Development terminable and interminable I. Innate and motivational factors from infancy, *International Journal of Psychoanalysis*, 69: 23-42.
Emde R. (1999), Moving ahead: integrating influences of affective processes for development and for psychnoanalysis, *International Journal of Psychoanalysis*, 80: 317-340.
Engel G. (1962), Anxiety and depression withdrawal: the primary affects of unpleasure, *International Journal of Psychoanalysis*, 43: 89-97.
Fonagy P., Target M. (1997), Attachment and reflective function: Their role in self-organization, *Developmental Psychopathology*, 9: 679-700.
Freud S. (1926), *Inibizione, sintomo e angoscia, OSF*, vol. 10.
Friedman E., Katcher A.H., Brightman V.J. (1977), Incidence of recurrent herpes labialis and upper respiratory infection: a prospective study of the influence of biologic, social, and psychologic predictors, *Oral Surgery, Oral Medicine, Oral Pathology*, 43: 873.
Gottschalk L.A., Gleser G.C. (1969), *The measurement of psychological states through the content analysis of verbal behavior*, University of California Press, Berkeley and Los Angeles.
Greer S., Morris T. (1975), Psychological attributes of women who develop breast cancer: a controlled study, *Journal of Psychosomatic Research*, 19: 147.
Gross J. (1989), Emotional expression in cancer onset and progression, *Social Science and Medicine*, 28: 1239-1248.
Hoon E.F., Hoon P.W., Rand K.H., Johnson J., Hall N., Edwards N.B. (1991), A psychobehavioral model of genital herpes recurrence, *Journal of Psychosomatic Research*, 35, 1: 25-36.
Horowitz M.J., Wilner N., Alvarez W. (1979), Impact of event scale: a misure of subjective stress, *Psychosomatic Medicine*, 41: 209.
Irwin M., Daniels M., Bloom E.T., Smith T., Weiner M.D. (1987), Life Events, Depressive Symptoms and Immune Function, *American Journal of Psychiatry*, 144: 437-441.
Janis I.L. (1958), *Psychological stress*, Wiley, New York.
Kaufman I.C. (1977), Developmental considerations of anxiety and depression: psychobiological studies in monkeys, *Psychoanalysis and Contemporary Science*, 4: 317-363.
Kemeney M.E., Duran E.R., Weiner H., Taylor S.E., Visscher B., Fahey J.L. (1991), A longitudinal study of bereavement of partner and immune parameters in HIV positive and negative homosexual men, *Psychosomatic Medicine*, 53: 211.
Kiecolt-Glaser J.K., Fisher L.D., Ogroki P., Stout J.C., Speicher C.E., Glaser R. (1987), Marital quality, marital disruption, and immune function, *Psychosomatic Medicine*, 49: 13.
Kissen D.M. (1963), Personality characteristics in males conducive to lung cancer, *British Journal of Medical Psychology*, 36: 27.
Kissen D.M. (1964), Relationship between lung cancer, cigarette smoking, inhalation and personality, *British Journal of Medical Psychology*, 37: 203.
Kissen D.M., Eysenk H.J. (1962), Personality in Male Lung Cancer Patients, *Journal of Psychosomatic Research*, 6: 123.
Kissen D.M, Le Shan L. (1964), *Psychosomatic aspects of neoplastic disease*, London, Pitman.
Linn M.W., Linn B.S., Jensen J. (1984), Stressful events, dysphoric mood, and immune re-

sponsiveness, *Psychological Reports*, 54: 219.
Lombardo C., Marini P., De Pascalis V., De Gennaro L. (2000), "Stili di gestione della rabbia e reattività cardiaca: influenza del sistema simpatico e parasimpatico", IV Congresso Italiano di Psicologia della Salute, Orvieto, p. 79 (abstract).
Luborsky L., Mintz J., Brughtman V.J., Katcher A.H. (1976), Herpes simplex virus and moods: a longitudinal study, *Journal of Psychosomatic Research*, 20: 543.
Lutgendorf S.K., Antoni M.H., Ironson G., Klimas N., Fletcher M.A., Schneiderman N. (1997), Cognitive processing style, mood, and immune function following HIV seropositivity notification, *Cognitive Therapy and Research*, 21: 157-184.
Manne S., Sandler I. (1984), Coping and adjustment to genital herpes, *Journal of Behavioral Medicine*, 7: 391-410.
Mastrovito R.C., Deguire K.S., Clarkin J., Thaler T., Lewis J.L. Jr., Cooper E. (1979), Personality characteristics of women with gynecological cancer, *Cancer Detection and Prevention*, 2 (2): 281.
Pennebaker J.W. (1999), Tradurre in parole le esperienze traumatiche: implicazioni per l'abuso infantile e il mantenimento della salute, *Psicologia della Salute*, 2.
Perry S., Fishman B., Jacobsberg L., Frances A. (1992), Relationship over 1 year between lymphocyte subsets and psychosocial variables among young adults with infection by human immunodeficiency virus, *Archives of General Psychiatry*, 49.
Pettingale K.W., Watson M., Greer S. (1985), The validity of emotional control as a trait in breast cancer patients, *Journal of Psychosocial Oncolgy*, 2: 22.
Rabkin J.G., Williams J.B., Remien R.H., Gorman J.M. (1991), Depression, distress, lymphocyte subset, and human immunodeficiency virus symptoms on two occasions in HIV-positive homosexual men, *Archives General Psychiatry*, 48 (2): 111.
Rogentine G.N., Van Kammen D.P., Fox B.H., Docherty J.R., Rosenblatt J.E., Boyd S.C., Bunney W.E. (1979), Psychological factors in the prognosis of malignant melanoma, *Psychosomatic Medicine*, 41: 647.
Shea, J. D. C., Burton, R., Girgis, A. (1993), Negative affect, absorption and immunity, *Physiology, Behavior*, 53: 449-457.
Shedler S., Mayman M., Manis M. (1993), The Illusion of Mental Health, *American Psychologist*, 48: 1117-1131.
Ship I.I., Brightman V.J., Laster L.L. (1967), The patient with herpes labialis: A study of two population samples, *Journal of the American Dental Association*, 75: 645.
Solano L. (2001), *Tra Mente e Corpo: come si costruisce la salute*, Cortina, Milano.
Solano L., Montella F., Coda R., Costa M., Salvati S., Di Sora F., Figà-Talamanca L., Argiolas P.T., Mecarelli M., Bertini M. (1996), *Emotional expression and immune status in asymptomatic HIV infection: emergence of depressive mood and CD4+ levels*. Convegno: "The (non) expression of emotions in Health and Disease", Tilburg, Paesi Bassi, Agosto 1996, pp. 92-93.
Solano L., Montella F., Salvati S., Di Sora F., Murgia F., Figà-Talamanca L., Zoppi L., Laurìa F., Coda R., Nicotra M. (2001), Expression and Processing of emotions: relationships with CD4+ levels in 42 HIV-positive asymptomatic individuals, *Psychology and Health*, 2001 (in corso di stampa).
Solomon G.F., Segerstrom M.A., Grohr P., Kemeny M., Fahey J. (1997), Shaking up immunity: psychological and immunologic changes after a natural disaster, *Psychosomatic Medicine*, 59: 114-127.
Spangler G., Grossman, K.E. (1993), Biobehavioral organization in securely and insecured

attachment infants, *Child Development*, 64: 1439-1450.
Stavraky K., Buck C., Cott J., Wanklin J. (1968), Psychological factors in the outcome of human cancer, *Journal of Psychosomatic Research*, 12: 251-259.
Stern, D. (1985), *The interpersonal world of the infant*, Basic Books, New York. tr. it. *Il mondo interpersonale del bambino*, Boringhieri, Torino, 1987.
Taylor G.J. (1997), *Disorders of affect regulation*, Cambridge University Press. tr. it. *Disturbi della regolazione affettiva*, Fioriti, Roma, 2000.
Temoshok L., Heller B.W., Sagebiel R.W., Blois M.S., Sweet D.M., Di Clemente R.J., Gold M.L. (1985), The relationship of psychosocial factors to prognostic indicators in cutaneos malignant melanoma, *Journal of Psychosomatic Research*, 29 (2): 139.
Temoshok L., Sweet D.M., Moulton J.M. (1987), "A longitudinal study of distress and coping in men with Aids and Aids related complex", III International Conference on Aids, Washington D.C., June.
Temoshok L. (1987), Personality, coping style, emotion, and cancer: toward an integrative model, *Cancer Surveys*, 6: 545-567.
Temoshok L., Stites D.P., Sweet D.M., Traits K., Pivar I., Moulton J.M. (1988), "A. Psychoimmunologic study of men with ARC", IV International Conference on Aids, Stockholm, Sweden.
Temoshok L., Dreher H. (1992), *The Type C Connection*, Random House, New York.
Wirsching M., Stierlin H., Hoffman F., Weber G., Wirsching B. (1982), Psychological identification of breast cancer patients before biopsy, *Journal of Psychosomatic Research*, 26 (1): 1.
Workman E., LaVia M. (1987), T-lymphocyte polyclonal proliferation: Effects of stress and stress response style on medical students taking national board examinations, *Clinical Immunology and Immunopathology*, 43: 308-313.

3. Emozioni e salute cardiovascolare: rabbia e ostilità[*]

di Paola Gremigni e Pio E. Ricci Bitti[**]

1. Introduzione

Gli studi epidemiologici mettono in evidenza come, presi nel loro complesso, tutti i fattori di rischio di tipo biomedico e comportamentale per le malattie cardiovascolari (CV) finora individuati non spieghino la totalità dei casi di malattie CV; un certo numero di essi resta pertanto ancora da individuare. Il fatto che le malattie CV siano altamente legate al processo di modernizzazione e industrializzazione della società ha indotto alcuni ricercatori, a partire dalla metà del secolo scorso, a indagare sul contributo che dimensioni psicologiche come il tipo di personalità, l'insieme degli atteggiamenti, il modello di reattività emozionale, lo stile di coping possano dare all'etiopatogenesi delle malattie CV.

In una vasta rassegna della letteratura, Booth-Kewley e Friedman (1987) giunsero alla conclusione che i soggetti con una tendenza a sviluppare malattie CV sono caratterizzati da stati emozionali negativi cronici, fra i quali ostilità, rabbia, irritabilità, aggressività, depressione e ansia.

All'interno di questo campo d'indagine, è emerso un ruolo significativo svolto da ostilità e rabbia come fattori di rischio indipendenti per le malattie coronariche e per l'ipertensione (Goldstein e Niaura, 1992; Smith, 1992). Dembroski, MacDougall e Williams (1985) ipotizzano che l'ostilità, insieme a meccanismi di regolazione della rabbia di tipo repressivo, costituiscano l'aspetto centrale del pattern comportamentale che predispone alle malattie coronariche. Williams e Barefoot (1988) suggeriscono che l'ostilità contribuisce all'etiopatogenesi delle malattie CV attraverso la sua associazione con un'elevata reattività CV (innalzamento della pressione

[*] Articolo apparso su *Psicologia della Salute,* n. 3/2000.
[**] Dipartimento di Psicologia, Università di Bologna.

arteriosa e accelerazione del battito cardiaco). Diamond (1982) mette in evidenza il contributo della rabbia in certe forme di ipertensione essenziale. Aspetti specifici della rabbia, come l'intensità e la frequenza dell'attivazione o modalità espressive di tipo repressivo, sono stati messi in relazione con l'ipertensione (cfr. fra gli altri Esler, Julius, Zweifler, Randall, Harburg, Gardiner e De Quattro, 1977).

Tuttavia il panorama è tutt'altro che lineare, poiché i risultati delle ricerche empiriche appaiono spesso contrastanti. Svariati studi empirici non riescono ad individuare alcuna associazione significativa tra ostilità, rabbia e salute CV (cfr. fra gli altri McCranie, Watkins, Bradsma e Sisson, 1986).

Anche la letteratura empirica sulla relazione tra modalità di espressione della rabbia e salute CV non permette di giungere a conclusioni chiare. Alcuni studi infatti dimostrano che la salute CV è associata alla repressione della rabbia, e altri dimostrano che è invece associata all'espressione aperta della rabbia (per una rassegna cfr. Keinan, Ben-Zur, Zilka e Carel, 1992). Diamond (1982) interpreta tali risultati contraddittori ipotizzando che diverse modalità di espressione della rabbia siano associate con disordini CV di natura diversa. La repressione della rabbia sarebbe maggiormente associata all'ipertensione (Gentry, Chesney, Gary, Hall e Harburg, 1982; Schalling, 1985), mentre l'espressione aperta e aggressiva sarebbe prevalentemente associata ai disturbi coronarici (Hecker, Chesney, Black e Frautchi, 1988).

La natura dei legami tra ostilità, rabbia e salute CV resta, dunque, ancora oggi da chiarire. La non univocità dei risultati è stata attribuita in generale all'uso di strumenti che misurano aspetti diversi delle dimensioni valutate e al coinvolgimento nelle indagini di soggetti con patologie CV fra loro diverse.

Cercare di chiarire questa relazione appare un obiettivo interessante dal punto di vista conoscitivo e utile per i suoi risvolti applicativi nel campo clinico e in quello della Psicologia della Salute.

2. Alcuni studi empirici

Alcuni studi condotti dagli Autori al fine di chiarire il ruolo di rabbia e ostilità, misurate con diversi strumenti e in relazione a diverse tipologie di disturbo CV, hanno sostanzialmente confermato il legame tra specifici stili di regolazione e di espressione di queste emozioni e la salute CV degli individui.

Un *primo studio* è stato condotto su 1.541 soggetti (età media 50 ± 10 anni), di cui 892 donne e 649 uomini, così distribuiti: 280 sani (Gruppo A), 264 con disturbi non legati al sistema CV (Gruppo B), 473 con fattori di rischio CV di tipo prevalentemente comportamentale (Gruppo C), 524 con fattori di rischio CV di tipo prevalentemente biomedico (Gruppo D). Le misure utilizzate sono state il Questionario di Rabbia e Ostilità (QRO) e il Bermond-Vorst Alexithymia Questionnaire (B-VAQ). Il primo, formato da 26 item, è stato costruito per le finalità dello studio sulla base di altri strumenti ampiamente usati in letteratura (Cook e Medley, 1954; Siegel, 1986); esso misura la tendenza generale a provare con più frequenza e intensità l'esperienza emozionale della rabbia e a nutrire un sentimento di ostilità cinica con la tendenza ad esprimerla in modo aggressivo, diretto o indiretto. Il secondo, formato da 40 item, misura varie dimensioni della sindrome alessitimica, intesa come ridotta capacità di riconoscere, identificare, analizzare, esprimere verbalmente le proprie emozioni (Bermond e Vorst, 1993).

I risultati hanno evidenziato un'associazione tra la tendenza a provare sentimenti di rabbia e ostilità e la presenza di fattori di rischio CV; inoltre i fattori di rischio CV sono apparsi associati con una minor capacità di comprendere e analizzare in generale le proprie emozioni (Alessitimia); tale associazione tuttavia è risultata indipendente da quella precedente.

L'ANOVA indica differenze statisticamente significative, per quanto concerne il QRO totale, fra i gruppi (F 4,70 $p \leq 0,002$) e nell'interazione col sesso (F 5,68; $p \leq 0,01$). Ai post test (test di Scheffé) risultano significative le differenze tra i gruppi A e C (F –4,40; $p \leq 0,04$); B e C (F –5,85; $p \leq 0,003$); B e D (F –5,46; $p \leq 0,006$). Inoltre le donne hanno punteggi più alti degli uomini (F 4,51; $p \leq 0,0001$).

Per quanto concerne l'Alessitimia, appaiono differenze significative fra i gruppi (F 2,83; $p \leq 0,03$), nelle interazioni fra i sessi (F 12,71; $p \leq 0,0004$) e fra le due fasce di età, (> 52 anni e ≤ 52 anni; F 15,79; $p \leq 0,0001$). I post test indicano differenze significative fra i gruppi B e C (F –4,45; p 0,03), B e D (F –5,80; $p \leq 0,003$), le donne hanno punteggi inferiori agli uomini (F –2,96; $p \leq 0,003$) e gli anziani punteggi inferiori ai più giovani (F –4,03, $p \leq 0,0001$). Le correlazioni tra le variabili Rabbia-Ostilità e Alessitimia hanno dato risultati non significativi.

Un *secondo studio* è stato condotto su 328 soggetti, (età media 53 ± 8 anni) di cui 121 donne e 207 uomini, così distribuiti: 122 sani (Gruppo A), 114 infartuati (Gruppo B), 32 ipertesi (Gruppo C) e 60 dislipidemici (Gruppo D). Le misure utilizzate sono state il QRO, già utilizzato nello studio precedente, il Buss-Durkee Hostility Inventory (B-DHI) composto da 75 item che misura le due principali dimensioni dell'ostilità, quella esperienziale e quella espressiva, (Buss e Durkee, 1975) e il questionario sulla rabbia utilizzato nel Framingham Heart Study-Anger formato da 12 item che misurano varie dimensioni espressive della rabbia (Haynes, Levine, Scotch, Feinleib e Kannel, 1978).

I risultati hanno evidenziato un'associazione tra esperienza ostile, patterns sia repressivi, sia aggressivi di espressione della rabbia e malattie CV, con associazioni più significative fra repressione della rabbia e ipertensione e fra discussione della rabbia, ipertensione e dislipidemie.

Per quanto concerne il QRO, l'ANOVA indica differenze significative fra i gruppi (F 8,45; $p < 0,0001$). Ai post test risultano le differenze significative fra i gruppi A e B (F –4,10; $p \leq 0,02$); A e C (F –5,21; $p< 0,0001$); A e D (F –4,30; $p \leq 0,0007$). Nei dati emersi dal questionario B-DHI risultano significative le differenze tra gruppi (F 11,39; $p < 0,0001$). I post test indicano differenze significative fra i gruppi A e B (F –1,08; $p \leq 0,008$), A e C (F –2,19; $p \leq 0,0001$). Nei dati emersi dal questionario FHS – Anger risultano significative le differenze fra i gruppi nella Rabbia-In (F 6,48; $p \leq 0,0003$) e nella Rabbia-discussione (F 5,99; $p \leq 0,0006$). I post test indicano nella prima variabile differenze significative fra i gruppi A e B (F –3,03; $p \leq 0,0001$), A e C (F –1,17; $p \leq 0,04$), B e C (F 1,85; $p \leq 0,03$) e B e D (F 1,89; $p \leq 0,04$); nella seconda, differenze significative fra i gruppi A e C (F –1,08; $p \leq 0,008$) e A e D (F –1,40; $p \leq 0,003$).

Infine un *terzo studio* è stato condotto su 365 soggetti, (età media 53 ± 12 anni) di cui 155 donne e 210 uomini, così distribuiti: 86 infartuati (Gruppo A), 78 ipertesi (Gruppo B), 74 asmatici (Gruppo C) e 127 controlli sani (Gruppo D). Le misure utilizzate sono state il QRO, utilizzato anche nei due studi precedenti, e lo STAXI – Espressione della rabbia (Spielberger, 1991) composto da 20 item che misurano varie modalità di espressione della rabbia.

I risultati hanno mostrato un'associazione tra Cinismo e Risposta Aggressiva (i due fattori del QRO) e Rabbia-in e Rabbia-controllo dello STAXI e malattie CV; essi hanno inoltre evidenziato la rilevanza di stili di regolazione della rabbia e ostilità sia troppo aggressivi, sia troppo repressivi in relazione alle patologie asmatiche.

Per quanto concerne il QRO, l'ANOVA ha evidenziato differenze significative nel fattore Cinismo fra i gruppi (F 7,87; $p< 0,0001$) e nell'interazione con l'età (F 10,67; $p< 0,001$); nel fattore Risposta Aggressiva fra i gruppi (F 31,54; $p< 0,0001$) e nell'interazione con l'età (F 7,78; $p \leq 0,005$). I post test indicano differenze significative nel Cinismo fra i gruppi

A e C ($F -1,68$; $p < 0,0001$); B e C ($F\ 1,34$; $p < 0,0001$); C e D ($F\ 1,05$; $p \leq 0,001$); inoltre i più anziani hanno punteggi inferiori ai più giovani ($F -0,73$; $p \leq 0,0002$). Nel fattore Risposta Aggressiva risultano differenze significative fra i gruppi A e B ($F\ 1,01$; $p < 0,0001$), A e D ($F\ 1,40$; $p < 0,0001$), B e C ($F -1,36$; $p < 0,0001$), C e D ($F\ 1,75$ $p < 0,0001$); inoltre gli anziani hanno punteggi inferiori ai più giovani ($F -0,53$; $p \leq 0,001$).

Per quanto concerne lo STAXI, risultano differenze significative fra i gruppi sia nella Rabbia-in ($F\ 41$; $p < 0,0001$), sia nella Rabbia-control ($F\ 76,03$; $p < 0,0001$). Ai post test risultano differenze significative nella Rabbia-In fra i gruppi A e D ($F\ 5,24$; $p < 0,0001$), B e D ($F\ 6,10$; $p < 0,0001$), C e D ($F\ 4,50$; $p < 0,0001$); nella Rabbia-control fra i gruppi A e D ($F\ 8,59$; $p < 0,0001$), B e C ($F\ 2,32$; $p \leq 0,03$), B e D ($F\ 10,09$; $p < 0,0001$), C e D ($F\ 7,77$; $p \leq 0,0001$).

I risultati degli studi descritti sembrano sostenere l'ipotesi che certi stili individuali di regolazione della rabbia e dell'ostilità, caratterizzati da una significativa propensione ad esperire queste emozioni e ad esprimerle attraverso modalità sia troppo repressive, sia troppo aggressive, giochino un ruolo importante per la condizione di salute degli individui, con particolare riferimento alla salute cardiovascolare.

3. Conclusione

Studi come quelli descritti, che vengono svolti nell'ambito della ricerca di base, hanno come scopo primario quello di chiarire il ruolo delle emozioni nell'ambito dell'adattamento dell'individuo.

Il fatto che si evidenzi una correlazione fra certe modalità di regolazione emozionale e la presenza di patologie a livello organico, che manifestano un disadattamento, permette di verificare la presenza di un'interazione tra la dimensione emozionale e la salute fisica dell'organismo.

L'orientamento generale di questi, come di molti altri studi correlazionali, è quello di mostrare come al variare di determinati aspetti di una dimensione corrispondano variazioni nella dimensione ad essa correlata. Così si è visto che una variazione in termini di maggiore intensità, frequenza e durata dell'esperienza emozionale della rabbia e dell'ostilità è correlata ad una maggiore presenza di fattori di rischio CV e ad una maggiore incidenza della cardiopatia ischemica. Inoltre una variazione in termini di maggiore aggressività nella risposta emozionale di rabbia, appare correlata con una maggiore incidenza delle cardiopatie in generale, mentre un'accentuazione di modalità repressive della rabbia appare correlata con fattori di rischio CV come l'ipertensione. Ancora, un'accentuazione sia in senso repressivo, sia in senso aggressivo, della regolazione della rabbia, appare correlata con disturbi di altri tipi come quelli asmatici. Infine una ridotta capacità generale di comprendere e analizzare le proprie emozioni appare correlata con un aumentato rischio CV. L'idea generale che i dati aiutano a definire è che esiste un legame tra regolazione delle emozioni in generale, ed in particolare di emozioni come rabbia e ostilità, e salute fisica degli individui e questo legame è soprattutto evidente nell'ambito della salute cardiovascolare.

Rispetto al ruolo delle emozioni, questi studi ci aiutano a capire che rabbia e ostilità non sono di per sé emozioni negative. Izard (1977) descrive la rabbia come un'emozione primaria che compare quando un organismo è bloccato nel raggiungimento di un compito o nel soddisfacimento di un bisogno. Secondo Novaco (1975) le funzioni della rabbia sono molteplici: rendere più energico il comportamento, interrompere comportamenti in atto, esprimere sentimenti negativi agli altri, difendere l'io dalla vulnerabilità e dalle minacce esterne, discriminare un evento come provocazione per indurre una strategia di coping attivo.

La rabbia ha dunque un'importante funzione adattiva; tuttavia i dati empirici sembrano evidenziare una sorta di soglia entro la quale esperire la rabbia assolve funzioni adattive, oltre la quale, invece, tale esperienza mette a repentaglio la salute fisica dell'organismo. Questo sembra avvenire quando la rabbia assume caratteristiche quantitativamente consistenti per frequenza, intensità, durata della sua attivazione e quando è accompagnata da aspetti valutativi ostili caratterizzati soprattutto da cinismo, inteso come eccessiva sfiducia nei confronti del mondo e delle relazioni sociali.

Si è tentato di spiegare tale effetto usando vari modelli interpretativi. Fra questi il modello sostenuto da Williams e Barefoot (1988), che si può definire della reattività psicofisiologica, sostiene che rabbia e ostilità contribuiscono alle malattie CV aumentando le risposte fisiologiche ai potenziali stressors.

Un altro aspetto connesso con questo fenomeno riguarda le modalità espressive della rabbia. Analogamente al fenomeno esperienziale, anche l'espressione della rabbia comporta una risposta fisiologica di iperattivazione, sia nel caso di patterns repressivi, sia nel caso di patterns apertamente aggressivi. I dati empirici sembrano indicare che anche riguardo alle modalità espressive esiste una soglia oltre la quale si può incorrere in conseguenze negative per la salute CV. Sembra pertanto che rabbia e ostilità siano emozioni con le quali è bene confrontarsi, perché assolvono una funzione importante, e per le quali occorre individuare anche modalità positive, costruttive, di espressione che non consistano né in una negazione repressiva né in una esternazione aggressiva. A tale proposito si è parlato spesso di abilità di coping della rabbia, sia nel senso di strategie costruttive per affrontare situazioni ed eventi che elicitano una risposta emozionale di rabbia, sia come abilità per gestire e rielaborare in modo costruttivo le proprie esperienze di rabbia, individuando risposte espressive adeguate ed efficaci.

Alcuni studi hanno dimostrato che interventi disegnati per modificare comportamenti interpersonali non adattivi e promuovere competenze sociali non antagonistiche possono ridurre, sia l'intensità e la frequenza dell'esperienza di rabbia e ostilità, sia la reattività CV ad esse associata, che si rilevano durante certi tipi di relazioni interpersonali (Ewart, Taylor, Kraemer e Agras, 1984; Moon e Eisler, 1983).

L'indagine che esplora le relazioni tra rabbia, ostilità e salute non ha dunque solo l'obiettivo generale di aumentare le conoscenze dei meccanismi che legano certe dimensioni psicologiche alla condizione di benessere fisiologico o di malattia dell'organismo, ma ha importanti risvolti applicativi per la Psicologia della Salute. I risultati degli studi descritti possono essere interpretati come dati a sostegno del ruolo positivo delle abilità individuali di regolazione della rabbia e dell'ostilità nel preservare la salute dalle malattie CV. In questo senso essi forniscono utili indicazioni per realizzare interventi di promozione della salute centrati sull'apprendimento e il potenziamento di tali abilità.

Riferimenti bibliografici

Bermond B., Vorst H. (1993), *De Bermond-Vorst Alexithymia Vragenlijst*, Unpublished Manuscript, University of Amsterdam.

Booth-Kewley S., Friedman H.S. (1987), Psychological predictors of heart disease: A quantitative review, *Psychological Bulletin*, 101: 343-362.

Buss A.H., Durkee A. (1957), An Inventory for assessing different kinds of hostility, *Journal of Consulting Psychology*, 21: 343-349.

Cook W., Medley D. (1954), Proposed hostility and pharasaic-virtue scales for the MMPI, *Journal of Applied Psichology*, 38: 414-418.

Dembroski T.M., MacDougall J.M., Williams R.B., Haney T.L., Blumenthal J.A. (1985), Components of Type A, hostility and anger-in: Relationship to agiographic findings, *Psychosomatic Medicine*, 47: 219-233.

Diamond E.L. (1982), The role of anger and hostility in hessential hypertension and coronary heart disease, *Psychological Bullettin*, 92: 410-433.

Esler M., Julius S., Zweifler A., Randall O., Harburg E., Gardiner H., De Quattro V. (1977), Mild high-renine essential hypertension. Neurogenic human hypertension? *New England Journal of Medicine*, 296: 405-411.

Ewart C., Taylor B.C., Kraemer H., Agras W. (1984), Reducing blood pressure reactivity during interpersonal conflicts: Effects of marital communication training, *Behavior Therapy*, 15: 473-484.

Gentry W.D., Chesney A.P., Gary H.E., Hall R.P. e Harburg E. (1982), Habitual anger-coping styles: Effect on mean blood pressure and risk for essential hypertension, *Psychosomatic Medicine*, 44: 195-204.

Goldstein M.G., Niaura R. (1992), Psychological factors affecting physical condition: Cardiovascular disease literature review, *Psychosomatics*, 33: 134-155.

Haynes S.G., Levine S., Scotch N., Feinleib M., Kannel W.B. (1978), The relationship of psychosocial factors to coronary heart disease in the Framingham study: I. Methods and risk factors, *American Journal of Epidemiology*, 107: 362-383.

Hecker M.H., Chesney M.A., Black G.W., Frautschi N. (1988), Coronary-prone behaviors in the Western Collaborative Group Study, *Psychosomatic Medicine*, 50: 153-164.

Izard C.E. (1977), *Human Emotions*, Plenum Press, New York.

Keinan G., Ben-Zur H., Zilka M., Carel R.S. (1992), Anger in or out, which is healthier? An attempt to reconcile inconsistent findings, *Psychology and Health*, 7: 83-89.

McCranie E., Watkins L., Bradsma J., Sisson B. (1986), Hostility, CHD incidence, and total mortality: Lack of association in a 25-year follow-up study of 478 physicians, *Journal of Behavioral Medicine*, 9: 119-125.

Moon J.R., Eisler R.M. (1983), Anger control: An experimental comparison of three behavior treatments, *Behavioral Therapy*, 14: 493-505.

Novaco R.W. (1975), *Anger Control*, Heath, Lexington, MA.

Schalling D. (1985), *Personality correlates of elevated blood pressure: Anxiety, unexpressed anger, and lack of assertiveness*, in Spielberger C., Sarason I., Defares P. (eds.), *Stress and Anxiety*, Hemisphere, Washington, DC.

Siegel M.J. (1986), The multidimensional anger inventory, *Journal of Personality and Social Psychology*, 51: 191-200.

Smith T.W. (1992), Hostility and health: Current *status* of a psychosomatic hypothesis, *Health Psychology*, 11: 139-150.

Spielberger C.D. (1991), *State-Trait Anger Expression Inventory Revisited Research Edition Professional Manual*, Psychological Assessment Resources, Inc., Odessa, FL.

Williams R.B., Barefoot J.C. (1988), *Coronary-prone behavior: The emerging role of the hostility complex*, in Houston B.K., Snyder C.R. (eds.), *Type A behavior: research, theory, and intervention*, John Wiley, New York.

4. Stress e malattia nel bambino[*]

di Michael Lewis[**]

Numerose fonti indicano come lo stress, particolarmente per gli individui più sensibili a questo genere di perturbazioni, possa avere effetti sul conseguente stato di salute (Ader e Cohen, 1984; Borysenko, 1984; Dorian e Garfinkel, 1987; Keicolt-Glaser e Glaser, 1988).

Per quanto sia stato dimostrato il legame tra comportamento e salute, la ricerca si è concentrata sugli adulti piuttosto che sui bambini (Schleifer *et al.*, 1986). Nel nostro laboratorio abbiamo notato come il bambino, maturando, diventi sempre più efficiente nella sua capacità di gestire lo stress. Ad esempio, la risposta del cortisolo salivare e la reazione comportamentale al dolore acuto della vaccinazione diminuisce lungo i primi sei mesi di vita (Lewis e Thomas, 1990), e Lewis e Ramsay (1995) hanno riportato che la modificazione corticosurrenale in risposta a stimoli stressanti si stabilizza tra i sei e i diciotto mesi di età. Al maturare del sistema nervoso del bambino, diminuisce la reattività a eventi intensamente stressanti e questa diminuzione riflette la crescente abilità nel gestire lo stress. Le differenze individuali in questa aumentata abilità nel gestire lo stress sono legate a una maggiore capacità del bambino di riconoscere se stesso e di regolare altre risposte emozionali (Lewis e Ramsay, 1997, under review). In linea con la letteratura sulle relazioni stress-malattia nell'adulto, ci aspettiamo che i neonati che mostrano una risposta più pronunciata allo stress (quelli meno capaci di gestire lo stress) siano più suscettibili a problemi di salute connessi alla funzione immunitaria. Essendo interessati ai processi evolutivi della risposta allo stress, così come alla relazione tra stress e salute,

[*] Articolo apparso su *Psicologia della Salute,* n. 3/2000. Questo articolo è tratto da uno studio più ampio riportato in Lewis et al. 1990, Developmental Organization, Stress, and Illness, Psychological Science, pp. 316-318.

[**] University of Medicine and Dentistry of New Jersey.

abbiamo osservato le risposte comportamentali di bambini allo stress, in due diversi momenti. La prima osservazione è stata quella della risposta neonatale allo stress. I neonati non hanno ancora sviluppato la capacità di gestire lo stress. Differenze individuali a questa età saranno dunque una funzione dello stato di salute alla nascita. All'età di due mesi la capacità di affrontare lo stress è più sviluppata, sebbene ancora lontana dall'essere completa. Eventuali differenze individuali saranno una funzione della capacità di coping del bambino. La nostra predizione è dunque che la forza della risposta allo stress nel neonato rifletta il suo stato di salute e non sia correlata, o sia addirittura correlata negativamente, con uno stato successivo di malattia. Al contrario le risposte allo stress di un bambino più grande dovrebbero risultare predittive del futuro stato di salute.

Per esaminare questo problema, Worobey e Lewis (1989) hanno osservato la capacità dei bambini di reprimere la risposta a uno stimolo intensamente doloroso, alla nascita e a due mesi di età, in relazione allo stato di salute a 18 e 24 mesi. Quaranta bambini (25 femmine e 15 maschi) sono stati selezionati alla nascita in un policlinico universitario; nessuno era affetto da evidenti anomalie mediche. Il peso medio dei soggetti alla nascita era di 3.410 g (DS =567 g) e i punteggi medi Apgar[1] a 1 e 5 minuti erano rispettivamente 8,65 e 9,1. Undici dei bambini erano nati con parto cesareo in seguito ad anestesia epidurale. Trenta delle madri indicavano l'intenzione di allattare al seno. Tutte le madri avevano terminato le scuole superiori e avevano un'età media di 29 anni (DS = 5, range = 19-44 anni). In seguito alla descrizione completa del progetto e di qualsiasi eventuale rischio era stato ottenuto dalle madri il consenso informato a includere i soggetti nello studio. Tra i dati riguardanti la nascita del bambino abbiamo selezionato due indici dello stato neonatale: il punteggio Apgar a 5 minuti e il peso alla nascita.

A due giorni dalla nascita i bambini venivano ripresi da una videocamera mentre sottostavano a una procedura medica standard, un prelievo di sangue tramite puntura al tallone, eseguito per determinare l'eventuale presenza di malattie ereditarie o metaboliche. Questo è un esame di routine eseguito su tutti i bambini. I 40 bambini venivano poi ripresi all'età di due

[1] Il punteggio Apgar è un indice di vitalità del neonato. Si ottiene sommando il punteggio di 5 indici diversi: attività cardiaca, respiro, colore, tono, reattività generale. A ognuno di questi indici viene dato il valore di 0, 1 o 2 per cui il punteggio Apgar massimo è di 10. La situazione viene considerata critica sotto il punteggio di 7. Alcuni studi hanno mostrato che il punteggio Apgar a 5 minuti dalla nascita ha un valore prognostico sul futuro stato di salute del bambino; ciò non è vero per il punteggio Apgar a 1 minuto di vita *(Nota del traduttore)*.

mesi durante la loro prima vaccinazione per le malattie dell'infanzia. A partire dalle registrazioni venivano poi esaminate le risposte comportamentali prima, durante e dopo la puntura al tallone e la vaccinazione, rispettivamente alle età di due giorni e due mesi (Worobey e Lewis, 1989).

Per ogni intervallo di tempo di 5 secondi è stata valutata e codificata l'intensità di espressione facciale e vocale su di una scala che va da 0 a 3. L'accordo tra i codificatori è stato dell'87% per le risposte vocali e del 77% per l'espressione facciale. I punteggi sulle due scale sono stati sommati per ottenere una misura comportamentale su scala 0-6. Da questi dati si è ricavata una misura di latenza all'acquietamento, definita come il periodo di tempo trascorso prima che si osservassero due intervalli da 5 secondi consecutivi in cui il punteggio del soggetto fosse di due punti inferiore al punteggio massimo ottenuto durante l'intera sessione. La risposta dei bambini alla perturbazione era tipicamente una reazione immediata (entro 5 secondi) che andava scemando nel tempo. In studi precedenti si era osservato che la latenza all'acquietamento è correlata in maniera consistente con la produzione di cortisolo salivare in risposta alla vaccinazione (Lewis, 1988).

Quando i bambini arrivavano ai 18 mesi di età alle madri venivano mandati dei questionari nei quali venivano richieste informazioni sullo stato di salute del bambino durante l'anno precedente. Per quanto ci sia qualche dubbio riguardo l'accuratezza materna, le osservazioni delle madri sono risultate affidabili e accurate quando vengano fatte domande specifiche (Sonnander, 1987). Come indice dello stato di salute del bambino veniva utilizzato il numero di infezioni. Le infezioni considerate comprendevano: tosse, febbre, mal di gola, congestioni, diarrea, vomito, infezioni all'orecchio e costipazione. I dati a disposizione erano quindi: (a) condizione alla nascita così come indicato dal punteggio Apgar e dal peso; (b) risposta allo stress a due giorni e a due mesi; (c) infezioni così come riportate dalle madri. I dati sono stati sottoposti ad una *path analysis* con le infezioni come variabile dipendente.

Il peso alla nascita è risultato positivamente correlato con la latenza all'acquietamento in seguito alla puntura al tallone a due giorni di vita ($r = .22$, $p < .03$), ma non con la risposta a due mesi o con lo stato di salute successivo. La risposta del neonato alla puntura al tallone a due giorni è risultata positivamente correlata con la latenza all'acquietamento in seguito a vaccinazione due mesi dopo ($r = .36$, $p < 0,4$). Per lo meno alcuni dei bambini che avevano reagito molto intensamente a due giorni reagivano intensamente anche a due mesi. Nessuna relazione è stata trovata tra la risposta dei bambini a due giorni e il numero di infezioni a 18 mesi. Significativa invece, nel predire infezioni a 18 mesi, è la latenza all'acquietamento del bambino in seguito a vaccinazione a due mesi. I bambini che mostravano maggiore stress in seguito alla vaccinazione, così come rilevato da una latenza all'acquietamento più lunga, avevano più infezioni a 18 mesi rispetto a bambini che erano capaci di acquietarsi più velocemente ($r = .40$, $p < .05$).

I soggetti sono stati divisi in quattro gruppi sulla base del numero di infezioni a 18 mesi (alto o basso) e della latenza all'acquietamento a due mesi (lunga o breve). I bambini che si acquietavano velocemente a due mesi in seguito alla vaccinazione avevano una minore probabilità di riportare infezioni a 18 mesi. Il contrario succedeva per i bambini con lunga latenza all'acquietamento; essi avevano maggiori probabilità di riportare infezioni nel periodo successivo ($F = 4{,}14$, $p < .05$).

Di particolare interesse risulta l'osservazione che la reattività a 2 giorni è negativamente correlata con le infezioni a 18 mesi. Questo risultato è comprensibile se si considera che i neonati più sani sono quelli più reattivi (DiPietro *et al.*, 1987). È naturale quindi attendersi che misure precoci di salute possano essere associate con una minore incidenza di malattia nella vita successiva (Lind *et al.*, 1970; Michaelsson e Sirvio, 1976). La relazione è piuttosto differente quando si consideri la reattività comportamentale a due mesi di vita. La maggiore reattività a due mesi, indicando una minore capacità di gestire lo stress, ha una più alta probabilità di essere correlata a una maggiore incidenza di infezioni un anno dopo o più tardi.

Questi dati hanno un valore importante per la comprensione della organizzazione neurologica, così come si riflette nella capacità del bambino di gestire lo stress, dello sviluppo di questa capacità nel tempo e del rapporto tra la gestione dello stress e il successivo stato di salute. I bambini sani reagiscono intensamente allo stress quando sono appena nati. Ciò si può attribuire all'assenza, nei neonati, di un meccanismo sofisticato per la gestione dello stress (Gunnar *et al.*, 1985) e spiega l'aspettativa che una intensa reattività sia associata a bambini più grandi e robusti (Lester e Zeskind, 1978).

Le differenze individuali nella risposta allo stress in bambini più grandi riflette, invece, la capacità di organizzarsi meglio e di controllare gli eventi stressanti che li colpiscono (Levine, 1983). Con la maturazione, i bambini che sono più capaci di gestire lo stress dovrebbero mostrare una risposta minore alle perturbazioni; ad esempio, si calmeranno prima. In conclusione un'intensa reattività durante la fase neonatale può essere generalmente considerata un segno di salute mentre, con il maturare del bambino, diventa un potenziale indice di difficoltà. L'andamento evolutivo della capacità di gestione dello stress del bambino spiega l'associazione negativa tra reattività neonatale e malattia e la relazione positiva tra la reattività a due mesi e successive malattie.

Per concludere, questi dati indicano l'esistenza di una relazione tra capacità di gestire lo stress e il successivo stato di salute. Siamo riusciti a dimostrare che in bambini dell'età di due mesi, l'incapacità di controllare le proprie reazioni a una perturbazione molto dolorosa può predire quali, tra di loro, saranno maggiormente suscettibili alla malattia a 18 mesi. Sebbene qui abbiamo riportato solamente dati sulla reattività comportamentale, il nostro lavoro con il cortisolo fornisce risultati analoghi. Questi dati non ci dicono che la risposta che noi osserviamo nel bambino a due giorni o a due mesi è direttamente correlata o addirittura responsabile del futuro stato di salute. Piuttosto, crediamo che la reattività, così come emerge nella prima infanzia, sia un indice di come il bambino risponde ai quotidiani eventi stressanti. È la modalità di risposta a queste perturbazioni quotidiane che ha un'influenza sullo stato di salute negli anni a venire. In effetti, siamo riusciti a mostrare come la risposta del bambino alle perturbazioni sia correlata con la valutazione materna della generica modalità di risposta agli stimoli (Lewis, 1988). Questi risultati sono consistenti con quanto finora osservato ed estendono significativamente la ricerca su adulti e animali che connette la capacità di gestire lo stress con la malattia.

Riferimenti bibliografici

Ader R., Cohen N. (1984), *Behavior and the immune system*, in Gentry W. D. (ed.), *Handbook of behavioral medicine*: 117-173, Guilford Press, New York.

Borysenko J. (1984), *Stress, coping, and the immune system*, in Matarazzo J.D., Weiss S. M., Herd S.A., Miller N.E., Weiss S.M. (eds.), *Behavioral health: 248-260*, Wiley Press, New York.

Di Pietro J.A., Larson S. K., Porges S.W. (1987), Behavioral and heart rate pattern differences between breast-fed neonates, *Developmental Psychology*, 23: 467-474.

Dorian B., Garfinkel P.E. (1987), Stress immunity and illness: a review, *Psychological Medicine*, 17: 393-407.

Gunnar M. R., Malone S., Fisch R. (1985), The psychology of stress and coping in the human neonate: Studies of adrenocortical responses to stress in the first week of life, in Field T. M., McCabe P.M., Schneiderman N. (eds.), Stress and coping (Vol. 1): 179-196, Erlbaum Hillsdale, NJ.

Keicolt-Glaser J. K., Glaser R. (1988), Behavioral indifferences on immune function: Evidence for the interplay between stress and health, in Field T.M., McCabe P., Schneiderman N. (eds.), Stress and coping across development: 185-205, Erlbaum, Hillsdale, NJ.

Lester B.M., Zeskind P.S. (1978), Brazelton scale and physical size correlates of neonatal cry features, *Infant Behavior and Development*, 1: 393-402.

Levine S. (1983), A psychobiological approach to the ontogeny of coping, in Garmezy N., Rutter M. (eds.), Stress, coping, and development in children: 107-131, McGraw-Hill, New York.

Lewis M. (1988), "Psychology of stress: Infants behavioral and salivary cortisol responses to stress", Paper presented at the Sixth Biennial International Conference on Infant Studies, Washington, D. C.

Lewis M., Ramsay D.S. (1995), Stability and change in cortisol and behavioral responses to stress during the first 18 months of life, *Developmental Psychobiology*, 28: 419-428.

Lewis M., Ramsay D.S. (1997), Stress reactivity and self-recognition, *Child Development*, 68: 621-629.

Lewis M., Ramsay D.S., Cortisol response to embarrassment, shame, and Pride, *Child Development*, under review.

Lewis M., Thomas D.A. (1990), Cortisol release in infants in response to inoculation, *Child Development*, 61: 50-59.

Lind J., Vuorenkoski V., Rosberg G., Parkaneu T.J., Wasz-Hockert O. (1970), Spectrographic analysis of vocal responses to pain stimuli in infants with Down's Syndrome, *Developmental Medicine, Child Neurology*, 12: 478-486.

Michaelsson K., Sirvio P. (1976), Cry analysis in congenital hypothyroidism, *Folio Phoniatrica* 26: 40-47.

Schleifer S.J., Scott B., Stein M., Keller S.E. (1986), Behavioral and developmental aspects of immunity, *Journal of the American Academy of Child Psychiatry*, 26: 751-763.

Sonnander K. (1987), Parental developmental assessment of 18-month-old children: Reliability and predictive value, *Developmental Medicine, Child Neurology*, 29: 351-362.

Worobey J., Lewis M. (1989), Individual differences in the reactivity of young infants, *Developmental Psychology*, 25: 663-667.

Traduzione curata dalla dott.ssa Carlotta Scaramuzzi

568. @-lab. *Contesti per la comunicazione formativa*

1. Paolo Montobbio, Giovanna F. Golia, *Le porte dell'apprendimento. Un progetto integrato per lo sviluppo della qualità del servizio scolastico*
2. Paride Braibanti (a cura di), *Pensare la salute. Orizzonti e nodi critici della psicologia della salute*